Bettina K. Lechner
Bernhard Stockmann

CSS PUR!

Ultimative Weblösungen mit Stil

ADDISON-WESLEY

Die Deutsche Nationalbibliothek verzeichnet diese Publikation in der Deutschen Nationalbibliografie; detaillierte bibliografische Daten sind im Internet über http://dnb.ddb.de abrufbar.

Umwelthinweis:
Dieses Buch wurde auf chlorfrei gebleichtem Papier gedruckt.

10 9 8 7 6 5 4 3 2 1

12 11 10

ISBN 978-3-8273-2781-9

© 2010 by Addison-Wesley,
ein Imprint der Pearson Education Deutschland GmbH,
Martin-Kollar-Straße 10–12, D-81829 München/Germany
Alle Rechte vorbehalten
Layout: Reinhard Helmer, no limits advertising; Bettina K. Lechner, Bernhard Stockmann
Covergestaltung: Marco Lindenbeck, webwo GmbH (mlindenbeck@webwo.de)
Fachlektorat: Richard Hirner
Lektorat: Brigitte Alexandra Bauer-Schiewek, bbauer@pearson.de
Herstellung: Claudia Bäurle, cbaeurle@pearson.de
Korrektorat: Petra Kienle
Satz: text&form GbR, Fürstenfeldbruck
Druck und Verarbeitung: Print Consult GmbH
Printed in Czech Republic

Hinweise & typografische Konventionen

```
<Quellcode ist in dieser Schrift dargestellt. Grau dargestelltem Code
brauchen Sie nicht so viel Aufmerksamkeit schenken, weil er
entweder gerade nicht verändert oder in dem jeweiligen Abschnitt nicht
besprochen wird. Wichtiger ist dieser farbige Teil. Rot
eingefärbter Code zeigt ungültigen Code. />
```

ⓘ ... zur Information

⚠ ... Achtung, wichtiger Tipp!

💬 ... Vorschlag für eine Übung

Einige der Hürden, die uns der Internet Explorer bei der Darstellung bereitet, umgehen wir mit einem Skript, welches auf Seite 97 (Browser-Weichen & Hacks) beschrieben ist. Code, der mithilfe dieses Skripts im IE dann also doch richtig dargestellt werden kann, erkennen Sie an diesem Symbol.

Code, den wir nur für den Internet Explorer schreiben, haben wir mit diesem Symbol gekennzeichnet.

"... auch wenn das Look&Feel der W3C-Website wenig dazu geeignet scheint, Designer und Designerinnen zum Erlernen von XML und CSS zu motivieren."

Jeffrey Zeldman, 2006

Einleitung

Vorwort

Das Web als grenzenloser Raum lädt immer mehr Menschen ein, sich nicht nur mit der Rolle als LeserIn zu begnügen, also nur Information abzurufen, sondern öfter und vermehrt direkt einzugreifen, um Gedanken, Ideen, Bilder, Videos etc. zu veröffentlichen, sich zu vernetzen und an Communities teilzuhaben. Will man als aktiver Webnutzer nicht von Halbfertiglösungen bzw. fertigen Templates – also grafischen Vorlagen – abhängig sein, kommt man um Webdesign und damit (X)HTML und CSS nicht herum.

Die Webprogrammierung in (X)HTML in Verbindung mit CSS bietet so viel Freiraum wie noch nie zuvor in der Webgestaltung. Die Befreiung von den Fesseln des Tabellenlayoutens hat großartige Designs ermöglicht, die nicht nur gut aussehen, sondern den Webstandards entsprechen und damit einen Beitrag zur besseren Accessibility (Barrierefreiheit) und Usability (Zugänglichkeit) leisten. Und genau darin sehen wir den Sinn und Auftrag dieses Buchs: die Verbreitung der gängigsten und wichtigsten Webstandards – verständlich aufbereitet und leicht nachzuvollziehen. Mit diesem Wissen werden Sie imstande sein, eigene kreative Ideen umzusetzen und auch weiterzugeben.

An wen richtet sich dieses Buch?

Das Buch ist für Sie genau richtig, wenn Sie ...

» das Programmieren von Websites mit CSS erlernen möchten und HTML beherrschen.

» Ihre Websites bisher mit Tabellen oder Frames strukturiert haben und nun Ihre Kenntnisse auf den neuesten Stand bringen wollen.

» Templates (Website-Vorlagen, z.B. für CMS wie Joomla!, Typo3, Websitebaker etc.) verändern oder erstellen möchten.

» mit CSS bereits Ihre ersten Schritte gewagt haben und an Ihre Grenzen gestoßen sind.

» Ihr CSS-Know-how vertiefen und erweitern wollen.

» CSS unterrichten und Anregungen und Beispiele für den Unterricht benötigen.

Inhaltlicher Aufbau

Das vorliegende Buch lässt sich in vier große Bereiche einteilen:

1 Im ersten Kapitel **Grundlegendes** geht es um die Erläuterungen der Grundprinzipien von CSS. Sie erfahren, welche Vorteile es bringt, sich mit CSS auseinanderzusetzen, und warum Accessibility & Usability nicht nur behinderten Menschen nützen. Wir blättern in den wichtigsten Referenzen – also Websites, wo Sie nachschlagen können. Wir sehen uns Prüfwerkzeuge an, mit deren Hilfe Sie Ihre Werke validieren lassen, und wir statten Ihren Computer mit den wichtigsten und gängigsten Programmen und Erweiterungen für die Webprogrammierung aus.

2 Im zweiten Teil steigen wir in die **Basics** von CSS ein. Sie erlernen Schritt für Schritt, wie Sie eine HTML-Datei korrekt deklarieren und welche Möglichkeiten es gibt, CSS in HTML einzubinden. Wir gehen auf die einzelnen Selektoren ein, besprechen den Seitenaufbau und Sie lernen das Box-Modell, den Unterschied zwischen Block- und Inline-Elementen und erfahren, was Sie bei der Darstellung der Websites in den verschiedenen Browsern berücksichtigen und wissen müssen. Als Vorbereitung für den Praxisteil 3 normalisieren wir alle Stile, so dass wir von gleichen Abständen ausgehen.

3 Der große dritte Abschnitt erklärt anhand von **drei Praxisbeispielen (Prototypen)** alle wichtigen CSS-Elemente. Wir erstellen eine einfache Visitenkarten-Webseite, eine umfangreichere Business-Webseite und sogar ein mächtiges Webportal. Diese drei Prototypen enthalten alle CSS-Elemente, die zur Umsetzung nötig sind, werden detailliert erklärt und sind für Sie in genauen Schritt-für-Schritt-Anleitungen nachvollziehbar. Anhand dieser drei Beispielwebseiten führen wir Sie durch einen vollständigen Programmierworkflow und jedes Kapitel ist mit Tipps & Tricks gespickt, die die Autoren aus ihrer alltäglichen Programmierpraxis verraten. Auch auf die Vor- und Nachteile von YAML gehen wir ein.

4 Im letzten Teil 4 befassen wir uns mit **Ausblicken** und Visionen auf dem weiten CSS-Feld. In einer **Linkliste** fassen wir alle in dem Buch vorhandenen Links zusammen. Und natürlich finden Sie hier den Index zur Schlagwortsuche.

Dieses Buch bringt Ihnen die revolutionären Ideen von CSS näher – denn es geht um weit mehr als nur das simple Ersetzen von Tabellen durch DIVs.
Die Autoren

"Anyone who slaps a 'this page is best viewed with Browser X' label on a Web page appears to be yearning for the bad old days, before the Web, when you had very little chance of reading a document written on another computer, another word processor, or another network."

Tim Berners-Lee, Erfinder des World Wide Web und Direktor des W3C

Browsersupport

Die Zeile „optimiert für Browser XY" auf einer Website ist symptomatisch für den Grad der Verzweiflung eines Designers: Die Anpassung eines Webdesigns an die zahlreichen unterschiedlichen Browser auf den verschiedenen Plattformen ist eine unserer großen Herausforderungen und wie oft und gerne hätte ich eine Rechnung für die vielen Entwicklungsstunden an so manchen Browser-Hersteller geschickt. Selbstverständlich ist es unmöglich, einen bestimmten Browser zu ignorieren – als WebdesignerIn ist es Ihre Aufgabe, allen BesucherInnen zumindest einen Zugang zu den Inhalten zu bieten.

Im Jahre 2006 veröffentlichte Nate Koechley einen Artikel, in dem er den „stufenweisen Browsersupport" (graded browser support) propagierte. Er dehnte darin den Begriff Support weiter aus und definierte drei Grade von Browser-Unterstützung:

> » **A-Grad**
> Browser, die in dieser Kategorie gelistet sind, müssen voll unterstützt werden, sie sind identifizierbar, leistungsfähig, modern und verbreitet. Zirka 96% aller Yahoo!-UserInnen verwenden einen dieser Kategorie zugeordneten Browser. Fehlern wird daher hohe Aufmerksamkeit geschenkt.

> » **C-Grad**
> Basisunterstützung. Browser dieser Kategorie sind zwar identifiziert, aber unzulänglich, antiquiert oder selten. Verbreitung: ca. 3%. Es wird auf eine fehlerfreie Darstellung von wesentlichen Inhalten und Funktionen geachtet, jedoch ohne Ausgestaltung. Der Browser erhält nur reines, semantisches HTML.

> » **X-Grad**
> Unbekannte Browser-Typen, leistungsfähig, modern und selten. Fehler sind weitgehend unbekannt, daher kann nicht auf sie eingegangen werden. In diese Kategorie fallen meist ganz neue Browser, die im Gegensatz zum C-Grad volles Design zur Verfügung gestellt bekommen.

Diese Einteilung stellt eine Möglichkeit dar, um eine Entscheidung für die Wertigkeit der Browser-Unterstützung zu treffen. Denn bei der Fülle an Varianten und Versionen von Betriebssystemen, inkl./exkl. Service-Updates, und Browser-Versionen ist es zeitlich fast undenkbar, wirklich alle durchzutesten.

Einteilung der Browser nach Yahoo!, Stand Juli 2009

Quelle: http://developer.yahoo.com/ yui/articles/gbs/

	Windows 2000	Windows XP	Windows Vista	Apple OS X 10.4	Apple OS X 10.5
Firefox 3.X		A-Grad	A-Grad		A-Grad
Firefox 2.X		A-Grad			A-Grad
IE 8.0		A-Grad	A-Grad		
IE 7.0		A-Grad	A-Grad		
IE 6.0	A-Grad	A-Grad			
Opera 9.6		A-Grad			A-Grad
Safari 3.1				A-Grad	A-Grad

Verwendete Browser und Plattformen im vorliegenden Buch

In diesem Buch wurden die Beispiele und Prototypen auf den folgenden Plattformen und Browsern getestet:

	Windows XP	Windows Vista	Windows 7 (RC)	Apple OS X 10.4	Apple OS X 10.5
Firefox 3.X	X	X	X	X	X
Firefox 2.X	X				X
IE 8.0			X		
IE 7.0	X	X			
IE 6.0	X				
Opera 9.5	X				X
Safari 3.1	X			X	X
Chrome		X			

	Fedora	Ubuntu
Firefox 3.X	X	X
Firefox 2.X		
IE 8.0		
IE 7.0		
IE 6.0		
Opera 9.5		X
Konqueror		X
Chrome		

Eine aktuelle prozentuelle Verteilung der weltweit verwendeten Browser bzw. Betriebssysteme finden Sie unter *http://marketshare. hitslink.com.*

Wie Sie eine optimale Testumgebung einrichten lesen Sie auf den Seiten 38-40.

Chrome wird zur Zeit von Ubuntu-Entwicklern für Linux portiert. Fortschritte sehen Sie unter *http://launchpad.net* (Suche nach Chromium. Chromium ist das Open Source Projekt hinter Google Chrome). Sie können auch bei dem Projekt mitarbeiten!

Das CSS-Konzept

Was ist CSS?

CSS ist die Abkürzung von Cascading Style Sheets und lässt sich mit „stufenförmige Stilvorlagen" übersetzen. Die Stufen sagen dem Browser, in welcher Reihenfolge die Regeln abgearbeitet werden sollen. Dazu später mehr. Vereinfacht gesagt geht es bei CSS um die Formatierung von (X)HTML-Elementen. Analog zu einem Textverarbeitungsprogramm können wir im weitesten Sinne von Formatvorlagen sprechen – auch wenn wir mit CSS noch weit mehr abdecken als nur Überschriften-Stilvorlagen.

Foto: www.flickr.com/stephanemartin

Eine Kaskade ist ein treppenförmiger Wasserfall. CSS-Regeln ergießen sich wie ein Wasserfall – also über mehrere Stufen – über das XHTML-Dokument.

Mit CSS formatieren Sie zum Beispiel:

» Texte: Schriftgröße, -art, -farbe, Stil, Laufweite von Zeichen und Wörtern, Hyperlinkfarben, Unterstreichungen von Hyperlinks

» Absatzbreite, Zeilenhöhe,

» Positionierung von Elementen und deren Abstände

» Rahmenbreite, -farbe, -stil

» Hintergrundfarben, Hintergrundgrafiken

» Tabellen, wie z.B. Zellenrahmen, Zellenabstand

» Formulare

» uvm.

Sie werden im Laufe dieses Buchs erkennen, wie viel Spaß es macht, mit CSS zu arbeiten, wie viel einfacher das Designen damit ist, und Sie werden sehr bald in der Lage sein, eigene kreative Ideen umzusetzen.

Welche CSS-Version verwenden wir?

Aktuell verwenden wir die CSS-Version 2. Die Version 2.1 ist ein Release Candidate, also noch nicht offiziell freigegeben, und die Version 3 ist bereits in Vorbereitung zur Veröffentlichung. Einige spannende Ein- und Ausblicke darauf haben wir Ihnen im Anhang zusammengestellt (siehe Seite 366).

Wozu CSS?

Zunächst einmal: Erst mit dem Einsatz von CSS arbeiten Sie korrekt! Nicht mit (X)HTML werden Websites gestaltet, sondern mit CSS.

Mit (X)HTML stößt man als DesignerIn bald an die Grenzen des Machbaren – einfach deshalb, weil die Hypertext Markup Language ursprünglich auch nur dazu gedacht war, Seiten zu strukturieren und nicht zu layouten. Niemand hat mit der enormen Geschwindigkeit gerechnet, mit der sich das Web entwickelte. Webdesigner suchten verzweifelt nach Möglichkeiten, die Seiten attraktiver zu machen, und sehr bald kam die Idee auf, Websites mit Tabellen und leer.gifs zu gestalten. Doch das war seitens des World Wide Web Consortium (W3C, *www.w3c.org*) nie so geplant und es gab und gibt schon seit ewigen Zeiten zahlreiche Gegner dieser Technik. Bereits 1997 (!) forderte David Siegel, der Erfinder des leer.gifs: „Say goodbye to the single-pixel GIF!" und geiselte sich selbst für seine Erfindung: „Das Web ist ruiniert und ich habe es ruiniert." Doch zum Glück ist das Web ja nun bald gerettet, auch wenn es lange gedauert hat, bis ein Umdenken erfolgte.

Durch den Einsatz von CSS sind Sie in der Lage, die HTML-Seite sozusagen von außen zu layouten. Das HTML-Rohgerüst wird durch CSS in Form gebracht. Liegen die CSS-Informationen in einer eigenen, externen Datei, steuert diese zentral das Design. Im Quellcode der HTML-Datei sieht man neben ein paar Tags dann nur noch Content, also relevante Inhalte – optimal für Screenreader (Blindenprogramme) und Suchmaschinen. Selbstverständlich können die CSS-Informationen auch in mehreren Dateien liegen, um so z.B. für mehr Übersicht zu sorgen oder einzelne Browser gezielt anzusprechen.

Welche Vorteile bringt die Layoutierung mit CSS?

2009 feiert das W3C das 13 (!)-jährige Bestehen von CSS. Faszinierend, wie lange es gedauert hat, bis sich CSS allgemein durchsetzte! Wann haben Sie denn zum ersten Mal von CSS gehört oder es angewendet?

Website

CSS-Datei

HTML-Seiten

Wenn Sie mit CSS arbeiten, sorgen Sie für eine saubere **Trennung von Inhalt und Design** und gehen damit nicht nur konform mit den Empfehlungen des W3C, sondern erzielen auch zahlreiche Vorteile:

» Übersichtlicher und schlanker Quellcode, schnellere Ladezeit

» Flexible und ökonomische Designs

» Zentrale Steuerung des Designs

» Bessere Indexierung durch Suchmaschinen

» Accessibility – optimaler Zugang, z.B. für Blindenprogramme

» Usability – höhere Benutzerfreundlichkeit und damit zufriedenere UserInnen

Gerade wenn Sie als LehrerIn, TrainerIn oder WebdesignerIn tätig sind – also ein/e MultiplikatorIn sind –, haben Sie eine große Verantwortung, Webstandards einzuhalten. Der Appell von Jens Meiert, Spezialist für benutzerfreundliches und technisch hochwertiges Webdesign, und South African Technology Events macht es deutlich:

» Konzentrieren Sie sich aufs Lernen.

» Konzentrieren Sie sich auf Barrierefreiheit.

» Konzentrieren Sie sich auf Performance.

» Konzentrieren Sie sich auf Semantik.

» Konzentrieren Sie sich auf Validierung.

» Konzentrieren Sie sich auf Wartbarkeit.

» Konzentrieren Sie sich auf Zusammenarbeit.

» Konzentrieren Sie sich auf Dokumentation.

» Konzentrieren Sie sich auf Qualität.

» Konzentrieren Sie sich aufs Unterrichten.

Sagen Sie's weiter. Auch per stiller Post. *http://coderesponsibly.org/de/*

Webstandards sind unter *http://www.webstandards.org* zusammengefasst. Mit deutscher Übersetzung.

HTML, XHTML, XML – was ist was?

HTML (Hypertext Markup Language) ist eine Auszeichnungssprache (Markup Language). Sie dient zum Strukturieren von Texten und ist in der Lage, per Verweis Bilder, Multimedia-Dateien etc. einzubinden (Referenz). So weit so gut, sagen Sie, so oder so ähnlich hätten Sie das auch beschrieben. Das klassische HTML – jetzt sind wir bei Version 4.0 – basiert auf SGML (Standard Generalized Markup Language). SGML ist die Basis aller Auszeichnungssprachen.

XML (Extensible Markup Language) hat sich von SGML emanzipiert. Auf Basis von XML werden eigene Sprachen definiert und mit XSL (Extensible Stylesheet Language) formatiert. Aber Sie können XML getrost vergessen, wenn Sie herkömmliche Websites bauen.

XHTML ist eine Weiterentwicklung von HTML und basiert auf XML. Bei XHTML sind wir zurzeit bei Version 1.1.

Bitte schlagen Sie mit all den verwirrenden Spezifikationen nicht gleich das Buch zu! Wichtig für die praktische Anwendung ist, dass Sie sich für den Aufbau des HMTL-Gerüsts die neuen Spezifikationen von XHTML ansehen. Es sind nur ein paar und sie sind schnell gemerkt, hier die wichtigsten im Überblick:

» Sie dürfen alle gewohnten HTML-Tags verwenden, außer jenen, die aus Transitional und Frameset kommen: Das sind z.B. `<font>`, `<frameset>` oder zahlreiche Attribute wie `<type>`, `<align>` oder `<bgcolor>`, `<vspace>` etc. Diese dürfen Sie unter XHTML nicht verwenden, da die Eigenschaften mittels CSS umgesetzt werden können. Eine Liste aller unerwünschten (deprecated = missbilligten) Elemente und Attribute finden Sie auf *http://de.selfhtml.org/ html/referenz/varianten.htm*.

» Inline-Elemente dürfen nicht ohne Block-Elemente notiert werden, Also darf z.B. <img /> nicht alleine stehen, sondern muss z.B. innerhalb von <div> platziert werden.

» Bei HTML war es egal, ob Sie Tags GROSS oder klein geschrieben haben, bei XHTML müssen Sie alles in Kleinbuchstaben schreiben.

```
<H1>Herzlich Willkommen</H1>
```

muss also nun so geschrieben werden:

```
<h1>Herzlich Willkommen</h1>
```

» Leere Elemente wie `<img />`, `<br />`, `<input />`, `<hr />` etc. benötigen unter XHTML einen abschließenden Schrägstrich mit einem Leerzeichen davor, also so:

```
<img src="bild.jpg" />
<br />
```

» Unter HTML benötigen manche Tags wie `<body>`, `<option>`, `<td>` nicht zwingend ein abschließendes End-Tag `</body>`. Das ist unter XHTML nicht erlaubt. Hier müssen alle Tags geschlossen werden:

```
<table>

 <tr>

  <td>Stadt, Land</td>

 </tr>

</table>
```

» In XHTML müssen Sie Anführungszeichen für den Wert eines Attributs verwenden, dies ist unter HTML optional:

```
<a href="http://www.website.com">
```

Eine vollständige Auflistung für die Unterschiede HTML – XHTML finden Sie hier: *http://de.selfhtml.org/html/xhtml/unterschiede.htm*.

XHTML verlangt einen eigene Dokumenttyp-Deklaration – mehr dazu siehe Seite 44.

Semantisches XHTML & Mikroformate

Mit CSS gestalten Sie Websites, indem Sie die XHTML-Struktur ansprechen. Voraussetzung für gelungenes CSS ist somit der sinnvolle Aufbau der Webpage mit semantisch passendem (X)HTML. Ihre (X)HTML-Seite ist die Basis, das Fundament für das Layouten mit CSS.

Haben Sie bisher Websites mit Tabellen aufgebaut, dürfen und müssen Sie alles vergessen, was Sie bisher gelernt haben, und sich auf eine völlig neue Strukturierung einlassen. Es genügt nicht, einfach statt `<table>`-Tags `<div>`-Tags einzusetzen. Relevant ist die jeweilige **Bedeutung** (= Semantik) des Inhalts, der auf der Webseite präsentiert wird, unabhängig davon, wie er später im Layout dargestellt wird.

Verwenden Sie daher passende HTML-Notationen zu den jeweiligen Inhalten. Haben Sie beispielsweise bis jetzt eine Überschrift so wie im folgenden angegebenen Beispiel notiert ...

Semantik (gr. „bezeichnen"), auch Bedeutungslehre, nennt man die Theorie oder Wissenschaft von der Bedeutung der (sprachlichen) Zeichen. Aus: *de.wikipedia.org*

Beispiele für den Aufbau semantisch sinnvoller Websites finden Sie auf Seite 48 (Struktureller Aufbau Prototyp 1) bzw. ab Seite 128, wo wir mit der Umsetzung der Prototypen starten.

Einige der Hürden, die uns der Internet Explorer bei der Darstellung bereitet, umgehen wir mit einem Skript, welches auf Seite 95 (Browser-Weichen & Hacks) beschrieben ist. Code, der mithilfe dieses Skripts im IE6 bzw. 7 dann also doch richtig dargestellt werden kann, versehen wir mit diesem Symbol:

```
<p><font size="5">Fotografie</font></p>
```

... dann ist dies aus zwei Gründen nun nicht mehr zulässig: Erstens dürfen Sie bei der Dokumenttyp-Deklaration Strict (siehe Seite 44) kein `<font>` mehr verwenden und zweitens stimmt die Angabe semantisch nicht.

Verwenden Sie daher stets korrekterweise das passende Element für eine Überschrift, z.B. `<h1>`:

```
<h1>Fotografie></h1>
```

Bekannterweise sieht `<h1>` im Rohzustand beispielsweise so aus:

Mit CSS gestaltet, kann die Überschrift auch so aussehen:

Ohne eine einzige Änderung am HTML-Element oder Inhalt gestalten Sie mittels CSS aus der Überschrift zum Beispiel auch das:

Der HTML-Code **(1)** bleibt schlank und aussagekräftig, die Formatierung kommt komplett aus dem CSS **(2)**. Das Zitate-Zeichen „»" stellen IE 6 und IE 7 übrigens leider nicht dar (siehe auch Tipp am Seitenrand). Dies ist somit bereits ein Beispiel dafür, welche Problematiken auf den CSS-Designer zukommen, doch damit wollen wir uns im Moment noch nicht beschäftigen. Wenn Sie die Inhalte korrekt bezeichnen, stellen Sie sicher, dass der Content

```
<style type="text/css">
<!--
    h1 {
        color:#ce7428;
        font-style:italic;
        font-size:45pt;
        text-transform: lowercase;
        letter-spacing: -0.08em;
        background-color:#bcb04e;
        padding: 20px 0 0 15px;
        font-family:arial,verdana;
        border-top:solid 8px #c6c6c6;
        border-bottom: dotted 4px #c6c6c6;
        width:300px;
}

h1:before {
content:"\00BB" ";
color:#fff;

}
-->
</style>

</head>
    <body>
        <h1>Fotografie</h1>
    </body>

</html>
```

auch ohne CSS verständlich dargestellt wird, eine wichtige Voraussetzung für optimale Zugänglichkeit durch Screenreader und Suchmaschinen.

Mikroformate

Ein weiteres Beispiel für semantisch sinnvolles (X)HTML ist, wenn Sie Kontaktinformationen in ein `<address>`-Element setzen:

```
<address>

    Firma Muster <br />

    Mustergasse 12 <br />

    0101 Metropolis <br />

    office@mustergasse.at <br />

    www.mustergasse.at <br />

</address>
```

Firma Muster
Mustergasse 12
0101 Metropolis
office@mustergasse.at
www.mustergasse.at

Eine Verfeinerung der XHTML-Tags stellen **Mikroformate** dar. Diese teilen Mensch und Maschine noch konkreter mit, was die Inhalte aussagen. Es gibt Mikroformate zur Auszeichnung von Adressen, Terminen, favorisierten Websites, Bewertungen und sogar der Art der sozialen Verbindung, die Sie zu einem Menschen pflegen. So verwendet zum Beispiel XING auf den Profilseiten Mikroformate, die dadurch via Suchmaschinen leichter auffindbar werden.

Beispiel:

```
<address class="vcard">

    <span class="org">Firma Muster</span>

    <span class="n">Maria Muster</span>

    <span class="street-address">Mustergasse 12</span>

    <span class="postal-code">0101</span>

    <span class="locality">Metropolis</span>

    <span class="email">office@mustergasse.at</span>

    <span class="url">http://www.mustergasse.at</span>

</address>
```

» Das Block-Element `<address>` leitet einen Absatz über Kontaktinformationen zum/zur Seiteninhaber/-inhaberin ein.

„Ich weiß nicht, ob es besser wird, wenn es anders wird. Aber es muss anders werden, wenn es besser werden soll."
Georg Christoph Lichtenberg

Eine Liste aller Mikroformate finden Sie auf *http://microformats.org*.

http://microformats.org/wiki/hcard

» Mit hCard (`class="vcard"`) erzeugen Sie eine digitale Visitenkarte, die sich automatisch in Adressbücher importieren lässt.

» `<span>` als Inline-Element umschließt die jeweiligen Detailinformationen des Kontakts.

» Die Klassen (z.B. `class="email"`) definieren, welcher Art der Inhalt ist: `org` für Organisation, `street-address` für den Straßennamen etc.

Durch die Anwendung von Mikroformaten werden diese Informationen website-übergreifend sowohl für Mensch als auch für Maschine leichter identifizierbar. Eine Liste der gängigen Mikroformate finden Sie auf *www.microformats.org*.

Für Alltags-WebsurferInnen und Web-AnwenderInnen sind die Mikroformate leider noch nicht wirklich relevant, da sie von kaum einem Browser angezeigt werden. Sichtbar machen können Sie die mit Mikroformat versehenen Elemente einer Website über die Firefox-Erweiterung (Extension) Operator oder auch Tails Export. Einmal installiert lösen die beiden Skripte auf Wunsch verschiedene Aktionen aus, sobald Mikroformate auf einer Website gefunden werden. Download von *https://addons.mozilla.org/de/firefox/addon/4106* (Operator) bzw. *https://addons.mozilla.org/de/firefox/addon/2240* (Tails Export).

Wo Sie dieses Symbol sehen, sind Mikroformate nicht weit ...

Entdeckt die Firefox-Erweiterung (hier Tails Export) auf einer Website Mikroformate, leuchtet in der rechten unteren Ecke des Browsers das Mikroformate-Symbol auf. Die Informationen von `<address>` lassen sich in verschiedene Anwendungen exportieren, hier z.B. in das Mac-Adressbuch.

Grundsätzlich sollten Sie die Tags `<span>` und `<div>` sparsam einsetzen, denn der Code soll ja schlank und übersichtlich bleiben. Ergänzend muss dazu gesagt werden, dass der Einsatz von Mikroformaten abseits von Google und außerhalb von Web-2.0-Anwendungen wie z.B. Blogs, Social Networking etc. zuletzt eher wieder in den Hintergrund getreten ist und diese nur von sehr wenigen WebdesignerInnen eingesetzt und genutzt werden.

Tag-Wolke

Tag-Wolken bzw. Tag-Clouds kennt man aus dem Web. Sie stellen alphabetisch sortierte Schlüsselwörter gesammelt dar, wobei die Schriftgröße eines Worts die Häufigkeit, mit der ein Wort auf der Website vorkommt bzw. angeklickt wurde, zeigt. Bei der vorliegenden „statischen" Tag-Wolke bieten wir Ihnen einen Überblick über die aus unserer Sicht wichtigsten Begriffe des vorangegangenen Abschnitts.

`<address>` `<h1>` Accessibility Barrierefreiheit Bedeutung Block-Elemente Cascading Style Sheets Content CSS de.selfhtml.org Design Element HTML identifizierbar Indexierung Inhalt Inline-Elemente Klassenname Layout leichter Mikroformate Mensch passend Qualität Screenreader Semantisches HTML Struktur Suchmaschinen Tag Usability Validierung Vererbung Webstandards XHTML XML Zugänglichkeit

Einen interessanten Artikel zum Thema Google & Mikroformate finden Sie hier: *http://microformats. org/wiki/google-search.*

Falls Sie unterrichten, hier ein Vorschlag für eine Übung: Notieren Sie die Begriffe aus der Tag-Wolke auf Kärtchen und lassen Sie die Studenten und Studentinnen eines ziehen und den Begriff erklären. Die anderen raten. „Tag-Activity"!

Mit Opera lässt
sich eine Website
in unterschiedlichen
Modi darstellen.
So gibt es z.B. den
Modus benutzer-
freundlich, zugäng-
lich. Damit sehen Sie
die Website in reiner
Textdarstellung.

Accesskeys in Opera:
sehr benutzerfreundlich

Firefox 2.0 hat
Probleme mit nume-
rischen Accesskeys,
verwenden Sie daher
besser alphanumeri-
sche Zeichen.

Accessibility & Usability

Web für alle!

Manche Menschen, die sich im Web bewegen, haben zum Beispiel
Schwierigkeiten, die Maus zu bedienen oder eine 12-Pixel-Schrift zu lesen.
Daher ist es dringend nötig, bei der Programmierung auf die unterschiedlichen Bedürfnisse der BesucherInnen einer Website Rücksicht zu nehmen
und damit allen Menschen Zugang zu Informationen zu ermöglichen. Unter
Accessibility (engl. Zugänglichkeit) oder auch Barrierefreiheit versteht man
„die Kunst, Webseiten so zu gestalten, dass jeder sie nutzen und lesen
kann" (aus: *www.barrierefreies-webdesign.de*).

Was kann man also als WebdesignerIn tun? Sehen wir uns doch gleich
praxisnahe Lösungen für die beiden eingangs erwähnten Handycaps an:
Um eine Navigation ohne Maus zu ermöglichen, definieren Sie sogenannte
Accesskeys – also Zugriffstasten. Mit deren Hilfe aktivieren UserInnen den
Fokus mittels Tastenkombination:

```
<li><a href="/" accesskey="A">Startseite</a></li>

<li><a href="/profil/" accesskey="B">Profil</a></li>

<li><a href="/kontakt/" accesskey="C">Kontakt</a></li>
```

Die Verwendung der **Accesskeys** (AK) ist nun abhängig vom jeweiligen
Browser: So drückt man beim Internet Explorer [Alt]+ AK + [↵], bei
Mozilla Firefox unter Windows und Linux [⇧]+[Alt] + AK, am Mac jedoch
[Ctrl] + AK, bei Opera zumindest einheitlich auf allen Betriebssystemen:
[⇧]+ [Esc] etc. Aufgrund der unterschiedlichen Aktivierung und auch Bele-
gung innerhalb der Hilfsprogramme raten manche Experten und Expertin-
nen von Accesskeys ab. Wenn Sie Zugriffstasten anbieten, dokumentieren
Sie deren Gebrauch am besten auf der Website und formatieren Sie deren
erfolgreiche Aktivierung. Dafür gibt es die Pseudoklasse `:focus` (Seite 73).

Mit der Verwendung von relativen **Größenangaben für Texte** gewähr-
leisten Sie, dass UserInnen die Schriftgröße nach ihren Bedürfnissen via
Browser skalieren können. Obschon die meisten Browser auch absolute
Angaben wie pt, pc etc. vergrößern bzw. verkleinern, streikt hier der Internet Explorer. Gehen Sie daher beispielsweise wie folgt vor:

```
body {font-size: 100.01%;}

h1 {font-size: 1.5em;}

p {font-size: 0.9em;}
```

(Mit 100.01% für `<body>` umgehen Sie einen Bug von Safari und Opera.)
Alle nach `<body>` folgenden Kindelemente – hier zum Beispiel `<p>` – orientieren sich nun relativ zu der festgelegten Basisgröße und sind darüber hinaus über den jeweiligen Browser-Menübefehl skalierbar.

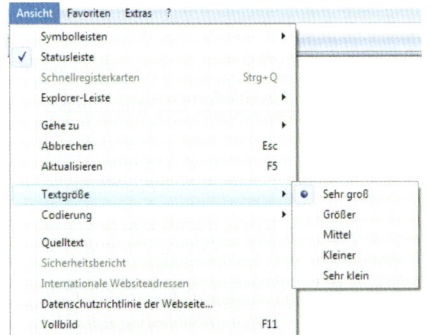

Schriftgröße: 15pt

Schriftgröße: 1.5em

„em" (sprich: „em") als relative Einheit bezieht sich auf die Schriftgröße des jeweiligen Elements (`h1`, `h2`, `p` etc) oder des Elternelements (z.B. `body`). Einige anschauliche Bespiele dazu finden Sie auf *http://www.1ngo.de/web/em.html*.

Richtlinien & Levels

Die beiden Beispiele für Accesskeys und relative Schriftgröße veranschaulichen freilich nur einen kleinen Teil dessen, was Sie bei barrierefreier Webprogrammierung berücksichtigen sollten. Bis dato gibt es zwei Richtlinien, die die Web Accessibility Initiative (WAI), eine Initiative des W3C, unter der Bezeichnung Web Content Accessibility Guidelines 1.0 und 2.0 veröffentlicht hat.

Für die Umsetzung der Richtlinien gibt es unterschiedliche Prioritäten:

» Priorität 1: Die Richtlinie **muss** umgesetzt werden.
   Beispiel: Bieten Sie Textalternativen für Inhalte, die selbst kein Text sind, also für Bilder, Videos, Buttons etc.

```
<img src="bild.png" alt="Klassenfoto" />
```

» Priorität 2: Die Richtlinie **sollte** umgesetzt werden.
   Beispiel: Benennen Sie Links so, dass deren Ziel klar hervorgeht. Verlinken Sie also nicht inhaltsleere Phrasen wie „mehr dazu", „klicken Sie hier", sondern formulieren Sie das Ziel aus und verwenden Sie zusätzlich das `title`-Attribut:

```
Senden Sie uns Ihre Anfrage über unsere
<a href="..." title="Kontakt">Anfrage</a>
```

» Priorität 3: Diese Richtlinie **kann** umgesetzt werden.
   Beispiel: Website darf nicht mehr als 3x pro Sekunden blinken.

Es würde den Rahmen dieses Buchs sprengen, hier alle Richtlinien zur barrierefreien Programmierung anzuführen; eine übersichtliche Liste der wichtigsten Richtlinien finden Sie unter *http://www.barrierefreies-web-design.de* (auf Deutsch) bzw. das englische Original mit Beispielen unter *http://www.w3.org/WAI.*

Sind alle Richtlinien der Priorität 1 korrekt umgesetzt, darf die Website das Icon für Level A tragen, bei Erfüllung von Priorität 1 + 2 das Icon Level Double-A und bei Erfüllung aller Prioritäten das Icon Level Triple-A.

Testen – testen – testen

Im Web gibt es zahlreiche – auch kostenlose – Möglichkeiten, Ihre Programmierung auf Zugänglichkeit zu testen. Beachten Sie dabei jedoch, dass Accessibility-Validatoren die Seite nur nach „maschinellen" Kriterien überprüfen. Bleiben Sie daher auch bei „grünem Licht" kritisch!

Der WAVE-Validator (*http://wave.webaim.org*) analysiert den Aufbau der Seite nach verschiedenen Kriterien, so zum Beispiel die Strukturierung der Seite nach der Gliederung mit Überschriften. Dabei werden Indikatoren eingebettet, die Abschnitte anzeigen. Die Nur-Text-Darstellung simuliert die entsprechende Browserdarstellung bzw. zeigt auch, wie Screenreader die Seite durchlaufen. Das W3C empfiehlt übrigens *http://www.cynthiasays.com.*

Wenn Sie Websites mit semantisch sinnvollem Markup aufbauen und wirklich sauberes CSS programmieren, haben Sie schon automatisch einen Teil der WAI-Richtlinien erfüllt. Mehr zur Validierung von Markup und CSS lesen Sie auf Seite 26.

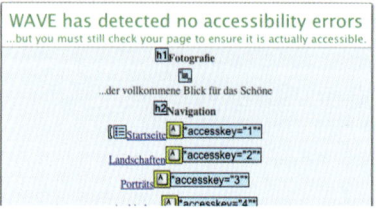

Mit dem Accessibility Color Wheel (*http://gmazzocato.altervista.org/colorwheel/wheel.php*) testen Sie Vordergrund- und Hintergrundfarben auf ihren Kontrast. Ein eingeblendetes OK zeigt einen guten Kontrast bzw. verschwindet bei zu geringem Kontrast.

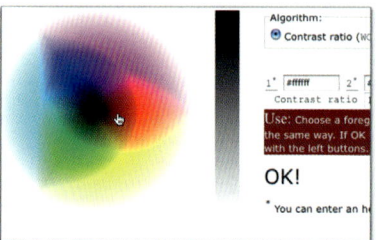

Auf der Website *http://www.absv.de/sbs/sbs_intro.html* finden Sie einen Simulator, der die Wahrnehmung mit Sehbehinderungen wie Grauer Star, Grüner Star, Nachtblindheit usw. anhand von verschiedenen vorgegebenen Abbildungen darstellt. Sie können hier jedoch nicht eine bestimmte Website testen.

Mit *http://colorfilter.wickline.org* legen Sie verschiedene Farbfilter über Ihre Website und sehen so, wie farbenfehlsichtige Menschen die Website wahrnehmen. Die verfügbaren Filter reichen von verschiedenen Rot/Grün- über Blau/Gelb-Farbschwächen bis hin zu Monochrom-Filter für Farbenblinde.

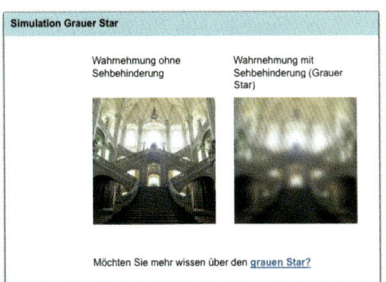

Eine Möglichkeit, sich in die Rolle eines blinden oder stark sehbehinderten Menschen hineinzuversetzen, bietet die Installation eines Screenreaders. Dieser liest u.a. Websites vor. Mehr Infos dazu finden Sie auf Seite 58.

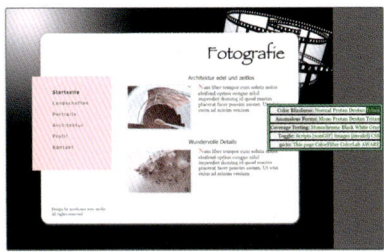

Mit der Einhaltung der Accessibility-Richtlinien sorgen Sie nicht nur dafür, dass Menschen mit Einschränkungen Ihre Website besuchen und verstehen können, sondern teilweise gleichzeitig auch für eine gute Usability. Um was es dabei geht, sehen wir uns nun an.

Usability

Unter dem Begriff Usability versteht man die Gebrauchstauglichkeit einer Hard- oder Software.

Im Webbereich betrifft das vor allem die folgenden Bereiche:

» Aufbau und Darstellung des **Inhalts**: angenehme Schriftgröße und nicht zu viele unterschiedliche Schriftarten, guter Kontrast Schrift – Hintergrund, knappe, präzise Formulierungen, kurze Sätze, Auflockerung langer Inhalte mit Zwischenüberschriften, Listen und Nummerierungen.

» Übersichtliche, nicht allzu verschachtelte **Navigationsstruktur**. Ihre UserInnen sollten stets wissen, wo sie sich befinden, wie sie eine Ebene hinauf bzw. zur Startseite kommen und wo sie even-tuell nötige Zusatzinformationen erhalten.

» Beachten Sie **Gestaltungsrichtlinien**. Blättern Sie renommierte Zeitschriften, Illustrierte und Zeitungen durch – betrachten Sie

Der Usability-Monitor 2008 hat diesmal die Vertragsshops von großen Telekom-munikationsanbietern unter die Lupe genommen. Die nicht besonders erfreu-lichen Ergebnisse finden Sie auf *http://www.syzygy.de/* als PDF zum Download.

Tipp für den Unterricht: Suchen Sie Websites heraus und definieren Sie Ziele, z.B. ein Handbuch finden, eine Software herunterladen, den richtigen Ansprechpartner für ein bestimmtes Anliegen finden etc. Je zwei Studenten bzw. Studentinnen lösen eine Aufgabe, wobei eine Person klickt, laut vorsagt, was sie tut und denkt und die zweite Person dokumentiert die Wege. Abschließend erfolgt eine kleine Präsentation der Usability-Ergebnisse.

das Layout – orientieren Sie sich an grundlegenden grafischen Regeln: Gitterlayout, Ausrichtung von Elementen in Spalten, wenige verschiedene, zueinander passende Farben, dezente Hervorhebungen, Platzierung der Bilder etc. Natürlich ist das Web vordergründig nicht mit Printmedien zu vergleichen, doch es gibt allgemeingültige Designrichtlinien, die auch im Screendesign für einen gelungenen Auftritt sorgen. Surfen Sie durch das Web, bleiben Sie kritisch – auch bei Webauftritten großer Firmen.

» Setzen Sie – zumindest die wichtigsten – Zugänglichkeitsrichtlinien (vgl. Seite 20) um.

» Denken Sie bei der Konzeption stets an die Personen, die Ihre Website besuchen. Verwenden Sie deren „Sprache", erklären Sie Fachbegriffe, suchen Sie passende Fotos zur Untermalung des Inhalts.

» Halten Sie Konventionen ein – also erfüllen Sie gewissermaßen Erwartungen, die Ihre BenutzerInnen bereits haben. So sollte z.B. die Navigation als horizontale oder vertikale Liste angeordnet werden, untergeordnete Einträge befinden sich direkt darunter und nicht „irgendwo" auf der Seite.

» Führen Sie die BesucherInnen durch Ihre Website. Bieten Sie ausreichend interne Verlinkungen – aber nicht so viele, dass sie verwirren.

Die 58 wichtigsten Usability-Tipps hat Jens Meiert unter *http://meiert.com/de/publications/articles/20060508/#toc-browse-search* veröffentlicht.

Unter *http://www.fit-fuer-usability.de/* finden Sie ebenfalls interessante Artikel und Ratschläge zu dem Thema.

Usability-Analysen & Tests

Die Gebrauchstauglichkeit kann auf verschiedenste Art und Weise getestet werden – das reicht von einfachen Befragungen (siehe auch Tipp) über Blickbewegungsregistrierung bis hin zu Videoaufzeichnungen im Labor, abhängig davon, wie komplex die Software bzw. Webanwendung ist. Es gibt auch zahlreiche Firmen, die Usability-Analysen professionell durchführen.

Eine – wenn auch zugegeben recht oberflächliche – Usability-Analyse bietet die Zugriffsstatistik Ihrer Website. Die Zugriffsstatistiken zeigen unter anderem Einstiegs- und Ausstiegsseiten, die Verweildauer, Fehlermeldungen, Suchbegriffe, Herkunftsländer etc. Daraus können Sie schlussfolgern, welche Inhalte von den BesucherInnen angenommen werden und welche nicht und gegebenenfalls die Website daraufhin optimieren. Gute Provider bieten üblicherweise Statistiken automatisch mit an, erkundigen Sie sich danach. Alternativ binden Sie eine Zugriffsstatistik selbst ein, suchen Sie im Web nach dem Begriff „zugriffsstatistik" – es gibt zahlreiche Informationen und Anbieter dazu.

Usability-Test ganz einfach: Fordern Sie Ihre Bekannten auf, Ihre Website unter Ihrem Beisein aufzurufen, sagen Sie nichts und beobachten Sie über die Schulter hinweg einfach nur, wie die Person durch die Seite navigiert. Dabei sieht man meist schon sehr gut was ankommt bzw. wo es Schwachstellen gibt (erfolglose Klickversuche).

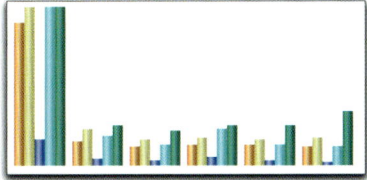

A AA AAA Accessibility Accesskeys Barrierefrei-heit besondere Bedürfnisse Beeinträchtigung Color Wheel Farben Farbenfehlsichtigkeit Farbenblindheit führen Gebrauchs-tauglichkeit Handycap Kontrast Konven-tionen Leseschwäche Listen Maus Navigation Nummerierungen Priorität Screenreader Schriftgröße Sehbehinde-rung Sprache testen übersichtlich Usability-Analyse Usability-Monitor Validierung Vorlesen WAVE-Validator Web Accessibility Initiative (WAI) Zugänglich-keit Zugriffsstatistik Zwischenüberschriften

Ein Parser (lat., pars = Teil) ist ein Programmteil, der – in diesem speziellen Fall – das Webdokument interpretiert und in Aktionen verwandelt – z.B. Anzeige am Bildschirm. Webbrowser enthalten somit Parser. Validatoren sind validierende Parser und geben im Fall des Falles also Fehlermeldungen aus.

Validierung

[Validation, die; Gültigkeitserklärung, von lat. validus: stark, gesund]

Nicht nur WYSIWYG-Editoren – wie z.B. Adobe Dreamweaver – produzieren manchmal falschen Code, auch „tippenden" WebdesignerInnen passieren Fehler. Da kommt es schon mal vor, dass man HTML in XHTML notiert und ein `<img />`-Element mit `align` ausrichtet, einen Link mit dem deprecated (missbilligtem) `target="_blank"` versieht oder schlicht übersieht, ein Start-Tag zu beenden. Validatoren – auch Validierungsdienste genannt – überprüfen mithilfe von Parsern (siehe auch Info-Tipp) Ihr Webdokument hinsichtlich seiner Korrektheit betreffend die ...

» ... Wohlgeformtheit (well-formed). Ein Webdokument ist wohlgeformt, wenn es die XML-Regeln einhält, also zum Beispiel richtig verschachtelt, abschließt, Anführungszeichen für Attribute verwendet etc. (siehe auch Seite 14).

» ... Gültigkeit (= valid). Ein Webdokument ist dann gültig, wenn es eine Dokumenttyp-Deklaration (DTD, siehe auch Seite 44) enthält, die dazu passende Grammatik einhält und wohlgeformt ist.

Es gibt im Web zahlreiche Validatoren, die nach unterschiedlichen Bereichen oder Kriterien prüfen:

» Markup-Validatoren, prüfen hinsichtlich XHTML-Struktur (ohne CSS), hier allen voran *http://validator.w3.org*

» CSS-Validatoren, prüfen nur CSS ohne Einbeziehung des Markups, z.B. der *http://jigsaw.w3.org/css-validator/*

» Accessibility-Validatoren, prüfen hinsichtlich Zugänglichkeit, Farben, Kontraste etc. Validatoren dazu siehe Seite 22.

» Feed-Validatoren, prüfen RSS- und Atom-Feeds, z.B. *http://feedvalidator.org*

» Mikroformat-Validatoren, z.B. hCard-Validator *http://hcard.geekhood. net*

Wie funktioniert es?

Meist geben Sie bei Validatoren die zu prüfende URL ein oder laden ein Dokument hoch bzw. fügen Code-Schnippsel auf der Validator-Website ein. Der Validator checkt und gibt dann ein OK oder entsprechende Warnungen und Fehlerhinweise aus. Die Fehlerhinweise können jedoch leider manchesmal recht kryptisch sein, weil ein Fehler oft weitere mit sich zieht. Wir haben ein Dokument durch verschiedene Validatoren geschickt und folgende unterschiedliche Hinweise für ein und denselben Fehler erhalten. Im zu validierenden Dokument fehlte das End-Tag `</p>` (hier grau markiert, noch vorhanden):

```
71 <div id="siteinfo">
72    <h4>Siteinfo</h4>
73    <p>Design by newhouse new media<br />
74    All rights reserved</p>
75 </div>
```

Die Validierung bei http://validator.w3.org ergibt wegen des fehlenden `</p>`-End-Tags fünf Fehler:

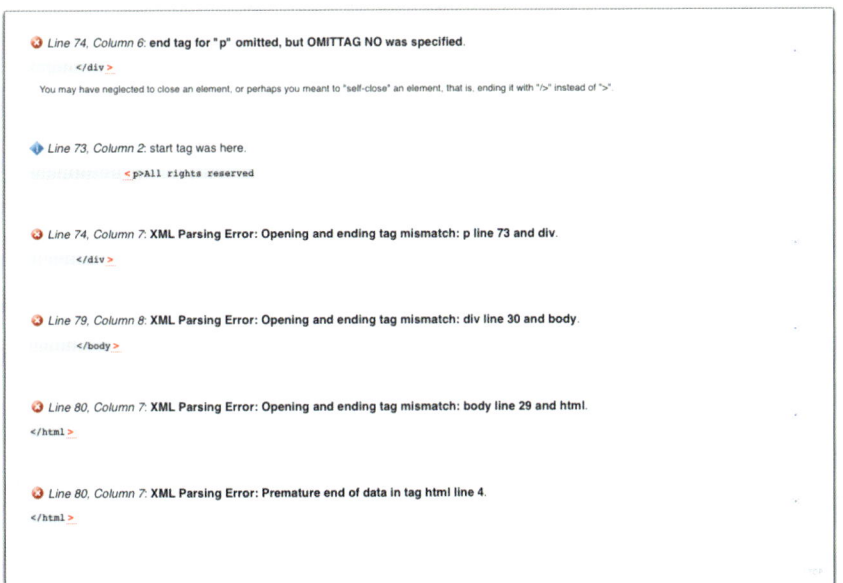

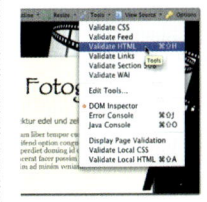

Die Webdeveloper Toolbar – eine sehr unverzichtbare Erweiterung für Mozilla Firefox – bietet ebenfalls einen schnellen Zugang zu verschiedenen Validatoren. Informationen zur Webdeveloper Toolbar lesen Sie auf Seite 40.

Interpretation und Vorgehensweise: Die oberste Fehlermeldung besagt bereits **end tag for „p" omitted**, also abschließendes `</p>` fehlt. Wenn Sie, wie bei der obersten Fehlermeldung angegeben, die Zeile 74 ansehen, finden Sie ein `</div>`-End-Tag vor – also so weit korrekt, auch wenn die Spitzklammer rot eingefärbt ist. Etwas Aufklärung bringt der blau markier-

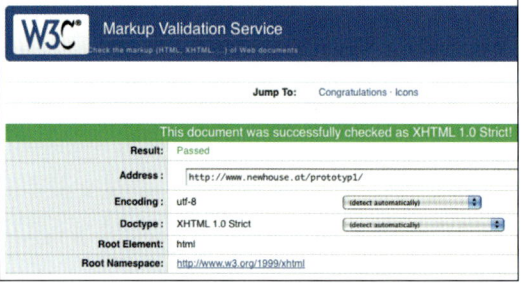

te Infopunkt, der besagt, dass das Anfangstag in Zeile 73 zu finden ist, und das <p>-Element angibt: Ergo suchen wir nach dem </p>, finden es nicht und setzen es ein. Alle weiteren Fehler verschwinden nach erneuter Prüfung.

„Entscheidend ist es, Einzelheiten und ihre Zusammenhänge zu verstehen. Dazu müssen die Inhalte aber auch so präsentiert werden, dass sie vom Anwender verarbeitet werden können. Verstehen und Wissen sind die Schlüssel zu einer aktiven Teilnahme am modernen Leben."
Stefan Münz, Autor von de.selfhtml.org und bis 2007 Vorsitzender des Vereins SELFHTML

Die Prüfung desselben Dokuments ergibt beim Validator der Webdesign-Group **http://www.htmlhelp.com/tools/validator** folgende Fehlermeldung:

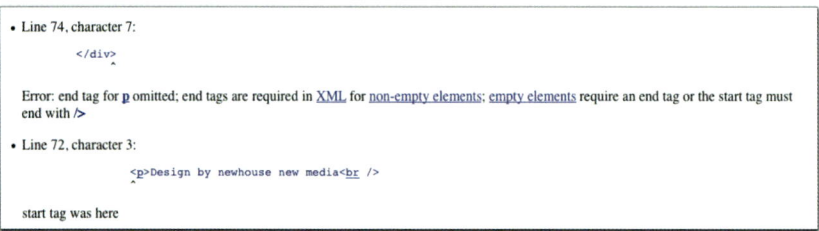

Auch hier wird auf Zeile 74 verwiesen, wo das abschließende </div>-Tag steht. Darunter befindet sich sogleich kurz und bündig die Fehlermeldung, dass das Abschlusstag für <p> fehlt (...) und in Zeile 72 das adäquate Anfangstag steht. Keine weiteren Fehlermeldungen. Nach der Korrektur ist auch dieser Validator zufrieden.

Abschließend noch ein Test bei **http://www.validome.org**:

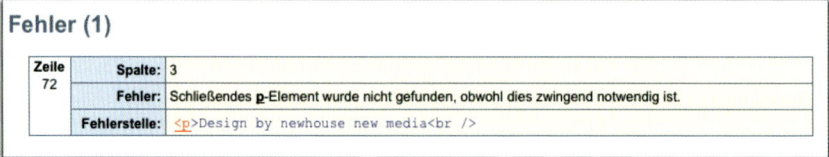

Die sympatisch kurz gehaltene und prägnante Fehlermeldung verweist direkt auf das Anfangstag in Zeile 72 und stellt fest, dass das Abschlusstag fehlt. Auch hier ist nach der Korrektur das Dokument valide.

Validierung CSS

Der bekannte W3C-CSS-Validierungsdienst **http://jigsaw.w3.org/css-validator/** erkennt korrekterweise keine Fehler im CSS, obwohl das Markup wegen des fehlenden `</p>` nicht valide ist:

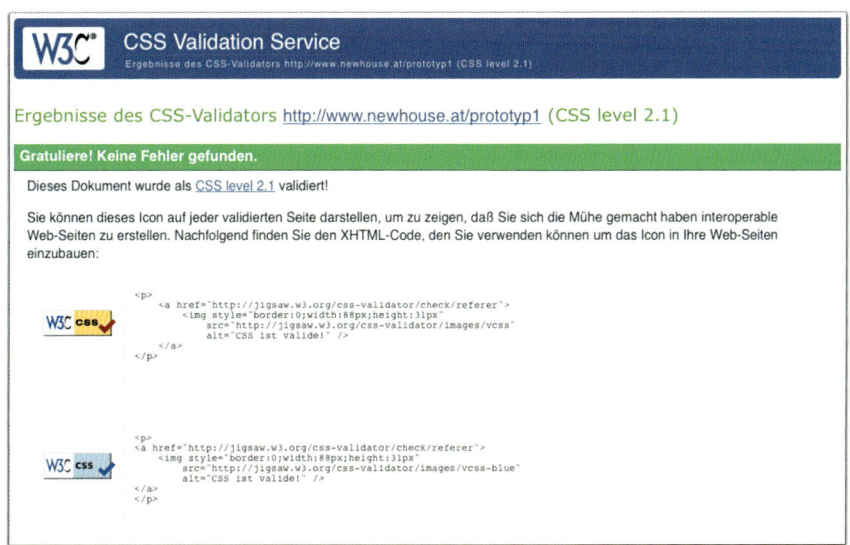

Fazit

Prüfen Sie regelmäßig während der Arbeit Markup UND CSS, aber auch die Accessibility. Je öfter Sie das tun, desto einfacher wird die Fehlersuche und desto größer Ihr Lerneffekt. Sie vermeiden dadurch schon im Vorhinein etwaige Wiederholungstaten und verringern die Fehlerliste. Verwenden Sie verschiedene Validatoren und lesen Sie genau die Fehlermeldungen durch, so kommen Sie am schnellsten zu den fehlerhaften Zeilen. Arbeiten Sie Fehler für Fehler ab. Wie wir schon bei den Beispielen gesehen haben, kann ein behobener Fehler einige weitere automatisch auflösen.

Und beachten Sie bitte, dass Validatoren Programme sind, die nicht prüfen können, ob die Struktur passt und ob Sie semantisch sinnvolles Markup programmiert haben. Bleiben Sie hier stets selbstkritisch!

(de) = deutsch
(en) = englisch

Im Anhang finden Sie ein Liste aller in dem Buch erwähnten Webadressen (ab Seite 372). Und natürlich auch auf der CD zum Sofort-Anklicken statt tippen.

Referenzen & Ressourcen

Wo nachsehen?

Bei der CSS-Programmierung ist das Nachschlagen nach Selektoren und Syntax und das Suchen nach Inspiration eine ganz wesentliche Voraussetzung für erfolgreiche Programmierung, daher finden Sie bereits hier an prominenter vorderer Stelle eine Auswahl der wichtigsten und interessantesten Website-Adressen & Ressourcen:

de.selfhtml.org (de)

SELFHTML ist wohl die bekannteste HTML-, aber auch CSS-Referenz im deutschsprachigen Raum. Sie bietet zu jedem Eintrag ausführliche Erklärungen, Praxisbeispiele inklusive Vorschau auf das Beispiel und Diskussionsmöglichkeiten in Foren. Tipp: Am schnellsten gelangen Sie durch Verwendung der Suchfunktion ans Ziel. Die Ergebnisse werden sortiert nach Kategorien HTML, CSS, XML etc. dargestellt. Wählen Sie also die entsprechenden Einträge unter CSS, wenn Sie wissen wollen, wie Sie z.B. Schriften per CSS notieren.

www.thestyleworks.de (de)

Die umfangreiche Website bietet neben einer CSS-Voll- und Kurzreferenz passende Beispiele, Konzepte und Tutorials und sogar ein Quiz! Eine wirklich empfehlenswerte Seite, die CSS-Themen sehr umfassend behandelt.

www.css4you.de (de)

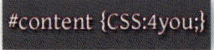

CSS4you hat sich als CSS-Referenz etabliert. Neben einer übersichtlichen Auflistung fast aller Eigenschaften finden Sie jeweils ein kurzes Beispiel – jedoch ohne Vorschaufunktion – und die Browserkompatibilitäten tabellarisch aufgelistet. Für AnfängerInnen gibt es CSS-Workshops.

http://www.w3.org/TR/CSS21 (en)

In gewohnt puritanischer Aufmachung präsentiert das W3C hier alle CSS-2.1-Spezifikationen. Mit vielen Beispielen und Erklärungen.

www.css-info.de/forum (de)

Sehr aktives CSS-Forum sowohl für AnfängerInnen als auch Fortgeschrittene. Üben Sie sich in der Umsetzung von CSS, indem Sie nicht nur Fragen stellen, sondern auch welche beantworten. Geben und nehmen!

www.meyerweb.com/eric/css (en)

Was wäre eine CSS-Referenz-Liste ohne Meyer? Unvollständig! Auf seiner Seite veröffentlicht und erläutert er seine bekannten CSS-Ideen.

http://tantek.com/CSS/Examples (en)

Tantek Çelik hat ein sehr bekanntes Hack für das Box-Modell geschrieben. Daneben finden sich auf seiner Website noch weitere spannende und innovative CSS-Ideen.

www.positioniseverything.net/explorer.html (en)

 „The weird and wonderful world of Internet Explorer" – eine Auflistung der zahlreichen Internet Explorer Bugs ab 5.0. Mit Screenshots und Codeschnippsel und natürlich auch Lösungen – falls möglich.

www.alistapart.com (en)

 Das englischsprachige Online-Web-Magazin erscheint bereits seit 1998 und ist die erste Anlaufstelle für „people who make websites". Inspirierende Ideen, kreative Lösungen und eine ausführliche Referenz laden zum Stöbern und Ausprobieren ein.

www.csszengarden.com (en)

 Der CSS-Zen-Garden ist eine schier unerschöpfliche Quelle der Inspiration. WebdesignerInnen veröffentlichen ihre CSS-Dateien, die den fix vorgegebenen Content stylen. Die CSS-Dateien sind einfach auf Klick aufrufbar, so lassen sich Ideen gut nachvollziehen (besser noch mit Firebug, siehe Seite 41).

http://csscollection.com (en)

Holen Sie sich Ideen auf der CSS-Collection. Unzählige Beispielwebsites sind hier zusammengetragen und nach Kategorien bzw. zeitlich sortiert veröffentlich.

Eine Übersetzung für den Box-Modell-Hack finden Sie bei Jens Meiert unter *http://meiert.com/de/publications/translations/tantek.com/boxmodelhack*.

Mobile Endgeräte werden immer häufiger. Um Websites dahingehend besser zu gestalten, hat das W3C eine Initiative gestartet. Unter *http://www.w3c.de/Flyer/mwbp_flip-cards_de.html* finden Sie ungewohnt attraktiv aufbereitet die zehn wichtigsten Richtlinien für mobiles Webdesign. Mit dem Mobil-Validator *http://validator.w3.org/mobile* prüfen Sie, inwieweit Ihre Website mobil-webtauglich ist.

Darstellung

Es gibt wohl kein anderes Medium, das dermaßen flexibel auf seine Umgebung reagieren muss – oder positiv ausgedrückt: reagieren kann – wie das Web. Nehmen Sie z.B. das Fernsehen – die Ausgabe erfolgt schlicht und einfach auf einem Fernsehgerät. Die ZuschauerInnen haben außer durch Umschalten des Programms so gut wie keinen Einfluss auf die Darstellung eines Films. Im Web ist es völlig anders: Wie eine Website beim Betrachtenden dargestellt wird, liegt außerhalb des Einflussbereichs des Webdesigners. So stellen sehbehinderte Menschen kurzerhand die Schriftgröße auf eine für sie angenehme Größe, andere blenden Farben oder sogar Grafiken aus, die Monitore haben unterschiedliche Auflösungen und es gibt sogar BenutzerInnen, die ihre eigenen Stylesheets verwenden etc. Eine Website sollte sich also so weit wie möglich an ihre Umgebung anpassen, denn sie wird gequetscht, verschmälert, erweitert, vergrößert, umgefärbt, entfärbt etc. Und trotz all dieser Eingriffe muss die Website komfortabel bedienbar sein und Informationen müssen übertragbar bleiben. Lesen Sie hier im Überblick, was es alles zu bedenken gibt und welche Hilfsmittel Sie Ihrer Website mit auf den Weg können, um der Flexibilität weitestmöglich zu dienen.

Medientypen

Neben der Vielfältigkeit von Endgeräten, die Websites darstellen, wie z.B. Desktop-Computer, mobile Geräte wie PDAs (Personal Digital Assistants), Smartphones (z.B. iPhone), Notebooks etc., kann eine Website ausgedruckt, vorgelesen, auf einem Braille-Drucker ausgegeben oder via Beamer projiziert werden. Als WebdesignerIn unterstützen Sie diese verschiedenen Medientypen, indem Sie Ihrer Website unterschiedliche Stylesheets mitgeben, die für die verschiedenen Medien das passende Design liefern. Das W3C sieht bis dato zehn Medientypen vor:

> » `all`: für alle Medientypen
>
> » `braille`: Ausgabe auf einer Braille-Zeile
>
> » `embossed`: Ausgabe auf einem Braille-Drucker
>
> » `handheld`: Ausgabe auf PDAs, Smartphones etc.
>
> » `print`: Ausgabe am Drucker
>
> » `projection`: Ausgabe via Projektor (Beamer etc.)
>
> » `screen`: Ausgabe am Monitor

» `speech` (in CSS 2: `aural`): für Sprachausgabe per Screenreader (s. auch Seite 58)

» `tty`: Abk. für teletype, engl. für Fernschreiber. Ausgabe auf Medien, die fixe Zeichenbreiten verwenden, z.B. Terminals, aber auch textbasierte Browser wie Lynx. Vermeiden Sie hier Pixel-Einheiten.

» `tv`: Für die Ausgabe auf TV-ähnlichen Geräten, die insbesondere eine geringe Auflösung, wenig Farben, keine bzw. kaum Möglichkeit zum Scrollen bieten und zumeist über Audio-Ausgabe verfügen.

Zusätzliches Stylesheet für die Ausgabe am Drucker

So hängen Sie der HTML-Datei ein zusätzliches Stylesheet zur optimierten Ausgabe am Drucker an:

```
<head>
<link rel="stylesheet" type="text/css" media="all" href="layout.css" />
<link rel="stylesheet" type="text/css" media="print" href="druck.css" />
</head>
```

bzw. es bietet sich an, hinter „print" ein „embossed" für den Braille-Drucker anzufügen:

```
<link rel="stylesheet" type="text/css" media="print, embossed"
href="druck.css" />
```

Blenden Sie in der druck.css Navigationsbereiche, Hintergrundgrafiken, Suchfelder etc. aus, z.B. so:

```
body {background-image:none;}
.search {display:none;}
#navi {display:none;}
```

Tipps für ein gelungenes Drucklayout:

» Definieren Sie Schriften mit schwarzer bzw. dunkelgrauer Schriftfarbe und verwenden Sie dafür die Maßeinheit in pt.

» Man sagt, dass man auf Papier eine Serifen-Schrift besser lesen kann, während am Bildschirm eine serifenlose vorteilhafter fürs Auge ist. Stellen Sie ggfs. die Print-CSS dahingehend um.

» Lassen Sie die Hintergrundfarbe auf Weiß.

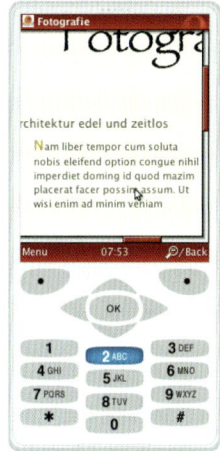

Ist Ihre Website handheld-fit? Der Opera Mini Simulator zeigt's: *http://www.opera.com/mini/demo*

Zusätzliche Stylesheets können Sie nicht nur per HTML einbinden, sondern auch via CSS. Notieren Sie dazu in der ersten Zeile der CSS-Datei `@import url("druck.css") print;`

S

Serifenlose Schrift
(„sans-serif")

S

Serifen-Schrift
(„serif")

Die Auflösung Ihres
Monitors lesen Sie
in der Systemsteu-
erung bzw. den
Systemeinstellungen
aus.

» Heben Sie Überschriften und Hyperlinks hervor (Hyperlinks deshalb, damit der Leser später nachvollziehen kann, wo es ggfs.
vertiefende Informationen gibt).

» Vergessen Sie nicht, ein eventuell vorhandenes Logo auf dem Ausdruck zu platzieren. Bieten Sie Grafiken drucktauglich an (300 ppi).

Die für den Druck vorgesehene CSS-Datei wird automatisch geladen,
sobald der Benutzer auf den Menübefehl Drucken klickt.

Monitorauflösung

Eine weitere Unbekannte bei der Darstellung Ihrer Website ist die Monitor-
auflösung: So gibt es z.B. die eher geringe Auflösung von 800 x 600 Pixel,
häufiger finden sich 1024 x 768 Pixel bzw. höhere Auflösungen von 1280
x 1024 Pixel, 1680 x 1050 Pixel oder 1600 x 1200 Pixel etc. PDAs haben
überhaupt nur eine Breite von 320 Pixel.

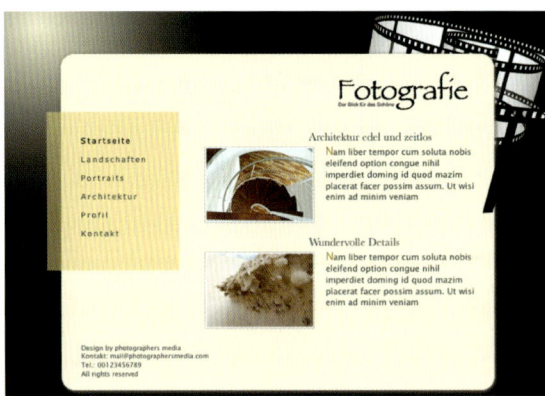

Ansicht im Browser   Die Webseite im Ausdruck

Darüber hinaus nützen UserInnen, die über eine sehr hoher Auflösung
verfügen, diese meist nicht voll aus, sondern lassen das Browser-Fenster
mittelgroß geöffnet. Wir haben es also mit allen möglichen Größen zu tun.

Wie geht man als WebdesignerIn damit um? Dazu gibt es zwei grundsätzliche Philosophien bzw. Ansätze:

» **Fixe Breite:** Am häufigsten findet man im Web fixe Website-Grö-
ßen – sie sind für eine bestimmte Auflösung optimiert und zurzeit
meist für 1024 x 768 Pixel programmiert. Die Website bleibt trotz

größerem Browser-Fenster gleich, aber auch trotz kleinerem Display – und für PDA-BenutzerInnen heißt das, dass sie horizontal scrollen müssen. Verhindert werden kann dies, indem ein alternatives Stylesheet (`handheld`, siehe Seite 32) bereitgestellt wird.

» **Flexible Breite:** Beim flexiblen Layout passt sich die Website bis zu einem bestimmten Minimum/Maximum (`min-width`, `max-width`) an das Browser-Fenster an. Flexibles Layout wird auch Fluent-Layout genannt. Diese Variante ist etwas aufwändiger in der Programmierung, jedoch benutzerfreundlicher.

Wie erwähnt ist es für AnfängerInnen häufig einfacher, eine Website mit einer fixen Breite umzusetzen, da man über Werte verfügt, an die man sich „halten" kann. Auch ist die Entscheidung abhängig vom Umfang der Inhalte. Wenn Sie nur wenig Text und Bilder auf der Website veröffentlichen, wäre eine skalierbare Website wohl etwas übertrieben und würde den Inhalt nur unangenehm verbreitern.

Auch wenn wir theoretisch über ein hohes Maß an Breite verfügen, darf eine Zeile nicht zu lang werden. Wenn Sie viel Text haben, sollten Sie diesen in Spalten aufteilen – damit bleibt er überschaubar und ist damit angenehmer zu lesen.

Die Prototypen in diesem Buch zeigen beide Varianten: Prototyp 1 und 2 haben je eine fixe Breite, Protoyp 3 ist flexibel mit einer Mindest- bzw. Maximumbreite.

Fixes Layout bei 800 x 600 Pixel

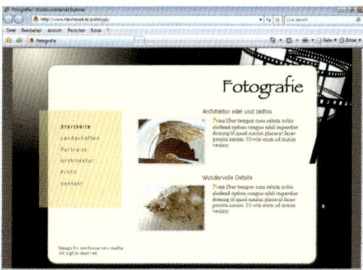

Fixes Layout bei 1024 x 768 Pixel

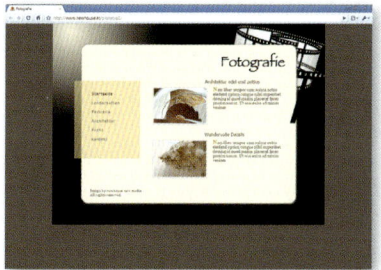

Fixes Layout bei 1200 x 1024 Pixel

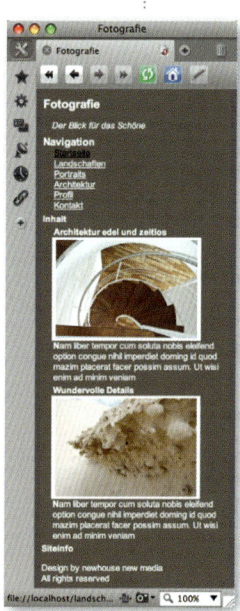

Opera Darstellung > Klein-Bildschirm

Darstellung der Schriften

Auch bei der Präsentation der Schriftarten gibt es Unterschiede – selbst bei ein und derselben Schriftart. Sehen Sie hier die Screenshots der unterschiedlichen Darstellungen durch die Betriebssysteme:

Nam liber tempo eleifend option d doming id quod possim assum. l veniam

Nam liber tempo eleifend option d doming id quod possim assum. U veniam

Nam liber tempo eleifend option c doming id quod r possim assum. U veniam

Nam liber tempo eleifend option c doming id quod r possim assum. U veniam

Dieselben Schriftarten auf verschiedenen Browsern, v.l.n.r.: Firefox auf Mac, Ubuntu, Windows Vista und Windows XP

Testen Sie daher das Schriftbild Ihrer Website auf möglichst vielen verschiedenen Browsern unter unterschiedlichen Betriebssystemen, denn manchesmal kann es auf dem einen oder anderen System wirklich enttäuschend aussehen.

Präsentation der Farben

Die Farbdarstellung ist ebenfalls eine große Variable: Das beginnt schon damit, dass Windows-betriebene Monitore grundsätzlich etwas dunkler sind als unter Mac betriebene. Das liegt am unterschiedlichen Gamma-Wert: Unter Windows liegt dieser bei 2,2 und am Mac bei 1,8.

Weiters sind nur kalibrierte Monitore farbverbindlich, doch davon kann man natürlich nur in seltenen Fällen ausgehen. Daher dürfen Sie nicht enttäuscht sein, wenn Farben nicht so leuchtend dargestellt werden, wie Sie sich das gewünscht hätten. Falls Ihr Bildbearbeitungsprogramm über den Befehl ...FÜR WEB SPEICHERN verfügt, nutzen Sie ihn. Hier haben Sie meist die Möglichkeit, verschiedene Qualitätsstufen auszuwählen und miteinander die Ergebnisse zu vergleichen. Die Bilder werden dabei im sRGB-Farbraum gespeichert. Safari ist bis dato der einzige Browser, der Farbmanagement standardmäßig unterstützt, ab Firefox 3 können Sie die Option manuell aktivieren (siehe Tipp am Seitenrand).

Firefox beherrscht Farbmanagement, aber es ist leider standardmäßig deaktiviert. Zur Aktivierung geben Sie in die Adresszeile des Browsers **about:config** ein und filtern Sie die Anzeige mittels Eingabe von „**gfx**". Doppelklicken Sie auf die Zeile **gfx. color_management. enabled** – dadurch stellen Sie den Wert auf **true**. Starten Sie den Browser neu.

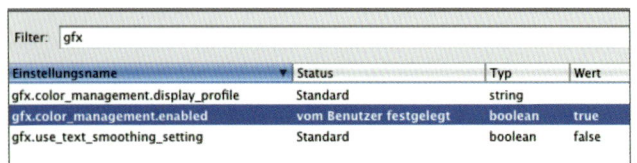

Filter:	gfx			
Einstellungsname ▼	**Status**		**Typ**	**Wert**
gfx.color_management.display_profile	Standard		string	
gfx.color_management.enabled	vom Benutzer festgelegt		boolean	true
gfx.use_text_smoothing_setting	Standard		boolean	false

Falls Sie noch von den 216 websicheren Farben gehört haben: Diese Zahl ist mit den verbesserten Bildschirmkarten und Monitoren überholt. Lesen Sie dazu auch das Zitat von Lynda Weinman, der Entwicklerin der ersten Webpalette:

> „You might have heard of the browser-safe palette, Netscape palette, 216 palette, Web palette, and/or 6×6×6 color cube. All these terms refer to the same set of colors, which this page will describe in detail. […] The browser-safe palette was developed by programmers with no design sense, I assure you. That's because a designer would have never picked these colors. […] The only reason to use the browser-safe palette is if you have a concern that your Web design work will be viewed from a 256 color (8-bit) computer system."

... und diese Zeiten sind zum Glück vorbei! Das heißt, Sie können völlig problemlos eine Farbe aus einer – für das Web abgespeicherten und dadurch eventuell auch (farb)komprimierten – Datei ausmessen und als hexadezimalen Wert (z.B. #455569) in CSS notieren.

@import Auflösung aural Benutzerfreundlichkeit Bildschirmkarte braille Breite embossed Farben Farbmanangement fixe Breite flexible Breite Darstellung display:none; Druck handheld Fluent-Layout Medientypen print projection Safari Schriftbild speech sRGB tty tv Unbekannte Variable websichere Farben Weinman

Vorbereitungen

Nun geht's in Kürze ans CSS-Programmieren :)! Bevor Sie nun aber wirklich starten können, müssen Sie noch ein paar Vorbereitungen für Ihre Arbeitsumgebung treffen. Dazu sind die folgenden Programme und Tools nötig bzw. empfehlenswert:

1. Ein Ihnen sympatischer **Editor** zum Schreiben des Codes

2. Eine übersichtliche **Ordnerstruktur** zur Dateiverwaltung

3. Eine virtuelle **Testumgebung** mit verschiedenen Browser-Versionen auf unterschiedlichen Betriebssystemen.

4. Browser-**Erweiterungen** Webdeveloper-Toolbar und/oder Firebug

1. Editoren

In einem Editor tippen Sie HTML-Quellcode und CSS. Die HTML-Seite betrachten und testen Sie anschließend in einem – oder mehreren – Browser-Fenster/n. Es gibt zahllose Editoren in allen Preisklassen, von kostenpflichtig über preisgünstig bis ganz gratis. Mit der Zeit werden Sie die Vor- und Nachteile der unterschiedlichen Programme feststellen – ganz klar. Natürlich können Sie auch mit einem ganz normalen Notepad, das standardmäßig unter jedem Betriebssystem installiert ist, verwenden. HTML-Editoren sind jedoch naturgemäß spezialisiert auf das Management von Quellcode, daher heben manche Tags farbig hervor, bieten Auto-Vervollständigungen an, zeigen Listen von möglichen Attributen zu einem Selektor und unterstützen Shortcuts zur Browser-Vorschau. Gerne geben wir Ihnen hier ein paar Empfehlungen für Ihren Editor ab (wenn nicht anders angegeben, dann frei):

Für Windows:

> » Notepad++: *http://notepad-plus.sourceforge.net*
>
> » superEdi: *http://www.wolosoft.com/en/superedi*
>
> » CoffeeCup HTML-Editor (30-Tage Trial, dann 49,00 $): *http://www.coffeecup.com/html-editor*

Für Mac:

> » Taco HTML-Edit (30-Tage Trial, dann 24,95 $): *http://tacosw.com*
>
> » Coda: *http://www.panic.com/coda*

Auf Wikipedia finden Sie eine ausführliche Liste an Editoren: *http://de.wikipedia. org/wiki/Liste_von_ HTML-Editoren.* Dr. Web hat einige davon detaillierter beschrieben: *http:// www.drweb.de/ magazin/css-edito- ren-marktubersicht.* Testen Sie sich durch!

Verwenden Sie jedoch keinen WYSIWYG-Editor (What You See Is What You Get), da diese Editoren häufig überflüssigen oder sogar nichtvaliden Quellcode erzeugen!

Für Linux:

» Quanta Plus: *http://quanta.kdewebdev.org*

» Bluefish: *http://bluefish.openoffice.nl*

Für alle Plattformen:

» JEdit (reiner Texteditor): *http://www.jedit.org*

» Vi bzw. Vim – auch geeignet für Eingaben direkt am Server: *www.vim.org*

Taco HTML-Edit mit
Auto-Vervollständigen

Quanta Plus wurde 2003-2006 von LinuxQuestions.org zum besten HTML-Editor gekürt. **Coda** gewann 2007 den Apple Design Award.

Achten Sie bei Editoren auf UTF-8-Unterstützung, denn dann brauchen Sie keine Gedanken mehr an die unterschiedlichen Zeichensätze verlieren, da damit alle Zeichen darstellbar sind.

2. Ordnerstruktur

Legen Sie sich für jedes Webprojekt = jede Website, die Sie programmieren, auf Ihrem Computer eine übersichtliche Ordnerstruktur an. Diese kann z.B. wie folgt aussehen:

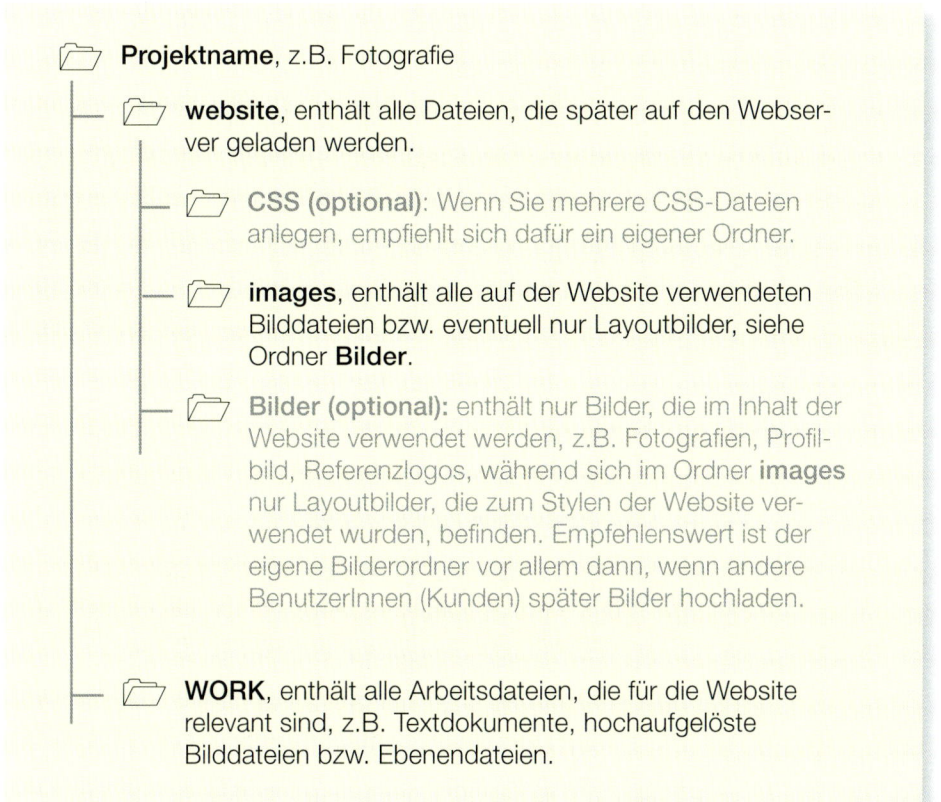

Projektname, z.B. Fotografie

website, enthält alle Dateien, die später auf den Webserver geladen werden.

CSS (optional): Wenn Sie mehrere CSS-Dateien anlegen, empfiehlt sich dafür ein eigener Ordner.

images, enthält alle auf der Website verwendeten Bilddateien bzw. eventuell nur Layoutbilder, siehe Ordner **Bilder**.

Bilder (optional): enthält nur Bilder, die im Inhalt der Website verwendet werden, z.B. Fotografien, Profilbild, Referenzlogos, während sich im Ordner **images** nur Layoutbilder, die zum Stylen der Website verwendet wurden, befinden. Empfehlenswert ist der eigene Bilderordner vor allem dann, wenn andere BenutzerInnen (Kunden) später Bilder hochladen.

WORK, enthält alle Arbeitsdateien, die für die Website relevant sind, z.B. Textdokumente, hochaufgelöste Bilddateien bzw. Ebenendateien.

4

Die VirtualBox wird von Sun Microsystems unter der PUEL- (Personal Use and Evaluation License) zur Verfügung gestellt.
Die VirtualBox unterstützt den Betrieb unterschiedlicher Betriebssysteme (Linux, Windows, Mac etc). Die Betriebssysteme selbst müssen Sie jedoch gesondert besorgen.

Wenn Ihnen VirtualBox, Multiple IEs etc. zu aufwändig sind, prüfen Sie Ihre Website mithilfe von *http://browsershots. org*. Die Seite liefert Ihnen Screenshots Ihrer Website von zahlreichen Browsern und Betriebssystemen.

MultipleIEs verstehen keine Conditional Comments. (Was sind Conditional Comments? Siehe Seite 92)

3. Virtuelle Testumgebung

VirtualBox

Es ist unumgänglich, die Website auf möglichst vielen Umgebungen, sprich Betriebssystemen und Browser-Typen und -Versionen, zu testen. Nun müssen Sie zum Glück nicht für jedes Betriebssystem einen eigenen Computer bereitstellen, sondern Sie installieren eine sogenannte virtuelle Testumgebung. Zu empfehlen ist hier **VirtualBox**. Mit dieser Software laufen verschiedenste Betriebssysteme parallel auf Ihrem Computer, so z.B. unter Mac Windows und Linux.

Eine detaillierte Beschreibung zur Handhabung des Programms würde jetzt den hier zur Verfügung stehenden Rahmen sprengen. Das Programm ist jedoch sehr intuitiv und benutzerfreundlich gestaltet. Download und Dokumentation finden Sie hier: *http://www.VirtualBox.org/wiki/VirtualBox*.

MultipleIEs für Windows XP bzw. Linux

Um die Websites auf unterschiedlichen Versionen des Microsoft Internet Explorer testen zu können, installieren Sie **MultipleIEs** (Download z.B. von *http://tredosoft.com/Multiple_IE*). Dieses Paket enthält IE 3 (!!), IE 4.01 (!), IE 5, IE 5.5 und IE6 und lässt sich parallel zum IE 7 installieren.

Für Windows Vista gibt es dieses Paket leider nicht, aber unter *http://tredosoft.com/IE6_For_Vista_Part_1* finden Sie einen Workaround.

Für Linux gibt es **IEs 4 Linux** hier zum Download: *http://www.tatanka.com.br/ies4linux*.

4. Webdeveloper-Toolbar, Firebug

Ganz essenziell bei der Programmierung sind die folgenden beiden Erweiterungen:

Webdeveloper-Toolbar

Entwickelt von Chris Pederick enthält diese Browser-Erweiterung viele wichtige Befehle zum Betrachten und Bearbeiten einer Website: Mit diesem unentbehrlichen Tool machen Sie div-Verschachtelungen sichtbar, erkennen Vererbungen, blenden zielgenau Eigenschaften für einzelne Elemente ein und können sogar in die CSS eingreifen und bearbeiten (selbst bei fremden Seiten!; natürlich ohne Speichermöglichkeit, wenn Sie keine

Schreibberechtigung haben). Außerdem blenden Sie damit Bilder aus, löschen Cache bzw. Cookies, deaktivieren JavaScript, finden eine Sammlung aller wichtigen Validierungs-Links usw. Download ...

» ... für Mozilla Firefox unter *http://chrispederick.com/work/webdeveloper* (DAS Original!).

» ... für Opera gibt es eine adäquate Toolbar hier: *http://operawiki.info/WebDevToolbar*

» ... für IE gibt es die Developer Toolbar unter *http://www.microsoft.com.*
(Suchen Sie nach dem entsprechenden Schlüsselwort.)

Eine Übersicht über die in dem Buch verwendeten Testumgebungen finden Sie auf Seite 9.

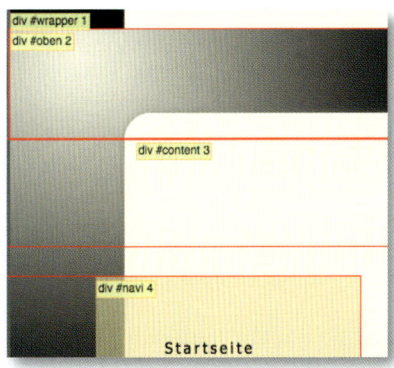
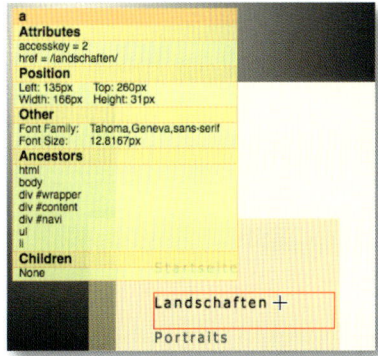

Die Webdeveloper Toolbar für Firefox – unentbehrlich!

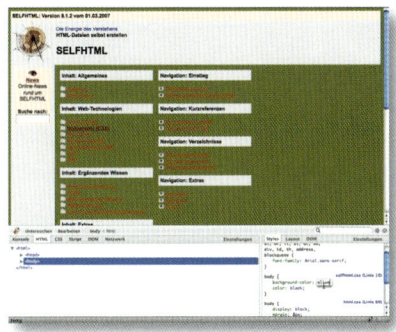

Container mit einer Hintergrundfarbe hervorheben, wie hier in Olivgrün die Webseite von http://selfhtml.org, hilft, Strukturen zu erkennen.

Firebug

Firebug, ebenfalls für Firefox erhältlich unter *https://addons.mozilla.org/de/firefox/addon/1843,* enthält ebenfalls viele Befehle für den Profi.

Beispielsweise sehen Sie die einzelnen XHTML-Container, aus denen eine Website zusammengesetzt ist, und die dazu passenden CSS-Selektoren sofort auf Klick. Sie greifen auch damit direkt in den Quellcode ein und erkennen wunderbar übersichtlich den Dokumentstammbaum.

Nur wer seinen eigenen Weg geht, kann von niemandem überholt wer-den. Marlon Brando

{2 CSS-Basics}

Im vorhergehenden Kapitel Grundlegendes haben wir uns ausführlich mit den Vorbereitungen für die nun folgenden Kapitel {2 CSS-Basics} und {3 Prototypen} beschäftigt: Wir wissen grob, um was es bei CSS geht, haben eine perfekte Arbeits- und Testumgebung eingerichtet, uns vielleicht die Referenzen als Lesezeichen in unserem Browser abgelegt, uns von CSS-Zen-Garden inspirieren lassen und sind somit fit und gut ausgerüstet, um mit der Praxis zu starten.

In diesem nun folgenden Kapitel beginnen wir gleich nach der Dokumenttyp-Deklaration mit dem Aufbau einer XHTML-Seitenstruktur – keine Sorge, wir langweilen Sie nun nicht mit dem korrekten Öffnen und Schließen von HTML-Tags, sondern hier geht es darum, die sinnvolle Reihenfolge und Bezeichnung für die Inhalte festzulegen. Danach geht es schon weiter mit CSS-Einbindung, der Unterscheidung von Block- versus Inline-Elementen, den CSS-Maßeinheiten, der Erläuterung der Kaskade, dem Box-Modell, der Positionierung uvm.

Sie können dieses Kapitel einerseits Schritt für Schritt durchgehen oder aber auch sofort mit der Umsetzung der Prototypen starten (ab Seite 130) und dieses Kapitel nur zum Nachschlagen verwenden.

Die HTML-Kopfdaten müssen Sie nicht auswändig lernen – falls dies Ihr Editor unterstützt, legen Sie eine Vorlage mit den HTML-Kopfdaten an. Oder kopieren Sie diese aus vorherigen Webprojekten. So vermeiden Sie Tippfehler.

Am besten Sie kopieren die HTML-Kopfdaten aus den Prototypen in ein leeres Dokument, so passieren am wenigsten Fehler. Die Aufteilung in zwei Zeilen ist zwecks besserer Lesbarkeit bewusst so gehalten.

Eine weitere Möglichkeit, rasch zu einer vollständigen DTD zu gelangen, ist hier: *http://www.w3.org/ QA/2002/04/valid-dtd-list.html.*

XHTML-Seitenstruktur

Wir haben nun im vorherigen Abschnitt vieles über Zugänglichkeit und Barrierefreiheit besprochen – in diesem Abschnitt setzen wir die Theorie in die Praxis um und beschäftigen uns im ersten Schritt mit dem Aufbau einer HTML-Seite. Dabei geht es hier weniger um das HTML-Grundgerüst als vielmehr um richtige – semantisch sinnvolle – Be- und Auszeichnung der Inhalte, so dass diese sowohl von Suchmaschinen als auch behinderten Menschen besser wahrgenommen werden. Vorweg werfen wir noch einen kurzen Blick auf die Dokumenttyp-Deklaration:

Dokumenttyp-Deklaration (DTD)

Erinnern Sie sich?

> „Ein Dokument ist dann gültig, wenn es eine Dokumenttyp-Deklaration (DTD) enthält, die dazu passende Grammatik einhält und wohlgeformt ist.“

(Mehr zum Thema Validierung siehe Seite 26.) Die Dokumenttyp-Deklaration (engl. doctype declaration) ist sozusagen die Inhaltsangabe, sie erklärt dem Browser, in welcher Sprache der nachfolgende Quellcode formuliert ist, welche Elemente vorkommen dürfen und wie diese notiert werden. Achtung: Bei fehlender DTD versuchen Browser zu „erraten", um welche es sich handeln könnte – was eigentümliche Konsequenzen haben kann, und außerdem ist das Dokument dann nicht valide!

DTD-Varianten

Für XHTML gibt es drei mögliche Dokumenttyp-Deklarationen:

1. Strict – die korrekte, strenge Variante:

```
<!DOCTYPE html PUBLIC „-//W3C//DTD XHTML 1.0 Strict//EN"
    „http://www.w3.org/TR/xhtml1/DTD/xhtml1-strict.dtd">
```

Diese empfehlenswerte Variante ist die sauberste Möglichkeit der Auszeichnung. Die Regeln sind strenger einzuhalten – was aber langfristig Probleme vermeidet, da Sie von Anfang an korrektes Markup anwenden. Eine Liste aller nicht erlaubten Elemente und Attribute finden Sie hier: *http://de.selfhtml.org/html/referenz/varianten.htm#typen.*

2. Transitional – die Naja-bin-noch-unsicher-Variante:

```
<!DOCTYPE html PUBLIC "-//W3C//DTD XHTML 1.0 Transitional//EN"
    "http://www.w3.org/TR/xhtml1/DTD/xhtml1-transitional.dtd">
```

Bei der Transitional-Variante wird nicht so streng geprüft, die Regeln sind milder, da wird noch hier und da ein Auge zugedrückt ... Diese DTD ist nur als Übergangslösung veröffentlicht, denn Sie dürfen bei dieser sanften DTD noch Elemente aus HTML, wie z.B. `<font>`, `<center>` etc., verwenden, die in XML nicht mehr gültig sind.

Was vielleicht verlockend klingt, aber wie heißt es so schön:

Der Weg des geringsten Widerstandes ist nur am Anfang asphaltiert.
(Hans Kasper)

Wirklich nötig ist diese DTD bei der Verwendung von `<iframe>`.

3. Frameset – für ... ja, genau Frames:

```
<!DOCTYPE html PUBLIC "-//W3C//DTD XHTML 1.0 Frameset//EN"
    "http://www.w3.org/TR/xhtml1/DTD/xhtml1-frameset.dtd">
```

In dieser DTD dürfen Sie Framesets einsetzen. Diese Technik wurde in den 90er Jahren gerne verwendet, um nur einen Teil – den Contentbereich – der Website neu zu laden, während die Navigation stehen blieb. Da XML diese Technik standardmäßig nicht unterstützt, müssen Sie beim Einsatz von Framesets diese spezielle DTD angeben.

DTD im Einsatz

Die DTD steht **fast** am Anfang des HTML-Dokuments, also noch oberhalb des startenden HTML-Tags und ist casesensitiv, d.h. Groß- und Kleinschreibung muss genau eingehalten werden. „Fast" deshalb, weil es davor noch eine Zeile für die XML-Deklaration gibt, dazu gleich mehr.

Hier nun das vollständige HTML-Grundgerüst inklusive XML-Deklaration, DTD, `<head>` und `<body>` und einigen anderen Angaben (siehe nachfolgende Seite):

2

3

4

```
1  <?xml version="1.0" encoding="UTF-8"?>
2  <!DOCTYPE html PUBLIC "-//W3C//DTD XHTML 1.0 Strict//EN"
3      "http://www.w3.org/TR/xhtml1/DTD/xhtml1-strict.dtd">
4  <html xmlns="http://www.w3.org/1999/xhtml" xml:lang="de" lang="de">
5  <head>
6  <meta name="language" content="german, de, deutsch" />
7  <meta http-equiv="Content-Type" content="text/html; charset=utf-8" />
8  <title>Titel der Website</title>
9  </head>
10 <body>
11     Hier steht der Inhalt der Webseite
12 </body>
13 </html>
```

Wenn Sie für Ihre Dateien den Zeichensatz UTF-8 wählen, prüfen Sie, ob der Webserver darauf eingestellt ist. Erkundigen Sie sich bei Ihrem Provider oder testen Sie es selbst: Öffnen Sie Firefox und wählen Sie in der Webdeveloper Toolbar den Befehl INFORMATION > ANTWORT HEADER ANZEIGEN. In der letzten Zeile Content-Type sollte utf-8 stehen.

Response Headers - http

```
Date: Tue, 07 Apr 2009 05:48:20 GMT
Server: Apache/2.2.3 (Debian) PHP/5.2.8
X-Powered-By: PHP/5.2.8-0.dotdeb.1
X-Pingback: http://www.drweb.de/magazin
Cache-Control: max-age=1, public, must-
Expires: Tue, 07 Apr 2009 05:48:21 GMT
Keep-Alive: timeout=10, max=150
Connection: Keep-Alive
Transfer-Encoding: chunked
Content-Type: text/html; charset=UTF-8
```

Wenn Content-Type keinen Zeichensatz liefert, geben Sie ihn entweder in der XML-Deklaration oder besser noch im <meta http-equiv...> an oder Sie fügen ihn per .htaccess hinzu.

Mehr Infos dazu unter *http://www.w3.org/International/O-charset*.

Zeile Nr.	Beschreibung
1	= XML-Deklaration, die korrekterweise hier stehen sollte („not required but encouraged"), jedoch aufgrund eines Bugs den IE bis 6 und Opera 7.0 bis 7.03 in den „Quirks-Modus" versetzt. Daher besser weglassen, aber unbedingt darunter in einem Meta-Tag den utf-8 Zeichensatz notieren (7).
2-3	Dokumenttyp-Deklaration
4	html-Element, dahinter die Attribute: XML-Namensraum (xmlns = name space) und Linkverweis; xml:lang bzw. lang, Angabe der Sprache, in der das Dokument verfasst ist (hier: de = Deutsch). Das Attribut für die Sprache ist hier einmal für html und einmal für xml notiert, daher die doppelte Angabe.
5	Beginn des Kopfs <head>
6	Meta-Tag, Sprachangabe. Diesmal hauptsächlich für Suchmaschinen.
7	Meta-Tag für die Zeichencodierung content für den MIME-Typ (Achtung, ab XHTML 1.1. müssen Sie den XML-MIME-Typen application/xhtml+xml angeben. Dies wird jedoch nur von den neuesten Browsern akzeptiert und ist weit strenger.) charset für die verwendete Zeichencodierung
8	Oft unterschätztes title-Element, wird angezeigt im Browser-Fenster, bei Tabs, als Bookmark, in der Liste der besuchten Seiten und als Link in Suchmaschinen.
9	Abschließendes End-Tag </head>
10	Öffnen von Start-Tag <body>
12	Abschließendes End-Tag </body>
13	Abschließendes End-Tag </html>

Struktur & Bezeichnung der Inhalte

Seit der Loslösung vom tabellenbasierten Layout haben wir mehr Freiheiten im Designprozess: Manche beginnen mit dem Design in einem Bildbearbeitungsprogramm und setzen dieses anschließend in XHMTL und CSS um. Andere WebdesignerInnen starten lieber mit dem Aufbau des Markups und designen ad hoc nach ihren kreativen Ideen, die vielleicht nach und nach entstehen und nur in ihrem Kopf vorhanden sind. Mit CSS haben wir unendliche Freiheiten – nachträgliche Änderungen, Verschiebungen ganzer Seitenelemente oder einzelner Elemente sind viel einfacher möglich als früher, als die Tabelle ein starres Korsett darstellte.

Wie auch immer Sie beginnen: Schenken Sie beim Aufbau der HTML-Page dem Inhalt (mehr) Aufmerksamkeit. Versuchen Sie in diesem Arbeitsschritt, Design, Farben, Schriftarten etc. im Hintergrund zu halten und sich nur mal um die logische Reihenfolge der einzelnen Themenblöcke zu kümmern. So erhält Ihre Seite völlig automatisch eine Struktur, die Sie später mit CSS in ein ansehnliches Format bringen.

Struktureller Aufbau Prototyp 1

Überlegen wir uns anhand des ersten Prototypen (ab Seite 130) – der eine Website für einen Fotografen beschreibt – die Inhalte. Was soll auf der Seite stehen? Brainstorming:

- » Ein Logo
- » Die Beschreibung der Tätigkeit
- » Überschriften über den Texten
- » Die Navigation
- » Beispielfotos
- » eventuell Titel zu den Fotos?
- » Informationen zur Seite

Ich hoffe, Sie sind mit den Vorschlägen einverstanden! Sammeln Sie also alle für die Seite wichtigen Inhalte – schreiben Sie die Texte z.B. in Ihrem Lieblingseditor und fügen Sie auch gleich relevante Bilder mit dem üblichen `<img />`-Tag ein. Nun gilt es, die Inhalte in eine sinnvolle Reihenfolge zu bringen – das Ergebnis dazu kann so aussehen:

Struktureller Aufbau Prototyp 1

Fotografie

Der Blick für das Schöne

Logobereich

Navigation

Startseite

Landschaften

Portraits

Architektur

Profil

Kontakt

Navigation

Inhalt

Architektur edel und zeitlos

Bereich für den Inhalt

Nam liber tempor cum soluta nobis eleifend option congue nihil imperdiet doming id quod mazim placerat facer possim assum. Ut wisi enim ad minim veniam

Wundervolle Details

Nam liber tempor cum soluta nobis eleifend option congue nihil imperdiet doming id quod mazim placerat facer possim assum. Ut wisi enim ad minim veniam

Information zur Seite

Design by newhouse new media

All rights reserved

Seiteninformation

Zugegeben: Das Ganze sieht noch etwas puritanisch aus, doch hier ist uns die thematische Zusammenfassung der Inhalte wichtiger als das Aussehen. Anhand der Rahmen erkennen Sie nun, wie sich die Inhalte sinnvoll gruppieren lassen.

Wir haben im Abschnitt semantisches XHTML und Mikroformate (siehe Seite 15) bereits erkannt, dass es sinnvoll ist, Tags inhaltsbezogen einzusetzen. Wir haben uns dies am Beispiel einer einfachen Überschrift angesehen. Beim Aufbau einer kompletten Webseite geht es im Prinzip nun um das Gleiche, wir setzen Tags inhaltsbezogen ein.

Beim semantischen Design überlegen wir uns

1. die logische Gruppierung der Inhalte
2. und die Reihenfolge der Gruppen.

Und wie sagen wir's in XHTML?

Die logische Gruppierung

Die logische Gruppierung erfolgt mit `<div>`. Wir umfassen jede Gruppe – also den Logobereich, die Navigation, den Inhalt und die Seiteninformation mit je einem `<div>`. Des Weiteren versuchen wir, soweit wie möglich `<div>`s zu vermeiden, da jede Verschachtelung nur zusätzlichen sinnentleerten Code bedeutet.

Beispiel für den Bereich der Navigation:

```
<div id="navi">

Navigation Startseite Landschaften Portraits Architektur Profil Kontakt

</div>
```

Die Reihenfolge der Gruppen

Die Reihenfolge der Gruppen zeichnen Sie durch den Einsatz von den Überschriften aus. Hier gibt es zwei Ansätze: Man strukturiert die Gruppen mit abstufenden Überschriften `<h1>` bis `<h6>` (Beispiel 1) oder versieht jede Gruppe mit einem gleichrangigen `<h1>` (Beispiel 2) und stuft nur die darunter befindlichen Inhalte ab. Beides ist durchaus gängig:

Beispiel 1

```
<h1>Logobereich</h1>

<h2>Navigation</h2>

<h3>Inhalt</h3>

<h4>Seiteninformation</h4>
```

Beispiel 2

```
<h1>Logobereich</h1>

<h1>Navigation</h1>

<h1>Inhalt</h1>

<h1>Seiteninformation</h1>
```

Versuchen Sie stets, das semantisch passende Element zu designen, bevor Sie ein `<div>` rundherum einfügen. Manchesmal lässt es sich natürlich nicht vermeiden und gerade CMS-Templates benötigen einige `<div>`s mehr als reine XHTML/CSS-Seiten.

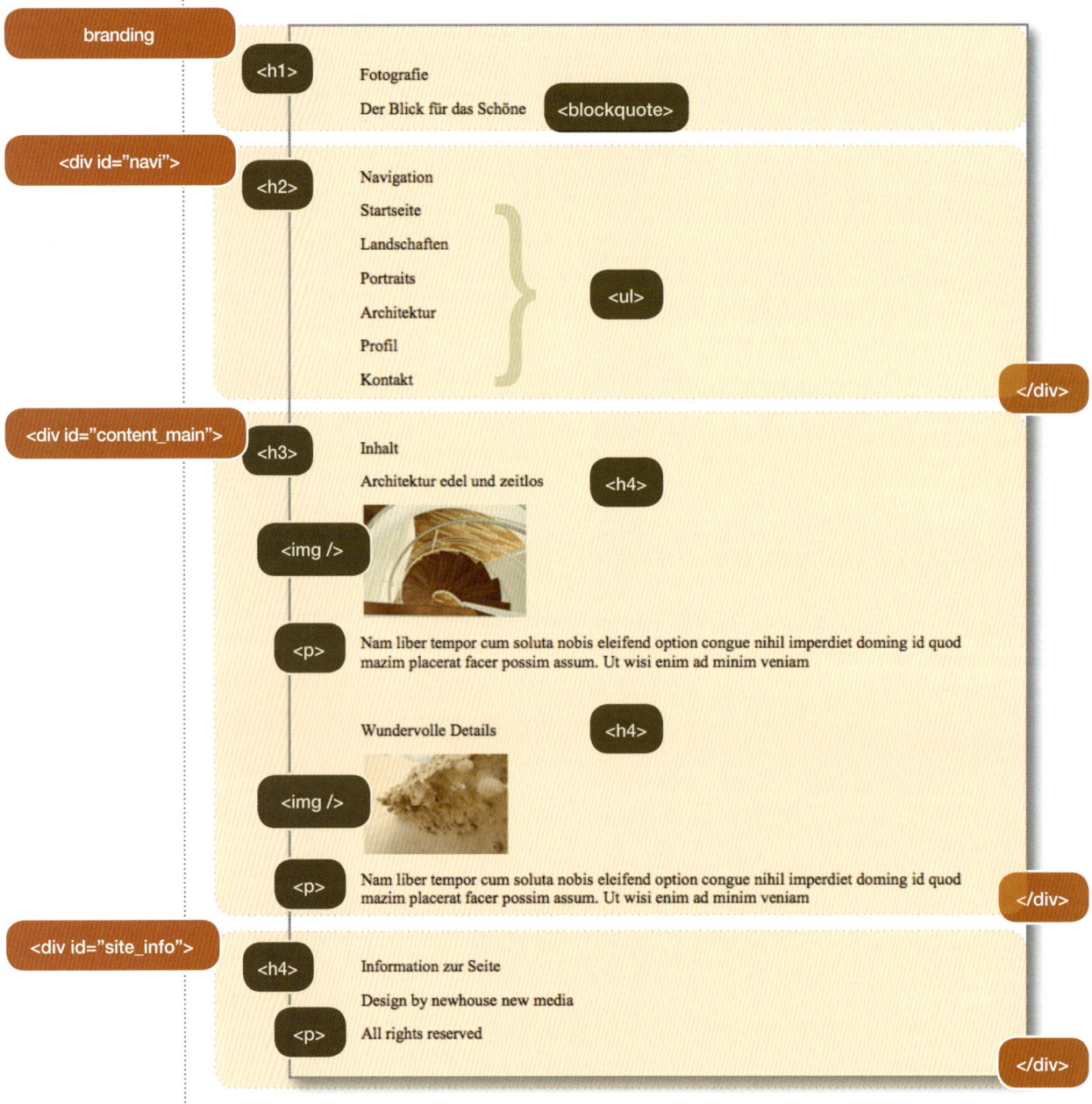

Der **Logobereich (branding)** fungiert als der große Titel für die Seite und steht als Erstes. Die **Navigation** kann entweder hier, aber auch unterhalb des Inhalts positioniert werden. Ich persönlich bevorzuge es, die Navigation in dieser Reihenfolge – also oberhalb des Inhalts – zu positionieren, da sie dadurch wie eine **Inhaltsangabe** fungiert. Darunter folgen der eigentliche **Inhalt** und ganz zum Schluss die **Seiteninformationen**. Durch diese Gliederung wird die Seite sowohl für Personen als auch für Suchroboter, die kein Design sehen, sauber strukturiert angezeigt.

Strukturieren Sie also Ihr XHTML-Dokument stets sinnvoll, verwenden Sie passende Tags wie `<hx>` für Überschriften, `<blockquote>` für Zitate, `<ul>` für Listen, `<p>` für Absätze und `<ol>` für Listen mit geordneter Reihenfolge.

Die XHTML-Seitenstruktur für das links abgebildete Rohdokument könnte also so aussehen:

```
<h1>Fotografie</h1>

<blockquote><p>Der Blick für das Schöne</p>
</blockquote><!-- Branding Ende -->

<!-- Navigation Start -->

<div id="navi">

  <h2>Navigation</h2>

  <ul>

   <li><a href="/">Startseite</a></li>

   <li><a href="/landschaften/">Landschaften</a></li>

   <li><a href="/portraets/">Portraits</a></li>

   <li><a href="/architektur/">Architektur</a></li>

   <li><a href="/profil/">Profil</a></li>

   <li><a href="/kontakt/">Kontakt</a></li>

  </ul>

</div><!-- Navigation Ende -->

<!-- Content_main Start -->

<div id="content_main">

  <h3>Fotografie ist Leidenschaft</h3>

  <ul>

   <li>

    <h4>Architektur edel und zeitlos</h4>

    <a href="/landschaften/"><img src="images/stiegen.
    jpg" title="" alt="Foto einer Treppe" /></a>
```

Sie fragen sich, warum der Logobereich von keinem `<div>` umschlossen wird? Das ist kein Fehler und bewusst so gewählt: Dieses `<div>` sparen wir ein, weil es in diesem Fall genügt, die `<h1>` zu formatieren und zu positionieren.
Oder warum das Foto und der Inhalt als Liste ausgezeichnet wurde? Ja, Listen können mehr als nur Aufzählungen sein. Mehr zum Thema Listen lesen Sie ab Seite 130 (Beginn des ersten Prototypen).

Versuchen Sie, sich standardisierte Bezeichnungen für die Hauptbereiche der Website-Struktur anzugewöhnen. Dadurch können Sie das Grundgerüst immer wieder verwenden und wissen auch nach zahlreichen weiteren Projekten noch, was mit `content_supp` gemeint war, statt z.B. mit `hinh3neu`. Wenn sich alle WebdesignerInnen an **Namenskonventionen** halten, wird Design austauschbar – eine spannende Idee! Infos auch unter *http://www.webpatterns.org/*

```
    <p>Nam liber tempor cum soluta nobis eleifend option
    congue nihil imperdiet doming id quod mazim placerat
    facer possim assum. Ut wisi enim ad minim veniam</p>

  </li>

  <li>

    <h4>Wundervolle Details</h4>

    <a href="/landschaften/"><img src="images/sand.jpg"
    title="" alt="Landschaftsaufnahme" /></a>

    <p>Nam liber tempor cum soluta nobis eleifend option
    congue nihil imperdiet doming id quod mazim placerat
    facer possim assum. Ut wisi enim ad minim veniam</p>

  </li>

 </ul>

</div><!-- Content_main Ende -->

<!-- Siteinfo Anfang -->

<div id="site_info">

 <h4>Siteinfo</h4>

   <address "class=vcard">
   Design by fotografers media<br />

   All rights reserved</address>

</div><!-- Siteinfo Ende -->

</body>
```

Die Strukturierung bei der kleinen, einfachen Webseite ist ja noch recht klar und simpel. Doch wie sieht die Strukturierung mittels inhaltsbezogenen Elementen bei komplexeren Seiten aus?

Struktureller Aufbau von Prototyp 2

Betrachten und analysieren wir gemeinsam den Prototyp 2 (die Umsetzung ist ab Seite 188 beschrieben) hinsichtlich inhaltsbezogenen Designs: Wir haben die folgenden Bereiche – hier in der Reihenfolge ihres Vorkommens:

- »   Logo (branding)
- »   Logobereich mit Zitat (branding2)
- »   Hauptnavigation (nav)

1 — div id="branding"

2 — div id="branding2"

4 — <div id="nav2">

3 — <div id="nav">

5 — <div id="content">

6 — <div id="content_supp">

7 — <div id="footer">

» Subnavigation (nav2)

» Content (content)

» Zusätzlicher Inhalt Angebot & Partner (content_supp)

» Weitere Navigation (footer)

Setzen Sie die Subnavigation stets unter die Hauptnavigation und nicht umgekehrt, auch wenn es später auf der Webpage ggfs. völlig anders aussieht und die Reihenfolge anders ist.

Struktureller Aufbau von Prototyp 3

Protoyp 3 ist schon komplexer, hier werden Bereiche ineinander verschachtelt (Umsetzung ab Seite 278):

- » Header
  - » Logo, Sprachauswahl (lang-menu), Volltextsuche (ft-search), Gästelogin (guest-login), Image-Bild (teaser)
- » Hauptcontainer
  - » Zimmersuche (room-search), Länderinfos (info), Content-Bereich (content-wrapper)
- » Fußbereich (footer)
  - » Sitemenü (site-menu), Fußzeile-Werbung (footer-ads)

Zur Übung – und um selbst ein wenig Forschung zu betreiben – surfen Sie doch zu Websites und blenden Sie in der Webdeveloper Toolbar (siehe Vorbereitungen, Seite 40) den Befehl INFORMATIONEN > DOKUMENTGLIEDERUNG ANZEIGEN ein. Die Seitenstruktur öffnet sich in einem neuen Tab Ihres Browsers:

www.mezzoblue.com

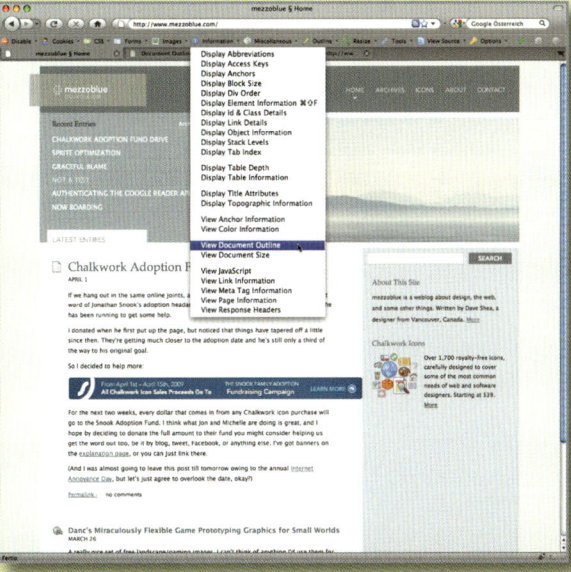

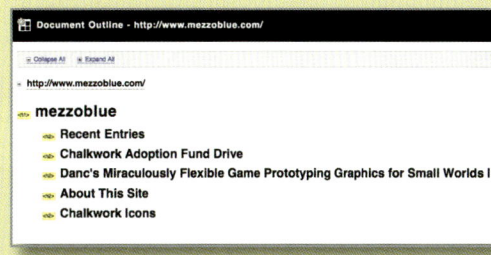

www.stopdesign.com

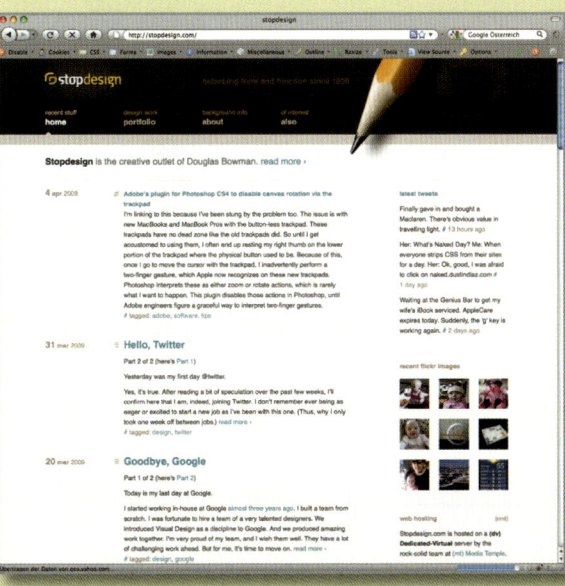

CSS-Maßeinheiten

CSS kennt im Vergleich zu (X)HTML eine unglaubliche Vielfalt an Maßeinheiten. Prinzipiell dürfen Sie jede der nachfolgend aufgelisteten Maßeinheiten einem CSS-Wert nachstellen.

Grundlegendes

» Zwischen der Zahl und der Maßeinheit darf **kein** Leerzeichen sein:

```
Falsch    9 px

Richtig   9px
```

» Das Komma wird mit **Punkt** geschrieben:

```
Falsch    1,2em

Richtig   1.2em
```

» Bei Angaben mit Nachkommastelle kann die führende Null weggelassen werden:

```
font-size:.9em;
```

» Bei Angabe einer Null wird keine Maßeinheit dazunotiert:

```
border:0;
```

» Negative Zahlen sind häufig erlaubt und werden wie üblich mit
einem Bindestrich – ebenfalls ohne Abstand – vor der Ziffer notiert:

```
-12px
```

» Die Eigenschaft `line-height` ist eine der wenigen, die ohne Maßeinheit notiert werden sollte (siehe auch Seite 166).

Relative Maßeinheiten

Relative Maßeinheiten orientieren sich an anderen Werten, das kann eine
übergeordnete Maßeinheit sein oder auch die Bildschirmauflösung.

Maßeinheit	Beschreibung
px	Pixel, Größe abhängig von der Bildschirmauflösung
em	(sprich: [em]), Höhe des großen „M" der gewählten Schriftart
ex	(sprich: [ex]), Höhe des kleinen „x" der gewählten Schriftart
%	Prozent, abhängig vom übergeordneten Element

Mexiko }ex }em

Beispiele für relative Maßeinheiten

Damit die Schriftgröße mit dem Browser-Zoom skalierbar bleibt, wird empfohlen, eine relative Maßeinheit für `font-size` einzusetzen. Darüber hinaus ist es praktisch, wenn Sie eine Standardgröße möglichst „hoch" oben – z.B. im `<body>` – definieren und darunter nur noch die Abweichungen davon festlegen. Denn wenn Sie sich später entscheiden, die Texte „alle etwas zu vergrößern", brauchen Sie nur noch den obersten Wert zu ändern und alle davon abhängigen Werte ändern sich automatisch (wie ein Wasserfall = Kaskade) mit.

`body {font-size: 100.01%}` — = Standardschriftgröße im Browser, meist rund 16px

`h1 {font-size: 1.2em}` — 1em = 100%, d.h. 1.2em = 120% der im Browser eingestellten Standardschriftgröße

Relative Maßeinheiten werden auch gerne bei Spaltenbreiten oder Positionierungen, die sich relativ zum Browser-Fenster verhalten sollen, eingesetzt:

— 25% der verfügbaren Browser-Fensterbreite

`div#navi {width: 25%;}`

`div#banner {position:absolute; top: 20px;}`

Absolute Maßeinheiten

Absolute Maßeinheiten verwenden Sie für die Ausgabe im Druckbereich.

Maßeinheit	
mm	Millimeter
cm	Zentimeter
in	Inch, Zoll
pt	Pica Point
pc	Pica

Über die folgende Einstellung zoomen auch ältere Internet Explorer den Text: EXTRAS > INTERNET-OPTIONEN > ALLGEMEIN > EINGABEHILFEN > SCHRIFTGRADANGABEN AUF WEBSEITEN IGNORIEREN aktivieren.

Tasten
Die { schreiben Sie am PC mit AltGr + 7 bzw. 0 für }. Am Mac für { Alt + 8 bzw. 9 für }.

Wie Sie für die Ausgabe am Drucker ein eigenes Stylesheet definieren, lesen Sie auf Seite 33.

1pt = 1/72 inch

Umrechnungstabelle

	mm	cm	in	pt*	pc
1mm	1	0,1	0,0394	2,846	0,237
1cm	10	1	0,394	28,64	2,37
1in	25,399	2,54	1	67,73	6
1pt*	0,351	0,0351	0,013837	1	0,0833
1pc	4,217	0,4217	0,166	12	1

* Nach dem amerikanisch basierten Pica Point-System beträgt ein Punkt 0,351 mm, nach dem europäisch basierten Didot-Punkt-System 0,376 mm. Infos dazu siehe auch *http://www.typolexikon.de/t/typographischer-punkt.html*.

Sprachausgabesteuerung

Wir haben es in diesem Buch schon häufig erwähnt, und werden es noch tun, viele WebdesignerInnen widmen sich dem Thema, und zahlreiche Bücher schreiben davon: Barrierefreiheit, Screenreader. Doch haben Sie schon einmal einem Screenreader zugehört? Wenn nicht, lesen Sie diesen Abschnitt. Denn wir halten es für wichtig, wenigstens einmal für kurze Zeit in die Rolle eines sehbehinderten Menschen zu schlüpfen. Wir stellen Ihnen die wichtigsten Screenreader vor und zeigen die Problematiken auf. Nutzen Sie anschließend das Know-how, installieren Sie einen Screenreader und hören Sie sich Websites an – Sie werden dann noch ein Stück besser verstehen, warum wir Semantik in diesem Buch so betonen. Semantik. Semantik. Semantik....

Screenreader

Mittels CSS designen Sie nicht nur das sichtbare Layout einer Website, sondern Sie steuern – theoretisch – die Sprachausgabe von Screenreadern. Screenreader sind gesondert zu installierende Programme, die Websites oder auch alle anderen Applikationen eines Betriebssystems akustisch sichtbar machen, indem sie z.B. das Menü, den aktiven Programmnamen, die Inhalte etc. vorlesen. Die Qualität der Stimme und der Sprachausgabe ist von Programm zu Programm höchst unterschiedlich. Viele der Programme sind natürlich in den USA entwickelt und lesen daher

We expect that in a future level of CSS there will be new properties and values defined for speech output. Therefore CSS 2.1 reserves the ‚speech' media type (see chapter 7, „Media types"), but does not yet define which properties do or do not apply to it.

The properties in this appendix apply to a media type ‚aural', that was introduced in CSS2. The type ‚aural' is now deprecated. *http://www.w3.org/TR/CSS21/aural.html#aural-media-group*

mit starkem englischen Akzent wie z.B. JAWS. WebSpeech von Logox hingegen kann u.a. Sächsisch, Hessisch oder sogar im Chor vorlesen.

In CSS finden sich einige Eigenschaften, die die Sprachausgabe steuern (Stimme lauter, Stimmtyp Frau, Mann, Kind, Buchstabieren etc.). Doch leider sind bis dato nur sehr wenig Programme willig, diese speech-Eigenschaften auch zu befolgen, da sie ihr eigenes CSS bevorzugen:

> **Sprache in Opera 9 (Win)**: Mit einem Klick installiert (EINSTELLUNGEN > ERWEITERT > SPRACHE) bietet der Browser nicht nur die einfachste, sondern auch eine der folgsamsten Sprachausgaben, die es zurzeit kostenlos gibt, da er auf CSS-Eigenschaften meist reagiert.

> **Logox WebSpeech (Win)**: einfaches Interface, das sich direkt in den Browser integriert. Mit zahlreichen Dialektformen wie Sächsisch, Hessisch etc.

> **Fire Vox (Win, Mac, Lin)**: Firefox-Erweiterung. Englischsprachiger Leser, der mit deutschen Texten nicht zurechtkommt.

CSS-Eigenschaften speech

Lautstärke
Damit steuern Sie die Lautstärke der Stimme:

```
voice-volume: Wert zwischen 0-100, Prozent, silent, x-soft, soft,
medium, loud, x-loud

z.B.: h1 {font-size:1.2em; voice-volume: loud;}
```

Stimmtyp
Zahlreiche Möglichkeiten, um den Stimmtyp zu beeinflussen, z.B.:

```
voice-family: comedian, mary, carlos, child, young, old, male, female, neutral

z.B.: cite {color: #000; voice-family:male;}
```

Sprechgeschwindigkeit
Basis ist die jeweilige Sprechgeschwindigkeit einer Sprache/eines Dialekts:

```
voice-rate: x-slow, slow, medium, fast, x-fast

z.B.: .news {voice-rate:faster; volume:loud}
```

WebSpeech finden Sie auf der CD im Ordner Screenreader.

Testen Sie die Eigenschaften am besten mit dem Opera 9.

Die vollständige Liste des W3C-Working-Draft finden Sie hier: *http://www.w3.org/ TR/css3-speech*

Wie fügen Sie ein Benutzer-Stylesheet an eine Website? Das ist von Browser zu Browser unterschiedlich. Beim Firefox ist der Pfad zum User-Stylesheet recht versteckt, z.B. unter Vista in: C:\Benutzer_username_\ AppData\Local\Mozilla\Firefox\Profiles\ j4izn1c3.default\.

Wesentlich einfacher binden Sie User-Stylesheets mit der Firefox-Erweiterung **Stylish** ein. Downloaden Sie die Erweiterung von *https://addons.mozilla.org/de/firefox/addon/2108.* Dazu gibt es fertige Stylesheets zum Download unter *www.userstyles.org.*

Opera bietet standardmäßig eine benutzerfreundliche Möglichkeit im Menü DARSTELLUNG > SEITENDARSTELLUNG > BENUTZERMODUS (BZW. MODI VERWALTEN).

CSS einbinden

Stylesheets – Ursprung

Woher nimmt der Browser die CSS-Informationen?

Haben Sie sich schon einmal gefragt, woher ein Browser überhaupt „weiß", wie er HTML darstellen soll? Warum sieht z.B. eine Überschrift `<h1>` aus, wie sie aussieht – auch wenn sie uns vielleicht noch nicht besonders gefällt:

Fotografie

Dieser Stil stammt aus dem browsereigenen Stylesheet, das jedem Browser zugrunde liegt. Dieses **Browser-Stylesheet** liegt irgendwo in den Tiefen Ihres Computers versteckt. Jens Meiert hat für die wichtigsten Browser die Stylesheets hervorgekramt und auf seiner Website veröffentlicht: *http://meiert.com/de/publications/articles/20080225.*

Außerdem können wir es noch mit einem weiteren Stylesheet zu tun haben, nämlich dann, wenn ein User sein eigenes verwendet: das **Benutzer-**

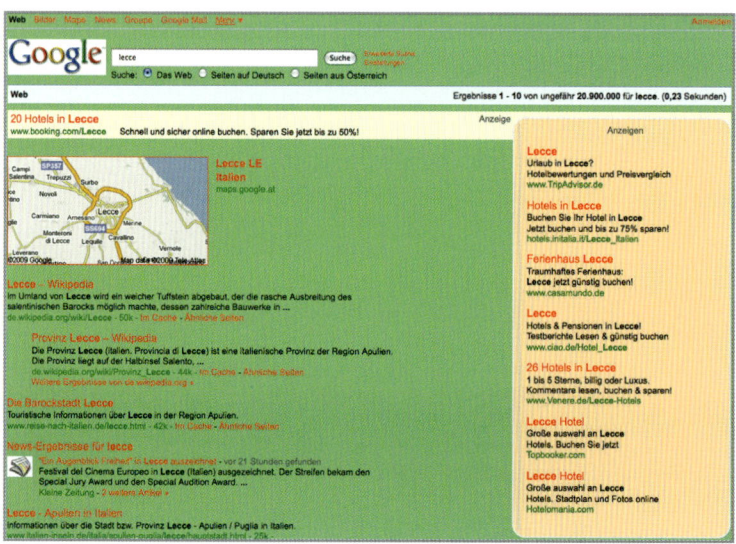

Google einmal anders – personalisierte Ansicht mit Benutzer-Stylesheet

Stylesheet. Benutzer-Stylesheets sind vor allem auf häufig benutzten Seiten interessant – so formatieren UserInnen kurzerhand ihre Google-Ergebnisseite, Facebook-Startseite etc. nach ihrem persönlichen Geschmack und ihren Präferenzen (siehe auch Tipp am Seitenrand von Seite 60).

Stylesheets, die wir schreiben und dem XHTML-Dokument anhängen, werden Autoren-Stylesheets genannt.

Mehr zum Thema Spezifität lesen Sie im Abschnitt Kaskade & Vererbung ab Seite 76.

Autoren-Stylesheet/s einbinden

Welche Möglichkeiten gibt es nun, der XHTML-Seite mitzuteilen, wo sich unser/e Autoren-Stylesheet/s befinden?

Es gibt mehrere Möglichkeiten, Stylesheets einzubinden. Sie lassen sich auch untereinander mischen:

1. Als externe Datei

2. Intern in der XHTML-Seite

3. Mithilfe des `style`-Attributs direkt ins Start-Tag, z.B.:
   `<div style="color:#fff;">`

4. Import innerhalb einer CSS-Datei mittels `@import`

1. Externes Stylesheet

Einzelnes Stylesheet an XHTML-Dokument anhängen

Die CSS-Informationen werden quasi parallel zum XHTML-Dokument in einer gesonderten, externen Datei geschrieben und üblicherweise mit der Endung *.css gespeichert. So z.B. als layout.css – in der XHTML-Datei verweisen Sie im `<head>`-Bereich mittels Link darauf. Das sieht so aus:

```
<head>

<link rel="stylesheet" type="text/css" href="layout.css" />

</head>
```

Diese Variante steht nicht zufällig als Erste – denn sie wird am häufigsten bei Websites verwendet. Der Vorteil dieser Variante ist, dass die CSS-Datei zentral alle XHTML-Dokumente, die auf sie verweisen, mit den Formatierungsinformationen beliefert. Eine Änderung in der zentralen CSS-Datei wirkt sich auf alle Dokumente aus (siehe auch Grafik Seite 12).

Mehrere Stylesheets an XHTML-Dokument anhängen

Sie können auch mehrere Stylesheet-Dateien untereinander notieren, z.B. eine Datei, die Styles für das Grundlayout enthält, und eine mit Styles für die Typografie:

```
<link rel="stylesheet" type="text/css" href="layout.css" />

<link rel="stylesheet" type="text/css" href="typo.css" />
```

Diese Variante verwenden Sie auch für das Anhängen zusätzlicher Stylesheets für verschiedene Medientypen (siehe auch Seite 32):

```
<link rel="stylesheet" type="text/css" media="print"
 href="druck.css" />

<link rel="stylesheet" type="text/css" media="handheld"
 href="handy.css" />
```

Alternativen anbieten

Sie können einer Webpage auch unterschiedliche Stylesheets mitgeben und die BesucherInnen wählen lassen. Das bevorzugte (preferred) Default-Stylesheet zeichnen Sie mit einem `title`-Attribut aus:

```
<link rel="stylesheet" href="default.css" type="text/css" title="Das
präferierte Standardstylesheet" />

<link rel="alternate" stylesheet" type="text/css" href="highcontrast.css"
title="Alternatives Stylesheet" />

<link rel="alternate" stylesheet" type="text/css" href="nocolors.css"
title="2. alternatives Stylesheet" />
```

Dies ist eine Möglichkeit, Benutzergruppen mit bestimmten Bedürfnissen – wie bessere Lesbarkeit etc. – entgegenzukommen. Die BenutzerInnen

Stylesheets mit gleichem `title`-Attribut werden automatisch zu einer Gruppe zusammengefasst.

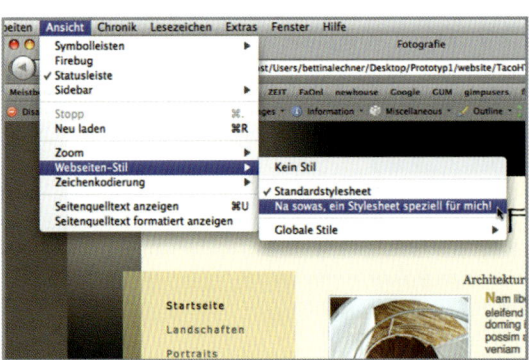

wählen im Firefox über Menü ANSICHT > WEBSITEN-STIL das alternative Stylesheet aus. So weit, so einfach. Bei allen anderen Browsern ist dies leider etwas komplizierter. Ein Skript dafür beschreibt *http://www.alistapart. com/articles/alternate*.

2. Internes Stylesheet

Die CSS-Informationen befinden sich im `<head>`-Bereich der XHMTL-Datei und sind daher nur für die jeweilige Seite gültig. Die Stile werden dadurch dezentral definiert. Diese Variante empfiehlt sich als Stylesheet für einzelne Webseiten, da Änderungen dann nur auf die eine Seite Auswirkung haben.

```
<head>
 <style type="text/css">
  <!--
    body { color: maroon; background-color: #efefef; }
  -->
 </style>
</head>
```

Das Attribut `type="text/css"` beschreibt den MIME-Typ. Bei Verwendung der Version XHTML 1.1. müssen Sie den XML-MIME-Typ `application/xhtml+xml` angeben, dieser ist jedoch weit strenger. Der Vollständigkeit halber ist der `<!-- -->` HTML-Kommentar angegeben. Stylesheets konnten früher nicht von allen Browsern gelesen werden. Mit dem Kommentar verstecken Sie das CSS also vor den alten Browsern. Da jedoch diese Browser – z.B. Explorer 2.0 für Mac – so gut wie nicht mehr im Einsatz sind, wird heutzutage meist auf den Kommentar verzichtet.

3. Direkter Eingriff ins XHTML mit dem `style`-Attribut

HTML-Elemente formatieren Sie direkt mit einem Attribut `style`:

```
<h1 style="color:red; font-family:Georgia,serif;">Diese Überschrift ist
somit rot</h1>
```

Bitte beachten Sie das korrekte Öffnen und Schließen der Anführungszeichen! Hier passieren häufig Tippfehler: „Eingepackt" wird – wie gewohnt – der gesamte Inhalt des Attributs und nicht jeder Selektor einzeln. Diese Formatierung „wiegt" sehr stark und überschreibt alle anderen Informationen aus den Stylesheets. Mehr zum Thema Gewichtung (Spezifität) lesen Sie unter Kaskade & Vererbung, Seite 76.

4. Import

Innerhalb von CSS fügen Sie weitere CSS-Dateien hinzu, indem Sie diese mit der folgenden CSS-Regel importieren:

```css
@import url(typo.css);
```

Der Vorteil dieser Variante ist, dass das XHTML-Dokument schlank bleibt und nicht Zeile für Zeile verschiedene Stylesheets aneinandergereiht sind. Das heißt, im XHTML-Dokument befindet sich dann nur eine Zeile, die auf ein Stylesheet verlinkt, alle anderen CSS-Dateien werden mittels @import in der ersten Zeile dieser einen CSS-Datei hinzugefügt. Für Web-designerInnen ist diese Methode die beliebteste und übersichtlichste.

Um zusätzliche Stylesheets für verschiedene Medientypen (s. S. 32) anzu-geben, gibt es zwei – gleichwertige – Notationen:

```css
@import url("druck.css") print, embossed;

@import "druck.css" print, embossed;
```

Die @import-Anweisung muss in der ersten Zeile der externen CSS stehen:

```
index.html        ie6.css           layout.css
1  /*importiert normalisierung.css*/
2  @import url("norm.css");
3
4  body {
5  position: relative;
6  margin: 0 auto;
7  text-align:center;
8  width: 950px;
9  background:#6e6a60;
10 font-size: 100.1%;
11 font-family: Helvetica, Arial, Verdana, sans-serif;
12 color:#5a6267;
13 }
14
15 a:link, a:visited {
16 text-decoration:none;
17 color:#5a6267;
18 }
19
20 a:focus {
21 background-color: #f8eba5;
22 }
23
24 a:hover {
25 text-decoration:none;
26 color:#5a6267;
27 }
28
29 a:active {
30 text-decoration:none;
31 color:#5a6267;
32 }
33
```

Das Stylesheet druck.css wird aufgerufen, sobald der Benutzer einen Druckauftrag startet (embossed für Braille-Druck).

Innerhalb eines Style lassen sich zusätzliche Stile für verschiedene Medientypen kurzerhand auf die folgende Art und Weise notieren:

```css
@media print {#navi {display:none;}}
```

Vermeiden Sie jedoch noch den Medientyp handheld, da die meisten PDAs etc. mit @import noch nicht zurechtkommen. Verwenden Sie stattdessen sicher-heitshalber das <link />-Element (s. S. 61).

CSS-Begriffe

Sind Sie bereit für ein wenig Vokabeltraining? Es sind nur ein paar Begriffe, die Sie sich merken sollten:

```
Selektor { Eigenschaft:Wert; Eigenschaft:Wert }
```

Deklaration   Deklaration

Regel

» Der **Selektor** (selector) ist die Brücke, die direkte Verbindung zwischen CSS und XHTML. Er wählt das Element aus, für das die nachfolgende Deklaration zutreffen soll, z.B. `h1`, `#navi`, `.pink`, …

» Die **Eigenschaft** (property name) gestaltet das Element, z.B. `color`, `font-size`, `width`.

» Der **Wert** (value) enthält die Gestaltungsanweisung, z.B. `red`, `1.2em`, `100%` etc.

CSS-Schreibweise

» Zwischen Eigenschaft und Wert steht immer ein Doppelpunkt.

» Sie dürfen überall Leerzeichen machen, vor bzw. nach dem Doppelpunkt, und auch die Leerzeichen nach der öffnenden { bzw. vor der schließenden } geschwungenen Klammer sind Geschmackssache.

» Semikolons ; trennen mehrere Deklarationen voneinander. Schreiben Sie nur eine Deklaration können Sie das Semikolon weglassen, auch wenn man es trotzdem oft sieht (wer weiß, was man da später noch dranschreibt!). Das allerletzte Semikolon ; in einer Reihe von Deklarationen kann ebenfalls weggelassen werden.

Beispiel:

```
h1 { color: red; letter-spacing: .3em; }
```
korrekt

```
h1 {color:red; letter-spacing:.3em}
```
auch korrekt

Mustervergleich = pattern matching. Das W3C erklärt Selektoren so: In CSS, pattern matching rules determine which style rules apply to elements in the document tree. These patterns, called selectors, may range from simple element names to rich contextual patterns. If all conditions in the pattern are true for a certain element, the selector matches the element. *http://www.w3.org/TR/CSS21.*

Es gibt neben dem einfachen Attribut-selektor noch ein paar weitere Spezial-formen, die jedoch sehr selten im Ein-satz sind. Vertiefen-de Infos dazu finden Sie hier: *http://www. thestyleworks.de/ ref/se_attribute. shtml.*

Hier finden Sie eine sehr übersichtliche Tabelle, welcher Browser welche Selektoren versteht: *http://www.css4you. de/browsercomp. html/standard-browser/*

Welche Arten von Selektoren es gibt, sehen wir uns nun im folgenden Abschnitt an:

Selektoren & „Pseudos"

Wie wir im vorherigen Absatz erfahren haben, ist also der Selektor jener Teil im CSS, der die direkte Verbindung zwischen dem XHTML-Dokument und dem CSS schafft. Sehen wir uns im Folgenden an, auf welche Art und Weise ein Selektor ein Element im XHTML-Dokument anspricht.

Zunächst die grundlegendsten Selektoren:

1. Universalselektor, `*`
2. Typselektor, z.B. `h1`
3. ID-Selektor, z.B. `#navi`
4. Klassenselektor, z.B. `.anders`

Die oben genannten lassen sich unterschiedlich kombinieren:

5. Gruppenselektoren, z.B. `h1, h2, h3`
6. Nachfahrenselektor, z.B. `#navi ul`
7. Kindselektor, z.B. `p > i`
8. Selektor für benachbarte Geschwisterelemente, z.B. `p + p`
9. Einfacher Attributselektor, z.B. `img[alt]`

Daneben gibt es noch ein paar Spezialformen, die „Pseudos".

10. Pseudoklassen, z.B. `:active`
11. Pseudoelemente, z.B. `:first-letter`

Schreibweise & Tipps

Bevor wir uns die Selektoren und „Pseudos" im Detail ansehen, vorweg noch ein paar Tipps zur korrekten Schreibweise der Selektoren in XHTML:

» Selektoren sind case-sensitiv. Das heißt, es macht einen Unter-schied, ob Sie Groß- bzw. Kleinschreibung verwenden:

`#Navi {width:800px}` ≠ `#navi {width:800px}`

Gewöhnen Sie sich am besten gleich Kleinschreibung an!

» Selektoren dürfen **nicht** mit einer Zahl oder einem Sonderzeichen beginnen, z.B.:

```
.2wichtig {color: red}
```

» Übrigens: Ungültiges CSS wird einfach ignoriert! Zum Beispiel hat der folgende Selektor einfach gar keine Auswirkung, weil es das Element paragraph nicht gibt:

```
paragraph { font-family: Arial, Verdana, sans-serif; }
```

» Semantik! Semantik! Wählen Sie die Bezeichnung des Selektors nach seiner Bedeutung und nicht nach seinem Inhalt. Dadurch bleiben Sie unabhängiger beim Verändern des Designs. Also besser #angebot als #kastenrechts, besser .wichtig als .rot. Denn was ist, wenn der #kastenrechts plötzlich doch links besser aussieht oder Hervorgehobenes im Text besser grün wäre?!

Die grundlegenden Selektoren im Detail

1. Universalselektor

Der Universalselektor ist wie ein Joker, er passt auf alle Elemente. Hier formatiert er alle Texte dunkelgrau:

```
* { color: #2e2e2e; }
```

Nun greifen wir ein wenig vor – und sehen uns den Universalselektor im Zusammenhang mit einer Verschachtelung an: In dem folgenden Beispiel werden alle in einem weiteren Element verschachtelten `<p>` olivgrün formatiert:

```
div * p { color: olive; }
```

Das heißt, irgendein Element MUSS zwischen `<div>` und `<p>` vorkommen, um `<p>` olivgrün darzustellen, egal an welcher Position das `<p>` steht.

```
<div>
 <blockquote><p> </p></blockquote>
 <p> </p>
</div>
```

Salento ist

Salento ist der ur

Die jeweils orange-farben hervorge-hobenen Elemente werden durch die angeführte CSS-Regel angesprochen, die grauen nicht.

Der Universal-selektor * muss im Übrigen nicht zwingend notiert werden (und das wird auch meist genauso gemacht – also kein *): So ist *.achtung = .achtung

*:first-child = :first-child

Ein Hack (engl. to hack = zerhacken) wird eingesetzt, um Browsern alternativen Code zu liefern. Grundsätzlich sollten Sie jedoch Hacks so weit es geht vermeiden, da man nie wissen kann, wie sich ein Hack bei neuen Browser-Versionen verhalten wird. Mehr dazu lesen Sie im Abschnitt Browser-Weichen & Hacks, Seite 92.

Die hier als Beispiel angeführte Deklaration `height:1%;` ist nicht zufällig gewählt. Sie bereinigt zahlreiche Darstellungsprobleme des Internet Explorers, da Sie dadurch vielen Elementen „Layout geben" (hasLayout). Mehr dazu Seite 234.

Der Universalselektor wird gerne im Zusammenhang mit dem sogenannten Sternchen-Hack (Star-HTML-Hack) eingesetzt:

```
* html { height:1%; }
```

Der Universalselektor wählt hier alle oberhalb von HTML befindlichen Elemente aus (Elternelemente). Da jedoch `<html>` das Stammelement (root element) ist und oberhalb nichts mehr stehen kann, führt sich diese Notation ad absurdum und wird von fast allen Browsern ignoriert. Eine Ausnahme bildet der Internet Explorer bis inklusive Version 6, dieser akzeptiert die Regel und führt die darin befindlichen Deklarationen brav aus. Toll, nicht?

2. Typselektor

Mit dem Typselektor wählen Sie gezielt HMTL-Elemente aus:

```
h1 {font-family:Arial, sans-serif; font-size: 1.2em;
font-weight: bold;}
```

```
<div>
  <h1></h1>
   <p></p>
  <h1></h1>
   <p> </p>
  <h1></h1>
   <p> </p>
</div>
```

Salento

Salento ist der südlichst[e]

Terra di Bari

Die Terra di Bari liegt n[e]

Tavogliere delle Pug[lie]

Die Tavogliere delle Pug[lie]

Damit formatieren Sie alle Überschriften der ersten Ebene `<h1>`.

3. ID-Selektor

Mit dem ID-Selektor formatieren Sie jenes Element im XHTML-Dokument, das den dazu passenden „Namen" – also das Attribut – `id` hat:

```
#wrapper { position: relative; top: 20px; left: 20px; }
```

```
<div id="wrapper">
  <h1> </h1>
   <p> </p>
  <h1> </h1>
   <p> </p>
  <h1> </h1>
   <p> </p>
</div>
```

Salento

Salento ist der südlic[h]

Terra di Bari

Die Terra di Bari lieg[t]

Tavogliere delle P[...]

Sie sehen, dass der Absatz oben und links eingerückt ist. Beachten Sie den oberen und linken Rand im Vergleich zum vorherigen Beispiel.

Eine ID darf – im Gegensatz zur Klasse – nur einmal im XHTML-Dokument vorkommen (eindeutige Identität!). Der ID-Selektor selbst beginnt immer mit einer Raute #. Am häufigsten werden ID-Selektoren zum Positionieren eingesetzt. In diesem Beispiel haben wir im XHTML-Dokument dem `<div>` das Attribut `id="wrapper"` vergeben, daher wird der Inhalt der `<div>`-Box relativ positioniert und 20 Pixel von links und oben eingerückt. Seit CSS 2 kann man auch das Element davor notieren und wird daher nur auf das `<div>` angewendet, so:

```
div#wrapper {position: relative; top: 10px; left: 10px;}
```

Das Element `<p id="wrapper">` wäre davon also nicht betroffen, daher ist es von Vorteil, das Element im CSS mit anzugeben.

4. Klassenselektor

Klassenselektoren formatieren Elemente, die das passende Attribut `class` zugewiesen haben.

```
.wichtig {color: red; }
```

```
<p><span class="wichtig"> </span></p>
```

Salento

Salento ist der südlichste Teil ·

Terra di Bari

Die Terra di Bari liegt nördlicł

Klassen dürfen beliebig oft auf einer Webseite vorkommen. Versuchen Sie jedoch, einen zu häufigen Einsatz von Klassen zu vermeiden, da Sie damit die Webseite nur unnötig mit Code aufblähen. Denn oft lassen sich Klassenselektoren durch klugen Einsatz von ID-, Typselektoren unter Berücksichtigung von Kaskade-Regeln einsparen.

In unserem Beispiel ließe sich die Klasse `.wichtig` vermeiden, indem Sie das semantisch sinnvolle `<em>`-Element verwenden und dieses über den Typselektor formatieren. Also besser z.B. so:

```
em {color: red; font-style: normal; }
```

```
<p><em> </em></p>
```

Salento

Salento ist der südlichste Teil ·

Terra di Bari

Die Terra di Bari liegt nördlicł

Die Notation von `div#wrapper` hat eine höhere Gewichtung als `#wrapper`, mehr dazu siehe Kaskade und Vererbung, Seite 78.

em = (engl.) emphasize = hervorheben, betonen. Da `<em>` von den meisten Browsern kursiv dargestellt wird, stellen wir es mit `font-style:normal` gerade.

Für RGB-Farben können Sie neben hexadezimalen Werten (#000000) und RGB-Angaben rgb(0,0,0) = rgb(0%,0%,0%) auch die englischen Farbbezeichnungen verwenden. Eine Übersicht für die Namen gibts hier: *http://www.w3.org/TR/CSS2/syndata.html#value-def-color*.

Was Nachfahren, Kinder etc. genau sind, lesen Sie ab Seite 76, Kaskade & Vererbung.

Selektoren im Einsatz: Verschachtelungen, Kombinationen

5. Gruppenselektoren

Mit Gruppenselektoren ersparen Sie sich viel Schreibarbeit, denn damit formatieren Sie mehrere Elemente auf einmal. Zählen Sie nacheinander die Selektoren auf, denen Sie die gleiche Formatierung zuweisen wollen.

```
h1, h2, h3, h4, h5, div#footer { font-family: Georgia,
Times, serif; font-weight: normal; font-variant: small-
caps; color:maroon; }
```

Zwischen den Selektoren steht ein einfaches Komma (kein Semikolon!), nach dem letzten – also vor der öffnenden geschwungenen Klammer – wie gewohnt bitte kein Komma mehr.

```
<h1> </h1>
  <p> </p>
<h2> </h2>
<h3> </h3>
<h6> </h6>
<div id="footer"> </div>
```

SALENTO

Salento ist der südlichste Teil von Apulien (

WICHTIGE STÄDTE

CAMPOMARINO

Tourismussektor

QUELLE: DE.WIKIPEDIA.ORG

6. Nachfahrenselektor

Der Nachfahrenselektor wird ebenfalls sehr gerne und häufig eingesetzt Damit formatieren Sie kurzerhand die Nachkommen eines Elements.

```
p em {color: red; font-style: normal;}
```

Nur alle innerhalb eines Absatzes `<p>` vorkommenden Hervorhebungen `<em>`s werden rot formatiert, alle anderen nicht. Dabei spielt es keine Rolle, ob sich noch ein weiteres Element zwischen `<p>` und `<em>` befindet oder nicht (im Gegensatz zum Kindselektor, nächster Punkt 7):

```
<p><em> </em></p>

<p><a href="/"><em> </em></a></p>

<ul>
  <li><em> </em></li>
</ul>
```

Salento ist der südlichste Teil von Ap

Auf Grund seiner besonderen Lage h
Felsformationen gebildet. Auf Grund

• *Vegetation*

`<em>` wird von den meisten Browsern standardmäßig kursiv dargestellt, daher sind all jene `<em>`-Elemente in diesem Beispiel, die wir nicht mit dem Nachfahrenselektor erreichen, eben kursiv wie hier „Vegetation".

7. Kindselektor

Mit dem Kindselektor formatieren Sie nur jene Nachfahren eines Elements, die direkte Kinder sind:

```
p > em {color: red; font-style: normal;}
```

Die Formatierung auf das `<em>` wirkt sich nur dann aus, wenn kein anderes Element dazwischen vorkommt. Im Gegensatz zum vorherigen Beispiel wird nun `<em>` als direktes Kind von `<a>` nicht mehr rot dargestellt. Kindselektoren werden leider bis inklusive Internet Explorer 6.0 nicht verstanden.

IE8-Script

```
<p><em> </em></p>

<p><a href="/"><em> </em></a></p>

<ul>
  <li><em> </em></li>
</ul>
```

Salento ist der südlichste Teil von A

Auf Grund seiner *besonderen* Lage h
Felsformationen gebildet. Auf Grund

- *Vegetation*

8. Selektor für benachbarte Geschwisterelemente

Dieser Selektor klingt weit komplizierter als er ist. Sie wollen jeden ersten Absatz nach einer Überschrift fett hervorheben? Dieser Selektor ist ihr Freund dafür.

```
h2 + p { font-weight: bold;}
```

Damit wird nur der erste, direkt dem `<h1>` nachfolgende Absatz `<p>` fett dargestellt, alle weiteren darunter befindlichen Absätze `<p>` nicht mehr. Auch dieser Selektor wird bis inklusive Internet Explorer 6.0 nicht verstanden.

IE8-Script

```
<h1> </h1>
<h2> </h2>
 <p> </p>
 <p> </p>
<h2> </h2>
 <p> </p>
 <p> </p>
```

SALENTO

GEOGRAFISCHE LAGE

Salento ist der südlichste Teil von Apulien (Puglia au

Auf Grund seiner besonderen Lage haben sich wunderv
Felsformationen gebildet. Auf Grund seiner besonderen

BESCHREIBUNG

**Einer der herausragendsten Bereiche im Wirtschaft
und Deutschland besuchen**

Der italienische Dialekt, der auf Salento gesprochen wir
Vielmehr ähnelt er mit seinen offenen Vokalen dem sizil

Und was passiert, wenn Sie Folgendes schreiben:

```
h2 + p + p { font-weight: bold;}
```

Hätten Sie's gewusst? Damit formatieren Sie jeden **zweiten** Absatz `<p>`, der nach einer `<h2>`-Überschrift steht, fett:

```
<h1> </h1>
<h2> </h2>
 <p> </p>
 <p> </p>
 <p> </p>
 <p> </p>
```

SALENTO

GEOGRAFISCHE LAGE

Salento ist der südlichste Teil von Apulien (Puglia auf it

**Auf Grund seiner besonderen Lage haben sich wund
Felsformationen gebildet. Auf Grund seiner besonde**

Auf Grund seiner besonderen Lage haben sich wunderv
Felsformationen gebildet. Auf Grund seiner besonderen

9. Einfacher Attributselektor

Attributselektoren werden von zahlreichen Browsern akzeptiert, jedoch vom Internet Explorer erst ab Version 7, was sehr schade ist, da dieser Selektor unglaublich praktisch ist.

```
img[alt] { padding:2px; border: 1px solid #000; background-
color: #2e2e2e; }
```

Der Selektor tritt dann in Aktion, wenn ein Element über das angegebene Attribut verfügt. Bei diesem Praxisbeispiel, das übrigens sehr gerne eingesetzt wird, erhalten alle Bilder, die über das Attribut `alt` verfügen, einen schwarzen Rahmen mit zwei Pixel Abstand zum Bild, wodurch die gesetzte graue Hintergrundfarbe sichtbar wird. Neben dem grafischen Effekt führen Sie mithilfe des Attributselektors auch gleich einen raschen Accessibility-Check durch: Denn nur all jene Bilder, denen Sie das verpflichtende `alt`-Tag zugewiesen haben, sind dann auch wirklich gerahmt!

```
<div>
<img src="bild1.jpg"
alt="Kaktus mit Meer" />
<img src="" />
</div>
```

IE8-Script

Da der Attributselektor nur von bestimmten Browsern verstanden wird, setzen wir ihn gerne auch als Browser-Weiche ein, siehe Seite 92.

Die „Pseudos": Pseudoklassen und Pseudoelemente

10. Pseudoklassen

Mit Pseudoklassen formatieren Sie Elemente, die im XHTML-Dokument nicht gesondert ausgezeichnet sind, denken Sie nur an die verschiedenen Link-Zustände, z.B. `hover`, wenn Sie mit der Maus über ein `<a href..>` zeigen. „hover" gibt es dabei weder als HTML-Tag noch als Attribut, sondern es wird nur über CSS formatiert:

```css
a:link, a:visited { color: #000; }

a:hover { text-decoration: none; }

a:focus { background-color: red; }

a:active { color: #000; }
```

> Pseudoklassen und -elemente beginnen mit einem Doppelpunkt.

a:link

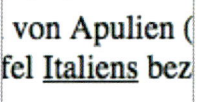
a:hover

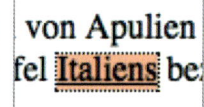
a:focus

Mit diesem oben angeführten Beispiel formatieren Sie verschiedene Linkzustände. Aufgrund der Spezifität sollten Sie auch diese Reihenfolge einhalten: `:link, :visited, :hover, :focus` und `:active`. (Eric Meyer hat dazu einen Artikel verfasst, *http://meyerweb.com/eric/thoughts/2007/06/04/ordering-the-link-states*, und gleich ein paar Gedankenbrücken mitgeliefert, wie man sich die Reihenfolge merken kann (z.B. Lord Vader Hates Furry Animals). Meist sieht man in der Praxis jedoch die folgende Kurzform:

```css
a { color: #000; }

a:hover { text-decoration: none; }
```

> Die Farbangabe #000 ist die Kurzschrift von #000000. Dieses Format können Sie dann einsetzen, wenn die beiden Werte einer Farbe ident sind, z.B. #ff0099 > #f09.

Da diese Pseudoklassen sehr häufig verwendet werden, hier die detaillierte Erklärung im Überblick:

Pseudoklasse	Formatierung
`:link`	formatiert den originalen Zustand von `<a>`.
`:visited`	formatiert den besuchten Link, also das Aussehen des Links, nachdem er angeklickt wurde.
`:hover`	formatiert den Zustand, wenn die Maus über den Link gestellt wird.
`:focus`	formatiert das Element, das den Fokus hat. Zeichnen Sie den Fokus aus, um für Personen, die mit Accesskeys arbeiten, die erfolgreiche Aktivierung des Links deutlicher sichtbar zu machen (siehe auch Seite 20). Wird auch gerne für die Formatierung von Formularfeldern verwendet.
`:active`	formatiert jenen Zustand, den man sieht, wenn der Link aktiviert – also gerade angeklickt wird.

Es gibt aber auch noch weitere Pseudoklassen wie

» `:first-child`, formatiert alle ersten Kindelemente eines Elements

» `:lang` zur Sprachauszeichnung eines Elements

Der Internet Explorer kennt `:first-child` erst ab der Version 7.0.

11. Pseudoelemente

Wie schon bei den Pseudoklassen erwähnt, gibt es auch bei den Pseudo-elementen keine direkte Entsprechung im XHMTL. Formatiert werden Elemente, die sich zum Beispiel durch ihre spezielle Position im Dokument auszeichnen, beispielsweise die erste Zeile, der erste Buchstaben etc.

```
p:first-letter

{ font-size: 500%; float:left;
 margin-right: 5px; color: gray;
 font-style:italic; }
```

> **S**alento ist der südlichste Teil von Apulien (Puglia auf italienisch) und wird häufig auch als der Absatz vom Stiefel Italiens bezeichnet. Auf Grund seiner besonderen Lage haben sich wundervolle Felsformationen gebildet, die man während der langen Strandspaziergänge bewundern kann. Das Meer ist wundervoll. Einer der heraussragendsten Bereiche im Wirtschaftssektor ist daher zweifellos der Tourismus.

```
<p>Salento ist der südlichste Teil
von Apulien (...)</p>
```

Analog dazu formatiert das Pseudoelement `:first-line` die erste Zeile eines Elements und bietet bei langen, unübersichlichen Textpassagen dem Lesenden Unterstützung:

```
p:first-line

{ color: #000; font-weight: bold; }
```

Bei diesem Beispiel wurden alle Absätze standardmäßig in Grau (#595d67) eingefärbt. Als Lesehilfe haben wir die jeweils erste Zeile schwarz und fett formatiert. Und das ohne ein einziges zusätzliches `<span>`-Element.

Pseudoelemente können noch mehr Erstaunliches, denn sie generieren sogar Inhalte:

```css
h1:before { content: "\00AB"; color: maroon; }

h1:after { content: "\00BB"; color: maroon; }
```

```html
<h1>Salento</h1>
```

Mithilfe der hexadezimalen Version der Unicode-Zeichen für französische Anführungszeichen `\00AB` bzw. `\00BB` haben wir hier die hübschen Anführungszeichen eingefügt. Setzen Sie einzufügende Inhalte immer unter Anführungszeichen "". (Unter utf-8 (s. Seite 46) können Sie die zu generierenden Sonderzeichen » auch direkt innerhalb der "»" notieren.)

Der Internet Explorer interpretiert `:first-line` und `:first-letter` erst ab Version 7. Die Pseudoelemente `:before` bzw. `:after` kennt leider nicht einmal die Internet Explorer Version 7. Damit die Inhalte jeder sehen kann, müssen Sie also die Anführungszeichen nach wie vor in Ihrem HTML-Dokument einfügen (oder Sie verwenden das IE8-Script):

```html
<h1>&#171; Salento &#187;</h1>
```

Eine vollständige Unicode-Zeichentabelle finden Sie hier: *http://www.utf8-zeichentabelle.de.* Für Symbole wählen Sie z.B. Specials. Ersetzen Sie U+ durch \.

Eine Übersicht über die gängigsten Anführungszeichen finden Sie jedoch schneller hier: *http://de.selfhtml. org/css/eigenschaften/pseudoformate. htm#before_after.*

*# Accessibility Anführungszeichen Attributselektor benachbarte Geschwisterelemente Deklaration Dokumentstammbaum Eigenschaft Element Gruppenselektor ID-Selektor Internet Explorer Kindselektor Klassenselektor Link-Zustand Nachfahrenselektor Pseudoelement Pseudoklasse Regel Selektor Semantik Unicode Universalselektor Vererbung Wert Zugänglichkeit

Kaskade & Vererbung

In diesem Abschnitt beschäftigen wir uns mit der Frage, wann eine CSS-Regel zur Anwendung kommt. Das W3C hat hier die folgenden Schritte festgelegt, die eine Anwendung durchläuft:

1. **Kaskade**: die Stufen des CSS-Regelwerks – ergibt die Kaskade einen Wert, wendet der Browser ihn an.

2. Andernfalls kommt die **Vererbung** ins Spiel: Ist die Eigenschaft vererbt und das Element nicht das Stammelement des Dokumentstammbaums, verwende den errechneten Wert des übergeordneten Elements. Mehr dazu lesen Sie auf Seite 79.

3. Andernfalls gilt der **Ausgangswert** der Eigenschaft. Dieser ist in der Definition der Eigenschaft festgelegt.

1. Was ist die Kaskade nun genau?

Das Wort CSS bedeutet ja – wie wir bereits wissen – Cascading Stylesheet – also kaskadierende bzw. stufenförmige Stilvorlagen (siehe auch Grundlegendes, Seite 11). Eine Kaskade ist eigentlich ein Wasserfall – wie ergießen sich also nun die CSS-Regeln über das Dokument? Bei der Abarbeitung der CSS-Regeln gibt es klare Anweisungen, wie sie vom Browser gelesen werden:

1. Stylesheet-Ursprung

2. Spezifität

3. Reihenfolge des Vorkommens der Regel

1.1 Stylesheet-Ursprung

Als Erstes sucht der Browser, ob irgendwo ein Stil für ein Element definiert wurde, und sieht nach, ob es stimmig zum Medientyp ist (siehe Seite 32).

Danach prüft das Programm, woher der Stil, resp. das Stylesheet kommt. Wie schon auf Seite 61 erläutert, haben wir es mit drei möglichen Stylesheets zu tun, dem Browser-, Benutzer- und Autoren-Stylesheet. Welches Stylesheet gilt aber nun? Die Stylesheets überschreiben sich gegenseitig, und zwar genau in dieser Reihenfolge, wie wir sie hier erwähnt haben (je größer die Schrift, desto gewichtiger ist das Stylesheet, desto mehr gilt es):

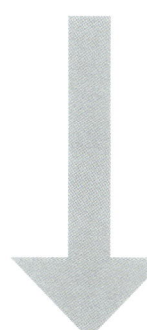

Browser-Stylesheet

Benutzer-Stylesheet

Autoren-Stylesheet

Autoren-Stylesheet !important

Benutzer-Stylesheet !important

Mit `!important` festgelegte Deklarationen wiegen noch ein Stück mehr. Gleichberechtigtes wird mit dieser Regel gewichtiger:

```
p {font-size: 100%}
```

```
p {font-size: 100% !important }
```

Deklarationen in Benutzer-Stylesheets, die mit `!important` ausgezeichnet sind, werden seit CSS 2 **über** gleichlautende Deklarationen in Autoren-Stylesheets gereiht. UserInnen sind daher in der Lage, ihre persönlichen Layout-Präferenzen über jene der WebdesignerInnen zu stellen. Ein wichtiger Schritt für Zugänglichkeit und es zeigt wieder mal, dass Sie nicht wissen können, wie BenutzerInnen eine Website sehen.

1.2 Spezifität (engl.: specificity)

Spezifität ist ein Begriff zur Bewertung einer Prozedur. Je nach gewähltem Selektor werden verschieden starke Wertungen vergeben. Zum Beispiel zählt eine CSS-Regel, die mit dem Attribut `style` direkt beim Element im Dokument notiert wurde, mehr als ein ID-Selektor:

```
<div style="width: 500px;">
```

```
div#navi { width:500px; }
```

Spezifität, die; -,-en spezifische Eigenschaft, Art und Weise, Beschaffenheit (aus WAHRIG Fremdwörterlexikon, Bertelsmann). Ursprung ist das lateinische „species".

Bitte übersetzen Sie *specificity* nicht mit *Spezifizität* – das Wort gibt es nicht.

Bei Erklärungen der Spezifität sind Autoren gerne recht phantasievoll, wir halten uns hier aber an die Einteilung der W3C-Richtlinien. Einmal konzentriert durchgedacht und verinnerlicht werden Sie's schnell heraussen haben und Sie sind jederzeit imstande Neuerungen, Aktualisierungen und Änderungen des W3C zu verstehen.

Der Universal selektor * hat keine Spezifität.

Zur Ermittlung der Spezifität eines Selektors werden vier Werte, die hintereinander notiert werden, vergeben (z.B. 1,0,0,3). Die Werte setzen sich aus den Antworten auf die folgenden Fragen zusammen:

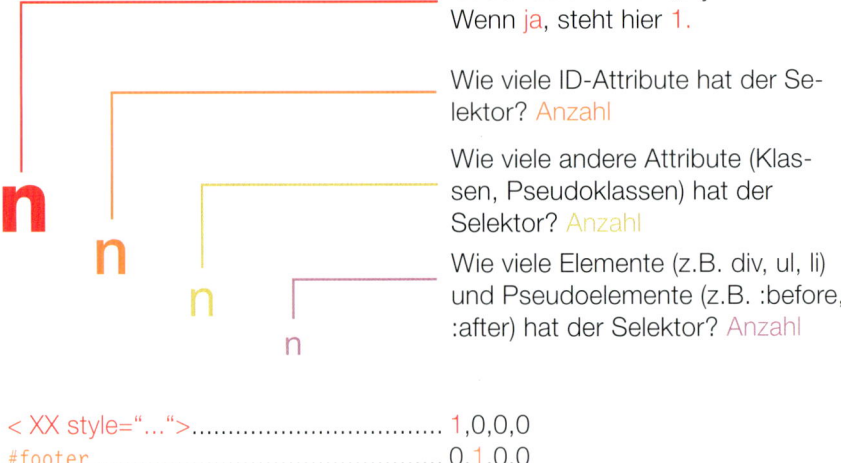

Ist der Selektor ein „style"-Attribut? Wenn ja, steht hier 1.

Wie viele ID-Attribute hat der Selektor? Anzahl

Wie viele andere Attribute (Klassen, Pseudoklassen) hat der Selektor? Anzahl

Wie viele Elemente (z.B. div, ul, li) und Pseudoelemente (z.B. :before, :after) hat der Selektor? Anzahl

```
< XX style="...">................................. 1,0,0,0
#footer ............................................. 0,1,0,0
.achtung ........................................... 0,0,1,0
:before ............................................. 0,0,0,1
```

Nun wird von links nach rechts gelesen. Je weiter links eine Ziffer steht, desto mehr Gewicht wird ihr beigemessen. Bei der oben angeführten Auflistung wiegt also die jeweils oberhalb stehende Zeile mehr als die darunterbefindliche. So gewinnt z.B. 1,0,0,0 vor 0,0,2,3.

Beispiel-Tabelle zum Nachlesen der Spezifität und Gewichtung gängiger Selektoren (Gewichtung: je länger der Balken, desto gewichtiger):

Selektor	n	n	n	n	Gewichtung
style="..."-Attribut	1	0	0	0	
#content	0	1	0	0	
div#content ul li.angebote	0	1	1	3	
#content ul li	0	1	0	2	
a:link	0	0	1	1	
ul li a	0	0	0	3	
:before	0	0	0	1	

1.3 Reihenfolge der Regel

Zum Schluss der Kaskade prüft der Browser bei Gleichwertigkeit der Spezifität, an welcher Position die Regel notiert wurde. Dabei gilt, dass **die zuunterst/zuletzt notierte Deklaration gewinnt!**

```
.uebung { color: red; }

p {font-size: 2em; font-weight:bold; }

.uebung { color: blue; }
```

And the winner is: blue!

2. Vererbung

Hat die Kaskade kein Ergebnis gebracht, forscht der Browser nun weiter: Im W3C-Wortlaut heißt es:

> Ist die Eigenschaft vererbt und das Element nicht das Stammelement des Dokumentstammbaums, verwende den errechneten Wert des übergeordneten Elements.

In welcher Beziehung stehen die HTML-Elemente zueinander, wie beeinflussen sie einander? Woher kommt ein Wert? Bei der Vererbungslehre dürfen Sie ruhig menschlich denken – Geschwister stehen nebeneinander und sind gleichwertig, Eltern vererben an Kinder weiter, es gibt Einflüsse von Vorfahren und Ahnen ... Bevor wir uns mit den CSS-Verwandtschaftsverhältnissen im Detail beschäftigen, sehen wir uns den Dokumentstammbaum einmal genauer an.

2.1 Seitenstruktur als Organigramm

Auf Basis des XHTML-Dokuments, wie wir es bereits für Prototyp 1 angelegt haben, stellen wir nun die Seitenstruktur (vgl. Seiten 51 und 52) als übersichtliches Organigramm dar. Somit wird deutlicher sichtbar, welches Element von welchem abstammt.

Wörter, die Sie ab und zu im englischen Original brauchen können – um z.B. auf W3C zu recherchieren:
Vererbung = **inheritance**, daher auch der CSS-Wert:
inherit
(siehe Seite 79).
Dokumentstammbaum = **document tree**.
Eigenschaft = **property**

Manchmal findet man im Zusammenhang mit document tree, Dokumentstammbaum, auch die Bezeichnung **DOM** – Document Object Model. DOM ist jedoch für unsere Zwecke zu weit gegriffen, dieses Modell dient zur Darstellung von Objekten, Eigenschaften und Methoden im XML- und Javascript-Bereich.

Dokumentstammbaum

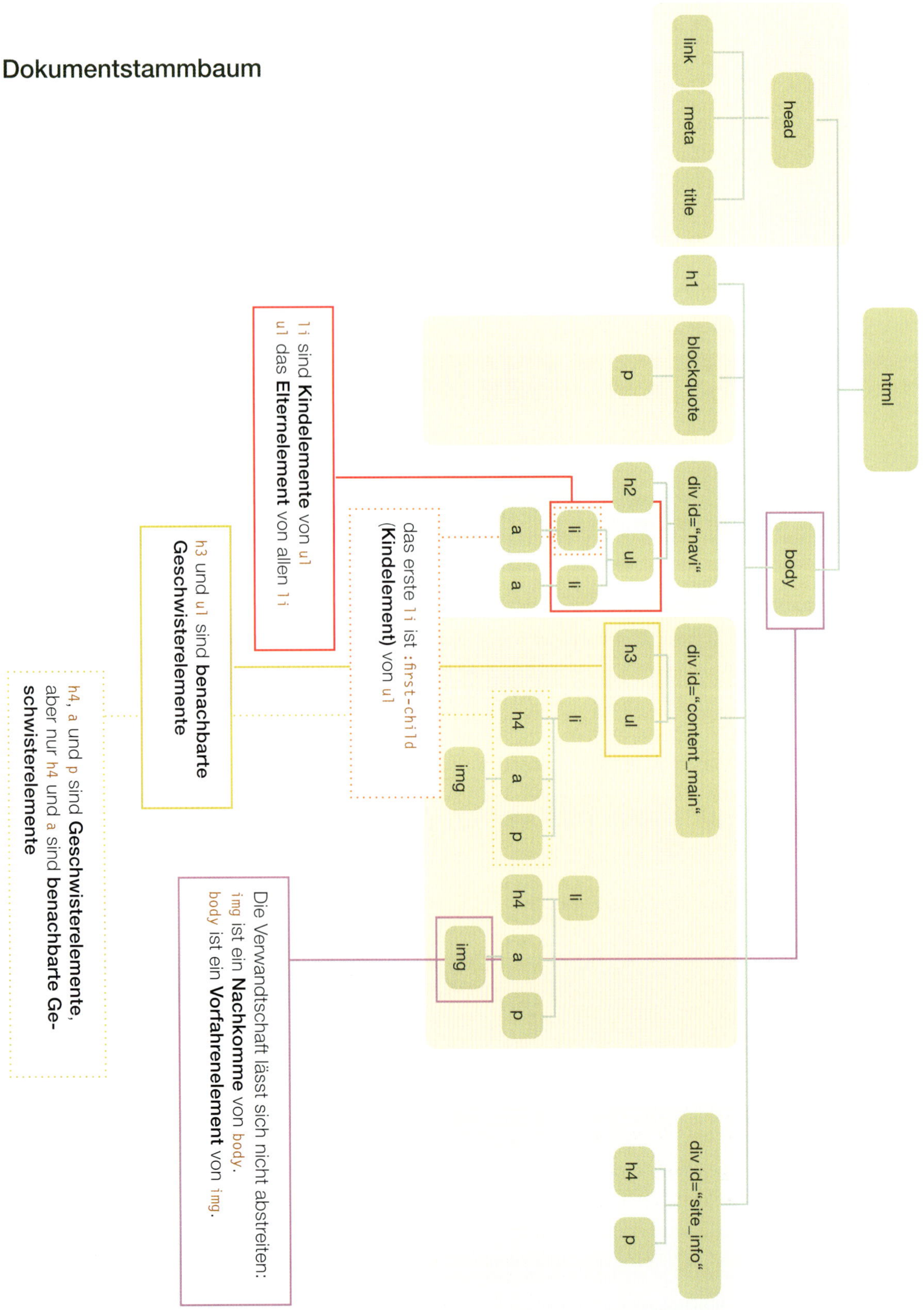

Der Dokumentstammbaum zeigt folgende Struktur:

html
- **head**
  - link
  - meta
  - title
- **body**
  - h1
  - **div id="navi"**
    - blockquote
      - p
    - h2
    - ul
      - li
        - a
      - li
        - a
  - **div id="content_main"**
    - h3
    - ul
      - li
        - h4
          - a
            - img
          - p
      - li
        - h4
          - a
            - img
          - p
  - **div id="site_info"**
    - h4
    - p

Erläuterungen:

li sind **Kindelemente** von ul
ul das **Elternelement** von allen li

das erste li ist :first-child
(**Kindelement**) von ul

h3 und ul sind **benachbarte**
Geschwisterelemente

h4, a und p sind **Geschwisterelemente**,
aber nur h4 und a sind **benachbarte Ge-**
schwisterelemente

Die Verwandtschaft lässt sich nicht abstreiten:
img ist ein **Nachkomme** von body.
body ist ein **Vorfahrenelement** von img.

Dokumentstammbaum sichtbar machen

Optimale Unterstützung zur visuell übersichtlichen Darstellung des Dokumentstamm-baums bieten die folgenden Firefox Extensions:

» **Firebug** (Beschreibung siehe Seite 41) bzw.

» **View Source Chart** (Download *https://addons.mozilla.org/en-US/firefox/ad-don/655)*. Blenden Sie das Chart ein, indem Sie mit der rechten Maustaste auf die Webseite klicken > SEITENQUELLTEXT FORMATIERT ANZEIGEN.

Dokumentstammbaum in Firebug: Blenden Sie über die Pfeilchen eine Ebene nach der anderen ein bzw. aus – dadurch erkennen Sie sehr gut den „verwandtschaftlichen" Aufbau einer Seite.

Alles auf einen Blick: Die Firefox Extension View Source Chart hebt die einzelnen Gruppen farbig hervor und rückt diese übersichtlich ein.

Bei der Vererbung geht es darum, dass eine CSS-Regel nicht nur ein Element alleine betreffen kann, sondern auf Basis des Dokumentstamm-baums auch an weitere Elemente weitergegeben werden. Die folgenden „Verwandschaftsverhältnisse" gibt es:

» **Elternelement**: Ein Element ist ein Elternelement, wenn es min-destens ein Kindelement hat. `html` ist ein Elternelement von head und `body`. Elternelemente werden durch keinen Selektor gezielt angesprochen.

» **Kindelement**: Dieses Element stammt direkt von einem anderen Element ab. Es wird durch den Kind-Selektor, siehe Seite 71, (z.B. `ul > li`) bzw. als erstes Kind durch die Pseudoklasse `:first-child` angesprochen.

» **Geschwisterelemente** stammen vom selben Elternelement ab. Der Selektor für benachbarte Geschwisterelemente formatiert dabei speziell nur das erste Geschwister, also jenes, das direkt nachfolgt, siehe auch Seite 71.

» Ein **Vorfahrenelement** hat eine direkte Verbindungslinie zu einem **Nachkommenelement**. Das kann ein direkter Nachkomme und damit gleichzeitig ein Kindelement sein oder es können auch belie-big viele Nachkommenelemente dazwischen liegen.

» Das **Stammelement** (`html`) hat als einziges Element nur Nachkom-men, keine Vorfahren.

2.2 Beispiele für die Vererbung von Eigenschaften

Sehen wir uns drei Beispiele für die Vererbung von Eigenschaften an. Neben der CSS-Regel finden Sie den entsprechenden Auszug aus unserem Dokumentstammbaum von Seite 80 (orangenfarben bedeutet, dass die Deklaration das Element betrifft).

1. Beispiel für die Vererbung von Schriftart, -farbe, -größe etc. vom Vorfahrenelement:

```
body {
    font-family: Arial, Tahoma, sans-serif;
    font-size: 100.01%;
    color: #565657; }
```

Sämtliche Angaben für das Schriftbild in body werden auf alle Nachkommenelemente vererbt. Durch die relative Schrift-größenangabe in Prozent schaffen Sie die perfekte Ausgangsbasis für die Nachkommen. Denn deren Schriftgröße definieren Sie auf Basis der 100.01%, z.B. mit 1em für li, 0.8em für h4 etc. (1em = 100% = Browser-Standardgröße).
Die Vorteile: Eine Änderung bei body wirkt sich auf alle Nachkommen aus und UserInnen können die Schriftgröße auf ihre Bedürfnisse hin ändern.

2. Beispiel: Alle Geschwisterelemente a erben die Schriftfarbe und werden nicht unterstrichen.

```
#navi ul li a { color:#191a82;
    text-decoration:none; }
```

Die Eigenschaft betrifft nur alle Elemente a, die sich in einer ungeordneten Liste innerhalb des div="navi" befinden.

3. Beispiel: Mit dem Wert inherit übernehmen Sie Eigenschaften von Elternelementen, die normalerweise nicht vererbt werden.

```
div#content {
    background: url(bild1.jpg) no-repeat; }

div#content_supp { background:inherit; }
```

Achtung! inherit darf nicht mit weiteren Werten ergänzt werden.

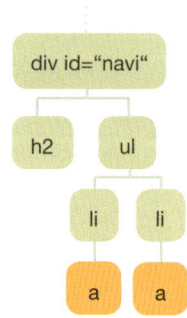

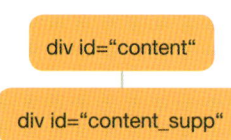

IE8-Script

2.3 Was wird vererbt?

Es wird nicht jede Eigenschaft vererbt. Als Hilfestellung sei gesagt, dass die Vererbung einer „natürlichen" Logik folgt. Das heißt, Sie können ruhig Ihrer Intuition vertrauen, welche Eigenschaften vererbt werden und welche nicht. Denn es macht beispielsweise keinen Sinn, ein Hintergrundbild zu vererben – und das hätten Sie gewusst.

In der folgenden Tabelle finden Sie eine Übersicht über häufig verwendete Eigenschaften – gruppiert nach Bereichen – und Information darüber, ob sie vererbt werden oder nicht:

Bereich	Eigenschaft	wird vererbt?
Hintergrund	background-attachment, -color, -image, -position, -repeat	nein
Rahmen	border-collapse, -spacing	ja
	border-color, -style, -width	nein
Text	color	ja
	font-family, -size, -style, -variant, -weight	ja
	letter-spacing	ja
	line-height	ja
	text-align, -indent, -transform	ja
	text-decoration	nein
	word-spacing	ja
Listen	liste-style-image, -position, -type	ja
Positionierung	position, bottom, left, top, right	nein
	float, clear	nein
	z-index	nein
Weitere Elemente	display	nein
	height, width	nein
	margin (betrifft alle Richtungen)	nein
	max-height, -width	nein
	min-height, -width	nein
	padding (betrifft alle Richtungen)	nein
	visibilty	ja
Pseudoelement	content	nein
Tabellen	caption-side	ja

Und natürlich gibt es auch beim Vererben Ausnahmen und Bugs. So wird z.B. beim IE unter Windows font-size von body nicht in td vererbt.

Eine vollständige Referenz über Standardwerte und Informationen zur Vererbung aller Eigenschaften finden Sie hier: *http://www. w3.org/TR/CSS21/ propidx.html.*

Es würde den Rahmen dieses Buchs sprengen, alle Elemente hier genauestens zu beschreiben. Die hier angeführten Listen sind daher nicht vollständig. Zum Beispiel fehlen Elemente, die nur innerhalb von bestimmten anderen Elementen vorkommen dürfen und daher kein „echtes Block-Element sind, z.B. dl, dt, td, tr. Entnehmen Sie bitte die genauen Beschreibungen Ihrer gewohnten Referenz, z.B. de.selfhtml.org.

Block-Elemente – Inline-Elemente

Nach so viel Neuem entspannen wir uns nun ein wenig beim Auffrischen von XHTML-Wissen. Wenn Sie mit CSS designen, sollten Sie stets wissen, ob das Element z.B. ein Block- oder ein Inline-Element ist. Denn nur so verstehen Sie, wie sich Elemente beispielsweise beim Positionieren verhalten. In vielen Schulungen musste ich feststellen, dass der Unterschied häufig nicht bekannt ist.

Was ist was?

Die meisten Elemente lassen sich in eine der beiden Kategorien Block- oder Inline-Element einordnen. Das wichtigste Unterscheidungsmerkmal ist, wie sich das Element im Textfluss verhält: Ein Block-Element erzeugt einen Absatz, während Inline-Elemente keinen Absatz machen.

Zu den Block-Elementen zählen vor allem die folgenden:

```
address  blockquote del*  div  dl  fieldset  form  h1-h6  hr  ins*
noscript  ol  p  pre  table  ul
```

Block-Elemente werden gerne mit Boxen oder Kisten verglichen. In eine Box dürfen Sie alles Mögliche hineinlegen: Texte, Bilder, Zitate etc. (Inline-Elemente). Manche Boxen dürfen weitere Boxen enthalten, andere nicht:

- » Block-Elemente sind wie ein Block im Browser, sie erzeugen einen eigenen Absatz und nehmen daher standardmäßig die gesamte verfügbare Browser-Fensterbreite ein. Notieren Sie mehrere Block-Elementen aneinander, reihen sie sich untereinander an (p unter p, div unter div).

- » Block-Elemente dürfen auf jedenfall Inline-Elemente und Text enthalten, manche auch sich selbst (div) bzw. andere Block-Elemente (p in div).

- » Manche Block-Elemente dürfen jedoch nicht sich selbst oder andere Block-Elementen enthalten (verschachtelt werden): z.B. dürfen Sie kein h2 in ein h1 stellen.

- » Block-Elemente haben unterschiedlich große Abstände zueinander. Betrachten Sie zum Beispiel den Abstand nach einer Überschrift (h1) oder einem Absatz (p); divs hingegen schließen direkt aneinander an.

*sowohl Block- als auch Inline-Element

Zu den Inline-Elementen zählen vor allem die folgenden:

```
a   abbr   acronym   b   bdo   big   br   button   cite   code   del*   dfn
em  i   img   ins*   input   kbd   label   map   object   q   samp   script
select   small   span   strong   sub   sup   textarea   tt   var
```

Inline-Elemente unterstehen den Block-Elementen und dürfen vor allem im Strict-Mode (siehe Dokumenttyp-Deklaration, Seite 44) nicht alleine notiert werden. Sie benötigen ein Block-Element um sich herum.

» Sie erzeugen keinen neuen Block (Absatz), sondern fließen, wenn der Platz es zulässt, im Textfluss nebeneinander („in-line") auf der Grundlinie weiter.

» Inline-Elemente enthalten in der Regel nur Inline-Elemente.

» Inline-Elemente erzeugen Inline-Boxen um sich herum.

» Manchen Inline-Elementen wie `img`, `textarea`, `button` können Sie Werte für Breite und Höhe vergeben. Bei eher textformatierenden Inline-Elementen haben diese Angaben keine Auswirkung (`a`, `br`, `i` etc.), Letztere sind so breit, wie ihr Inhalt Platz benötigt.

» Inline-Elemente schieben durch einen `padding`/`margin`-Abstand nur links und rechts Inhalt von sich weg. Der obere und untere Abstand hat keine Auswirkung auf den umgebenden Inhalt.

CSS macht das Unmögliche möglich: So wandeln Sie z.B. ein Inline-Element in ein Block-Element und umgekehrt um. Mehr dazu auf Seite 104.

Die Überschrift ist ein Block-Element

Die Überschrift h2 ist natürlich auch ein Block-Element

Ein Absatz ist ein Block-Element. Lorem ipsum dolor sit amet, consectetuer adipiscing elit, sed diam nonummy nibh euismod tincidunt ut laoreet dolore magna aliquam erat volutpat. Inline-Element strong Inline-Element strong Inline-Element strong Inline-Element strong Ut wisi enim ad minim veniam, quis nostrud exerci tation ullamcorper suscipit lobortis nisl ut aliquip ex ea commodo consequat. Er enthält

Ein Absatz ist ein Block-Element. Lorem ipsum dolor sit amet, consectetuer adipiscing elit, sed diam nonummy nibh euismod tincidunt ut *Inline-Element em* laoreet dolore magna aliquam erat volutpat. Ut wisi Inline-Element kbd veniam, quis nostrud exerci tation ullamcorper suscipit lobortis nisl ut aliquip ex ea commodo consequat. Er enthält

Die Überschrift ist ein Block-Element

Die Überschrift h2 ist natürlich auch ein Block-Element

Ein Absatz ist ein Block-Element. Lorem ipsum dolor sit amet, consectetuer adipiscing elit, sed diam nonummy nibh euismod tincidunt ut laoreet dolore magna aliquam erat volutpat. Inline-Element strong Inline-Element strong Inline-Element strong Inline-Element strong Ut wisi enim ad minim veniam, quis nostrud exerci tation ullamcorper suscipit lobortis nisl ut aliquip ex ea commodo consequat. Er enthält

Ein Absatz ist ein Block-Element. Lorem ipsum dolor sit amet, consectetuer adipiscing elit, sed diam nonummy nibh euismod tincidunt ut *Inline-Element em* laoreet dolore magna aliquam erat volutpat. Ut wisi Inline-Element kbd veniam, quis nostrud exerci tation ullamcorper suscipit lobortis nisl ut aliquip ex ea commodo consequat. Er enthält

Die beiden Screenshots zeigen, wie flexibel Block-Elemente sein können. Sie passen sich automatisch an die unterschiedliche Browser-Fenster-Breite an. Sie sehen innerhalb der Absätze jeweils einen Mix aus Block (p)- und Inline-Elementen (strong, em, kbd). Beachten Sie auch die Standardabstände zwischen den einzelnen Blocks.

Box-Modell

In einem unformatieren XHMTL-Dokument reihen sich die Inhalte standardmäßig – eher unspannend – untereinander an (s. auch Seite 50). Wenn Sie
daher der Website Struktur verleihen oder einen Absatz schmäler machen
und ihm einen zarten Rahmen rundherum geben wollen, benötigen Sie
Wissen über das Box-Modell. Das berühmte Box-Modell gehört zum CSS-
Basis-Know-how und es vermittelt, wie Sie Abstände für Elemente erzeugen
und wie sich diese – in den verschiedenen Browsern – berechnen.

Die Box und ihre Eigenschaften

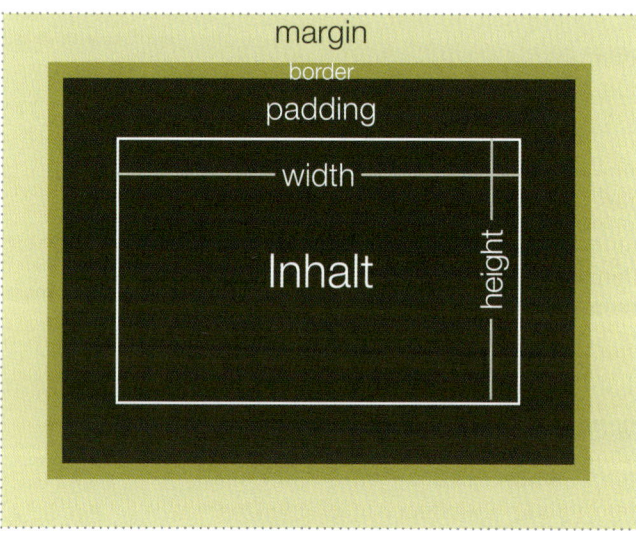

Eine Box wird durch die folgenden Eigenschaften bestimmt:

- » **Inhalt**: Der Inhalt des Elements, bespielsweise ein Bild, der
  Text eines Absatzes, eine Überschrift

- » **width**: Breite des Inhalts

- » **height:** Höhe des Inhalts

- » **padding:** Innenabstand, Füllung, erhält die Hintergrundfarbe
  des Inhalts

- » **border:** Rahmen

- » **margin:** Außenabstand, Rand, erhält die Hintergrundfarbe
  des Elements, das sich rundherum befindet
  (body, div, …), bzw. ist unsichtbar

Die Eigenschaften `padding`, `border` und `margin` können für jede Seite der Box getrennt voneinander angegeben werden:

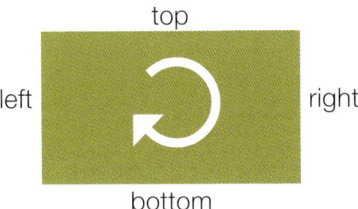

top

left   right

bottom

Dieses Symbol zeigt die Schreibrichtung für Kurzschrift, siehe Seite 88.

Die jeweilige Seitenangabe hängt man mit Bindestrich an die Eigenschaft:

`padding-top, padding-right, padding-bottom, padding-left`

`border-top, border-right, border-bottom, border-left`

`margin-top, margin-right, margin-bottom, margin-left`

Wenn Sie keine Seite explizit angeben, gilt der angegebene Wert für alle vier Seiten gleichermaßen. Beispiel:

```
p { width: 300px; padding: 35px; margin: 80px;
border-right: 15px solid #353d2d;
background-color: #e8e2a5; }
```

Bei den Außenabständen (`margin`) gibt es eine Besonderheit, sobald zwei Boxen untereinander gereiht werden. Mehr dazu siehe Seite 91.

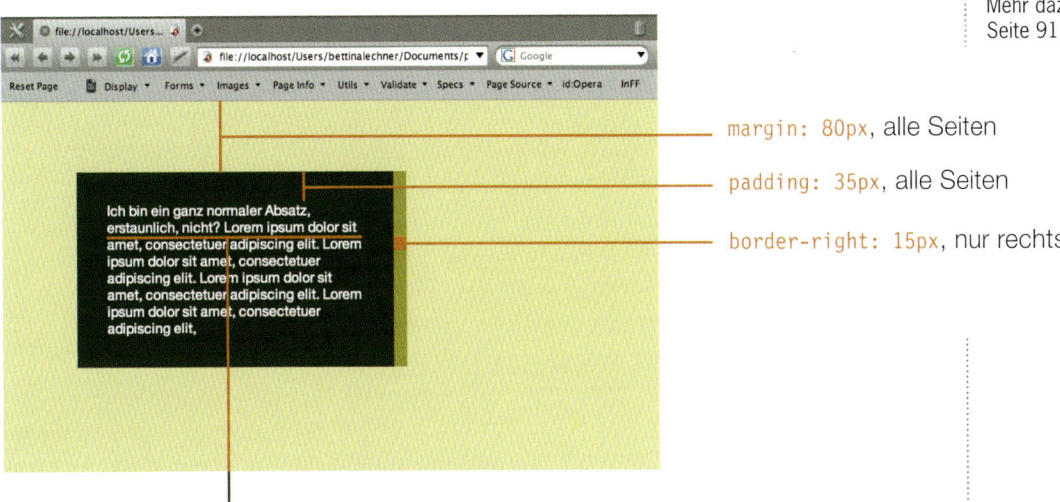

`margin: 80px`, alle Seiten

`padding: 35px`, alle Seiten

`border-right: 15px`, nur rechts

`width: 300px;` Breite für den Absatz, die Höhe ergibt sich automatisch aus der Textmenge.

Kurzschriften gibt
es für die folgenden
Eigenschaften:
background
border
border-width
border-style
border-color
font
list-style
margin
outline
padding

Kurzschriften für margin, padding, border-width

Es ist empfehlenswert, die Werte für `margin`, `padding` und `border-width` in
Kurzschrift anzugeben. Folgen Sie dann dem **Uhrzeigersinn**, beginnend
bei `top`.

Statt ...   ... schreiben Sie kürzer so:

```
padding-top: 5px;

padding-right: 10px;

padding-bottom: 15px

padding-left: 25px;
```

Soll die Box oben/unten und links/rechts die gleichen Werte bekommen,
dann notieren Sie in Kurzschrift:

Statt ...   ... notieren Sie in Kurzschrift:

```
margin-top: 20px;

margin-bottom: 20px;

margin-left: 5px;

margin-right: 5px;
```

margin: 20px 5px;

```
         |        |
        top      left
      bottom    right
```

Notieren Sie drei Werte, wenn Sie für oben und unten unterschiedliche
Werte, für links/rechts jedoch die gleichen benötigen:

Statt...   ... notieren Sie in Kurzschrift:

```
margin-top: 20px;

margin-bottom: 30px;

margin-left: 5px;

margin-right: 5px;
```

Die Kurzschrift für die übrigen `border`-Angaben finden Sie im Special
Border auf Seite 140.

Die Box-Abmessungen

Wie berechnet sich die Gesamtbreite bzw. -höhe einer Box? Sehen wir uns nochmals das Beispiel durch:

```
p { width: 300px; padding: 35px; margin: 80px; border-
right: 15px solid #353d2d; background-color: #e8e2a5; }
```

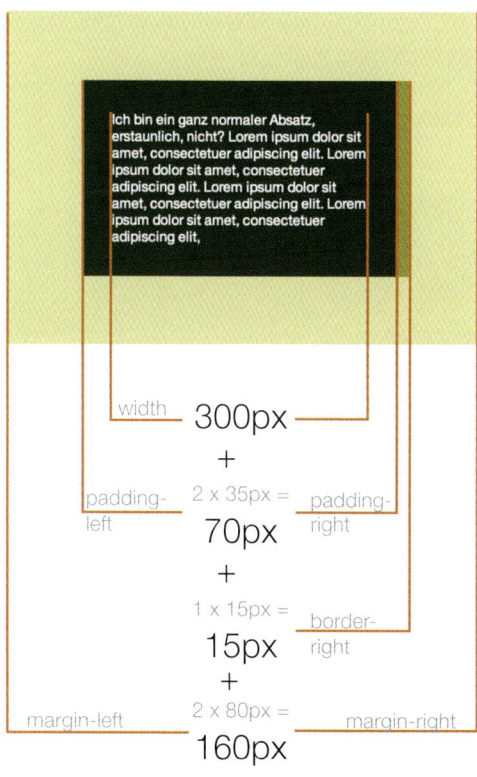

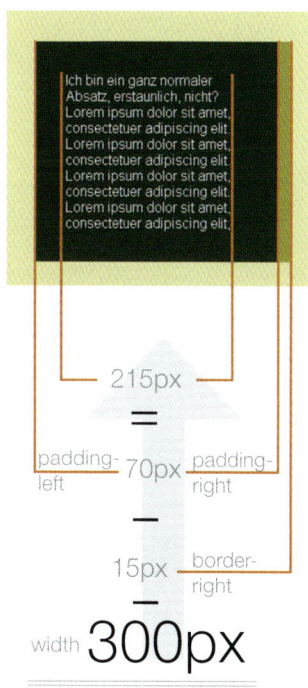

Die Höhe einer Box errechnet sich genauso wie die Breite. Vorausgesetzt man weiß über die Höhenangaben Bescheid, was nicht immer der Fall ist, da sich beispielsweise bei dieser Variante die Höhe aus der Textmenge, der Schriftgröße, der Zeilenhöhe etc. des Absatzes ergibt und daher nicht sicher genannt werden kann.

Für die Berechung der Gesamtbreite eines Elements werden in standardkonformen Browsern alle Abstände zur Breite addiert. Bei dem Beispiel ergibt dies üblicherweise eine Gesamtbreite von 545 Pixel (siehe links).

Der Internet Explorer bis inkl. 5.5. addiert `padding` und `border` NICHT zur Breite (Box Model Bug). Nur der Außenabstand `margin` wird dazugerechnet. Die Breite (exkl. margin) wird also mit 300 Pixel angezeigt, der Inhalt selbst muss sich in die verbleibenden 215 Pixel quetschen.

Hier finden Sie die Darstellung des Box-Modells beim W3C: http://www.w3.org/TR/CSS2/box.html

quirk, engl. Eigenheit,
Trick

Quirks-Modus

Ab Version 6 hat Microsoft den Fehler bereinigt (standard mode). Da es zu diesem Zeitpunkt jedoch massenhaft Websites gab, die so programmiert waren, dass sie auf die fehlerhafte Berechnung eingehen, hätte eine Umstellung auf die korrekte Berechnung weltweit verschobene Websites bedeutet. Um für diese Websites den Umstieg nicht zu hart zu machen, hat Microsoft den sogenannten „Quirks-Modus" eingeführt. Dieser Modus bewirkt, dass der Browser den alten Darstellungsfehler simuliert. Browser „verfallen" unter bestimmten Umständen in den Quirks-Modus ...

» ... wenn die Dokumenttyp-Deklaration fehlt,

» ... wenn Sie eine ältere HTML-Version als HTML 4 verwenden,

» ... wenn bei XHTML in der ersten Zeile die vom W3C empfohlene XML-Deklaration notiert wird (siehe Seite 46).

```
<?xml version="1.0" encoding="UTF-8"?>
```

» ... wenn bei XHTML-Dokumenten in der ersten Zeile ein Kommentar steht, selbst wenn es leer ist:

```
<!-- -->
```

Dasselbe gilt für Opera 7.0 - 7.03.

Lösungen für den Box-Modell-Fehler

Wie wir im Beispiel auf Seite 89 gesehen haben, gibt es Probleme mit der Darstellung von Boxen beim Internet Explorer bis inkl. 5.5 und Opera 7.0 - 7.03 und IE 6 im Quirks-Modus. Hier werden sie zu klein dargestellt. Folgende Lösungen gibt es, um mit diesem Fehler umzugehen:

» Manche Webdesigner verzichten auf pixelgenaue Ausrichtung. Ihr Hauptaugenmerk liegt auf korrektem Code ohne Hacks und schönem Layout auf allen Browsern. Das ist eine Variante.

» Weisen Sie nicht ein und demselben Element gleichzeitig `width`/`height` sowie `border`/`padding`-Eigenschaften zu, sondern definieren Sie für jedes Paar ein Element, z.B. mit zusätzlichem `div`:

```
div {width:300px; background-color: #e8e2a5; }

p {padding: 35px; margin: 80px; border-
right: 15px solid #353d2d; }
```

Der Nachteil dieser Lösung liegt auf der Hand: Sie produzieren damit unnötigen Code.

» Sie binden das IE8-Script ein, siehe Seite 97.

» Hacks, z.B. Tantek-Hack (Box Model Hack), Tan-Hack (Modified Simplified Box Model Hack). Näheres siehe Browser-Weichen & Hacks, ab Seite 92.

» Eine gesonderte Breitenangabe nur für den IE 5.x und Umleitung mittels Conditional Comment, siehe Seite 92.

Vertikale Außenabstände (margin-bottom, margin-top)

Eine Besonderheit bei der Berechnung bzw. Darstellung der Höhe eines Block-Elements gibt es noch: Vertikale Außenabstände von Boxen werden nicht addiert, sondern es wird eine Höhe verwendet. Der untere und obere Außenabstand wird zu einem zusammengefasst (collapsing margins):

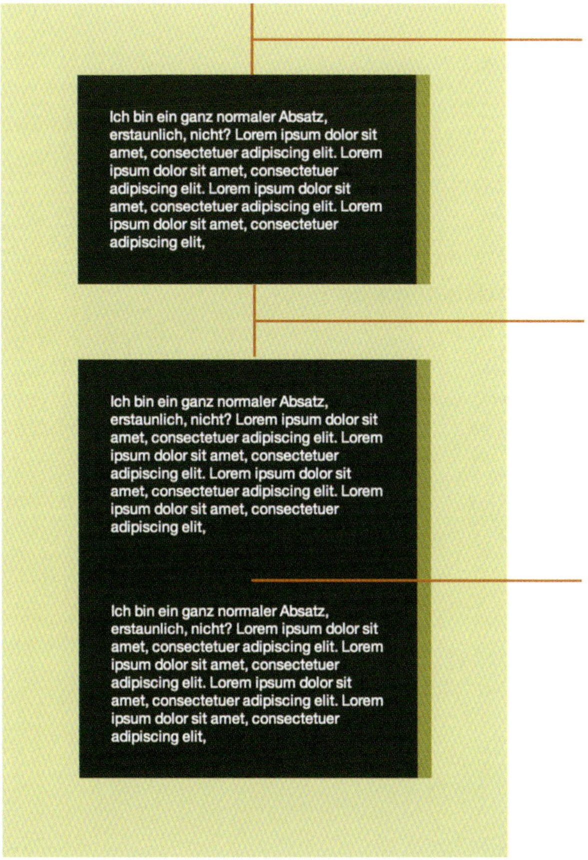

Horizontale Abstände bleiben immer erhalten und fallen nicht zusammen!

Die Außenabstände von „gefloateten" und absolut positionierten Elementen bleiben erhalten – sie fallen also nicht zusammen.

Falls Sie jetzt daran gedacht haben: `border-collapse: collapse;` gibt es nur im Zusammenhang mit Tabellen.

margin-top: 40px

> Ich bin ein ganz normaler Absatz, erstaunlich, nicht? Lorem ipsum dolor sit amet, consectetuer adipiscing elit. Lorem ipsum dolor sit amet, consectetuer adipiscing elit. Lorem ipsum dolor sit amet, consectetuer adipiscing elit. Lorem ipsum dolor sit amet, consectetuer adipiscing elit,

margin-top: 40px
margin-bottom: 40px

= 40px

fallen zusammen zu einem Wert („collapsing margins"). Bei unterschiedlichen Angaben wird der höhere Wert verwendet.

> Ich bin ein ganz normaler Absatz, erstaunlich, nicht? Lorem ipsum dolor sit amet, consectetuer adipiscing elit. Lorem ipsum dolor sit amet, consectetuer adipiscing elit. Lorem ipsum dolor sit amet, consectetuer adipiscing elit. Lorem ipsum dolor sit amet, consectetuer adipiscing elit,

Kein Außenabstand: weder `margin-bottom` von der oberen Box noch `margin-top` von der unteren Box.

> Ich bin ein ganz normaler Absatz, erstaunlich, nicht? Lorem ipsum dolor sit amet, consectetuer adipiscing elit. Lorem ipsum dolor sit amet, consectetuer adipiscing elit. Lorem ipsum dolor sit amet, consectetuer adipiscing elit,

Wichtig! Schreiben Sie Conditional Comments immer UNTER die Link-Angaben der normalen Stylesheets.

Browser-Weichen & Hacks

Wie Sie sicherlich schon bemerkt haben, stellt der Internet Explorer immer wieder eine Ausnahme dar. Nun wäre es doch praktisch, nur diesem Browser CSS bereitzustellen. Dafür gibt es Lösungen. Für den Internet Explorer hat Microsoft selbst eine Möglichkeit geschaffen: die Conditional Comments (CC). Damit leiten Sie Anweisungen für Internet Explorer um. Eine weitere Variante besteht darin, aktuelle Browser mittels `@import` gesondert anzusprechen, oder Sie verwenden einen Attributselektor. Darüber hinaus sehen wir uns in diesem Abschnitt einige bekannte Hacks an und werfen einen detaillierteren Blick auf das IE8-Script. Eine Übersicht mit über 120 CSS-basierenden Browser-Weichen und die jeweilig dadurch angesprochenen Browser-Versionen finden Sie hier: *http://www.lipfert-malik. de/webdesign/tutorial/bsp/css-weiche-filter.html*.

1. Conditional Comments

Mithilfe von Conditional Comments erstellen Sie Browser-Weichen ausschließlich für die verschiedenen Internet-Explorer-Versionen. Das heißt, Sie sorgen dafür, dass eine bestimmte IE-Version ergänzende CSS zu interpretieren bekommt.

So sprechen Sie die verschiedenen IEs an

Notieren Sie die Browser-Weiche im `<head>`-Bereich **unterhalb** der Link-Angaben zu den normalen Stylesheets und zwar innerhalb eines HTML-Kommentars. Durch den Kommentar wird die Anweisung vor anderen Browsern als dem IE versteckt, nur dieser sucht und prüft die Anweisung.

Beispiel 1:

```
<head>
 <link rel="stylesheet" media="all" href="layout.css" />
  <!--[if lt IE 6]>
   <link rel="stylesheet" type="text/css" href="ie5.css" />
  <![endif]-->
</head>
```

Erklärung
HIer sprechen Sie alle IEs kleiner 6 (`lt` = less than) an. Mittels `<link>` verweisen Sie auf ein externes Stylesheet, wo die Angaben für die IEs notiert werden.

Beispiel 2:

```
<head>

<link rel="stylesheet" media="all" href="layout.css" />

  <!--[if lte IE 5.5]>

   <style type="text/css">

     #content {border: 2px solid #565657;

    position: relative; top: 100px; }

   </style>

  <![endif]-->

</head>
```

Erklärung
Innerhalb der eckigen Klammern notieren Sie die Abfrage mit if und dem Operator und geben die IE-Version an. Hier sprechen Sie alle IE 5.5 und darunter (lte = less than or equal) an. Darunter können Sie direkt Styles angeben.

Beispiel 3:

```
<head>

<link rel="stylesheet" media="all" href="layout.css" />

  <!--[if !IE 7]>

   <style type="text/css">

     @import url(alle-ie-s-ausser7.css);

   </style>

  <![endif]-->

</head>
```

Erklärung
Mit einem Rufzeichen vor der IE-Angabe schließen Sie die Version aus. Hier sprechen Sie alle IEs außer den 7er an. In diesem Beispiel importieren wir die Stylesheet-Datei mittels @import.

Beispiele für Versionsangaben

IE   alle Internet Explorer
IE 5   alle Versionen von Internet Explorer 5.x
IE 6.0   nur Internet Explorer 6.0
!IE 8   alle Internet Explorer, außer IE 8

Beispiele für Operatoren

lt	less than	kleiner als	lt IE 5
lte	less than or equal	kleiner gleich	lte IE 6
gt	greater than	größer als	gte IE 5.5
gte	greater than or equal	größer gleich	gte IE 5
!	not	schließt die Version aus	!IE7

Details zum Attributselektor finden Sie auf Seite 72.

2. Attributabhängige Browser-Weiche

Es hat auch einen Vorteil, dass Attributselektoren nur von bestimmten Browsern verstanden werden: Wir setzen sie als Browser-Weiche ein. Mittels Attributselektor sprechen Sie nur Firefox, Thunderbird, Opera und Netscape ab Version 6 an.

Im CSS schreiben Sie z.B.:

```
#navi { width: 450px; }
```
———— Alle Browser sehen diesen Selektor, doch nur IE sieht und nimmt ihn an, weil ...

```
#navi[id] { width: 400px; }
```
———— ... dieser Selektor von allen anderen Browsern akzeptiert und da zuletzt notiert (Reihenfolge entscheidet!) diese Deklaration verwendet wird.

```
<div id="navi">...</div>
```

Den Attributselektor ignoriert der Internet Explorer bis inkl. Version 6, d.h., sein `<div>` ist 450px, das der übrigen Browser 400px.

3. Antiquierte Browser ausschließen

Neben all diesen Varianten gibt es auch Browser-Weichen, die Sie entweder serverseitig mittels PHP, SSI oder Perl umsetzen oder auch clientseitig mit Java-Script realisieren. Suchen Sie im Web nach dem Begriff *Browser-Weiche*.

Wenn Sie Ihr XHTML-Dokument semantisch sinnvoll aufgebaut haben, ist es auch ohne CSS sinnvoll lesbar. Veraltete Browser, die mit CSS massive Darstellungsprobleme haben, beliefern Sie daher einfach nur mit reinem HTML-Code. Das erreichen Sie, indem Sie die CSS mittels `@import` hinzufügen:

```
<style type="text/css">

  @import "nurneuerebrowser.css";

</style>
```

Die `@import`-Anweisung ist für antiquierte Browser zu neu, damit unverständlich und wird daher ignoriert (z.B. von Netscape Navigator 4).

4. Hacks

Manchmal spart es Zeit und schafft Übersichtlichkeit, CSS-Angaben für bestimmte Browser nicht in ein eigenes Stylesheet, welches dann z.B. mittels Conditional Comments eingebunden wird, auszulagern, sondern an der logisch „richtigen" Stelle im CSS zu platzieren – oder aber der

Browser, für den die zusätzlichen Angaben gelten sollen, heißt ausnahmsweise nicht Internet Explorer (womit die Conditional Comments nicht anwendbar sind).

In diesen Fällen greift man auf sog. „Hacks" zurück, das sind Tricks im Stylesheet, die bewirken, dass bestimmte Angaben nicht von allen, sondern nur von ausgewählten Browsern interpretiert bzw. ignoriert werden.

4.1 Stern-Hack

Mit diesem wichtigen Trick ist es möglich, CSS-Angaben nur für den IE6 zu machen.

Beispiel:

```
#content { overflow: auto; }

* html #content { display: inline-block; }
```

Hier wird dem Element mit `id="content"` die Eigenschaft `overflow: auto` zugewiesen, was u.a. bewirkt, dass die Box nicht um vorhergehende `floats` herumfließt, sondern daneben platziert wird.

In dem Stylesheet, dem dieser Ausschnitt entnommen ist, liefert der IE6 das gewünschte Ergebnis aber nur, wenn dem Content-Element zusätzlich `display: inline-block` zugewiesen und damit das IE-interne Attribut „hasLayout" (siehe Seite 234) gesetzt wird.

`* html #content` bedeutet: das `#content`-Element innerhalb des html-Elements innerhalb beliebiger übergeordneter Elemente. Das macht normalerweise keinen Sinn, da das HTML-Element das oberste Element im DOM-Baum ist und keine übergeordneten Elemente besitzt. Der IE <= 6 tut jedoch so, als gäbe es ein übergeordnetes Element, und interpretiert die Angabe.

4.2 min-width / max-width für IE6 (CSS-Expressions)

`min-width`/`max-width` wird vom Internet Explorer erst ab Version 7 unterstützt. Für den IE6 müssen Sie sich mit sogenannten CSS-Javascript-Expressions (einer proprietären CSS-Erweiterung von Microsoft) behelfen. Dabei wird die normale Eigenschaft `width` verwendet, ihr Wert wird allerdings nicht fix angegeben, sondern mit Javascript abhängig von der Breite des Browser-Fensters berechnet. Zum Beispiel würde

```
min-width: 600px; max-width: 1000px;
```

folgende Entsprechung haben:

```
width: 1000px; width: expression(document.body.clientWidth < 602 ?
"600px" : document.body.clientWidth > 1002 ? "1000px" : "auto");
```

Die erste `width`-Angabe ist für den Fall, dass Javascript deaktiviert ist. Sonst wird sie von der zweiten Angabe überschrieben: 600px, falls das Browser-Fenster kleiner als 602px ist, und 1000px, wenn es größer als 1002px ist – dazwischen bleibt der Wert auf „auto".

Versuchen Sie nicht, die 2 Pixel-Ungenauigkeit auszubessern und 600 statt 602 bzw. 1000 statt 1002 zu schreiben – der IE6 stürzt in diesem Fall reproduzierbar und unwiederbringlich ab. Über die Ursache wollen Sie sicher erst gar nicht Bescheid wissen ;-)

Diese Methode sollte nur in Verbindung mit Conditional Comments eingesetzt werden, da `expression` kein gültiger CSS-Ausdruck ist.

4.3 Transparente PNGs für IE6 (AlphaImageLoader)

Bekannterweise stellt IE6 keine transparenten PNGs dar:
http://support.microsoft.com/kb/294714

Es gibt allerdings einen Workaround, der mit dem sogenannten AlphaImageLoader-Filter funktioniert. Hier muss ein Container über das Bild gelegt, das eigentliche Bild unsichtbar gemacht und dem Container die filter-Eigenschaft gegeben werden:

```
div#container { filter:progid:DXImageTransform.Microsoft.
AlphaImageLoader(src='image.png', sizingMethod='scale'); }
div#container img { visibility: hidden; }
```

Beim Einsatz dieses Tricks haben Sie allerdings mit weiteren Problemen zu rechnen, z.B. dass Links plötzlich zwar noch als Links dargestellt werden, aber nicht mehr anklickbar sind. Über die Ursache wollen Sie auch hier wahrscheinlich nicht Bescheid wissen ...

Natürlich gibt es auch einen Workaround, um den Fehler zu beheben, der bei der Fehlerbehebung der PNG-Darstellung entsteht: Den Links muss mittels `position: relative` gegeben werden. Infos dazu: *http://www. hrunting.org/csstests/iealpha.html*

4.2 Weitere Hacks

Eine übersichtliche Darstellung der Browser-Unterschiede bei der Darstellung und dazu passende Hacks finden Sie auf *http://www.css-hack.de.*

Es gibt unzählige Hacks, die hier nicht alle erwähnt werden können. Es sollte sowieso das Ziel sein, möglichst ohne sie auszukommen. Besser, Sie nehmen feine Darstellungsunterschiede in den Browsern in Kauf, da wir ja – wie schon betont – kein Printmedium gestalten, sondern das Web und hier werden wir nie wissen, wie Benutzer die Webseite darstellen. Manche Hacks schaffen in anderen Browsern neue Probleme und Sie wissen nicht, wie sich Hacks in neuen Browser-Versionen auswirken.

5. Das IE7/IE8-Script

5.1 Internet Explorer 6 und 7 als Fehlerquellen

Wie in den vorigen Kapiteln bereits klar geworden ist, stellt die weite Verbreitung der Internet-Explorer-Versionen 6 und 7 ein großes Problem für CSS-Webentwickler dar, da sie sehr viele Fehler beinhalten bzw. sich vom Standard abweichend verhalten.

Ohne zusätzliche Hilfsmittel müsste man für jede dieser Fehlimplementationen und fehlenden Funktionen mit Hacks entsprechende Zusatzarbeit leisten. In der Praxis kann es dann schon passieren, dass nach dem Erstellen eines CSS-Stylesheets, das in allen anderen Browsern (Firefox, Opera, Chrome, ...) wunderbar funktioniert, gleich noch einmal so viel CSS-Code (und vor allem Zeit und Nerven!) für IE-Hacks benötigt wird.

Um diesem misslichen Umstand entgegenzuwirken, hat Dean Edwards eine komplett frei verfügbare Javascript-Bibliothek geschrieben, die die wichtigsten Fehler von IE6/7 ausbügelt und diese Versionen so verhalten lässt, als wären sie ein relativ standardkonformer IE8 (daher IE8-Script).

5.2 Features

Sofern JavaScript aktiviert ist, bietet das IE8-Script folgende „Upgrades" für IE6/7:

>> Unterstützung aller Selektoren, d.h. auch für den Kindselektor >, den Selektor für benachbarte Geschwisterelemente + (siehe Seite 71), Attributselektoren (z.B. `input[type=submit]`)

Im Juli 2009 stellte Google offiziell den Support für den IE6 auf *www.youtube.com* ein. Das Social-Bookmark-Portal Digg und der Kurznachrichten-Dienst Twitter sowie Facebook folgten.

» Korrekte Unterstützung der Pseudoklassen `:after`, `:before`, `:hover`, `:active`, `:focus`, `:lang`, `:nth-child` und einige andere

» Unterstützung für das `content`-Attribut, z.B. in Verbindung mit den Pseudoklassen `:after` und `:before`

» Unterstützung für die `inherit`-Angabe für Vererbung

» Implementierung u.a. folgender CSS-Eigenschaften: `min-width/max-width`, `min-height/max-height`, `overflow: visible`, `opacity`, `border`, `spacing`

» Echte alpha-transparente PNGs auch im IE6 – zwar nicht hundertprozentig (z.B. kann man transparente PNG-Hintergrundbilder im IE6 dann nicht auch noch mit `background-position` positionieren), aber für viele Anwendungen ausreichend

» Umgehung von Bugs wie „Doubled Margin", „Peekaboo", „Unscrollable Content"

5.3 Woher kann man das Skript beziehen?

Das Skript (genau genommen sind es mehrere, aber Sie brauchen nur eines einzubinden) gibt es unter folgender Adresse:

http://code.google.com/p/ie7-js/

Weitere Informationen findet man noch auf der früheren Webseite:

http://dean.edwards.name/weblog/2008/01/ie7-2/

Sie dürfen das Skript, sofern Sie es nicht verändern oder Copyright-Hinweise entfernen, ohne Einschränkungen für Ihre Webseiten (auch kommerzielle) verwenden (MIT-Lizenz).

5.4 Installation/Einbindung

Das Skript wird mittels Conditional Comments (siehe Seite 92) nur für IE6/7 eingebunden:

```
<!--[if lt IE 8]>
<script src="http://ie7-js.googlecode.com/svn/version/2.0(beta3)/IE8.js"
type="text/javascript">
</script>

<![endif]-->
```

Hier wird direkt auf die Google-Server verlinkt. Vorteil: Sie brauchen nichts herunterzuladen, sparen Bandbreite auf Ihrem Webhost und ermöglichen Proxyservern effizientes Caching.

Falls Sie sich sicherer fühlen wollen, können Sie das Skript auch als ZIP-Datei herunterladen und direkt von Ihrem Server aus einbinden. Sie müssen dann lediglich die Pfadangabe im HTML-Code ändern.

5.5 Interne Funktionsweise

Wenn Sie sich für die genaue Funktionsweise des Skripts interessieren, können Sie den Quellcode unter folgender Adresse einsehen:

http://ie7-js.googlecode.com/svn/version/2.0%28beta3%29/src/

Der ungefähre Ablauf sieht aber so aus:

1. HTML- und CSS-Code wird vom IE 6/7 geladen und die Seite wird gleichzeitig aufgebaut. Die Seite sieht wegen der IE-Fehler noch „verunstaltet" aus.

2. Die Seite wurde fertig geladen ▸▸ window.onload wird aufgerufen.

3. Das IE8-Script hat sich in die onload-Funktion „eingehängt" und arbeitet nun diverse Fehlerbehebungsroutinen ab: z.B. wird per Javascript nach allen Kindselektoren im CSS gesucht und dann korrekt angewendet, PNGs werden mit diversen Tricks auch im IE6 transparent gemacht usw.

4. Die Seite sieht nun annähernd wie im IE8 und in anderen Browsern aus.

Die hier angeführte Normalisierung basiert auf dem Buch Transcending CSS von Andy Clarke und Molly E. Holzschlag.

Weil wir's noch nicht dediziert angesprochen haben: Diese Zeichenfolge /* leitet einen CSS-Kommentar ein und diese */ schließt ihn wieder. Verwenden Sie also /*Kommentare*/ ausgiebig um Ihre CSS-Deklarationen zu dokumentieren.

Normalisierung

Wie Sie bereits wissen, hat jedes Element seine ganz eigene Spezifikation: Listen werden eingerückt, haben Bullets, Absätze werden durch Abstände voneinander getrennt, Überschriften werden mit einer größeren Schriftgröße und fett dargestellt, Bilder erhalten automatisch einen Rahmen, sobald man sie verlinkt etc.

Unter Normalisierung versteht man das Zurücksetzen all dieser verschiedenen Abstände, die die Elemente standardmäßig erzeugen. Damit steuern Sie das Aussehen eines Elements, ohne die Standardeinstellungen, die darüberhinaus in jedem Browser anders sind, auch noch miteinbeziehen zu müssen.

Und so funktioniert es

Legen Sie in Ihrem Editor eine neue leere Datei für das Normalisieren an. Nennen Sie sie zum Beispiel norm.css und schreiben Sie die folgenden Deklarationen:

```
/*normalisierung margin, padding */

div, dl, dt, dd, ul, ol, li, h1, h2, h3, h4, h5, h6, pre, form, fieldset,
input, p, blockquote, th, td

{ margin:0; padding:0; }

/*normalisierung font-size header*/

h1, h2, h3, h4, h5, h6

{ font-size:100%; }

/*entfernt list-style aus listen*/

ol, ul

  { list-style:none; }

/*normalisiert font-style und font-weight auf normal*/

address, caption, cite, code, dfn, em, strong, th, var

  { font-style:normal; font-weight: normal; }

/*normalisiert tabellen*/

table

{ border-collapse: collapse; border-spacing:0; }
```

```
/*entfernt border aus fieldset und img*/

fieldset, img

  { border:0; vertical-align:bottom; }

/*richtet text in caption und th links aus*/

caption, th

  { text-align:left; }

/*entfernt anfuehrungszeichen aus q*/

q:before, q:after

  { content:''; }
```

Die Auswirkung der Normalisierung anhand einiger Beispielelemente:

Die Normalisierungsdatei ist auf der beiliegenden CD unter norm.css für Sie zur Verwendung abgespeichert. Selbstverständlich können Sie die Normalisierung nach Ihren Bedürfnissen abändern.

Vorher

Nachher

Import in eine andere CSS-Datei:

Importieren Sie die norm.css mittels @import in die zentrale Standard-CSS. Schreiben Sie dort in die erste Zeile (siehe auch Seite 64):

```
@import url("norm.css");
```

Ergänzend ist zu sagen, dass manche WebdesignerInnen dem Normalisieren kritisch gegenüberstehen. Warum? Sie finden, dass die norm.css zusätzliche Ladezeit verursacht oder Einrückungen verloren gehen. Entscheiden Sie selbst.

Positionierung in CSS

Eines der wichtigsten und leider auch kompliziertesten Dinge bei CSS wird unter dem Begriff „Positionierung" zusammengefasst. Kompliziert wird es deshalb, weil es verschiedene Möglichkeiten gibt, unterschiedliche Positionierungstypen miteinander zu kombinieren. Wissen Sie als Entwickler der Website nicht über alle diese Möglichkeiten richtig gut Bescheid, endet das meistens in einem völligen Chaos der Website und daraus resultierendem Frust. Damit genau das nicht passiert, werden Sie auf den folgenden Seiten die unterschiedlichen Positionierungsmöglichkeiten zuerst detailliert kennenlernen. Anschließend werden Sie eine Menge Beispiele unterschiedlichster Kombinationen sehen und – vor allem – wie diese aufeinander reagieren.

Alles fließt – der Dokumentfluss

Die Basis der gesamten Positionierung ist der sogenannte Dokumentfluss, an dem sich Browser beim Darstellen eines HTML-Dokuments orientieren. Alles, was Sie in HTML schreiben, wird nacheinander/untereinander dargestellt – es beginnt oben und endet mit dem letzten HTML-Element ganz unten.

Das „Dokument" ist übrigens der gesamte HTML-Code der Seite. Es kann in verschiedenen Weisen dargestellt werden, z.B. am Bildschirm in einem Browser-Fenster oder gedruckt als gedrucktes Dokument.

Ihre Aufgabe als Webdesigner ist es, den Dokumentfluss per CSS zu steuern und die HTML-Elemente auf bestimmte Weise darzustellen bzw. auszurichten. Optimalerweise genau so wie es in einem vorgegebenen Grafikdesign vorgesehen ist.

Welche CSS-Attribute spielen bei der Positionierung eine Rolle?

Zuallererst müssen Sie wissen, dass bestimmte Elemente untereinander als Boxen dargestellt werden und so den Dokumentfluss definieren. Andere gelten nur für einen kleinen Bereich innerhalb dieser Boxen.

Block-Elemente

Im Quelltext hintereinander stehende Elemente wie beispielsweise `div`-Container und `P`aragrafen-Tags werden untereinander angeordnet. Wird die Breite nicht explizit angegeben, dehnen sie sich über die gesamte zur Verfügung stehende Breite (Breite des übergeordneten Elements) aus. Solche Elemente werden als BLOCK LEVEL bezeichnet. Auch wenn die Breite angegeben wird und eventuell sogar noch genug Platz daneben wäre, stehen diese Art von Elementen immer untereinander.

Moderne Webdesigns bauen auf dem Prinzip der Verschachtelungen von Containern auf, d.h., Block-Elemente können innerhalb anderer Block-Elemente angeordnet werden.

Geben Sie keinem Container in Ihrem Dokument eine Breitenangabe mittels des CSS-Attributs `width`, werden sich alle Block-Elemente auf die gesamte Seitenbreite ausdehnen. Geben Sie beispielsweise dem Body eine fixe Breite von 1000px, werden sich alle Block-Elemente innerhalb von BODY, die keine Breitenangabe bekommen haben, auf diese 1000px ausdehnen, da der Body fortan als übergeordnete Referenzbreite dient.

Inline-Elemente

Der zweite große Typ von Elementen wird INLINE-Element genannt. Inline-Elemente dehnen sich nicht über den verfügbaren Platz aus, sondern belegen nur genau den Platz, der wirklich gebraucht wird. Legen Sie beispielsweise einen `A`nker-Tag um bestimmten Text, wird der verlinkte Text nur genauso breit sein wie angegeben und nicht größer.

Mit der Web-developer-Toolbar hervorgehoben: die Block-Elemente der Google-Startseite. Am oberen Bildrand sehen Sie die Navigationsleiste, die ein solches Element (mit mehreren Verschachtelungen) ist.

Eine Übersicht der Block- und Inline-Elemente finden Sie auf Seite 84.

Die Display-Eigenschaft in CSS ändert nur die Darstellung und nicht die Syntax. Beispielsweise bleibt ein `<span> <div>...</div> </span>` immer ungültig, egal welche display-Eigenschaft Sie setzen.

`display: block;` zeigt das Element als Block-Element an, obwohl Links normalerweise Inline-Elemente sind.

Diese **Verlinkung** ist ein Inline-Element

Ein display Sie zu knechten...

... oder so ähnlich ;-) (angelehnt an Herr der Ringe). Mit dem CSS-Attribut `display` haben Sie ein mächtiges Werkzeug, um die Standardanzeige von HTML-Elementen abzuändern. Besonders wichtig wird das bei der Gestaltung von Listen, wenn diese horizontal statt vertikal angeordnet werden. Standardmäßig haben Block-Elemente den Typ `display: block;`. Sollten Sie ein `div`-Element einmal als Inline-Element darstellen wollen, können Sie es mit `display:inline;` umdefinieren. Umgekehrt funktioniert dies genauso – im Beispiel unterhalb wurde ein Inline-Element (ein Link) zu einem Block-Element.

Diese **Verlinkung** ist ein Inline-Element

Positionierung mittels `position`

Über die CSS-Eigenschaft `position` haben Sie die Möglichkeit, Elemente zu versetzen bzw. aus dem Dokumentfluss „herauszunehmen". `position` macht vor allem in Verbindung mit den Positionierungsangaben `top`, `right`, `bottom` und `left` Sinn. Damit versetzen Sie Elemente oder positionieren diese an einer anderen Stelle.

Sie verfügen mit `position` über zwei unterschiedliche Positionierungseigenschaften:

1. position: relative;

Mit diesem Positionierungstyp werden Elemente relativ zum Dokumentfluss versetzt. Der Browser berechnet zuerst, wo das Element ohne Positionierungsangaben wäre, und versetzt es danach um die angegebenen Werte, ohne damit den restlichen Dokumentfluss zu beeinflussen (es sieht für den Dokumentfluss immer noch so aus, als wäre das Element nicht versetzt worden!).

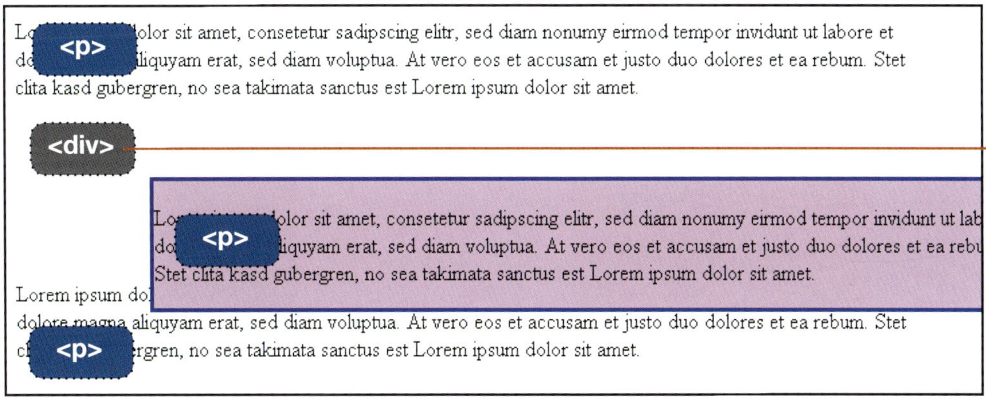

Lo[...]olor sit amet, consetetur sadipscing elitr, sed diam nonumy eirmod tempor invidunt ut labore et
do[...] **\<p\>** [...]liquyam erat, sed diam voluptua. At vero eos et accusam et justo duo dolores et ea rebum. Stet
clita kasd gubergren, no sea takimata sanctus est Lorem ipsum dolor sit amet.

\<div\>

Lo[...]dolor sit amet, consetetur sadipscing elitr, sed diam nonumy eirmod tempor invidunt ut lab[...]
do[...] **\<p\>** [...]liquyam erat, sed diam voluptua. At vero eos et accusam et justo duo dolores et ea rebu[...]
Stet clita kasd gubergren, no sea takimata sanctus est Lorem ipsum dolor sit amet.

Lorem ipsum do[...]
dolore magna aliquyam erat, sed diam voluptua. At vero eos et accusam et justo duo dolores et ea rebum. Stet
c[...] **\<p\>** [...]rgren, no sea takimata sanctus est Lorem ipsum dolor sit amet.

Abb. 1, Beispiel: Ein durch relative Positionierung versetzter div-Container. Der ursprüngliche
Platz des Containers wird reserviert und von diesem ausgehend im Anschluss positioniert.

Das div
bekommt die
Eigenschaf-
ten position:
relative; sowie
top: 50px; und
left: 200px;
und ist somit von
der ursprüng-
lichen Stelle
versetzt worden.

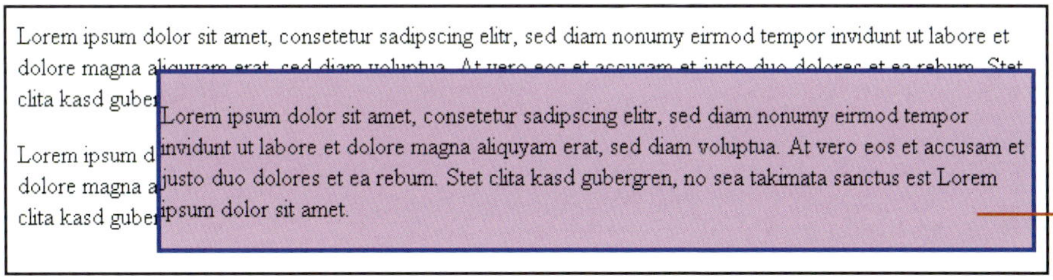

Lorem ipsum dolor sit amet, consetetur sadipscing elitr, sed diam nonumy eirmod tempor invidunt ut labore et
dolore magna aliquyam erat, sed diam voluptua. At vero eos et accusam et justo duo dolores et ea rebum. Stet
clita kasd guber[...]

Lorem ipsum d[...] Lorem ipsum dolor sit amet, consetetur sadipscing elitr, sed diam nonumy eirmod tempor
dolore magna a[...] invidunt ut labore et dolore magna aliquyam erat, sed diam voluptua. At vero eos et accusam et
clita kasd guber[...] justo duo dolores et ea rebum. Stet clita kasd gubergren, no sea takimata sanctus est Lorem
ipsum dolor sit amet.

Abb. 2

Die gleiche
Anordnung wie
oben – jedoch
wird hier statt ei-
ner relativen eine
absolute Positio-
nierung gewählt.
Dadurch wird
der div-Con-
tainer vom
Browser-Fenster
aus positioniert.
Die anderen
Paragrafen
rutschen nach,
da der Container
außerhalb des
Dokumentflusses
steht.

2. position: absolute;

Vergeben Sie dieses Attribut, wird das angesprochene Element aus dem
Dokumentfluss herausgenommen (siehe Abb. 2). Andere Elemente werden
nachrutschen und es kommt möglicherweise zu Überlappungen, solange Sie keine weiteren Positionierungsangaben machen. Sie können das
Element also unabhängig vom Dokumentfluss positionieren. Als Referenz
– also eine Box, von der aus die Positionierung berechnet wird – dient
entweder, wenn sich das Element in einer Verschachtelung befindet, das
nächst übergeordnete mit absolute oder relative positionierte Element
oder aber, falls nicht vorhanden, das Browser-Fenster (= der Body).

Zwei unterschiedliche Verschachtelungsmöglichkeiten haben auch unterschiedliche
Auswirkungen auf das Layout.

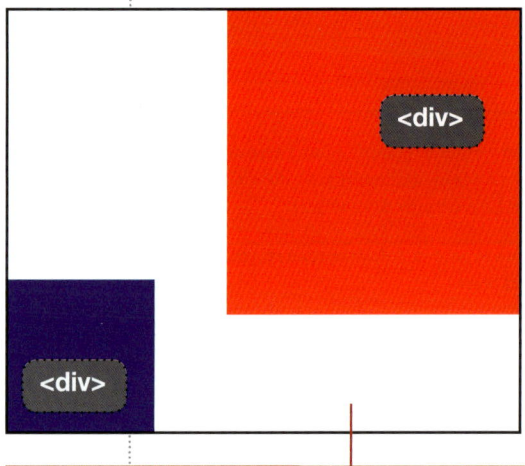
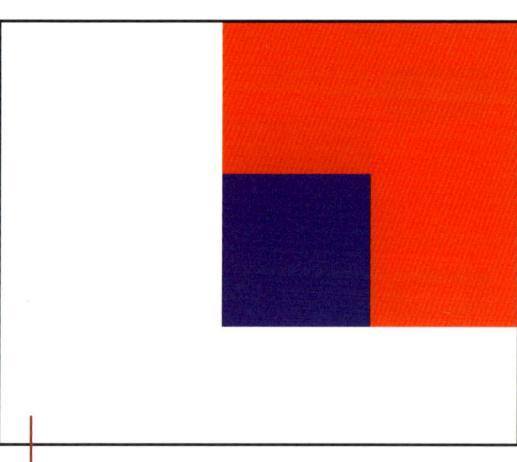

Das Browser-
Fenster.

Links: Zwei div-Container im HTML-
Code untereinander mit unterschied-
lichen Breiten- und Höhenangaben.
Beide wurden absolut positioniert.
Blau: `bottom: 0px` und `left: 0px;`
Rot: `top 0px; right: 0px;`

Rechts: Dieselben Container sind nun
verschachtelt, wodurch sich der blaue
fortan am übergeordneten orientiert und
diesen als neue „Referenz" betrachtet und
sich von diesem ausgehend positioniert.

Ein **Beispiel**: Geben Sie die Positionierungsangaben `top: 0px;` und `right:
0px;` einem absolut positionierten Element (das keine übergeordnete
absolut oder relativ positionierte Box hat), wird es ab sofort in der rechten
oberen Ecke des Browser-Fensters angeordnet sein.

Ein **komplexeres Beispiel** (siehe oben): Sie haben zwei verschachtelte div-Container, die beide `position: absolute` bekommen haben. Dem
umliegenden geben Sie `top: 0px;` und `right: 0px;` und eine fixe Breite
und Höhe von je 200 Pixel, wodurch er sich am Browser-Fenster orientiert,
da es keine anderen umliegenden positionierten Elemente gibt. Es wird
ganz rechts oben angezeigt. Dem innerhalb liegenden, ebenfalls absolut
positionierten div, das eine Breite und Höhe von 50 Pixel hat, geben Sie
`bottom: 0px` und `left: 0px` als Positionierungsangaben. Fortan wird dieses
Element links unten positioniert sein – jedoch in Bezug auf das übergeordnete div, da dieses auch eine Positionierung bekommen hat. Ein gemisch-
tes Beispiel mit Verschachtelung relativer und absoluter DIVs sehen Sie im
zweiten unserer vorgestellten Prototypen, ab Seite 188!

Mischen von absolute und relative

Mischen dieser beiden Typen ist erlaubt und eröffnet viele Möglichkeiten. Andere Elemente, die absolut positioniert sind, verwenden das im Dokumentstammbaum übergeordnete mit `position:relative` oder `absolute` positionierte Element als Referenzpunkt.

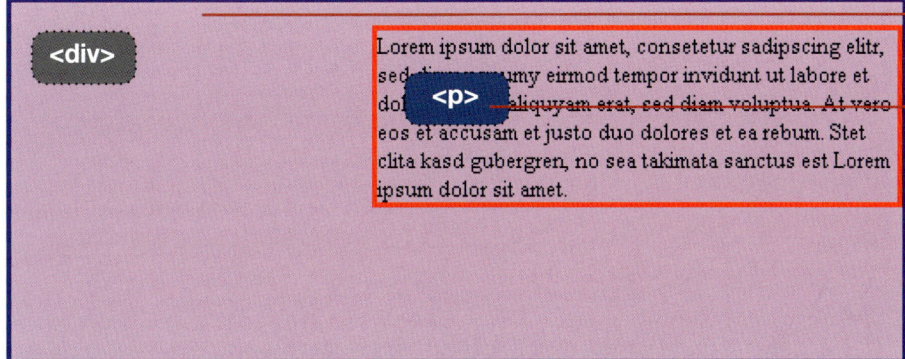

Der `div`-Container wurde relativ positioniert und dient allen weiteren innerhalb liegenden absolut positionierten Elementen als Ausgangspunkt.

Das innerhalb befindliche P ist absolut positioniert: Dadurch wird es aus dem Dokumentfluss herausgenommen. Eine Folge davon: Das relative `div` schrumpft zusammen, da es glaubt, dass es keinen Inhalt mehr darin anzeigen muss. Aus diesem Grund wurde eine fixe Höhe vergeben, damit das absolut positionierte P nicht über den anderen Texten darübersteht.

Der HTML- und CSS-Code für dieses Beispiel:

```
HTML:

<p>Lorem ipsum ... gren, no
sea takimata sanctus est Lorem
ipsum dolor sit amet.</p>

<div id="d1"><p>Lorem ... ber-
gren, no sea takimata sanctus
est Lorem ipsum dolor sit
amet.</p></div>

<p>Lorem ... amet.</p>
```

```
CSS:

#d1 { position: relative;

height: 200px; }


#d1 p { position: absolute;

width: 300px;

top: 0px; right: 0px; }
```

Positionieren mittels float

Eine andere Positionierungsmethode neben `position` gibt CSS mittels `float` vor. Damit können Sie Container im Fließtext einbetten und beispielsweise Text um einen Container herumlaufen lassen. Das prominenteste Beispiel ist wohl ein Bild, das von Text umlaufen wird. Auch zur Erstellung von Spalten ist Float recht gut geeignet.

Dem CSS-Attribut `float` können Sie zwei unterschiedliche Werte zuweisen: `left` und `right`. `float: left` wird das angesprochene Element links ausrichten – alles Nachfolgende (im HTML-Code darunter stehende Elemente bzw. Text) wird sich rechts von dem gefloateten Element anordnen. Bei `float: right` ist es genau umgekehrt – hier wird sich alles Nachfolgende links vom Objekt anordnen und es auf diese Weise umfließen.

Das, was Sie bei Floats am meisten beachten müssen, ist die Kontrolle, die Sie über das Beenden des Umfließens haben müssen. Ist nicht genug nachfolgender Inhalt da, können zum Beispiel Inhaltselemente wie Fußzeilen plötzlich neben einem gefloateten Element erscheinen anstatt darunter. Es gibt zwei Möglichkeiten, Floats zu kontrollieren und das Umfließen manuell zu beenden:

1. clear – die Standardkontrolle für einfache Floats

Das Clear-Attribut kann die Werte `left`, `right` oder `both` haben. Die Angaben beziehen sich dabei immer auf das `float`, das Sie zuvor verwendet haben. Wenn Sie `float: right` vergeben haben, können Sie das Umfließen dieses Elements mit `clear: right` beenden. Umgekehrt genauso. Sollten Sie verschiedene floats verwendet haben und möchten das Umfließen beider beenden, nehmen Sie `clear: both` (siehe Beispiel auf Seite 111: Floats kombinieren).

Das einfachste Beispiel: ein Bild im Textfluss links positionieren. Hierzu geben Sie dem Bild `float: left`. Das Beispiel dazu sehen Sie auf der nächsten Seite.

2. overflow – die Alternative zu komplexem Clearen

Clear kann vor allem bei komplexeren (stärker verschachtelten) Layouts mit Spalten oft frustrierend werden. Aus diesem Grund gibt es einen eleganten Trick bzw. eine Methode, um mehrere Floats zu kontrollieren. Der

Damit Floats immer richtig gecleared werden, können Sie overflow (bevorzugt) oder z.B. einen Trick namens clearfix verwenden. Infos dazu: *http://www.positioniseverything.net/easyclearing.html*

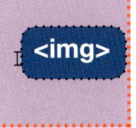

Drei Block-Elemente in der Standarddarstellung: Bild, Absatz, noch ein Absatz. Float wurde noch nicht angewendet.

Lorem ipsum dolor sit amet, consetetur sadipscing elitr, sed diam nonumy eirmod tempor invidunt ut labore et dolore magna aliquyam erat, sed diam voluptua. At vero eos et accusam et justo duo dolores et ea rebum. Stet clita kasd gubergren, no sea takimata sanctus est Lorem ipsum dolor sit amet.

Lorem ipsum dolor sit amet, consetetur sadipscing elitr, sed diam nonumy eirmod tempor invidunt ut labore et dolore magna aliquyam erat, sed diam voluptua. At vero eos et accusam et justo duo dolores et ea rebum. Stet clita kasd gubergren, no sea takimata sanctus est Lorem ipsum dolor sit amet.

Hier hat das Bild den Wert: `float: left` bekommen. Es schrumpft auf die benötigte Breite und darunterstehende Texte rutschen nun nach und umfließen das Bild.

Simpler Text: Lorem ipsum dolor sit amet, consetetur sadipscing elitr, sed diam nonumy eirmod tempor invidunt ut labore et dolore magna aliquyam erat, sed diam voluptua. At vero eos et justo duo dolores et ea rebum. Stet clita kasd gubergren, no sea takimata sanctus est Lorem ipsum dolor sit amet.

Eine Überschrift

Simpler Text: Lorem ipsum dolor sit amet, consetetur sadipscing elitr, sed diam nonumy eirmod tempor invidunt ut labore et dolore magna aliquyam erat, sed diam voluptua. At vero eos et justo duo dolores et ea rebum. Stet clita kasd gubergren, no sea takimata sanctus est Lorem ipsum dolor sit amet.

Das typische Float-Problem: Der Text des ersten Absatzes reicht nicht aus, um das Bild vollständig zu umfließen – die Überschrift rutscht nach.

Simpler Text: Lorem ipsum dolor sit amet, consetetur sadipscing elitr, sed diam nonumy eirmod tempor invidunt ut labore et dolore magna aliquyam erat, sed diam voluptua. At vero eos et justo duo dolores et ea rebum. Stet clita kasd gubergren, no sea takimata sanctus est Lorem ipsum dolor sit amet.

Eine Überschrift

Simpler Text: Lorem ipsum dolor sit amet, consetetur sadipscing elitr, sed diam nonumy eirmod tempor invidunt ut labore et dolore magna aliquyam erat, sed diam voluptua. At vero eos et justo duo dolores et ea rebum. Stet clita kasd gubergren, no sea takimata sanctus est Lorem ipsum dolor sit amet.

Das Heading `h1` hat den Wert `clear: left;` bekommen und ordnet sich dadurch unterhalb des letzten mit `float:left` gekennzeichneten Elements an.

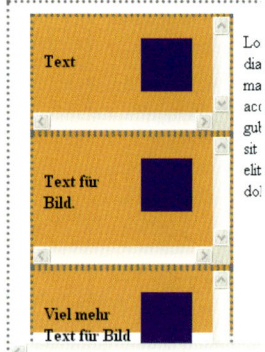

Die overflow-Eigenschaft ist eigentlich dazu da, um das Anzeigeverhalten zu kontrollieren, wenn Text in einem Container über dessen definierte Breite/Höhe hinauswächst. hidden zeigt niemals Scrollbalken an. Der Wert auto zeigt sie an, sobald sie nötig werden, während scroll immer Scrollbalken anzeigt, egal ob diese benötigt werden oder nicht.

Unterschied zu Clear: Mit dem Overflow-Trick können Sie gezielt ganze Container, die Floats beinhalten, kontrollieren. Clear bezieht sich hingegen immer auf das letzte float: left des Dokuments, auch wenn sich dieses außerhalb der Verschachtelung befindet. Die nicht standardkonforme Browser-Implementation des Boxmodells im IE6 macht das einheitliche Clearen dann beinahe unmöglich, deswegen empfiehlt sich zusätzlich zu Clear oder als Alternative der Overflow-Trick.

Durch die Zuhilfenahme eines sogenannten Wrapper – das ist ein leerer zusätzlicher Container, der um andere Container herum positioniert wird –, dem der CSS-Wert overflow: hidden (oder alternativ auto oder scroll) verliehen wird, bekommt der hinzugefügte Wrapper immer die maximale Höhe der darin befindlichen floatenden Elemente. Das hat zum Resultat, dass sich andere Block-Elemente automatisch darunter anordnen und nicht mehr vom Float beeinflusst werden.

Im komplexen Beispiel rechts haben wir ein Spaltenlayout umgesetzt. Die Container (gelb und rot) floaten links und rechts, während sich Text darin automatisch anordnet und die vorhandene Breite ausnutzt. Die Fußzeile soll sich automatisch an die jeweils höhere Spalte anpassen.

Achtung: Der IE6 macht den Overflow-Trick nicht standardmäßig mit. Sie müssen die IE-interne Eigenschaft hasLayout auslösen, damit die Seite neu gezeichnet wird und damit dieser Trick funktioniert. Ausführliche Details dazu finden Sie auf Seite 234.

Der HTML-Code dieses Beispiels ohne Wrapper (Bild rechts):

```
<div id="spalte1"></div>

<div id="spalte2"></div>

<p>Lorem ipsum dolor sit amet, consetetur sadipscing elitr, sed diam
nonumy eirmod tempor invidunt ut labore et dolore magna aliquyam erat,
sed diam voluptua. At vero eos et accusam et justo duo dolores et ea
rebum. Stet clita kasd gubergren, no sea takimata sanctus est Lorem ipsum
dolor sit amet. Lorem ipsum dolor sit amet, consetetur sadipscing elitr,
sed diam nonumy eirmod tempor invidunt ut labore et dolore magna aliquyam
erat, sed diam voluptua.</p>

<h5>Fußzeile</h5>

<p>(c) 2009 Testpage für Wrapper</p>
```

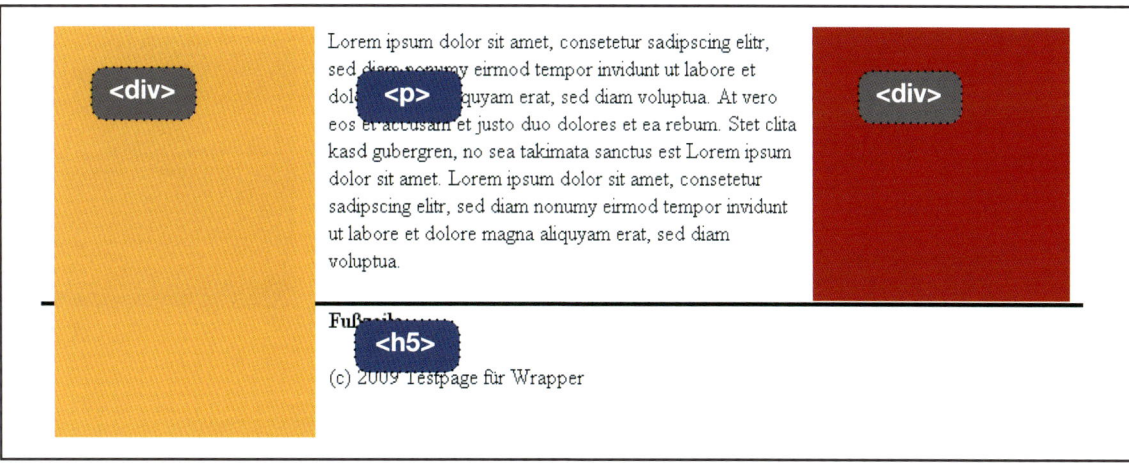

Floats kombinieren: Ausgangsbasis sind zwei unterschiedlich große Spalten (gelb, rot). Dazwischen befindet sich Text. Danach sollte die Fußzeile kommen. Diese ist aber, wegen der Floats, noch im Umfluss-Bereich. Sie müssen nun kontrollieren, welche der beiden Spalten höher ist, und unter der höheren dann die Fußzeile anordnen.

Der CSS-Code dazu:

```
#spalte1 {
width: 25%;
background: #ea0;
height: 300px;
float: left; }


#spalte2 {
width: 25%;
background: #a00;
height: 200px;
float: right; }


h5 { border-top: 3px solid black; }
```

Weitere Praxisbeispiele finden Sie neben den Prototypen auch ab Seite 114, wo wir diese beschriebenen Techniken in Seitenlayouts einsetzen.

Fußzeile

(c) 2009 Testpage für Wrapper

Der grau punktierte Wrapper ist ein `div` mit der Klasse „wrapper", das um den Bereich gelegt wurde, der die floatenden Elemente beinhaltet. Das Resultat: Der umliegende Wrapper-Container bekommt automatisch die Höhe, die er braucht, egal wie hoch eines der darin befindlichen Elemente ist. Deshalb wird auch die Fußzeile (wie es bei Block-Elementen üblich ist) darunter angeordnet.

In der Praxis benötigen Sie oft kein eigenes Wrapper-div, da z.B. `#content` oder `#ads` ohnehin existieren und mit `overflow:hidden` ausgestattet werden können.

Der HTML-Code dieses Beispiels mit Wrapper (Bild oberhalb):

```html
<div class="wrapper">

    <div id="spalte1"></div>

    <div id="spalte2"></div>

    <p>Lorem ipsum dolor sit amet, consetetur sadipscing elitr, sed diam
nonumy eirmod tempor invi ... od tempor invidunt ut labore et dolore
magna aliquyam erat, sed diam voluptua.</p>

</div>
<h5>Fußzeile</h5>
<p>(c) 2009 Testpage für Wrapper</p>
```

Der CSS-Code für das Wrapper-div:

```css
.wrapper { overflow: hidden;

width: 100% /* IE6-Trigger für hasLayout*/ }
```

Noch mehr Wrapper: Interessant wird es, wenn wir viele floats hintereinander verwenden (s. Bild rechts). Durch die fehlende Kontrolle rutschen die floats ineinander.

```
<div id="spalte1">

<div class="bild1"></div><h4>Text</h4>
<div class="bild1"></div><h4>Text</h4>
<div class="bild1"></div><h4>Text</h4>

</div>
```

Das CSS dazu:

```
.bild1 { width: 50px; height: 50px; background: blue; float:
right; margin: 10px; }
```

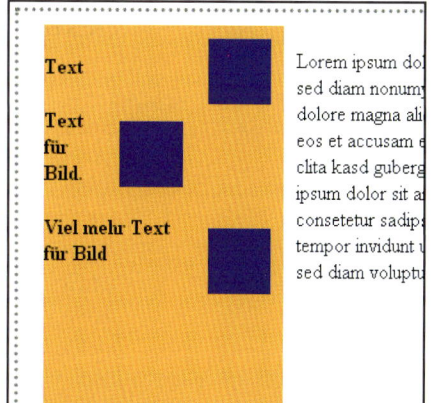

Packen Sie dann um jedes Bild/Text-Paar einen Wrapper, werden diese schön getrennt voneinander angezeigt, ohne dass floatende Elemente ineinanderfließen:

```
<div class="wrapper"><div class="bild1"></div><h4>Text</h4></div>
```

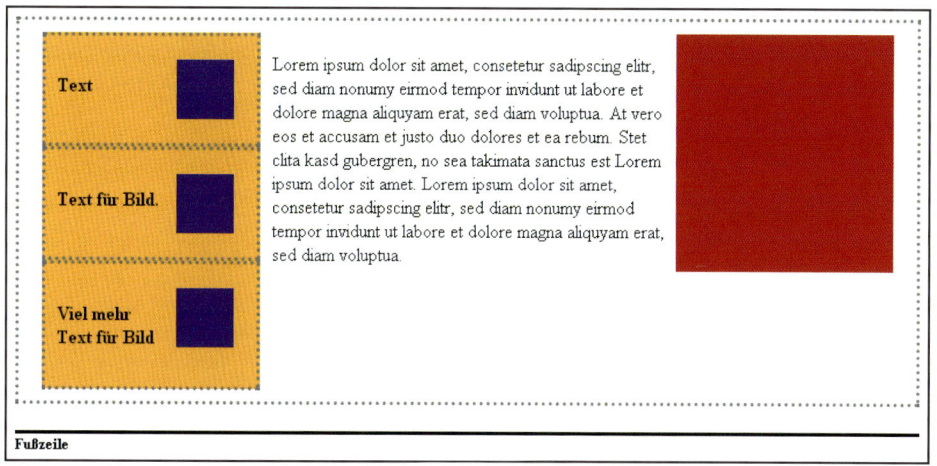

Hier wurde durch konsequente `overflow: hidden`-Wrapper-Verwendung das Problem mit ineinanderstehenden Elementen (s. Bild rechts oben) behoben.

Mehrere Floats hintereinander können in einem komplexeren Layout dazu führen, dass – wie hier – die einzelnen Floats aneinandergeraten. Auch hier empfehlen sich die Wrapper. Packen Sie um jedes `.bild1`-div /h4-Paar einen Wrapper, um die Floats zu kontrollieren.

Tipp

Gehen Sie **langsam** bei der Entwicklung von Layouts vor. Wenn Sie sich bei einigen Positionierungen nicht hundertprozentig sicher sind, testen Sie jede Änderung direkt im Browser (am besten in allen Browsern, die Ihnen zur Verfügung stehen ...). Das „Trial & Error"-Prinzip ist wahrscheinlich die effizienteste Art, CSS zu schreiben.

Hier sehen wir uns nur einfachere grundsätzliche Layouts an. Komplexere Beispiele für den Aufbau eines Seitenlayouts finden Sie ab Seite 130, Prototypen.

Färben Sie zum Testen Elemente mit einer Hintergrundfarbe `background-color` ein. Damit machen Sie die Elemente und deren Position sichtbar und benötigen keinen zusätzlichen Platz wie etwa für `border`.

Schriftformatierungen und -größen sind bei diesem Abschnitt bewusst reduziert, damit die Stilangaben übersichtlich bleiben. Formatieren Sie bitte die Beispiele nach Ihrem Belieben. Mehr Infos dazu lesen Sie ab Seite 128, Prototypen!

Seitenlayouts

In diesem Abschnitt sehen wir uns an, welche Möglichkeiten es gibt, um grundlegende Layouts aufzubauen und im Browser-Fenster zu positionieren. Leider gibt es dafür bis dato keine wirklich sauberen Lösungen – also keine Eigenschaft wie „div-teile-dich-in-zwei-Spalten" oder Ähnliches, wir müssen mit Positionierung und Float tricksen. Betrachten Sie diesen Abschnitt als eine Art Spielwiese: Machen Sie mit und erlernen Sie Schritt für Schritt den grundsätzlichen Aufbau eines Layouts und erkennen Sie die Vor- und Nachteile der einzelnen Lösungen. So werden Sie mit CSS vertrauter und finden eigene kreativen Lösungen für Ihr Layout.

Vorbereitung

Legen Sie zunächst eine leere XHTML-Seite an, speichern Sie diese z.B. als layout.html. Erstellen Sie eine kleine Navigation, die Sie als Liste definieren, und darunter einen Absatz `<p>` mit etwas Text. (Eine Websuche nach *Blindtext* erspart Tippen!) Schreiben Sie alle nun folgenden Stile entweder in eine neue leere CSS-Datei oder gleich direkt mit dem Element `<style>` in den `<head>`-Bereich der layout.html (Seite 56). Importieren Sie die `norm.css` (siehe Seite 60 bzw. 100). Alle folgenden Erklärungen basieren auf diesen Vorbereitungen.

```
<!DOCTYPE html PUBLIC "-//W3C//DTD XHTML 1.0 Strict//EN"
        "http://www.w3.org/TR/xhtml1/DTD/xhtml1-strict.dtd">
<html xmlns="http://www.w3.org/1999/xhtml" xml:lang="de" lang="de">
<head>
<meta name="language" content="german, de, deutsch" />
<meta http-equiv="Content-Type" content="text/html; charset=utf-8" />
<link rel="stylesheet" media="all" href="layout.css" />
<title></title>
<style type="text/css">

</style>
</head>
<body>
 <ul>
  <li>Home</li>
  <li>Profil</li>
  <li>Kontakt</li>
 </ul>
 <p>Blindtext</p>
</body>
</html>
```

Das Rohgerüst im Browser – wird gleich hübscher, versprochen! :)

1. Einspaltiges Layout mit fixer bzw. variabler Breite

Alles ist im Fluss, d.h., ein einspaltiges Layout mit fixer Breite ist sehr einfach zu realisieren, weil sowieso alles untereinander steht. Wir müssen nur noch ein wenig formatieren, damit das Ganze ansehnlicher wird:

» Wir umschließen den gesamten Inhalt mit einem Container `<div id="wrapper">` und geben diesem eine fixe Breite `width` und eine hübsche Hintergrundfarbe. Damit der Inhalt nicht am Browser-Fenster klebt, hat `#wrapper` einen oberen und linken Außenabstand `margin`.

» Die Navigationsliste wird um eine `ID` ergänzt und mit `#navi` formatiert. Die gesamte Liste `ul` hat eine Hintergrundfarbe erhalten und etwas Abstand rundherum. Damit die Listenelemente nebeneinander statt untereinander gereiht sind, haben wir dem `li display:inline` hinzugefügt.

In allen Beispielen haben wir soweit möglich den Einsatz von vermeidbaren Extra-`<div>`s vermieden. Hier z.B. haben wir gleich direkt die Navigationsliste formatiert. Falls Sie beim Designen damit nicht auskommen sollten, können Sie immer noch ein `<div>` einfügen.

```
<body>
 <div id="wrapper">
  <ul id="navi">
    <li>Home</li>...
  </ul>
  <p>TEXT</p>
 </div>
</body>
```

```
#wrapper { width: 950px; margin-top:
30px; margin-left: 50px; background-
color: olive; }

#navi { padding: 30px;
background-color: #ffdb20;}

#navi li { display: inline;
padding-right: 10px; }

p { padding: 30px; color:#fff; }
```

Das Ergebnis im Browser:

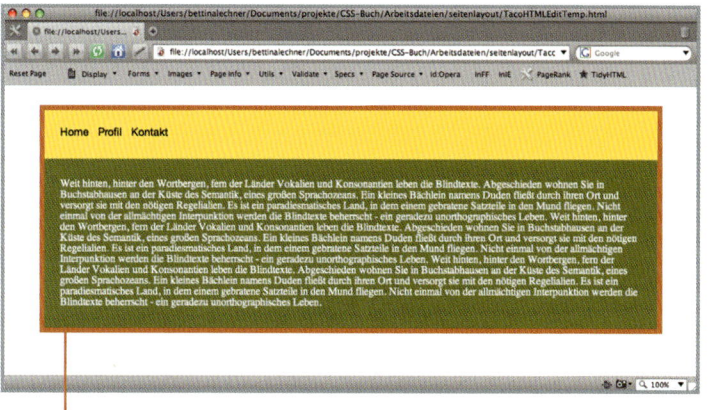

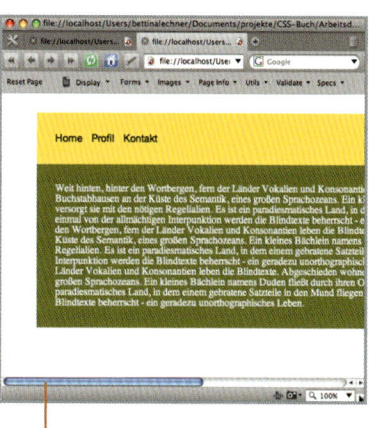

`#wrapper` umfasst alles und positioniert den Inhalt wie angegeben. (Der Container ist auf der Website unsichtbar und nur hier zum besseren Verständnis orangefarben dargestellt.)

Bei zu kleinem Browser-Fenster muss wegen der fixen Breite horizontal gescrollt werden. Eine Lösung bietet die flexible Breite mit Prozent (s. nächste Seite).

Ersetzen Sie im `#wrapper` den fixen Pixelwert durch Prozent, passt sich die Spalte immer dem Browser-Fenster an:

```
#wrapper { width: 80%; margin-top: 30px; margin-left:
50px; background-color: olive; }
```

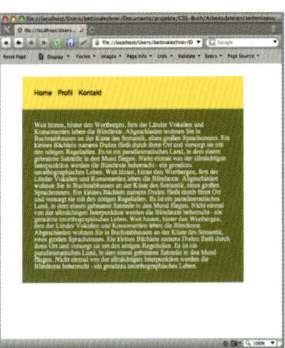 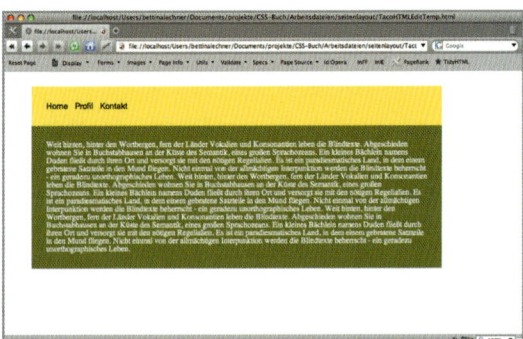

2. Zweispaltiges Layout mit variabler bzw. fixer Breite

Wie einleitend erwähnt, gibt es in CSS (noch) nicht die optimale Lösung für mehrspaltiges Layout, die DesignerInnen tricksen mit den Eigenschaften `float` und `position`.

2.1 Zweispaltiges Layout mit `float`

In dieser ersten Variante sehen wir uns die Eigenschaft `float` an, die standardmäßig für das Umfließen eines Bilds im Textfluss vorgesehen ist. Wir nützen `float` und lassen die Navigation vom Text umfließen:

```
<body>
 <div id="wrapper">
  <ul id="navi">
   <li>Home</li>...
  </ul>
  <div id="content">
   <p>TEXT</p>
  </div>
 </div>
</body>
```

```
#navi {float:left; width: 130px;
background-color:  #ffdb20;
padding: 20px 40px 140px 20px; }

#navi li {font: 1.2em Tahoma,
Arial, sans-serif; }

#content { color: #fff; padding:
30px; background-color: olive; }
```

Doch die Lösung ist noch nicht optimal. Die Navigation hat eine Höhe zugewiesen, um wenigstens etwas Raum einzunehmen – doch der Text fließt direkt unter `#navi` weiter, genauso wie man es bei einem Bild gewohnt ist.

Vom vorherigen Beispiel kommend ändern Sie den XHTML-Code bzw. die CSS wie folgt:

Umschließen Sie den Absatz mit `<div id="content">`.

Die Navigationselemente werden in diesem Beispiel als vertikale Navigation untereinander positioniert, entfernen Sie daher im CSS `display:inline`.

Bitte beachten Sie weitere kleine Änderungen bei den Abständen.

Für das zweispaltige Layout bräuchten Sie hier das `<div id="wrapper">` nicht, doch es nützt uns für die Simulation gleich hoher Spalten, s. S. 117).

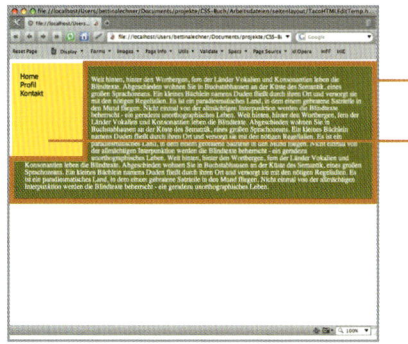

#content umfasst den Absatz `<p>`.

#navi wird dank `float:left` von `<p>` umflossen. `padding-bottom` sorgt hier für ausreichend Höhe. Mehr dazu siehe im nächsten Absatz.

Natürlich können Sie die Breite von #content auch mit Pixelwerten definieren und dadurch eine fixe Breite erzwingen.

Für unsere Zweispalten-Lösung benötigen wir noch einen Zusatz, damit der #content nicht unterhalb #navi weiterfließt: Wir geben dem Absatz einen großen linken Außenabstand (`margin-left`):

```
#content { color: #fff; padding: 30px; background-color: olive; margin-left: 190px; }
```

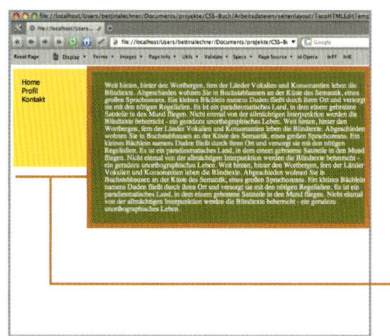

#content hat nun genügend breiten Außenabstand (`margin-left`), um #navi ausreichend Platz einzuräumen.

2.1.1 Gleich hohe Spalten mit zusätzlichem `<div>`

Der Inhalt bestimmt die Höhe – und wir haben bei #navi mittels unterem Innenabstand `padding-bottom` für etwas Raum gesorgt. Doch wie schaffen wir es, zwei gleichhohe Spalten zu haben? Eigentlich gar nicht. Doch nun tritt `<div id="wrapper">` in Aktion.

Der Wrapper umfasst ja unseren Inhalt (navi und content). Indem wir ihm nun eine Hintergrundfarbe zuweisen, scheint es, als wären navi und content gleich hoch.

Wrapper heißt so viel wie Umschlag. Wir verwenden die Bezeichnung also nur für ein `<div>`, das alles umschließt.

```
#wrapper {background-color: #ffdb20; }
```

#wrapper bekommt die gelbe Hintergrundfarbe und umfasst jetzt alles.

```html
<body>
 <div id="wrapper">
 <ul id="navi">
  <li>Home</li>...
 </ul>
 <div id="content">
 <p>TEXT</p>
 </div>
</div>
</body>
```

```css
#navi { background-color: #ffdb20;
float:left; width:
130px; padding: 20px 40px 140px 20px; }

#navi li {font: 1.2em; Tahoma, Arial,
sans-serif; }

#content { color:#fff; padding: 30px;
margin-left: 190px; background-color:
olive; }
```

#wrapper umfasst alles und hat eine gelbe Hintergrundfarbe. Die grüne Hintergrundfarbe von **#content** überlagert das **#wrapper**-Gelb mit seinem Grün. Schein und Sein.

Hinweis

Dieser Ansatz funktioniert nur, solange #navi **kürzer** ist als #content.
Sobald Sie #navi erhöhen, wird deutlich, dass die zwei Spalten nur so tun,
als ob sie gleich hoch wären (linke untere Abbildung).
Um die rechte Spalte „nachzuziehen", geben Sie der Seite selbst eine
grüne Hintergrundfarbe:

```css
body {background-color:olive;}
```

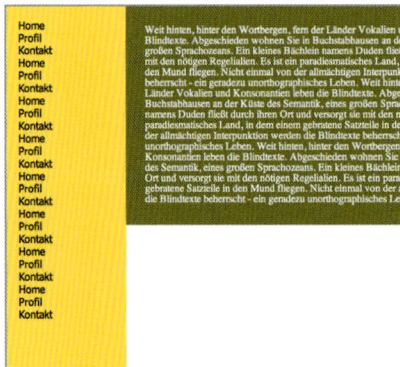

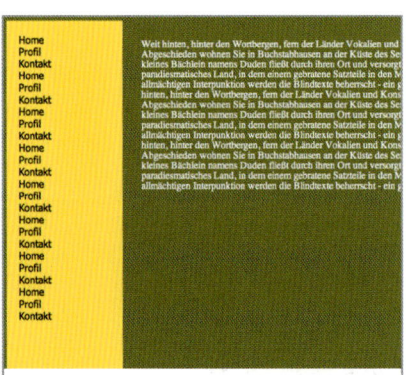

2.1.2 Kopf- und Fußzeile bei `float`-Layout

Der Vorteil bei der Anordnung von Layouts mit `float` ist, dass es sehr einfach ist, z.B. einen Kopf- und Fußbereich hinzuzufügen bzw. anzuordnen. Wir werden später sehen, dass dies bei der Lösung mit `position` nur sehr schwer umsetzbar ist. Fügen Sie je ein `<div>` mit der ID `branding` bzw. `site_info` ein und zwar oberhalb bzw. unterhalb von `#wrapper`:

Ergänzen Sie bitte die CSS selbstständig um Schriftformatierungen und Hintergrundfarben.

```
<div id="branding">
 <p>Logo</p>
</div>
<div id="wrapper">
 <ul id="navi">
  <li>Home</li>...
 </ul>
 <div id="content">
  <p>TEXT</p>
 </div>
</div>
<div id="site_info">
 <p>Seiteninfo</p>
</div>
```

Ergänzen Sie das CSS um diese Anweisungen:

```
#branding
 { padding: 30px; }

#site_info
 { clear: both; padding:
   30px; }
```

Am interessantesten dabei ist die Deklaration `clear:both`; damit löschen Sie das `float` – also das Umfließen einer Spalte.

Hier ist Platz fürs Logo oder ein kluges Zitat

Home
Profil
Kontakt

Weit hinten, hinter den Wortbergen, fern der Länder Vokalien und Konsonantien leben die Blindtexte. Abgeschieden wohnen Sie in Buchstabhausen an der Küste des Semantik, eines großen Sprachozeans. Ein kleines Bächlein namens Duden fließt durch ihren Ort und versorgt sie mit den nötigen Regelialien. Es ist ein paradiesmatisches Land, in dem einem gebratene Satzteile in den Mund fliegen. Nicht einmal von der allmächtigen Interpunktion werden die Blindtexte beherrscht - ein geradezu unorthographisches Leben. Weit hinten, hinter den Wortbergen, fern der Länder Vokalien und Konsonantien leben die Blindtexte. Abgeschieden wohnen Sie in Buchstabhausen an der Küste des Semantik, eines großen Sprachozeans. Ein kleines Bächlein namens Duden fließt durch ihren Ort und versorgt sie mit den nötigen Regelialien. Es ist ein paradiesmatisches Land, in dem einem gebratene Satzteile in den Mund fliegen. Nicht einmal von der allmächtigen Interpunktion werden die Blindtexte beherrscht - ein geradezu unorthographisches Leben. Weit hinten, hinter den Wortbergen, fern der Länder Vokalien und Konsonantien leben die Blindtexte. Abgeschieden wohnen Sie in Buchstabhausen an der Küste des Semantik, eines großen Sprachozeans. Ein kleines Bächlein namens Duden fließt durch ihren Ort und versorgt sie mit den nötigen Regelialien. Es ist ein paradiesmatisches Land, in dem einem gebratene Satzteile in den Mund fliegen. Nicht einmal von der allmächtigen Interpunktion werden die Blindtexte beherrscht - ein geradezu unorthographisches Leben.

Weit hinten, hinter den Wortbergen, fern der Länder Vokalien und Konsonantien leben die Blindtexte. Abgeschieden wohnen Sie in Buchstabhausen an der Küste des Semantik, eines großen Sprachozeans. Ein kleines Bächlein namens Duden fließt durch ihren Ort und versorgt sie mit den nötigen Regelialien. Es ist ein paradiesmatisches Land, in dem einem gebratene Satzteile in den Mund fliegen. Nicht einmal von der allmächtigen Interpunktion werden die Blindtexte beherrscht - ein geradezu unorthographisches Leben. Weit hinten

Seiteninfo: CSS pur – Layout – Workshop – Schritt-für-Schritt zur Lösung

Bei position: absolut; muss `<ul>` nun in ein `<div>` verpackt werden, da es sonst in manchen Browsern zu Problemen kommt.

2.2 Zweispaltiges, fixes Layout mit `position`

Neben der soeben besprochenen Lösung mit `float` gibt es die Möglichkeit, Elemente mit `position` nebeneinander zu positionieren. Auch hier werden die einzelnen Spalten verschmälert, damit sie nebeneinander Platz haben. Wir starten mit einem fixen, pixelbasierten Layout.

```
<body>
 <div id="wrapper">
  <div id="navi">
   <ul>
    <li>Home</li>...
   </ul>
  </div>
  <div id="content">
   <p>TEXT</p>
  </div>
 </div>
</body>
```

```css
#navi { width: 150px;
position:absolute; top:0; left:0;
background-
color:#ffdb20; padding: 15px;}

#content { width: 500px; margin-
left: 180px; padding: 20px;
color: #fff; background-color:
olive; }
```

Normaler Textfluss: die beiden `<div>`s #navi und #content untereinander

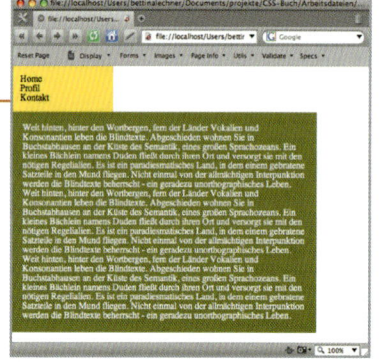

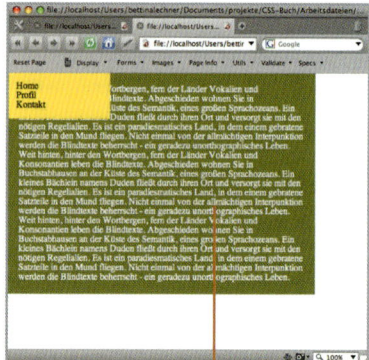

#navi als absolut positioniertes Element wird aus dem Dokumentfluss gehoben. #content sieht #navi nicht mehr und rutscht hinauf.

Mit einem ordentlichen Außenabstand für #content (margin-left:180px) drücken wir die rechte Spalte in ihre Position.

2.2.1 Zwei gleich hohe Spalten mit Hintergrundgrafik

Bei diesem fixen Layout simulieren Sie ebenfalls wieder mit einem zusätzlichen `<div id="wrapper">` gleiche Spaltenhöhe. Um es abwechslungsreicher zu machen, hinterlegen wir diesmal `#wrapper` mit einer Hintergrundgrafik:

Erstellen der Hintergrundgrafik

Legen Sie in einem Bildbearbeitungsprogramm (z.B. GIMP = OpenSource-Bildbearbeitungsprogramm, www.gimp.org) eine neue Grafik mit den Abmessungen `Gesamtbreite x Höhe (=1 Pixel)` an. In unserem Beispiel ist die Gesamtbreite inkl. paddings: 15+150+15+20+500+20 = 720 Pixel.

Färben Sie die Hintergrundfläche z.B. olivgrün ein (#808000). Für den Navigationsbereich benötigen wir einen eigenen Abschnitt: Ziehen Sie dazu eine Hilfslinie bis zu der Stelle, wo der `#content`-Bereich beginnt (hier bei 180 Pixel), legen Sie gegebenenfalls eine neue Ebene an, ziehen Sie eine Auswahl in der Breite von 180 Pixel und färben Sie diese gelb (#ffdb20). Speichern Sie die Grafik z.B. als hg.jpg.

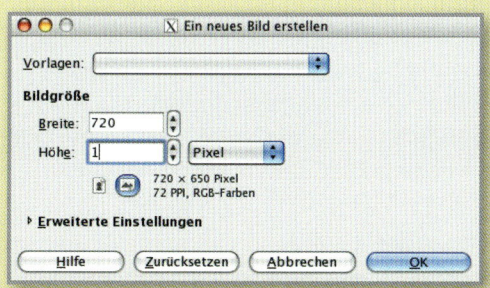
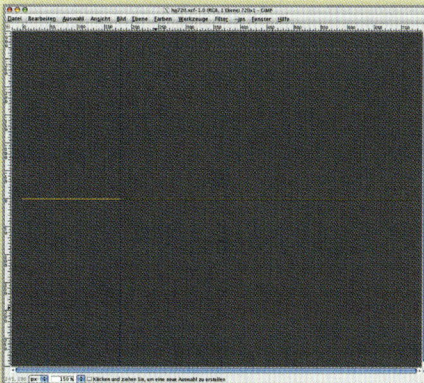

Die hg.jpg finden Sie auch auf der CD im Ordner Hintergrundgrafik.

```
<div id="wrapper">
 <div id="navi">
  <ul>
   <li>Home</li>...
  </ul>
 </div>
 <div id="content">
  <p>TEXT</p>
 </div>
</div>
```

Zum Einfügen der Hintergrundgrafik ergänzen Sie die CSS um Folgendes:

```
#wrapper {
background: url(hg.jpg) repeat-y; min-
height: 450px; height: auto
  !important; height: 450px;}
```

Mehr Infos zu Hintergrundgrafiken in CSS lesen Sie im Special auf Seite 146.

Die Werte für `background` sind in Kurzschrift angegeben: zuerst in runder Klammer der Pfad zur Grafik und dahinter die Anweisung für die Wiederholung der Grafik entlang der `y-Achse` – also vertikal. Dadurch entsteht der Eindruck einer Fläche.

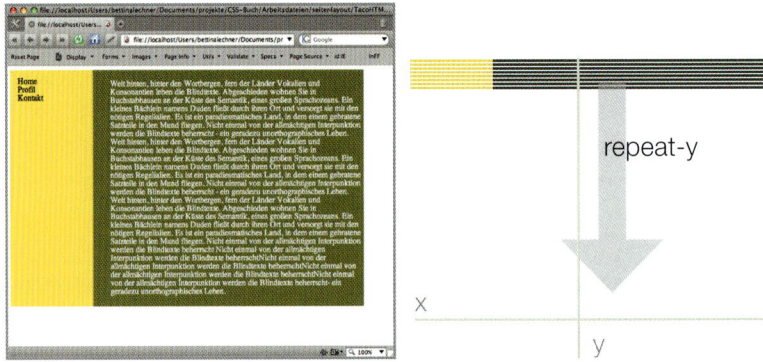

Mit `min-height` vergeben Sie `#wrapper` eine Mindesthöhe, damit auch bei weniger Text die Boxen eine Mindesthöhe beibehalten (linke Abbildung). Bei zu viel Text erweitert die Box ihre Höhe automatisch dank `height:auto` `!important`. Der IE bis Version 6 versteht `min-height` nicht, daher geben wir ihm die Angabe `height`. Zum Glück interpretiert der IE `height` nicht starr, sondern erweitert die Boxenhöhe bei Bedarf (rechte Abbildung):

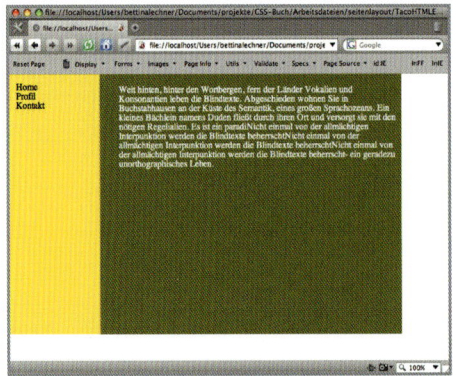

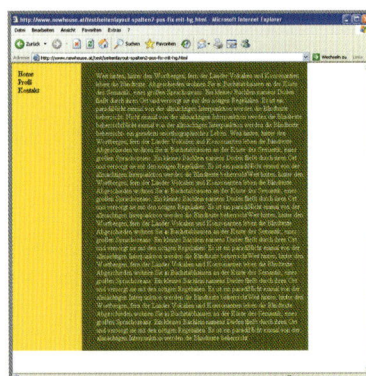

Mehrspaltiges, fixes Layout mit `position`

Für ein dreispaltiges fixes Layout ergänzen wir die XHTML mit einem weiteren `<div>`: Wenn wir dort z.B. eine ergänzende Navigation rechts außen platzieren wollen, vergeben wir beispielsweise die ID `navi_supp`. Im CSS positionieren wir die Navigation `#navi_supp` wie folgt:

```
<div id="wrapper">
 <div id="navi">
  <ul>
   <li>Home</li>...
  </ul>
 </div>
 <div id="content">
  <p>TEXT</p>
 </div>
 <div id="navi_supp">
  <ul>
   <li>..</li>...
  </ul>
 </div>
</div>
```

```
#navi { width: 150px; position:absolute;
left:0; top:0; background-color:#ffdb20;
padding: 15px; }

#content { width: 500px; margin-
left: 180px; padding: 20px; color:
#fff; background-color:
olive; }

#navi_supp {position: absolute; width:
150px; top: 0; left: 720px; background-
color:#ffdb20; padding: 15px; }
```

Bitte beachten Sie, dass der IE 5.X die Breite anders berechnet, siehe Box-Modell, Seite 89.

Weisen Sie daher diesem Browser mittels Conditional Comments die korrekten Werte zu oder verwenden Sie das IE8-Script. Siehe ab Seite 92.

Sie fragen sich, wozu wir hier den `#wrapper` benötigen? Gute Frage. Bei diesem Beispiel ist das `<div id="wrapper">` überflüssig und wir könnten eigentlich darauf verzichten. Wenn Sie jedoch die Website zentrieren wollen, wie auf Seite 125 beschrieben, brauchen Sie das `<div>` und können es getrost lassen.

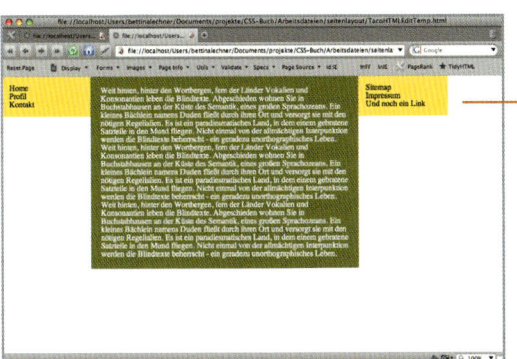

`#navi_supp` ist nun ebenfalls ein absolut positioniertes Element. Mit `left:720px` befindet es sich exakt an der rechten Kante von `#content`. Vergessen Sie nicht, stets alle Abstände miteinzuberechnen, also auch `padding` etc.

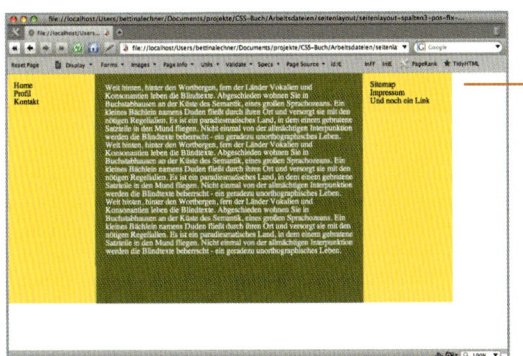

Auch hier simulieren wir mit der Technik des sich wiederholenden Hintergrundbilds gleich hohe Spalten (siehe Seite 121).

Dreispaltiges Layout mit flexiblem `#content`

Für ein dreispaltiges flexibles Layout weisen Sie `#navi` und `#navi_supp` fixe Breiten zu und positionieren die beiden Container links und rechts von `#content`. Bei dieser Lösung passt sich der Mittelteil flexibel der verfügbaren Browser-Fensterbreite an.

```
<div id="navi">
  <ul>
   <li>Home</li>...
  </ul>
 </div>
 <div id="content">
  <p>TEXT</p>
 </div>
 <div id="navi_supp">
  <ul>
   <li>..</li>...
  </ul>
 </div>
```

```
#navi {background-color:#ffdb20; width:
150px; padding: 15px; position:absolute;
top:0; left:0;}

#content {color: #fff; background-
color: olive; padding: 20px; margin: 0
180px; }

#navi_supp {position: absolute; width:
150px; top:0; right:0; background-
color:#ffdb20; padding:
15px; margin-left: 165px;}
```

Wie wir gesehen haben, ist es recht einfach, mit `position:absolute` zwei- oder mehrspaltige Layouts zu erzeugen. Da jedoch die Elemente aus dem Dokumentfluss genommen sind, ist eine Fußzeile, die unterschiedliche Boxenhöhen berücksichtigen muss, nur mit JavaScript zu realisieren (Inman Position Clearing).
Weiters ist die Simulation gleich hoher Spalten mittels Hintergrundgrafik (s.S. 121) nur sehr kompliziert umzusetzen. Eine Lösung für Hintergrundgrafik bei Liquid (Fluent)-Layouts gibt's hier: *http://www.addedbytes.com/css/faux-columns-for-liquid-layouts*.

Im Überblick die Vor- und Nachteile von `float` und `position`

Technik	Vorteil	Nachteil
float	Kopf- und Fußzeile einfach umsetzbar	Mehr als zwei Spalten nur mit zusätzlichen \<div>s umsetzbar
position	Mehrere Spalten einfach umsetzbar	Fußzeile bei flexibler Spaltenhöhe nur mit Javascript möglich

Webseite horizontal zentrieren

Immer wieder taucht die Frage auf, wie man eine Webseite horizontal im Browser-Fenster zentrieren kann. Folgende Überlegung gibt es dazu: Mittels `margin: 0 auto;` zentrieren Sie Block-Elemente. `auto` sorgt für gleiche Abstände auf der linken und rechten Seite. ABER: Wie so oft ist auch hier wieder mal der Internet Explorer störrisch und erkennt `auto` nicht. Daher tricksen wir, indem wir den Inhalt mit `text-align:center;` zentrieren. Der `#wrapper` setzt die Texte wieder linksbündig und wird zum Positionierungskontext für alle nachfolgenden absolut positionierten Boxen.

```
body {position: relative; margin: 0 auto;
text-align:center; width: 650px; background-color:olive; font: 100.01%
Helvetica, Arial, Verdana, sans-serif; color:#5a6267; }

#wrapper {position:relative; width: 650px; text-align:left; background-
color:white; border: 5px solid #ffdb20; }

#navi { float:left; width: 130px; background-color: white; padding: 30px
40px 140px 20px; }

#content { color: #fff; padding: 30px; background-color: olive; margin-
left: 190px;}
```

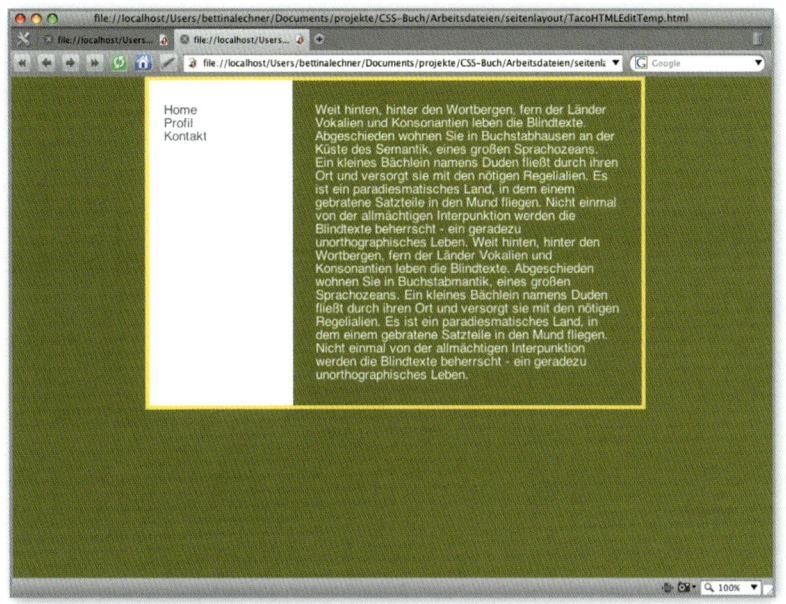

Es muss nicht immer Spaltenlayout sein. Lesen Sie dazu auch den interessanten Artikel von Molly E. Holzschlag – Outside the Grid: *http:// www.alistapart.com/ articles/outsidethe- grid*.

Drei weitere Seitenlayoutbeispiele finden Sie ab Seite 128, Prototypen.

Die Boxen bei diesem Beispiel können natürlich auch mit Prozentwerten flexibel gemacht werden.

CSS-Datei-Aufbau

Die Strukturierung und der inhaltliche Aufbau von CSS sind eine sehr persönliche Angelegenheit. Selbst bei der Schreibweise einer CSS-Regel hat jeder Webdesigner seine eigenen Präferenzen. Lesen Sie hier, wie ein durchschnittliches Webprojekt hinsichtlich der CSS strukturiert sein kann. Darüber hinaus geben wir Ihnen hier für den Anfang ein paar Tipps und Empfehlungen mit auf den Weg, wie Sie in Ihren CSS-Dateien für Über-sichtlichkeit sorgen.

Eine mögliche Strukturierung der Dateien könnte so aussehen:

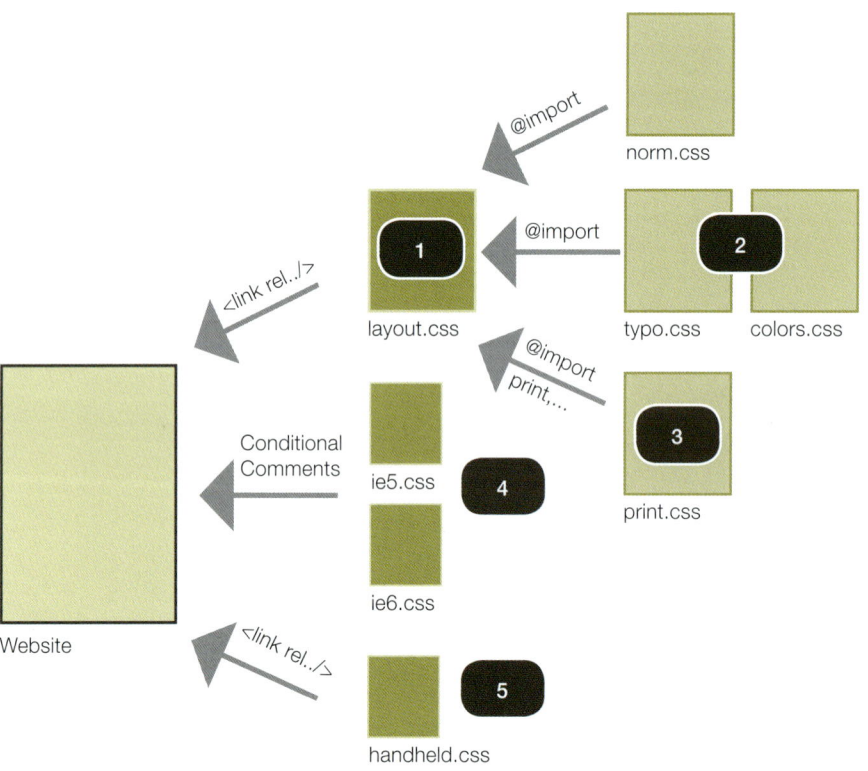

Mehrere CSS-Dateien

Bei größeren Webprojekten ist es sinnvoll, die Regeln über mehrere CSS-Dateien zu verteilen.

1. Legen Sie für die grundlegenden Layoutangaben eine CSS-Datei (z.B. layout.css) an und verknüpfen Sie diese mittels `<link ..>` direkt mit der Website und mittels `@import` mit der norm.css (Normalisierungsdatei).

2. Bei größeren Webprojekten hat es sich bewährt, Regeln zu Typografie und Farbdarstellungen in weitere CSS-Dateien auszulagern. Erstens ist es so übersichtlicher und zweitens könnten Sie ggfs. so noch einfacher weitere Farbschemata für die Website bereitstellen (z.B. die Website in Sommer-Gelb, in Herbst-Ockertönen, in Winter-Weiß etc.). Diese weiteren CSS holen Sie mittels `@import` direkt in die `layout.css` und ersparen so der HTML-Datei eine weitere vermeidbare Zeile.

3. Auf die gleiche Art und Weise importieren Sie CSS für die verschiedenen Medientypen, z.B. für Drucker (print.css). Ausgenommen sind Handhelds, Infos darüber siehe weiter unten.

4. Die Dateien für den Internet Explorer verlinken Sie mittels Conditional Comments (siehe auch Seite 92).

5. Ergänzende CSS-Dateien speziell für Handhelds sollten mittels `<link />` verknüpft werden, da deren Betriebssysteme häufig den `@import`-Befehl noch nicht unterstützen.

Die genaue Syntax zu `<link />` und `@import` finden Sie auf Seite 64.

Inhaltliche Struktur

Innerhalb der CSS-Datei(en) ist es sinnvoll, die semantische XHTML-Struktur nachzubilden und die einzelnen Bereiche durch Kommentare klar hervorzuheben und einzelne Deklarationen gegebenenfalls auch zu dokumentieren:

```css
/*========= Navigation ============*/
#navi ul
{
  padding: 20px 5px 20px 60px;
}
#navi ul li a
{
  display:block; /* Block aus dem Inline-Element*/
  color:#5a6267; /*dunkelgrau*/
  text-decoration:none;
  white-space:nowrap; /*kein zeilenumbruch bei langen wörtern*/
}
```

Beachten Sie die Positionierung der geschwungenen Klammer. Auf diese Art und Weise sehen Sie sofort, ob die Klammer korrekt geöffnet und geschlossen wurde.

Tasten
Die { schreiben Sie am PC mit AltGr + 7 bzw. } mit 0.
Am Mac { mit Alt + 8 bzw. } mit 9

ab Seite 130

ab Seite 188

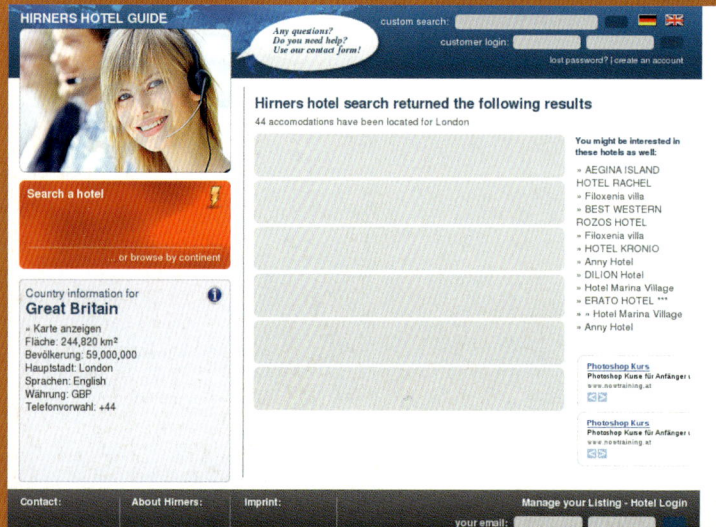

ab Seite 278

{Prototypen}

Unsere ab hier vorgestellten Prototypen sind drei komplett voneinander unabhängige Beispiel-Webseiten, anhand derer Ihnen der gesamte Designprozess – vom XHTML-Dokument bis zur fertigen Webseite – praxisnah erläutert wird. Mit jedem Prototyp wird der Aufbau ein wenig komplexer, aber alle Beispiele sind stets so übersichtlich und einfach gehalten, dass Sie immer zum Schritt-für-Schritt-Mitarbeiten eingeladen sind. Ausführliche Specials zu verschiedensten Themen wie Rahmen, Schriftbild, Hintergrundbilder, Anordnungen der Menüleisten, Formulare etc. und zahlreiche Tricks und Tipps vervollständigen auf einfache Art und Weise Ihr Know-how.

CSS-Features .... Seite

Prototyp 1

Visitenkarten-Website

Als „Visitenkarten"-Website bezeichnet man häufig den Basis-Webauftritt eines Unternehmens. Sie enthält die wichtigsten Daten und Fakten zu der Firma. Der semantische Aufbau der Seite ist speziell für Suchmaschinenoptimierung unerlässlich. Bei dieser Beispiel-Webseite präsentieren wir ein EPU (Einpersonenunternehmen), einen Fotografen bzw. eine Fotografin. Ziel ist es, die Bilder so attraktiv wie möglich hervorzuheben. Die Erläuterungen neben den Bildern fungieren nicht nur als Information, sondern sind auch für Suchmaschinen interessant, da diese Begriffe indizieren – und daraus mehr Information beziehen als aus einem Bild. Das Menü fungiert nicht nur als Navigation durch die Seiten, sondern spielt ebenfalls eine wichtige Rolle für Suchmaschinen: Es zeigt jene Bereiche, in denen der Fotograf/die Fotografin tätig ist: Landschaften, Porträts, Architektur etc. ist so viel aussagekräftiger als z.B. Profil oder Portfolio. Ein Blickfang ist die Filmrolle im Hintergrund, die sogar in den Contentbereich hineinragt. Nun, dann lassen Sie uns gemeinsam diese Seite umsetzen – viel Spaß!

Die komplette Webseite finden Sie auf der beiliegenden CD im Ordner 01_Prototyp.

Ziele einer „Visitenkarten"-Website

» Schwerpunkt Präsentation

» Möglichst alle relevanten Informationen auf einen Blick verfügbar

» Suchmaschinenoptimiert

» Wenig Inhalt attraktiv aufbereitet

» Kontaktinformationen sofort zur Hand

Das XHMTL-Grundgerüst

Wir beginnen zunächst damit, die Inhalte in einem Editor einzufügen und mit passenden Elementen einzufassen. Wie schon auf den Seiten 48 bis 52 recht ausführlich besprochen, ist eine semantisch passende Strukturierung der Seite in jeder Hinsicht wichtig: Der Webdesigner behält stets den Überblick, Suchmaschinen indizieren rascher und Screenreader bzw. Personen mit Handicaps finden sich besser zurecht.

Sehen wir uns hier nochmals im Überblick die Einteilung der Seitenbereiche an:

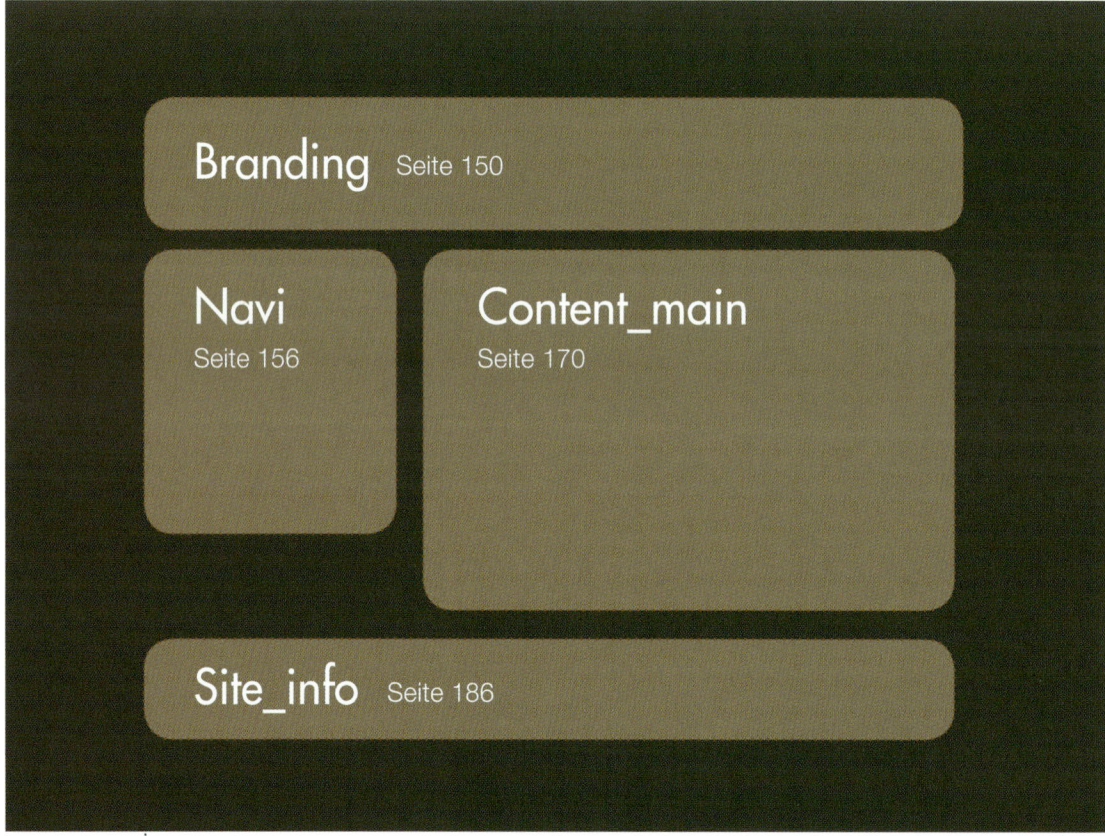

Hier das gesamte XHTML-Grundgerüst, das Sie nun – wenn Sie mitmachen möchten – in einen Editor tippen und als `index.html` abspeichern:

```
<!DOCTYPE html
 PUBLIC "-//W3C//DTD XHTML 1.0 Strict//EN"
 "http://www.w3.org/TR/xhtml1/DTD/xhtml1-strict.dtd">

<html xmlns="http://www.w3.org/1999/xhtml" xml:lang="de" lang="de">

<head>

<meta name="language" content="german, de, deutsch" />
<meta http-equiv="Content-Type" content="text/html; charset=utf-8" />

<title>Fotografie von Mary Muster</title>

</head>

<body>

<!-- Branding Start -->

<h1>Fotografie</h1>

   <blockquote>

    <p>Der Blick für das Schöne</p>

   </blockquote>

<!-- Branding Ende -->

<!-- Navigation Start -->

<div id="navi">

   <h2>Navigation</h2>

   <ul>

    <li><a href="/">Startseite</a></li>

    <li><a href="/landschaften/">Landschaften</a></li>

    <li><a href="/portraets/">Portraits</a></li>

    <li><a href="/architektur/">Architektur</a></li>

    <li><a href="/profil/">Profil</a></li>

    <li><a href="/kontakt/">Kontakt</a></li>

   </ul>

</div>

<!-- Navigation Ende -->
```

branding

<div id="navi">

Wie Sie eine übersichtliche Ordnerstruktur für Ihr Webprojekt anlegen, lesen Sie bitte auf Seite 39.

Kommentieren Sie Anfang und Ende von Bereichen, so behalten Sie den Überblick.

Unterschätzen Sie nicht das `<title>`-Element! Nützen Sie es gut, beschreiben Sie Ihre Website kurz, aber prägnant, denn dieser Text dient nicht nur als Bookmark, sondern ist eine der wichtigsten Zeilen in der Ergebnisliste der Suchmaschinen.

Die Hyperlinks `<a href="/landschaften/" >` etc. sind natürlich nur Dummy-Links, die Sie jedoch unbedingt angeben sollten. Nur so testen Sie möglichst praxisnah.

```html
<!-- content_main Start -->

<div id="content_main">

   <h3>Fotografie ist Leidenschaft</h3>

    <ul>

     <li>

       <h4>Architektur edel und zeitlos</h4>

       <a href="/landschaften/"><img src="images/stiegen.jpg"
       title="" alt="Foto einer Treppe" /></a>

       <p>Nam liber tempor cum soluta nobis eleifend option congue
       nihil imperdiet doming id quod mazim placerat facer possim
       assum. Ut wisi enim ad minim veniam</p>

     </li>

     <li>

       <h4>Wundervolle Details</h4>

       <a href="/landschaften/"><img src="images/sand.jpg" title=""
       alt="Landschaftsaufnahme" /></a>

       <p>Nam liber tempor cum soluta nobis eleifend option congue
       nihil imperdiet doming id quod mazim placerat facer possim
       assum. Ut wisi enim ad minim veniam</p>

     </li>

    </ul>

</div>

<!-- content_main Ende -->

<!-- Site_info Anfang -->

<div id="site_info">

   <h4>Siteinfo</h4>

   <address class="vcard">

   <span class="org">Design by photographers media</span><br />

   <span class="email">Kontakt: mail@photographersmedia.com</span><br
   />

   <span class="tel">Tel.: 00123456789</span><br />

   All rights reserved</address>

</div>

<!-- Site_info Ende -->

</body>

</html>
```

<div id="content_main">

<div id="site_info">

Und so sieht es bis jetzt im Browser aus:

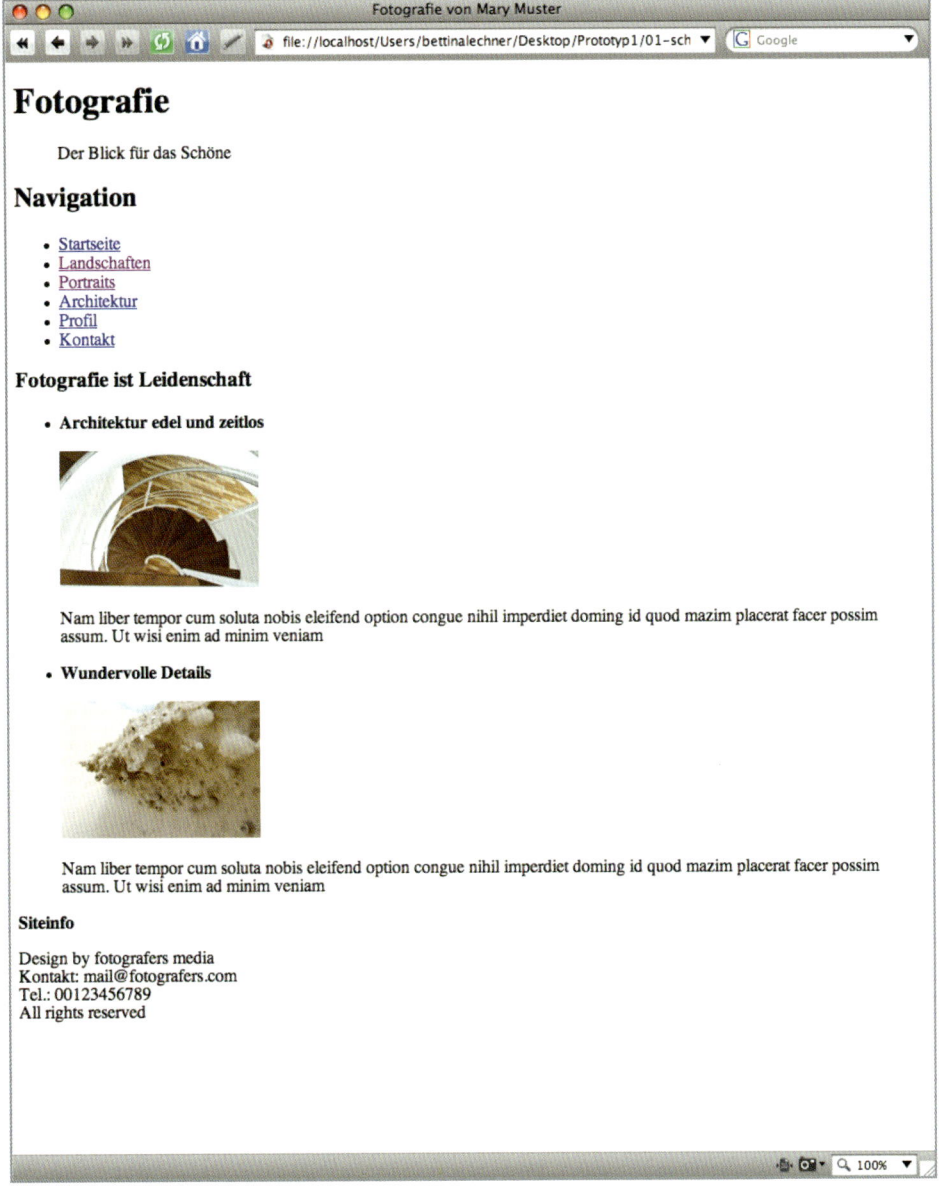

Headings auf einer HTML-Seite dienen Personen und Programmen zur Orientierung und menschlichen Benutzern eines Vorleseprogramms auch zur Navigation. Das ist die erste Priorität zum Setzen von Überschriften. Daran sollten wir bei der Strukturierung denken. Gerhard Brozek, hyperkontext.at

Die norm.css finden Sie auf der CD im Ordner Normalisie-rung-CSS.

Anlegen der CSS-Dateien & Normalisieren

Selbstverständlich schreiben wir alle Stile in eine neue, externe CSS-Datei – öffnen Sie dazu ein zweites Fenster in Ihrem Editor. Speichern Sie die Datei unter dem Namen `layout.css`, sie ist noch leer. Um die HTML-Elemente zu normalisieren, benötigen wir die `norm.css`. Am einfachsten ist es, Sie verwenden gleich die Datei von der CD (nähere Infos zur `norm.css` siehe Seite 100). Die norm.css importieren wir mittels `@import` in die `layout.css`. Schreiben Sie als erste Zeile (!) in die `layout.css`:

```
/*importiert norm.css*/

@import url("norm.css");
```

Verbinden Sie die index.html mit der layout.css, indem Sie das XHTML-Dokument im `<head>`-Bereich um die folgende Zeile erweitern:

```
<!DOCTYPE html PUBLIC "-//W3C//DTD XHTML 1.0 Strict//EN"

 "http://www.w3.org/TR/xhtml1/DTD/xhtml1-strict.dtd">

<html xmlns="http://www.w3.org/1999/xhtml" xml:lang="de" lang="de">

<head>

   <meta name="language" content="german, de, deutsch" />

   <meta http-equiv="Content-Type" content="text/html; charset=utf-8"
   />

   <link rel="stylesheet" media="screen" href="layout.css" />

   <title>Fotografie von Mary Muster</title>

</head>
```

Wir haben hier den Medientyp `screen` angegeben, weil wir später auch für den Medientyp `druck` eine CSS bereitstellen werden. Wenn Sie die layout.css jedoch für alle Medientypen verwenden möchten, schreiben Sie hier statt `media="screen"` `media="all"` (siehe auch Medientypen, Seite 32).

Speichern Sie die Änderungen in der index.html und betrachten Sie sie in einem Browser. Die Webseite sollte dank Normalisierung so aussehen:

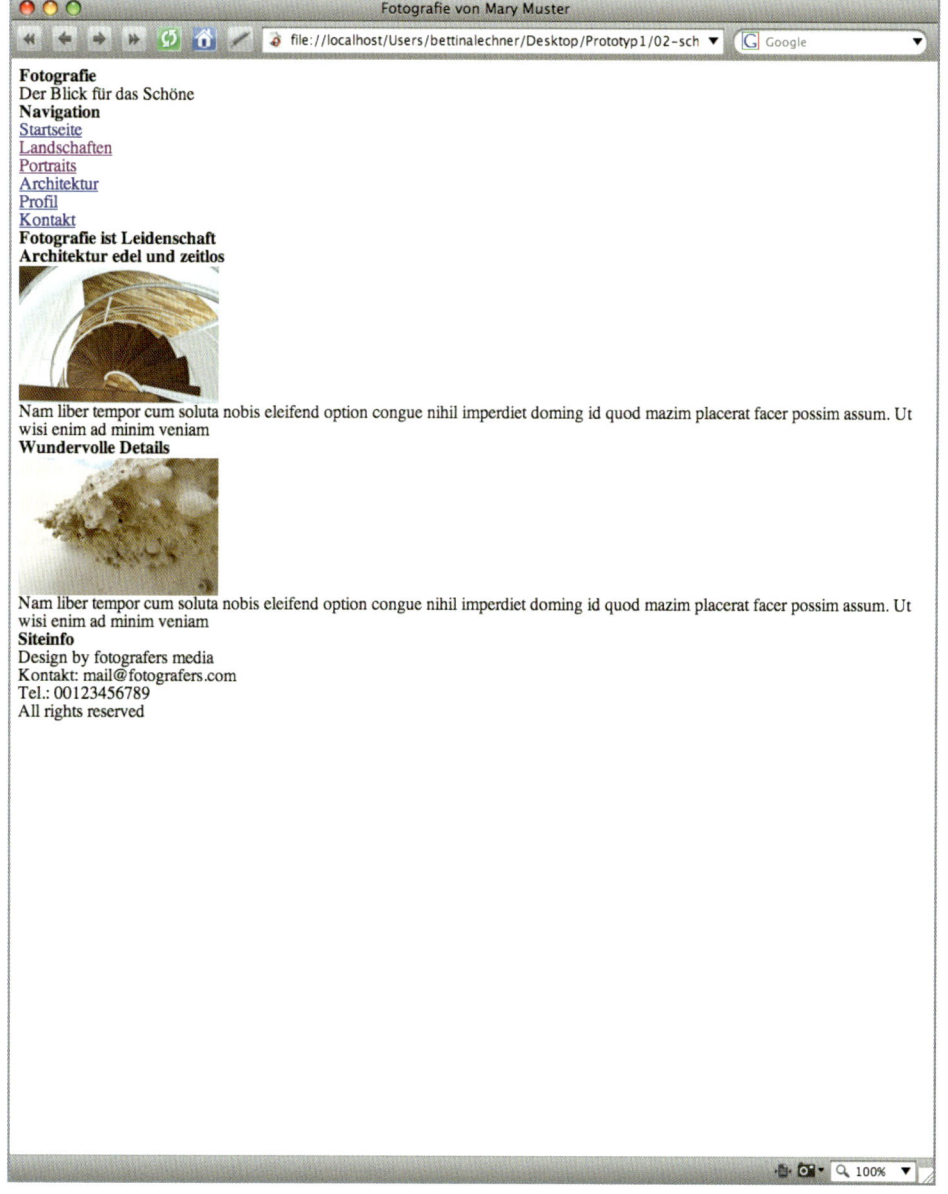

Fotografie von Mary Muster

file://localhost/Users/bettinalechner/Desktop/Prototyp1/02-sch ▼   G Google

Fotografie
Der Blick für das Schöne
Navigation
Startseite
Landschaften
Portraits
Architektur
Profil
Kontakt
Fotografie ist Leidenschaft
Architektur edel und zeitlos

Nam liber tempor cum soluta nobis eleifend option congue nihil imperdiet doming id quod mazim placerat facer possim assum. Ut wisi enim ad minim veniam
Wundervolle Details

Nam liber tempor cum soluta nobis eleifend option congue nihil imperdiet doming id quod mazim placerat facer possim assum. Ut wisi enim ad minim veniam
Siteinfo
Design by fotografers media
Kontakt: mail@fotografers.com
Tel.: 00123456789
All rights reserved

Seitenbreite fixieren und Seite zentrieren

Bevor wir jedoch mit dem Design des Inhalts starten, wollen wir uns in diesem Abschnitt genauer den Aufbau des grundlegenden Seitengerüsts ansehen. Wir beginnen damit, dem gesamten Inhalt eine fixe Breite zuzuweisen, das tun wir, indem wir dem Element `<body>` die entsprechende Breite geben. Wir ersparen uns so ein überflüssiges `<div>`-Tag. Schreiben Sie in die `layout.css` (nun alles immer unterhalb des `@import`-Befehls von Seite 136):

```css
body {

  position: relative;

  margin: 0 auto;

  text-align:center;

  width: 950px;

  border: 1px solid #000;

  background: #fff;

}
```

Genaue Angaben zu border und die Erklärung der Kurzschrift lesen Sie auf Seite 140.
Bitte definieren Sie bei body immer eine Hintergrundfarbe, selbst wenn sie weiß ist. Grund dafür ist, dass Windows-User im Betriebssystem ein eigenes Thema definieren können und daher die Hintergrundfarbe bei IE standardmäßig nicht weiß sein muss.

» Durch `position:relative` wird `<body>` zum Positionierungskontext für alle nachfolgenden Elemente.

» Mit `margin: 0 auto` weisen Sie der Seite oben und unten null Außenabstand hinzu, links und rechts jeweils den gleichen, d.h., die Seite sitzt damit in den meisten Browsern in der Mitte. Der Internet Explorer benötigt jedoch `text-align:center` für das Zentrieren.

» Ausnahmsweise fügen wir temporär `<body>` einen Rahmen statt einer farbigen Hintergrundfarbe hinzu, um die Breite der Seite besser zu sehen. Eine Hintergrundfarbe würde sich hier auf die gesamte Seite auswirken und wir könnten damit die Breite nicht erkennen. Üblicherweise empfiehlt es sich jedoch, Hintergrundfarben einzusetzen, da diese im Gegensatz zu einem Rahmen einem Element keine zusätzlichen Pixel hinzufügen.

Wie Sie am Screenshot erkennen, wird unsere Webseite nun zentriert im Browser-Fenster angezeigt. Der schwarze Rahmen zeigt uns die Abmessungen von `<body>` genau an. Den Rahmen entfernen wir im nächsten Schritt gleich wieder.

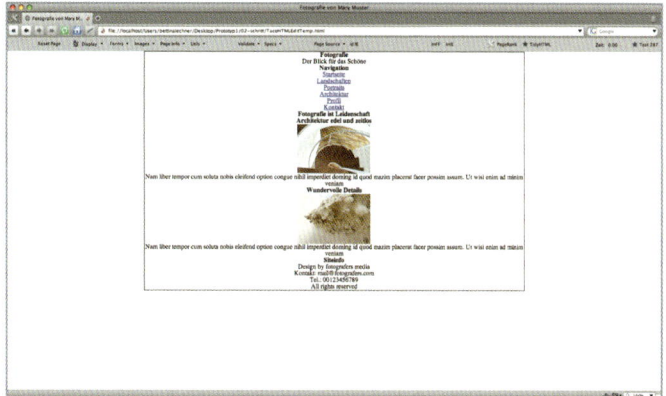

Gestaltung des Hintergrunds

Analysieren wir den Hintergrund der Webseite: Dieser besteht aus einem oberen Bereich, der einen Teil der Filmrolle enthält **(1)**, und darunter aus jenem Bereich, der in den Content hineinragt **(2)**. Weiters aus einem Bereich, der sich bei Bedarf erhöht – d.h. mehr Text, mehr Grafik. Diese Grafik muss also so konzipiert sein, dass sie entlang der y-Achse kachelt (sich wiederholt) **(3)**. Den Abschluss bildet der Fußbereich. Diese Grafik befindet sich immer am Ende der Seite **(4)**:

Special: Rahmen (border)

In der Deklaration für `border` müssen Werte für alle vier Eigenschaften zu Position (k.A. = alle vier Seiten), Breite, Farbe und Stil angegeben werden:

Rahmenposition

`border-top, border-right, border-bottom, border-left`

Rahmenstärke, z.B.:

`border-top-width: 1px | 2em | thin | medium | thick`

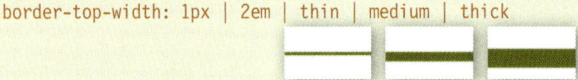

Rahmenfarbe, z.B.:

`border-color: #565657 | red | rgb(60%,60%,60%) | rgb(232,218,77)`

Rahmenstil

`border-style: solid | dotted | dashed | double | groove | ridge | inset | outset`

Die Rahmenarten `double`, `ridge` und `groove` benötigen für ihre Darstellung eine Mindestbreite von einigen Pixel. `dotted` bei 1px wird im IE 6 `dashed` dargestellt (Abhilfe schafft z.B. eine Hintergrundgrafik).

Kurzschrift und Beispiele

Bei der Kurzschrift für `border` gelten dieselben Regeln wie für `padding`, `margin` etc. (s. Seite 88). Geben Sie z.B. die Werte für die Position auch hier im Uhrzeigersinn an: Hier ist nur der rechte Rahmen definiert und zwar mit den Werten dick, gepunktet und dunkelgrün:

```
p { border-right: thick dotted olive; }
```

Hier gelten die angegebenen Werte für alle vier Seiten:

```
p { border: 1px solid black; }
```

Die Rahmenfarbe beim folgenden Beispiel ist oben gelb, links und rechts braun und unten grau, die Rahmenstärke wieder im UZS oben, rechts, unten und links in verschiedenen Stärken, der Rahmenstil überall doppelt:

```
p { border-color: yellow maroon gray;
    border-width: 4px 5px 6px 7px;
    border-style: double; }
```

Neben `border` rahmt auch `outline`-Elemente und zwar nicht zwingend rechteckig. Damit rahmen Sie Buttons, Image-Maps etc. Weiterer Vorteil von `ouline` ist, dass die Stärke nicht dem Element dazugezählt wird. Leider stellen manche Browser `outline` nicht dar, u.a. IE 6.

Das Design für die Website wurde in einem Bildbearbeitungsprogramm vorbereitet, d.h., die dafür nötigen Grafiken wurden daraus extrahiert, indem die darüberliegenden Ebenen (Text, Navigation etc.) ausgeblendet und die verbleibenden Bereiche in Teile zerschnitten wurden. Die Grafiken haben die folgenden Abmessungen und Dateinamen (zur besseren Sichtbarkeit auf grauem Hintergrund dargestellt):

Sie finden die Grafiken im Ordner 01_Prototyp/ 01_start_index/ images.

1 oben.gif
950 x 93 Pixel

2 mitte1.gif
950 x 387 Pixel

3 mitte.gif
950 x 1 Pixel

4 unten.gif
950 x 93 Pixel

Die Grafiken legen wir alle in einen Ordner namens `images`.

Einfügen der Grafiken als Hintergrundbilder

Um die Grafiken einzufügen, bedienen wir uns eines Tricks: Jede der Grafiken wird einem Element als Hintergrundbild zugeordnet. Im Quelltext des HTML-Dokuments sind sie dadurch unsichtbar und entsprechen damit der Regel Trennung von Inhalt und Design. Sehen wir uns nun an, welche `<div>`-Container für das Einfügen der Grafiken angelegt werden müssen.

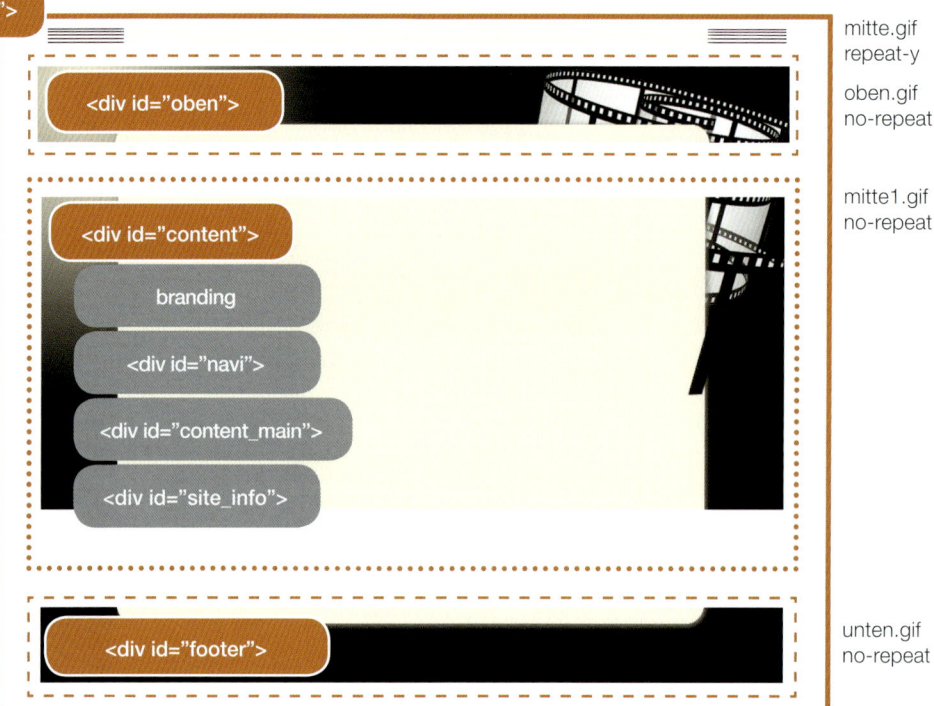

» Der Container `<div id="wrapper">` umfasst die komplette Webseite, sein Hintergrundbild – das 1 Pixel hohe mitte.gif – wiederholt sich so lange wie nötig. Die Seite ist damit in der Höhe flexibel.

» Die Container `<div id="oben">` bzw. `<div id="footer">` benötigen wir für das oberste bzw. unterste Hintergrundbild.

» Der Container `<div id="content">` ist hier speziell nötig, weil ja ein Teil der Filmrolle in den Inhaltsbereich hineinragt. Dieses Bild wird also dem neuen Container `content` hinzugefügt, es wiederholt sich nicht. Ohne diesen Effekt wären wir mit dem Container `#wrapper` ausgekommen.

Unser XHTML-Dokument ergänzen wir daher um die Container – bitte vervollständigen Sie den Quellcode von Seite 133 und 134 wie folgt (farbig hervorgehoben):

```
<body>
<div id="wrapper"><!--wrapper Start-->

    <div id="oben"></div>

    <div id="content">

        <!-- Branding Start -->

        <h1>Fotografie</h1>

        ....

        <!-- Branding Ende -->

        <!-- Navigation Start -->

        <div id="navi">

        ...

        </div>

        <!-- Navigation Ende -->

        <!-- content_main Start -->

        <div id="content_main">

        ...

        </div>

        <!-- content_main Ende -->

        <!-- Site_info Anfang -->

        <div id="site_info">

        ...

        </div>

        <!-- Site_info Ende -->

    </div><!--content Ende-->

    <div id="footer"></div>

</div><!--wrapper Ende-->

    </body>

    </html>
```

<div id="wrapper">

<div id="oben">

<div id="content">

branding

<div id="navi">

<div id="content_main">

<div id="site_info">

<div id="footer">

Die `layout.css` ergänzen bzw. ändern wir um die folgenden Regeln:

```css
body {
    position: relative;
    margin: 0 auto;
    text-align:center;
    width: 950px;
    border: 1px solid #000;
    background:#6e6a60; /*dunkelgraue Seitenfarbe*/
}
div#wrapper {
    background:url(images/mitte.gif) repeat-y center;
    position:relative;
    width: 950px;
    text-align:left;
}
div#oben {
    background:url(images/oben.gif) no-repeat center;
    width: 950px;
    height: 93px;
}
div#content {
    padding:0 110px;
    background:url(images/mitte1.gif) no-repeat center top;
}
div#footer {
    background:url(images/unten.gif) no-repeat center bottom;
    height:93px;
    width:950px;
}
```

Mehr zu der vielleicht noch kryptischen Kurzschrift für Hintergrund (`background`) lesen Sie bitte auf Seite 146.

Das Zwischenergebnis im Browser sieht schon recht vielversprechend aus:

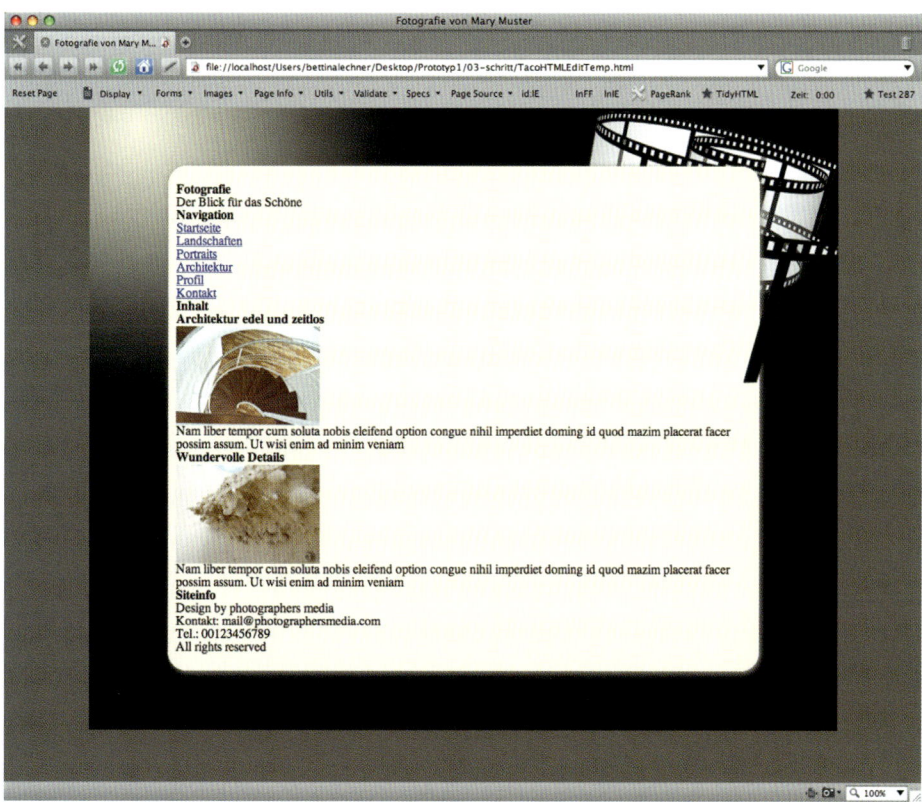

Das ist nun der geeignete Zeitpunkt für eine Validierung. Bitte überprüfen Sie die Seite hinsichtlich XHTML und CSS. Wenn Sie keinen Webserver zur Verfügung haben, verwenden Sie die Registerlasche Validate by File Upload:

http://validator.w3.org
http://jigsaw.w3.org/css-validator/

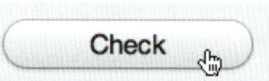

Mehr Informationen zur Validierung lesen Sie auf Seite 26.

Gratuliere! Keine Fehler gefunden.

Weiter geht es auf Seite 150.

Special: Hintergrund (`background`)

Ein Element – unabhängig ob Block- oder Inline-Element – kann eine Hintergrundfarbe oder -grafik zugewiesen bekommen. Es gibt die folgenden Eigenschaften und Werte:

Hintergrundfarbe, z.B.:

```
background-color: #565657 | olive | rgb(232,218,77) | transparent
```

```
p {background-color: #e8e2a5; ... }

em {background-color: orange;}
```

Neben den üblichen Farbwerten können Sie auch den Wert `transparent` angeben. Dadurch scheint die darunterliegende Farbe durch.

Hintergrundgrafik

```
background-image: url(dateiname.jpg) | none
```

```
h1 {background-image: url(wallpaper.jpg); ... }
```

Mit `none` wird keine Hintergrundgrafik angezeigt.

Speichern Sie die Grafik als webtaugliches Bild ab (z.B. jpg, gif, png) – in der Deklaration geben Sie innerhalb der runden Klammer den Pfad zu der Grafik an, inkl. etwaige Subordner. Wenn das Element größer als die Grafik ist, kachelt die Grafik standardmäßig, bis die Fläche gefüllt ist. Lesen Sie bitte weiter, wie Sie mit `background-repeat` diesen Effekt steuern:

Hintergrundwiederholung

```
background-repeat: repeat | repeat-y | repeat-x | no-repeat
```

Der `repeat`-Wert wird gern eingesetzt, um mit nur 1 Pixel breiten respektive hohen Grafiken Endlosverläufe zu realisieren. Bereiten Sie dazu in einem Bildbearbeitungsprogramm die Verlaufsfläche vor und schneiden Sie dann in der gewünschten Höhe/Breite die Grafik zu, jedoch mit jeweils nur 1 Pixel in die Richtung, in die die Grafik sich später wiederholen soll. So sparen Sie enorm Dateigröße und damit Ladezeit, außerdem wiederholt sich die Grafik „ewig" und füllt damit eine Fläche endlos aus:

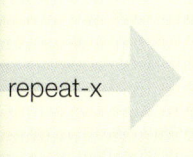 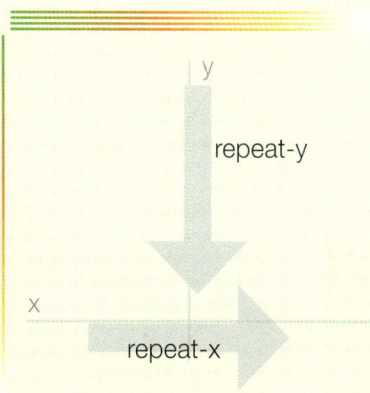

Hintergrundposition

Wenn die Hintergrundgrafik die Werte `repeat-y`, `repeat-x` oder `no-repeat` hat, definieren Sie mit dieser Eigenschaft die Position der Grafik bzw. den Startpunkt des Kachelns:

```
background-position: top | bottom | left | right | center | 20% | 40px ..
```

Grundsätzlich können zwei Werte angegeben werden. Haben Sie bei Angaben mit Schlüsselwörtern wie `top`, `bottom` nur einen Wert notiert, wird der zweite Wert automatisch auf `center` gestellt. Ist einer der beiden Werte kein Schlüsselwort sondern ein numerischer Wert, wird automatisch der erste Wert für eine horizontale und der zweite für eine vertikale Ausrichtung angenommen. Ein etwaiger Innenabstand (`padding`) des Elements wird miteinbezogen.

vertikal, z.B. top bottom, center

horizontal, z.B. left, right, center

Bei der Positionierung mit z.B. Pixelwerten wird die linke obere Ecke der Grafik als Referenz (0,0) herangezogen. Beispiel:

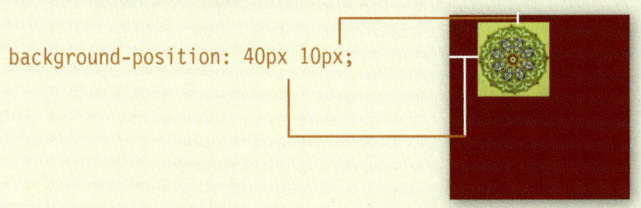

`background-position: 40px 10px;`

Jeder übliche CSS-Wert ist möglich. Geben Sie nur einen Pixel/em/...-Wert an, wird der zweite automatisch auf 50% gestellt.

Bei der Positionierung mit Prozentwerten ist die linke obere Ecke der Grafik 0%, 0% und die rechte untere Ecke 100%, 100%. So wird garantiert, dass die Grafik bei 100% noch innerhalb des Elements platziert ist. Bei Prozentwerten über 100% schieben Sie die Grafik aus dem Element. Auch Minuswerte sind erlaubt, jedoch müssen sie laut Spezifikation von Browsern nicht umgesetzt werden. Beispiele:

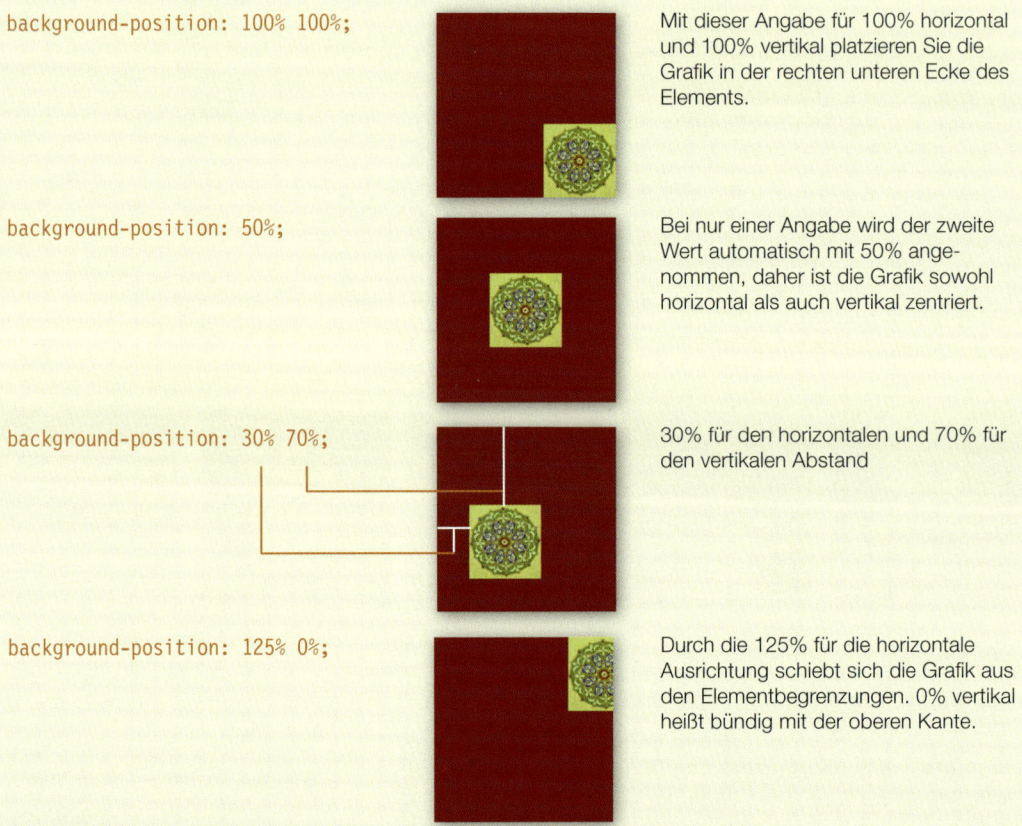

`background-position: 100% 100%;`

Mit dieser Angabe für 100% horizontal und 100% vertikal platzieren Sie die Grafik in der rechten unteren Ecke des Elements.

`background-position: 50%;`

Bei nur einer Angabe wird der zweite Wert automatisch mit 50% angenommen, daher ist die Grafik sowohl horizontal als auch vertikal zentriert.

`background-position: 30% 70%;`

30% für den horizontalen und 70% für den vertikalen Abstand

`background-position: 125% 0%;`

Durch die 125% für die horizontale Ausrichtung schiebt sich die Grafik aus den Elementbegrenzungen. 0% vertikal heißt bündig mit der oberen Kante.

Eine besondere Idee hält der Internet Explorer bis inkl. Version 7 parat: Wenn Sie einem Inline-Element eine Hintergrundgrafik zuweisen und Folgendes deklarieren ...

```
em { background-image:url(bg-ornamentmini.jpg);

background-repeat: no-repeat;

background-position: left;}
```

... und es kommt innerhalb des em-Textes zu einem Zeilenumbruch, positioniert der IE die Hintergrundgrafik an der am weitesten links befindlichen Stelle des Inline-Elements und das ist bei einem Zeilenumbruch die Stelle nach dem Zeilenumbruch – analog verhält es sich mit `right`: Der IE 8 stellt es übrigens schon richtig dar :)!

background-repeat: no-repeat; *background-position: left; lieber IE!* bottom delenit augue Lorem ipsum dolor sit amet. at luptatum zzril delenit augue Lorem ipsum dolor sit amet.

`background-position: left` – korrekte Darstellung z.B. im Opera

background-repeat: no-repeat; *background-position: left; lieber IE!* bottom delenit augue Lorem ipsum dolor sit amet. at luptatum zzril delenit augue Lorem ipsum

`background-position: left` – die Grafik hüpft im IE in die nächste Zeile

Hintergrundbild fixieren

Mit dieser recht eigentümlich benannten Eigenschaft bestimmen Sie, wie sich das Hintergrundbild beim Scrollen einer Seite verhalten soll:

```
background-attachment: fixed | scroll
```

Mit `fixed` wandert die Grafik unabhängig davon, wohin Sie auf der Seite scrollen, mit.

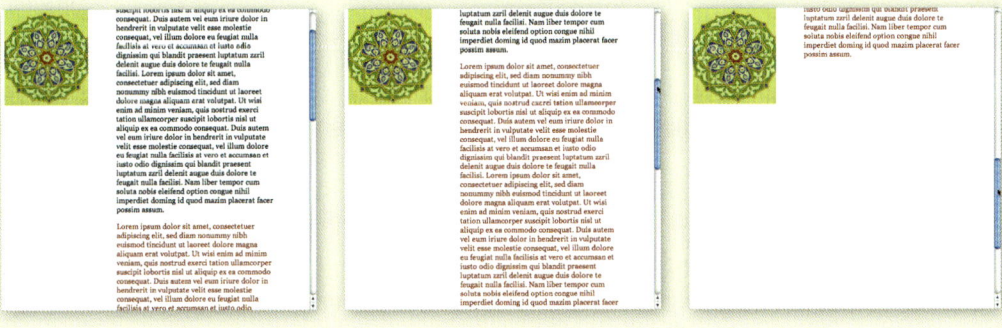

Kurzschrift

Kurzschrift für `background`-Eigenschaften notieren Sie wie folgt:

```
background: background-color background-image background-repeat
   background-attachment background-position;

z.B.: div {background:maroon url(bg-ornament.jpg) no-repeat fixed 50%;}
```

Mehr zum Thema Semantik lesen Sie auf Seite 15, mehr zum Thema Accessibility & Usability auf Seite 20.

Das Styling des Branding-Bereichs #branding

Wenn wir unsere bisherige Design-Arbeit (siehe Seite 145) betrachten, sind wir mit dem Seitendesign schon recht gut vorangekommen, nun kümmern wir uns um das Content-Design. In diesem Schritt sehen wir uns den Branding-Bereich näher an. Wie Sie sehen, verwenden wir zunächst Text anstelle eines grafischen Logos. Das hat den Vorteil, dass textabhängige Besucher der Website nicht (nur) ein Bild vorfinden, sondern die für sie relevante Schriftsprache – wichtig für Screenreader und Suchmaschinen.

Vorschlag für die Auszeichnung des Brandings

Ein Logo besteht meist aus dem Namen des Unternehmens und einem Slogan. Der Name der Firma ist ja das Allerwichtigste auf der Webseite und sollte daher nicht nur an oberster Stelle, sondern auch mit einem wichtigen Element ausgezeichnet werden: also mit einer Überschrift der ersten Ebene `<h1>`. Den Slogan packen Sie mit `<blockquote>` in das semantisch passende Zitat-Element. (Innerhalb von `<blockquote>` können Sie gegebenenfalls mit dem Attribut `cite` eine URI zur Quelle des Zitats angeben.)

```
<h1 class="logo">Fotografie</h1>

<blockquote class="info"><p>Der Blick für das Schöne</p>
</blockquote>
```

Damit wir die Überschrift und das Zitat per CSS-Selektor ansprechen können, haben wir auch gleich die Klassen `"logo"` und `"info"` als Attribut hinzugefügt. Der Branding-Bereich ist nun semantisch korrekt ausgezeichnet und dank norm.css sieht das Ergebnis so aus:

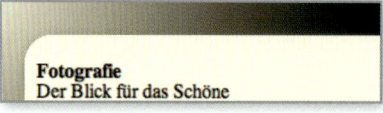

Neben der Phark-Methode gibt es noch weitere beliebte Techniken zum „Image Replacement": Das Fahrner Image Replacement (FIR), das Gilder/Levin-Image Replacement oder das Scalable Inman Flash Replacement (sIFR) und Malarkey Image Replacement (MIR). Suchen Sie im Web nach den entsprechenden Namen.

Text durch Bild ersetzen (Image Replacement)

Schön und gut, aber es gibt sicher schönere Logos als eine Überschrift der ersten Ebene. Wir ersetzen daher den gesamten Branding-Bereich durch ein Bild. Es gibt dazu mehrere Techniken für das „Image Replacement", die jede ihre Vor- und Nachteile hat. Hier sehen wir uns die sogenannte Phark-Methode an, die von Mike Rundle entwickelt wurde. Sie ist die einfachste aller Techniken und dazu noch semantisch korrekt.

Phark-Methode

1. Bereiten Sie in einem Bildbearbeitungsprogramm das Logo vor. Je nach Design bietet es sich an, dieses z.B. als GIF auf transparentem Hintergrund oder gleich ausgeschnitten aus dem kompletten Webdesign als JPG abzuspeichern. Wir hier verwenden in diesem Beispiel ein transparentes GIF:

logo.gif
235 Pixel x 75 Pixel

Speichern Sie die Grafik in Ihrem `images`-Ordner.

2. Im CSS schreiben Sie:

```css
h1.logo {

  background: url(images/logo.gif) no-repeat;

  text-indent:-9999px;

  width:235px;

  height:75px;

}
```

Mit der dem Klassenselektor `.logo` fügen Sie der Überschrift `<h1>` ein Hintergrundbild hinzu, welches sich natürlich nicht wiederholen soll (`no-repeat`). Ohne Wert für eine `background-position` steht das Bild in der linken oberen Ecke der Überschrift. Mit `text-indent` und dem hohen Negativwert von `-9999px` schieben Sie den Text der `<h1>` aus dem Browser-Fenster. Breite und Höhe entsprechen den Pixelabmessungen der Logo-Grafik.

3. Im Browser sehen Sie:

Das Schachbrettmuster im Hintergrund des Logo-Schriftzugs zeigt uns Transparenz an.

Bitte beachten Sie, dass Suchmaschinen – allen voran Google – sehr strenge Richtlinien betreffend Verstecken von Text hat. Wenn der im Quelltext angegebene Text nicht auf dem Bild zu finden ist, kann Google das als Manipulation auffassen und es kommt schlimmstenfalls zur Sperre. Mehr Infos zum Thema „Cloaking" finden Sie hier *http://www.google.com/support/webmasters/bin/answer.py?answer=66355.*

4. Mit der gleichen Technik bringen wir auch `<blockquote>` zum Verschwinden:

```
blockquote.info {

    text-indent: -9999px;

    height:0;

}
```

Die Höhenangabe von 0 Pixel bewirkt, dass der Text keinen Raum
einnimmt und uns beim Designen daher nicht störend im „Weg
herumsteht".

Positionierung des Logos

Das Logo sollte in der rechten oberen Ecke des Inhaltsbereichs platziert
werden, daher ergänzen wir den Klassenselektor `h1.logo` noch um eine
relative Positionierung:

```
h1.logo {

    background: url(images/logo.gif) no-repeat;

    text-indent:-9999px;

    width:235px;

    height:75px;

    position:relative;

    left:500px;

}
```

Natürlich sollte das Logo rechtsbündig mit dem Text von `#content_main`
abschließen, das justieren wir nach, sobald wir den Text eingefügt und
positioniert haben.

Im XHTML-Dokument selbst hat sich nichts verändert – für Screenreader
und Suchmaschinen ist der Text lesbar. Der einzige Nachteil der so wun-

Wir dürfen uns
freuen! Mit CSS 3
kommt eine neue
Technik des Bil-
derersetzens, die
nicht nur einfacher
sein wird, sondern
als Fallback den
Text automatisch
anzeigt, falls das
Bild nicht geladen
werden kann.
Und es scheint,
als könnte man
nicht nur Bilder
einsetzen, sondern
auch Animated-Gifs
und Movies! Es
müssen nur noch
die Browser mit-
spielen. Mehr dazu
im Anhang, siehe
Seite 366.

derbar einfachen Bildersetzungsmethode nach Phark ist, dass der Text beim Deaktivieren der Anzeige von Bildern im Browser nicht mehr sichtbar ist.

Nun wäre es wieder an der Zeit zu validieren, prüfen Sie die Seite hinsichtlich CSS und XHTML!

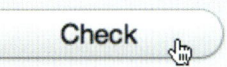

Zweispaltiges Layout mit float

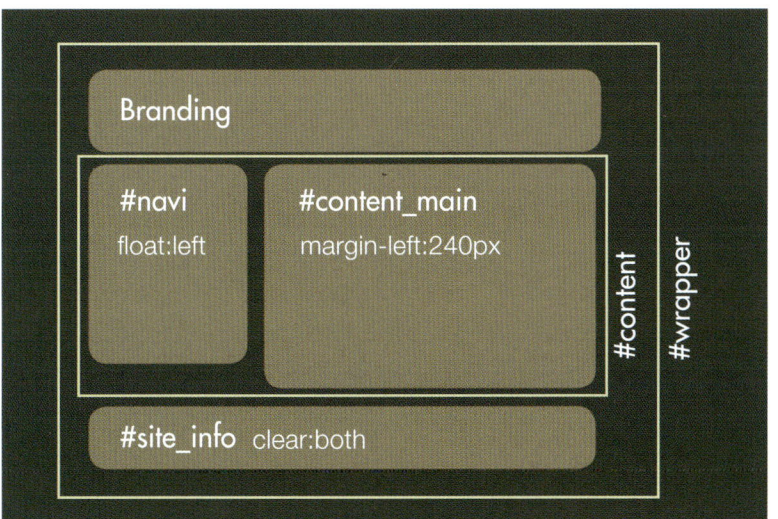

Ziel dieses Abschnitts ist es, aus dem Textfluss, wo nun alles noch untereinander steht, zwei Spalten #navi und #content_main zu erzeugen und die Siteinfo darunter zu platzieren.

Wir verwenden dazu die float-Methode: Mit der Deklaration float:left für #navi wird der Navigationsbereich rechts von #content_main umflossen. Der Bereich #site_info wird mit clear:both unterhalb der beiden Spalten als Fußzeile platziert.

Vergleichbar ist die float-Technik mit dem für <img /> -Elemente früher verwendeten Attribut align=left, welches übrigens nun unter missbilligt (deprecated) fällt, weil dies ja mittels CSS und floats zu lösen ist.

Wo validieren? Wenn Sie die Webdeveloper Toolbar installiert haben, nützen Sie einfach gleich die dort eingebundenen Links über „TOOLS" – ansonsten lesen Sie bitte auf Seite 26 nach.

Einige Methoden zum Spalten-Layouting mit position und float finden Sie in den Abschnitten Positionierung in CSS, Seite 102, bzw. Seitenlayouts, Seite 114.

Designen der zwei Spalten #navi und #content_main

Ergänzen Sie die CSS-Datei um die folgenden Regeln:

```css
#navi {
    float:left;
    width:231px;
}

#content_main {
    margin: 0 20px 0 240px;
}
```

Vergeben Sie dem Navigationsbereich eine Breite (hier: 231px), da ansonsten der IE beim `Float`en Probleme macht. `#content_main` hat einen großen linken Außenabstand, damit er sich nicht unterhalb von `#navi` fortsetzt, wie das sonst üblicherweise der Fall wäre (siehe schematische Darstellung von `<img align=left />`, Seite 153).

Das Ergebnis im Browser:

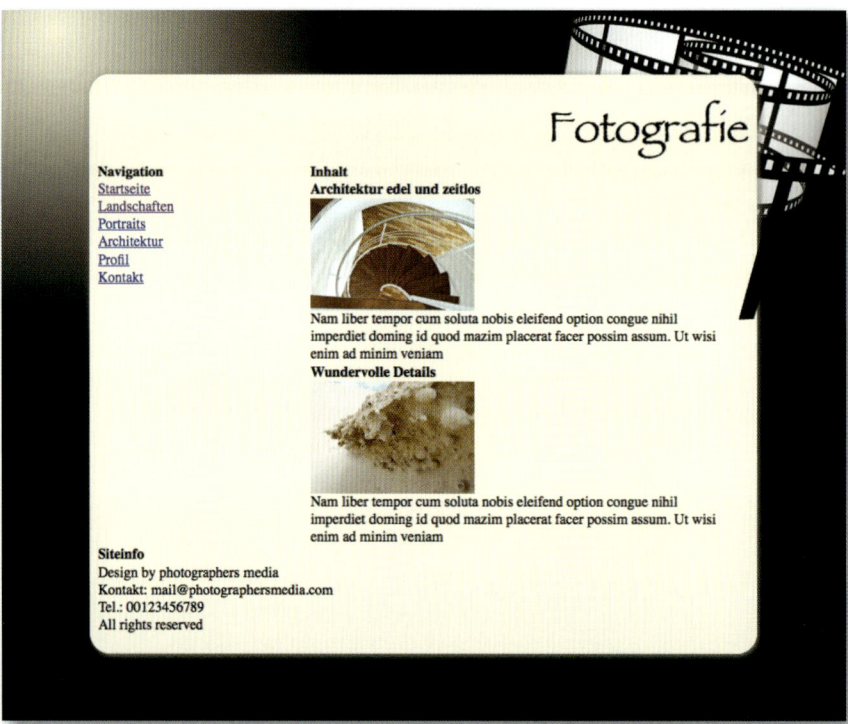

Die „Was-wäre-wenn"-Probe und das „Clearen" von floats (overflow:hidden)

Neben einer permanenten Überprüfung in den verschiedenen Browsern auf den unterschiedlichsten Betriebssystemen sollten Sie auch stets testen, was passiert, wenn eine Spalte mehr Text als die andere enthält. Kopieren Sie dazu den bestehenden Inhalt und fügen Sie ihn ein paar mal unterhalb des bestehenden ein. Bei unserer Spaltenlösung sieht man so nämlich erst, dass es beim Firefox, Opera etc. ein Problem gibt, sobald die Navigationsspalte höher ist als die `#content_main`:

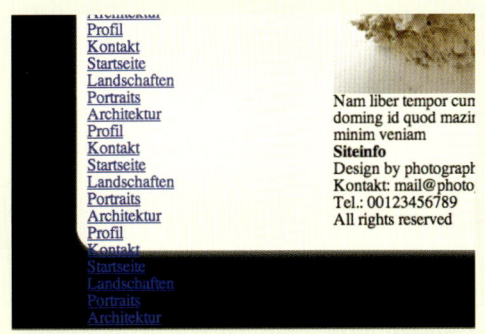

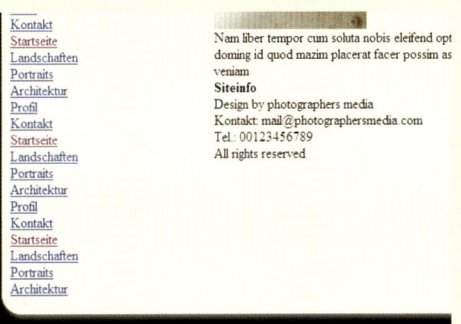

Opera, Firefox: Die höhere Navigation bewegt den äußeren Container `#content` nicht dazu mitzuwachsen.

IE: Die höhere Navigation bewegt den äußeren Container `#content` schon dazu mitzuwachsen – das ist für uns zwar im ersten Moment bequemer, aber nicht standardkonform.

Dieses Verhalten ist bekannt und eigentlich kein richtiges Problem. Opera, Firefox etc. agieren mit dieser Darstellung standardkonform – im Gegensatz zum IE, der es augenscheinlich „korrekt" darstellt. Das W3C empfiehlt, unter dem Float einen Container mit abschließendem „clear" einzurichten.

> Clearance is introduced as spacing above the margin-top of an element. It is used to push the element vertically (typically downward), past the float.

Zum Glück haben wir eine Fußleiste (`#site_info`), die wir dazu nutzen, und hiermit das „float clearen" (siehe auch Seite 156). Was aber wäre, wenn es die Fußleiste nicht gäbe? Ein Extra-`div` platzieren? Das sollte ja vermieden werden, um den HTML-Code nicht unnötig aufzublähen. Eine genial einfache Lösung hat Paul O'Brien (*http://pmob.co.uk*) gefunden: Der äußere Container (hier: `#content`) erhält die Deklaration `overflow:hidden`. Und wie durch ein Wunder wächst der Container nun mit. Die Erklärung dazu lesen Sie bitte auf Seite 108, Positionieren mittels float, weitere Beispiele finden Sie auf den Seiten 230-231.

Zahlreiche WebdesignerInnen haben sich mit dem Problem beschäftigt und es gibt noch viele weitere Lösungen dafür. Ausführliche Tipps & Tricks zum „Clearen" finden Sie hier: *http://positioniseverything.net/easyclearing.html* als auch hier: *http://www.sitepoint.com/blogs/2005/02/26/simple-clearing-of-floats*.

Siteinfo #site_info

Um die Seiteninformationen stets unterhalb der beiden gefloateten Spalten zu positionieren, ergänzen Sie die CSS um die folgende Deklaration:

```css
#site_info {
    clear:both;
}
```

Damit haben Sie das float gecleart und die Siteinfo befindet sich immer am Ende der Seite.

Das Styling der Navigation #navi

Wir verwenden für die Navigation das Element der ungeordneten Liste – eine übliche und semantisch sinnvolle Vorgehensweise, denn nichts anderes ist eine Auflistung von Menüpunkten. Ergänzen Sie die Liste gegebenenfalls um Hyperlinks, falls Sie das nicht schon getan haben. Wir gehen von der auf Seite 51 abgebildeten Struktur aus. Hier nochmals:

Aus diesem Quellcode ...

```html
<div id="navi">
    <ul>
        <li><a href="/">Startseite</a></li>
        <li><a href="/landschaften/">Landschaften</a></li>
        <li><a href="/portraets/">Portraits</a></li>
        <li><a href="/architektur/">Architektur</a></li>
        <li><a href="/profil/">Profil</a></li>
        <li><a href="/kontakt/">Kontakt</a></li>
    </ul>
</div>
```

... wird dieses Styling:

Teiltransparenter Hintergrund „Milchglas-Effekt"

Die gelbe Hintergrundfläche des Navigationsbereichs ist durchscheinend
– man sieht also das Leuchten vom schwarzen Hintergrund durch. (Wir
hoffen, Sie sehen diesen Effekt auch anhand des Screenshots in diesem
Buch.) Diese Teiltransparenz erzielen Sie mit PNGs (Portable Network
Graphics) – einem Grafikformat, das mit seinem Alphakanal Abstufungen
an Transparenz mitspeichert. Einziger Nachteil: Der IE bis Version 6 kann
diese Teiltransparenz nicht darstellen, sondern macht daraus ein gelbgrau-
es Bild. Daher bekommt der IE stattdessen eine ganz normale gelbe Hintergrundfarbe (`background-color`), die wir ihm mittels Conditional Comment
zuweisen oder Sie verwenden das IE8-Script (siehe Seite 97).

Wir haben also in einem Bildbearbeitungsprogramm auf transparentem
Hintergrund eine Auswahl von 231 x 1 Pixel erzeugt und diese gelb eingefärbt. Danach reduzierten wir die Deckkraft auf rund 60% und speicherten
die Grafik als PNG-Datei mit Transparenzkanal ab.

navihg.png
231 Pixel x 1 Pixel

Die Grafik legen wir wie üblich in unseren `images`-Ordner. In der CSS-Datei
ergänzen wir den `#navi`-Bereich nun um den Hintergrund wie folgt:

```
#navi {

    background: url(images/navihg.png) no-repeat left top;

    position: relative;

    left:-35px;

    float:left;

    width:231px;

}
```

Damit der `#navi`-Bereich etwas „aus dem Rahmen fällt", nämlich links
hinausverschoben ist, fügen wir außerdem die relative Positionierung mit
einem Minuswert für links hinzu. Das Zwischenergebnis in den Browsern:

 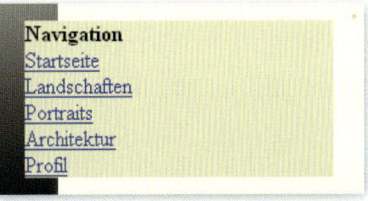

Links: Im Firefox unter Ubuntu wunderbare PNG-Darstellung mit Teiltransparenz – beachten Sie das Durchscheinen des schwarzen Hintergrunds. Rechts: Darstellung derselben
PNG im IE 6/WIN, nun deckend.

Details zu Conditional Comments, siehe Seite 92.

Bei Trainings bemerke ich häufig, dass die TeilnehmerInnen Schwierigkeiten haben, welches Element sie selektieren sollen: `<ul>` oder `<li>`? Dazu eine kleine Hilfestellung: Wenn Sie einem `<ul>` beispielsweise einen Innenabstand geben, betrifft das die gesamte Liste, wenn Sie hingegen den Innenabstand nur einem `<li>` hinzufügen, betrifft das jedes einzelne Listenelement – also in diesem Fall sozusagen die Zeilenhöhe.

Wie schon erwähnt, leiten wir den IE in diesem Fall um und ergänzen den Quellcode um ein Conditional Comment:

```
...
<link rel="stylesheet" media="screen" href="layout.css" />
<!--[if lte IE 6]>
<link rel="Stylesheet" href="ie6.css" type="text/css" />
<![endif]-->
...
```

Wir legen eine neue leere CSS-Datei an, nennen sie `ie6.css` und schreiben die folgende Regel:

```
#navi {
    background:#fbeaba;
}
```

Dadurch haben wir die PNG-Grafik im IE 6 und für alle Versionen darunter („lte" = less than and equal) mit einer adäquaten hellgelben Hintergrundfarbe ersetzt.

Das Styling der Navigationsliste und der Schrift

Zurück in unserer `layout.css` verschieben wir noch die Überschrift „Navigation" außer Sichtweite und nehmen ihr die Höhe:

```
#navi h2 {
    text-indent:-9999px;
    height: 0;
}
```

Nun stylen wir die Liste selbst. Die Liste besteht aus dem `<ul>`-Element und den einzelnen `<li>`s. Zunächst verschaffen wir der Liste Platz rundherum, indem wir einen Innenabstand definieren:

```
#navi ul {
    padding: 40px 5px 20px 60px;
}
```

Um für die gesamte Navigation die Schriftart festzulegen, fügen wir bei `#navi` die entsprechenden Schriftvarianten und eine Schriftgröße hinzu und erweitern den Abstand zwischen den Buchstaben mit `letter-spacing`:

```
#navi {
    background: url(images/navihg.png) repeat-y left top;
    float:left;
    width:231px;
    position: relative;
    left:-35px;
    min-height:265px;
    font-family: Verdana, Geneva, Tahoma, sans-serif;
    font-size: 0.8em;
    letter-spacing:0.2em;
}
```

Mit der Angabe `em` definieren Sie die Schriftgröße relativ, d.h., die BesucherInnen der Website sind in der Lage, die Schriftgröße nach ihren Bedürfnissen anzupassen.

Flexible Schriftgröße, links oben: bei 100%, rechts bei 200%

Mehr zu Schriften im Web lesen Sie im Special Schrift & Text, Seite 164.

Wir vergessen nicht, später im `<body>` die Schriftgröße global zu definieren – das folgt im nächsten Abschnitt, bei der Formatierung der Inhalte, siehe Seite 170.

Wie groß ist „em"?

„em" (sprich: [eem]) ist eine relative Einheit und holt sich die Basisschriftgröße vom jeweiligen Element, z.B. `<h1>` oder `<body>`. Durch die Normierung (norm.css, s.S.100) sind in unserem Fall alle Schriften praktischerweise gleich groß und wir definieren eine Schriftgröße „ganz oben" im Wurzelelement `<body>`: 100.01%. Davon ausgehend stufen wir die Schriften darunter ab. 0.8 em sind also 80% Größe von der Originalgröße der Schrift. Wie ein Wasserfall – Kaskade – Cascading Style Sheets ...

Die Eigenschaft `min-height` vergibt der Navigationsbox eine Mindesthöhe, dadurch ist gewährleistet, dass auch zu wenig Inhalt eine optisch angenehme Größe hat. Der IE versteht jedoch `min-height` bis Version 6 nicht, verwendet aber `height` genauso wie `min-height`. Das heißt, er erhöht auch bei mehr Inhalt die Box automatisch. Daher ergänzen wir die `ie6.css` um diese Deklaration:

Nur für IE!

```
#navi {

    background:#fbeaba;

    height: 265px;

}
```

Das Styling der Links

In diesem Schritt formatieren wir die Hyperlinks unseres Menüs. Zunächst global für alle Links der Listenelemente `<a href...>` innerhalb von `<div id="navi">`. Wir fügen daher einen neuen Selektor hinzu:

```
#navi ul li a:link, #navi ul li a:visited,
#navi ul li a:active {

    display:block;

    color:#5a6267; /*Dunkelgraue Schriftfarbe*/

    text-decoration:none;

    padding-bottom:15px;

}
```

Einen Zeilenumbruch bei zu langen Wörtern verhindern Sie mit dieser Eigenschaft: `white-space:nowrap;`

Das Element `<a>` ist ein Inline-Element (siehe auch Seite 84). Mit `display:block;` verwandeln Sie das Inline-Element in ein Block-Element. Das hat den Effekt, dass der Link über die gesamte Breite der Liste anklickbar wird und nicht nur der Text selbst.

Der IE benötigt hier wieder eine Extradeklaration, die wir in der `ie6.css` ergänzen:

Nur für IE!

```
#navi ul li a:link, #navi ul li a:visited {

    width:100%;

}
```

Sichtbar wird der Unterschied zwischen Inline- und Block-Element, wenn Sie `#navi ul li a` temporär eine Hintergrundfarbe vergeben, z.B. `background-color:white;`. Ganz links: ohne `display:block`, Mitte mit `display:block` – der Textlink wird dadurch über die gesamte Breite anklickbar (rechts). Außerdem beachtenswert: Beim Inline-Element wirkt sich der untere Innenabstand (`padding-bottom`) nur auf das letzte, sprich auf den Block insgesamt aus – durch die Formatierung als Block-Element hat jedes einzelne Listenelement den Abstand.

Die `text-decoration:none` löscht die Standardunterstreichung der Hyperlinks und `padding-bottom` sorgt für mehr Abstand unterhalb des einzelnen Links.

Ergänzungen für Accessibility & Usability

Zur optimalen Benutzerführung heben Sie jenen Link, über den ein Benutzer den Mauspfeil stellt, hervor. Für diesen Link-Zustand gibt es die Pseudo-klasse `:hover` – wir weisen damit dem Link eine schwarze Schriftfarbe zu. Zurück in der layout.css schreiben wir daher:

```
#navi ul li a:hover {
    color:#000;
}
```

Mehr zu den Pseudoklassen, siehe Seite 73.

Für jene BenutzerInnen, die die Tastatur zur Navigation bevorzugen, heben Sie mittels der Pseudoklasse `:focus` jenen Link hervor, der aktiviert wurde:

```
#navi ul li a:hover, #navi ul li a:focus {
    color:#000;
}
```

Vergessen Sie nicht, auf der Website die Belegung der Accesskeys zu dokumentieren. Für und Wider betreffend Accesskeys, siehe Seite 20.

Sinn macht in diesem Zusammenhang `:focus` nur dann, wenn sie die Navigation mit Accesskeys ermöglichen. Ergänzen Sie im HTML-Dokument daher:

```
<ul>

    <li><a href="/" accesskey="s">Startseite</a></li>

    <li><a href="/landschaften/" accesskey="l">Landschaften</a></li>

    <li><a href="/portraets/" accesskey="p">Portraits</a></li>

    <li><a href="/architektur" accesskey="a">Architektur</a></li>

    <li><a href="/profil/" accesskey="i">Profil</a></li>

    <li><a href="/kontakt/" accesskey="k">Kontakt</a></li>

</ul>
```

Zum Testen laden Sie die Seite z.B. im Firefox. Drücken Sie ⇧ + Alt + Accesskey, z.B. k . Der Browser lädt nun die Seite zu Kontakt. Da es die Seite jedoch (noch) nicht gibt, erhalten Sie eine Fehlermeldung. Macht nix: Klicken Sie im Browser einmal auf Pfeil-zurück, abhängig vom Browser sehen Sie spätestens dann den `:focus`-Effekt.

Wie teilen Sie nun aber Ihren BesucherInnen mit, welcher Link mit welchem Accesskey zu bedienen ist? Im Web sieht man häufig dafür eine Extra-Seite oder einen Absatz im Impressum (nur wie kommen die Personen dorthin?), der Opera-Browser zeigt die Liste der Accesskeys an, sobald man ⇧ + Esc drückt.

#current – mit einem Blick wissen, wo man sich befindet

Aus Usability-Gründen ist es wichtig, dass unsere BesucherInnen stets Bescheid wissen, auf welcher Seite sie sich soeben befinden. Natürlich sollte das einerseits aus der jeweiligen Überschrift auf der Seite selbst hervorgehen, aber auch aus der Navigation direkt: Heben Sie daher jenen Menülink hervor, der auf die gerade angezeigte Seite verwiesen hat (den Kontakt-Link auf der Kontakt-Seite, den Profil-Link auf der Profil-Seite etc.). Üblich ist es, diesem Link die ID `#current` zu vergeben. Ergänzen Sie daher z.B. den Startseiten-Link mit dem Attribut:

```
<ul>

    <li><a href="/" accesskey="s" id="current">Startseite</a></li>

    ...

</ul>
```

Die CSS-Datei ergänzen wir um den entsprechenden ID-Selektor – diesen zählen wir einfach bei der schon vorhandenen Regel für `:hover` und `:focus` hinzu, so dass der `#current`-Link ebenfalls mit schwarzer Schriftfarbe dargestellt wird:

```
#navi ul li a:hover, #navi ul li a:focus, #navi ul li a#current
{
  color:#000;
}
```

Vergessen Sie bitte nicht das Komma zwischen den Selektoren!
Mit dieser Technik formatieren Sie die aktuell angezeigte Seite – hier die Startseite – anders als die anderen, nicht geladenen Seiten. Für dieses Buch designen wir ja nur eine Seite, die Sie später so oft Sie sie benötigen kopieren. Vergessen Sie nicht, `#current` dann dem passenden Link zu vergeben und vom Startseiten-Link wegzunehmen.

Spezialeffekt: Hilfetext bei Akronymen

Sehr beliebt im Web ist der Effekt, bei Abkürzungen eine kleine Hilfebox einzublenden, worin das Wort ausgeschrieben eingeblendet ist. Wir erläutern diesen Effekt hier an dieser Stelle, weil man vermuten könnte, dass man dies mit einem Hyperlink umsetzt – aber es funktioniert so:

Verpacken Sie im XHTML das zu erklärende Wort z.B. in ein `<acronym>`-Element:

```
<acronym title="Cascading Style Sheet">CSS</acronym>
```

Im CSS schreiben Sie:

```
acronym {
   cursor: help;
   border-bottom: 1px dotted maroon;
}
```

Dadurch wird der mit `<acronym>` eingeschlossene Text rot-getupft unterstrichen und sobald die Maus darüber gestellt wird, wird statt des Mauspfeils das Fragezeigen (`cursor: help`) eingeblendet. Der erläuternde Text erscheint.

Weiter geht es auf Seite 170.

Da wir nun einiges sowohl in der layout.css als auch in der ie.css ergänzt haben, finden Sie auf der CD als Überblick und zum Vergleich mit Ihrer eigenen Arbeit zusammenfassend unsere bisherigen Dateien. Diesen Status finden Sie im Ordner `01_prototyp/01_navi`.

Special: Schrift & Text

CSS bietet zahlreiche Eigenschaften zum Formatieren von Text und es macht viel Spaß, damit zu experimentieren. Lassen Sie uns gemeinsam die Welt etwas kreativer gestalten, alleine nur mit Typografie! Sehen wir uns zunächst die CSS-Eigenschaften und anschließend ein paar Beispiele für einen gelungenen Typografie-Einsatz im Web an:

Schriftart

```
font-family: Schriftart1, "Schrift Art 2", Font, Typo, serif
```

S

serifenlose Schrift
(„sans-serif")

Notieren Sie die Schriften nach Ihrer Präferenz: Als Erstes schreiben Sie die bevorzugte Schriftart und reihen dann nacheinander weitere Alternativen an, zum Schluss notieren Sie allgemein die Schriftfamilie serif oder sans-serif. Je nachdem, welche Schrift am Zielrechner installiert ist, wird die erste der angebotenen Schriften verwendet. Setzen Sie Schriftarten, die aus mehreren Wörtern bestehen, in Anführungszeichen.

S

Serifen-Schrift
(„serif")

Schriftgröße

```
font-size: 12px | 1.2em | 100% | 1cm | 12mm | ...
```

Die üblichen CSS-Längenangaben sind möglich. Bevorzugen Sie für die Screen-Ausgabe stets relative, für die Print-Ausgabe jedoch absolute Werte (cm, mm, ...).

Schriftstil: kursiv oder nicht kursiv ...

```
font-style: italic | oblique | normal
```

The quick brown

Beides stellt den Text schräg dar – je nach Schriftart mit dem schriftarteigenen Stil oder erzwungen.

Umwandlung in Groß- bzw. Kleinschreibung, erster Buchstabe groß

```
text-transform: lowercase | uppercase | capitalize | none
```

the   JUMPS   Lazy

Damit wandeln Sie Text – unabhängig von seiner Schreibweise im Quelltext – in Großbuchstaben, Kleinbuchstaben um bzw. Sie wandeln jeweils den ersten Buchstaben eines Worts in einen Großbuchstaben um.

Kapitälchen

```
font-variant: small-caps | normal
```

THE QUICK BROWN FOX JUMPS

Stellt einen in Groß- und Kleinbuchstaben geschriebenen Text in Kapitälchen dar: Die Kleinbuchstaben werden in Großbuchstaben umgewandelt, bleiben jedoch auf der Höhe der Kleinbuchstaben.

Fett, fetter, am fettesten

`font-weight: lighter | normal | bold | bolder | 100 | 200 | ...| 800 | 900`

Nur wenige Schriftarten schaffen es, verschiedene Zustände von `bold` darzustellen, meist ist kein Unterschied in den Abstufungen zu erkennen, sondern man sieht eine `fette` bzw. `normale` Darstellung. Die numerischen Werte unterstützt bis dato nur Firefox 3.

Text höherstellen, tieferstellen

`vertical-align: baseline | sub | super | top | text-top | middle | bottom |`
`text-bottom | 10% | 1em`

Mag.^{a}

Als Basis für das Höher- bzw. Tieferstellen gilt die Zeilenhöhe. Leider gibt es zahlreiche Browser, die mit den Schlüsselwörtern wie `top`, `super` etc. Probleme haben. Am sichersten sind Längenangaben bzw. Prozentwerte.

Text durchstreichen, unterstreichen etc.

`text-decoration: none | overline | line-through | underline | blink`

lazy dog. ~~quick~~ funny

Verschiedene Möglichkeiten, um Text hervorzuheben: `none` unterbindet bei Hyperlinks die automatische Unterstreichung. Mit `blink` blenden Sie den Text aus und ein. Internet Explorer und Konqueror unterstützen das Blinken nicht.

Ausrichtung des Absatzes

`text-align: left | right | center | justify`

Hiermit positionieren Sie den Absatz links-, rechtsbündig, zentriert oder im Blocksatz (`justify`). Blocksatz bereitet im Web naturgemäß Schwierigkeiten, weil es keine automatische Silbentrennung gibt und daher sehr große Abstände zwischen den Wörtern entstehen können.

Zeichenabstand

`letter-spacing: 2px | -1px | 0.2em | 100% | 1cm | 1mm | ...`

The quick br

Die üblichen CSS-Längenangaben sind möglich. Damit erweitern bzw. verringern Sie den Abstand zwischen den einzelnen Zeichen eines Worts („Laufweite").

Wortabstand

`word-spacing: 2px | -1px | 0.2em | 100% | 1cm | 1mm | ...`

The   quick   brown

Die üblichen CSS-Längenangaben sind möglich. Damit erweitern bzw. verringern Sie den Abstand zwischen den Wörtern.

Abstand zwischen den Zeilen

`line-height: 2px | 0.2em | 100% | 1cm | 1mm | ...`

Die üblichen CSS-Maßeinheiten sind möglich.
Damit erhöhen bzw. verringern Sie den Abstand zwischen Zeilen. Es wird jedoch empfohlen, hier gar keine Maßeinheiten dazuzunotieren, sondern z.B. nur den Wert 2, ohne px, denn damit orientiert sich die Zeilenhöhe an der Schriftgröße und wird hier z.B. doppelt so hoch wie die angegebene Schriftgröße.

Umbruch steuern

`white-space: normal | pre | nowrap | pre-wrap | pre-line`

Allen gemeinsam ist, dass sie mehrere Leerzeichen hintereinander löschen und nur eines darstellen. Mit `normal` bricht der Text automatisch am Zeilenende um. Mit `pre` erfolgt der Umbruch genauso wie im Quelltext. `nowrap` unterbindet den Zeilenumbruch, außer nach einem `<br />`. `pre-wrap` ist eine Mischung aus `normal` – Text bricht am Zeilenende um – und `pre` – Umbruch erfolgt analog zum Quelltext. `pre-line` ist die Summe aller Möglichkeiten: Zeilenumbruch erfolgt nach `<br />` UND so wie im Quelltext angegeben UND am Zeilenende. Letzterer Wert wird leider noch nicht von vielen Browsern unterstützt.

Text & Typografie im Web

Auch wenn es vielleicht auf den ersten Blick so aussieht, als hätten wir nicht so viele Design-Möglichkeiten wie im Druckbereich, so lassen sich auch mit nur wenigen verschiedenen Schriftarten und Textformatierungen durchaus kreative und effektvolle Ergebnisse erzielen.

Beachten Sie dabei bitte einige Empfehlungen für die Aufbereitung von Text im Web:

» Keine zu langen Zeilen; „portionieren" Sie den Text, z.B. in Spalten.

» Beim Lesen im Web scannen wir mit den Augen in einem raschen Zickzack. Unterstützen Sie diese Anforderung, indem Sie Text vereinfachen, Schlagwörter verwenden und Text aufteilen, z.B. durch den Einsatz von Listen, Nummerierungen, kleinen Textportionen, Überschriften etc.

» Schreiben Sie das Wichtigste zuerst!

» Verwenden Sie serifenlose Schrift für Fließtext und eventuell Serifen-Schrift für Überschriften.

» Bieten Sie Schriftarten für alle Betriebssysteme an (siehe Webtipps, Seite 169).

Schriftenmix

Achten Sie bei den Schriftarten, die Sie mittels `font-family` aufzählen, dass sie hinsichtlich Laufweite und Schriftbild zueinander passen. Viele WebdesignerInnen bieten meist folgende serifenlose Schriften an:

```
font-family: Verdana, Arial, Helvetic, sans-serif;
```

Betrachten wir nun die Darstellung der Schriften im Vergleich, zeigt sich, dass deren Kombination nicht so ideal ist. Arial ist wesentlich schmäler als Verdana:

Santa Cesarea Terme. Villa Sticchi. Ville del Salento. ——— Verdana

Santa Cesarea Terme. Villa Sticchi. Ville del Salento. ——— Arial

Santa Cesarea Terme. Villa Sticchi. Ville del Salento. ——— Helvetica

Vergleichbarer sind hier schon die folgenden Schriften:

```
font-family: "Trebuchet MS", Arial, Tahoma, sans-serif;
```

Santa Cesarea Terme. Villa Sticchi. Ville del Salento. ——— Trebuchet MS

Santa Cesarea Terme. Villa Sticchi. Ville del Salento. ——— Arial

Santa Cesarea Terme. Villa Sticchi. Ville del Salento. ——— Tahoma

Eine reizvolle Alternative zu den üblichen Arial/Verdana/Tahoma-Schriften bietet die Lucida-Schriftenfamilie, die sowohl auf Mac als auch auf Windows vorhanden ist:

```
font-family: "Lucida Sans", "Lucida Grande", "Lucida Sans Unicode", sans-serif;
```

Santa Cesarea Terme. Villa Sticchi. Ville del Salento. ——— Lucida Sans

Santa Cesarea Terme. Villa Sticchi. Ville del Salento. ——— Lucida Grande

Santa Cesarea Terme. Villa Sticchi. Ville del Salento. ——— Lucida Sans Unicode

Seit Windows Vista gibt es Calibri. Hier im Vergleich mit Helvetica.

```
font-family: Calibri, Helvetica, sans-serif;
```

Santa Cesarea Terme. Villa Sticchi. Ville del Salento. ——— Calibri

Santa Cesarea Terme. Villa Sticchi. Ville del Salento. ——— Helvetica

Beachten Sie bitte, dass Calibri grundsätzlich kleiner dargestellt wird als vergleichbare gängige serifenlose Schriften.

Bei Serifen-Schriften zählen die folgenden zu den gängigen:

```
font-family: Georgia, Times, "Times New Roman", serif;
```

Georgia ———— Santa Cesarea Terme. Villa Sticchi. Ville del Salento.

Times ———— Santa Cesarea Terme. Villa Sticchi. Ville del Salento.

Times New Roman ———— Santa Cesarea Terme. Villa Sticchi. Ville del Salento.

Und wir bemerken auch hier, dass es erhebliche Unterschiede in der Laufweite gibt. Sehen wir uns im Vergleich daher die folgenden an:

```
font-family: Baskerville, Cambria, "Times New Roman", serif;
```

Baskerville ———— Santa Cesarea Terme. Villa Sticchi. Ville del Salento.

Cambria ———— Santa Cesarea Terme. Villa Sticchi. Ville del Salento.

Times New Roman ———— Santa Cesarea Terme. Villa Sticchi. Ville del Salento.

Times New Roman als Fallback fällt zwar ein wenig aus dem Rahmen, ist dafür aber auf den meisten Betriebssystemen vorhanden.

Kurzschrift für font

Die Kurzschrift notieren Sie in der folgenden Reihenfolge, die ersten drei Angaben müssen in der Reihenfolge stehen, font-size und line-height durch / getrennt:

```
font-size/line-height font-family font-weight font-style font-variant

p {font: 1.1em/1.5 Arial, sans-serif bold italic small-caps;}
```

Bei CSS 2 gab es für WebdesignerInnen die Möglichkeit, Schriften mittels @font-face mitzuliefern. Doch wegen mangelnder Browser-Unterstützung (Mozilla) und Sicherheitswarnungen wurde diese Regel in CSS 2.1 nicht mehr übernommen und gehört damit nicht zum Webstandard.

Fazit: Schriften gehören zu den wichtigsten Designelementen im Web und sind ein faszinierendes Mittel, um Information zu präsentieren. Es lohnt sich damit zu experimentieren und sich damit näher zu beschäftigen.

Webtipps

» Hier finden Sie eine übersichtliche Matrix, wo Sie auf einen Blick sehen, auf welchem Betriebssystem welche Schriftart standardmäßig installiert ist:
http://media.24ways.org/2007/17/fontmatrix.html

» Auch diese Tabelle bietet einen Überblick über alle verfügbaren Webfonts, noch etwas aktueller und ausführlicher als die obere:
http://www.apaddedcell.com/web-fonts

» Wie setzen Sie Anführungszeichen und Gedankenstriche etc. korrekt ein, welche Varianten gibt es? Dazu sind die folgenden beiden Websites sehr zu empfehlen: Erstere von Christoph Päper:
http://webdesign.crissov.de/Typografie
und die zweite von Matthias Kammerer:
http://www.matthias-kammerer.de/SonsTypo2.htm

» Das Typolexikon der Typoakademie Berlin ist ein schönes Beispiel für gelungene Typografie im Web:
http://www.typolexikon.de

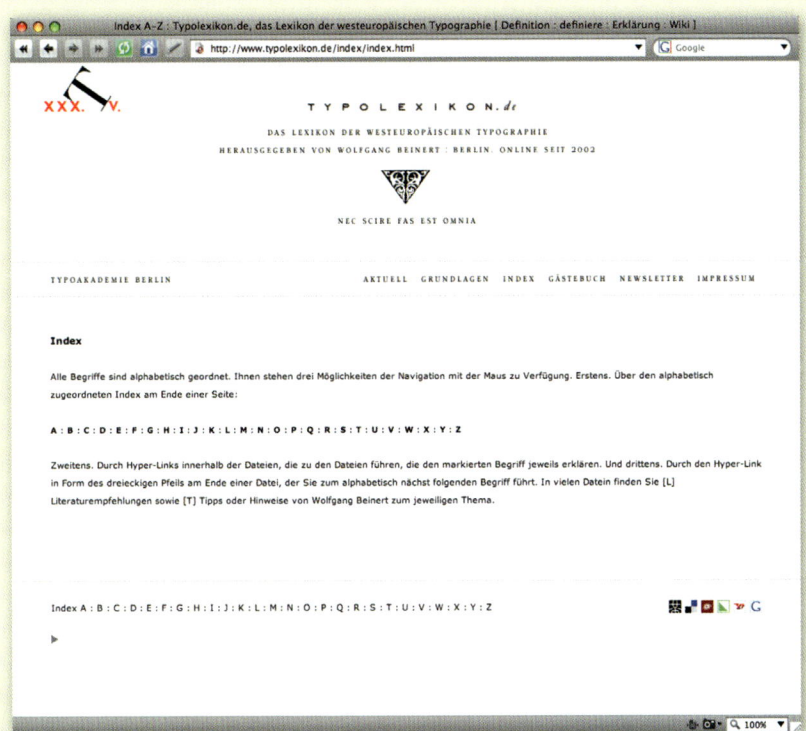

Galerie: Bild&Text-Kombination in `#content_main`

Im Inhaltsbereich `#content_main` präsentiert unser/e Fotograf/in einige ausgewählte Fotos – in Form von kleinen Vorschaubildern (Teaser) – darüber eine Überschrift und daneben eine Beschreibung. Die Bilder sind mit der jeweiligen Kategorie verlinkt. Betrachten und analysieren wir diesen Bereich, erkennen wir, dass es sich bei der Kombination um nichts anderes als eine ungeordnete Liste handelt, bestehend aus den immer gleichen Komponenten, die sich untereinander fortsetzen. Es ist eine Serie:

- » Überschrift
- » Bild
- » Beschreibungstext

Daher zeichnen wir die Inhalte im XHTML-Dokument wie folgt aus:

```
<div id="content_main">

   <h3>Fotografie ist Leidenschaft</h3>

   <ul>

    <li>

      <h4>Architektur edel und zeitlos</h4>

      <a href="/landschaften/"><img src="images/stiegen.jpg" tit-
      le="" alt="Foto einer Treppe" /></a>

      <p>Nam liber tempor cum soluta nobis eleifend option congue
      nihil imperdiet doming id quod mazim placerat facer possim
      assum. Ut wisi enim ad minim veniam</p>

    </li>

    <li>

      <h4>Wundervolle Details</h4>

      <a href="/landschaften/"><img src="images/sand.jpg" title=""
      alt="Landschaftsaufnahme" /></a>

      <p>Nam liber tempor cum soluta nobis eleifend option congue
      nihil imperdiet doming id quod mazim placerat facer possim
      assum. Ut wisi enim ad minim veniam</p>

    </li>

   </ul>

</div>
```

`<li>` darf im Zusammenhang mit `<ul>` und `<ol>` Block-Elemente und Inline-Elemente enthalten.

Dies ergibt – noch – diese Ansicht im Browser ...

Vorher

... und mit dem CSS-Design dann dieses.

Nachher

Sehen wir uns gemeinsam an, wie's funktioniert:

Überschrift <h3> verstecken

Wie schon oft verschieben wir die Überschrift <h3>, die für Screenreader und Suchmaschinen wichtig ist, aus unserem Blickfeld:

```
#content_main h3 {

    text-indent:-9999px;

}
```

Überschrift <h4> einrücken

Die Überschriften über den Bildern sind jeweils weit nach rechts verschoben, das lösen wir mittels eines großen Außenabstands und fügen unterhalb einen Abstand zum nachfolgenden Text hinzu:

```
#content_main h4 {

    margin-left: 180px;

    padding-bottom: 10px;

}
```

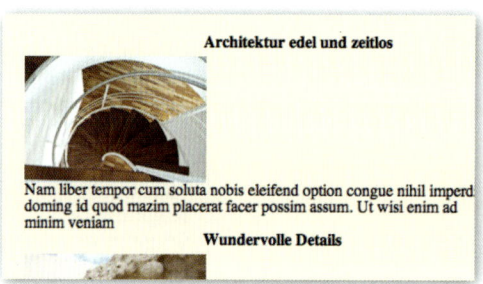

Text neben Bild

So weit, so einfach. Wie aber positionieren wir den Text neben dem Bild? Ich bin mir sicher, sie wussten es: Genau – es handelt sich auch hier wieder um ein zweispaltiges Design, d.h., wir floaten das Bild links – der Text umfließt dann daher das Bild auf der rechten Seite:

```
#content_main img {

    float:left;

    margin-right: 20px;

}
```

Und was für ein Durcheinander haben wir damit nun produziert:

Da der Text des oberen Listenelements zu kurz ist, rutscht der gesamte untere Bereich in den frei gewordenen Raum. Wäre genügend Text vorhanden, würde die Darstellung schon stimmen:

Doch wir wollen nicht zwingend Text produzieren, nur damit das Design passt. Zum Glück hilft uns hier wieder die Zauberformel `overflow:hidden`, die Sie dem umgebenden Container zuweisen. Der umgebende Container ist `<li>`. Wir ergänzen also im Stylesheet:

```
#content_main ul li {
    overflow:hidden;
    padding: 10px 0;
}
```

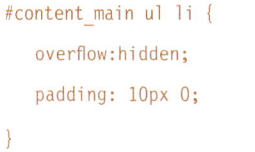

Und wir können zufrieden sein:

Fast ...

Was bedeuten zwei Werte im Zusammenhang mit `padding`? Der erste Wert gilt gleichzeitig für den oberen und unteren Innenabstand, der zweite Wert für den linken und rechten. Mehr dazu siehe Seite 88.

hasLayout ist eine Eigenschaft im Sinne von objektorienterter Programmierung – nicht im Sinne einer CSS-Eigenschaft. Mehr zu dem Thema lesen Sie hier: *http://www. satzansatz.de/cssd/ onhavinglayout. html,* aber auch im Zusammenhang mit der Umsetzung des Prototypen 2, ab Seite 234.

Denn was wäre die Welt ohne Internet Explorer ... (vervollständigen Sie selbst). Hier haben wir nach wie vor das Problem der verschobenen `<li>`s. Der Internet Explorer „braucht Layout" (hasLayout). Der IE 7 „erhält Layout" durch die Angabe von `overflow:hidden`, nicht jedoch der IE 6. Dieser benötigt zur Aktivierung der hasLayout-Eigenschaft die folgende Angabe, die wir nun also der `ie6.css` hinzufügen:

```css
#content_main ul li {
    zoom:1;
}
```

Das Grundlayout steht, jetzt kümmern wir uns noch um die Feinheiten wie Schriften und Rahmen um das Bild:

Das Design des Textes

Einheitliches Schriftbild über <body>

Üblicherweise beginnt man viel früher, für die gesamte Website ein grundlegendes Schriftbild über `<body>` festzulegen. Wir holen diesen Schritt hier relativ spät nach – einfach deshalb weil wir uns bisher auf das Design des Layouts selbst konzentriert haben. Wir sehen uns nun daher in diesem Abschnitt übersichtlich zusammengefasst alle Schritte zum Textdesign an (ausgenommen die Navigation, die wir schon fertig gestylt haben, siehe Seite 160).

Wie schon häufig erwähnt, ist es im Web üblich, Fließtext als serifenlose Schrift zu formatieren, daher ergänzen wir in der `layout.css`, ganz oben im Selektor `body`, z.B. die folgenden Schriften:

```css
body {
    position: relative;
    margin: 0 auto;
    text-align:center;
    width: 950px;
    background:#6e6a60;
    font-size: 100.01%;
    font-family: "Lucida Sans", "Lucida Grande", "Lucida Sans
    Unicode", sans-serif;
    color:#5a6267;
}
```

Überschriften

Fahren wir fort mit der Formatierung der Überschrift `<h3>`, die wir mit einer Serifenschrift formatieren. Wie im Special über die Schriften angesprochen (Seite 164), sollten Sie auf ein ähnliches Schriftbild achten, wenn Sie Schriften mit `font-family` aufzählen, z.B. diese (bitte ergänzen Sie wieder in der `layout.css`):

```
#content_main h4 {
    margin-left: 180px;
    padding-bottom: 10px;
    font-family: Baskerville, Cambria, "Times New Roman", serif;
    font-weight:100;
    font-size: 1.2em;
}
```

Wir sehen im Browser – nun abhängig vom jeweiligen Betriebssystem und damit der verwendeten Schriftarten – das folgende Bild (hier Windows Vista):

Architektur edel und zeitlos

Nam liber tempor cum soluta nobis eleifend option congue nihil imperdiet doming id quod mazim placerat facer possim assum. Ut wisi enim ad minim veniam

Wundervolle Details

Nam liber tempor cum soluta nobis eleifend option congue nihil imperdiet doming id quod mazim placerat facer possim assum. Ut wisi enim ad minim veniam

Design des Beschreibungstextes

Der Beschreibungstext neben dem Bild holt sich ja die Schriftfamilie aus dem `<body>`-Element (siehe Seite 174). Der Text ist nur etwas zu groß und protzig, daher verringern wir die Schriftgröße, erhöhen den Zeilenabstand um eine Spur und geben dem Absatz unterhalb etwas mehr Außenabstand:

```
#content_main p {
    font-size: .9em;
    line-height: 1.3;
    margin-bottom: 5px;
}
```

Notieren Sie – wie hier – `line-height` ohne Maßeinheit, wird die Zeilenhöhe automatisch 1,3-mal so hoch wie die Schriftgröße.

Der Außenabstand `margin-bottom` hat den Effekt, dass ein eventuell weiterer Absatz darunter automatisch mit etwas Abstand vom oberen getrennt wird:

In diesem Fall ist das Umfließen des Bilds gewünscht. Wenn Sie das nicht wollen, geben Sie `#content_main p` einen großzügigen Außenabstand: `margin-left: 205px;`

Architektur edel und zeitlos

Nam liber tempor cum soluta nobis eleifend option congue nihil imperdiet doming id quod mazim placerat facer possim assum. Ut wisi enim ad minim veniam

Nam liber tempor cum soluta nobis eleifend option congue nihil imperdiet doming id quod mazim placerat facer possim assum. Ut wisi enim ad minim veniam

Wundervolle Details

Nam liber tempor cum soluta nobis eleifend option congue nihil imperdiet doming id quod mazim placerat facer possim assum. Ut wisi enim ad minim veniam

Nam liber tempor cum soluta nobis eleifend option congue nihil imperdiet doming id quod mazim placerat facer possim assum. Ut wisi enim ad minim veniam

Nam liber tempor cum soluta nobis eleifend option congue nihil imperdiet doming id quod mazim placerat facer possim assum. Ut wisi enim ad minim veniam

Nam liber tempor cum soluta nobis eleifend option congue nihil imperdiet doming id quod mazim placerat facer possim assum. Ut wisi enim ad minim veniam

Erster Buchstabe anders

Mehr zu den Pseu-
doelementen siehe
Seite 74.

Zur besseren Führung des Auges ist es bei langem Text sinnvoll, den
ersten Buchstaben eines Absatzes hervorzuheben. In unserem Fall – wo
wir nicht so viel Text haben – nutzen Sie diesen Effekt nur als reizvolles
Stilelement. CSS bietet uns hierzu das praktische Pseudoelement `:first-letter`. Wir wollen jeden Absatz `<p>` innerhalb von `content_main` mit dem
Stilelement ausstatten – daher notieren wir wie folgt in der `layout.css`:

```css
#content_main p:first-letter {

    font-family: "Helvetica Neue", Helvetica, Tahoma,
    sans-serif;

    font-size: 1.3em;

    font-weight:200;

    color:#c9a637;

    line-height: 1;

}
```

Wie Sie sehen, haben wir dem ersten Buchstaben eine andere Schriftfamilie zugewiesen, Sie können aber zum Beispiel auch Serifen-Schrift
mit serifenloser Schrift mixen. Und Sie werden es vielleicht nicht glauben,
aber diese Deklaration verstehen alle, wirklich alle „unsere" Browser (siehe
Seite 9).

Wenn Sie möchten, können Sie das Initial sich auch über mehrere Zeilen
erstrecken lassen. Ändern bzw. ergänzen Sie dazu die Angabe wie folgt:

```
#content_main p:first-letter {

    font-family: "Helvetica Neue", Helvetica, Tahoma,
    sans-serif;

    font-size: 2.5em;

    font-weight:200;

    color:#c9a637;

    float:left;

    line-height:.9;

}
```

N am liber tempor cum soluta nobis eleifend option congue nihil imperdiet doming id quod mazim placerat facer possim assum. Ut wisi enim ad minim veniam

Wie Sie sehen, floaten wir mit dieser Technik den ersten Buchstaben und lassen ihn vom restlichen Text umfließen.

Wenn Sie andere – eigene – Werte bei der Schriftgröße und beim Zeilen-abstand des Absatzes angegeben haben, müssen Sie eventuell etwas experimentieren, bis es passt und kein zu hoher Abstand unter dem Initial entsteht und damit zu viele Zeilen einrücken.

Feindesign

Bilder automatisch rahmen

Wenn Sie die Bilder in unseren fertigen Prototypen genau betrachten, erkennen Sie einen dezenten Rahmen rundherum:

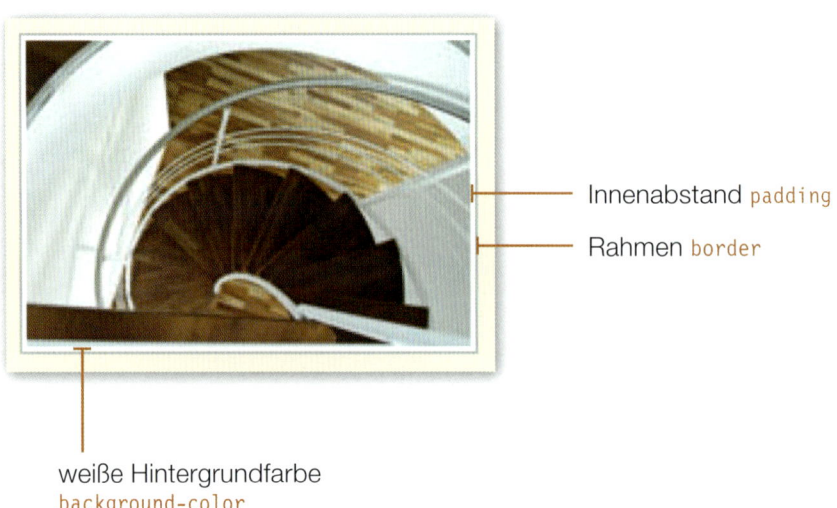

Innenabstand padding

Rahmen border

weiße Hintergrundfarbe
background-color

Wir erzeugen diesen Rahmen mittels CSS, indem wir dem `img`-Element innerhalb von `#content_main` einen Innenabstand (`padding`), eine weiße Hintergrundfarbe (`background-color`) und einen Rahmen rundherum (`border`) zuweisen:

```
#content_main img {

    float:left;

    margin-right: 20px;

    border: 1px solid #ccc;

    padding: 2px;

    background-color: #fff;

}
```

Diese Deklaration ist „browserfest" – sprich, es funktioniert bei allen unseren Browsern.

Logo nachjustieren

Nachdem wir nun das Design des `#content_main`-Bereichs so weit abgeschlossen haben, justieren wir die Positionierung des Logos noch genauer nach. Das Logo sollte rechtsbündig mit dem Text darunter abschließen. Suchen wir nach der Definition des Stils für das Logo in der `layout.css` und ändern den Wert der Eigenschaft `left` wie folgt:

```
h1.logo {

    background: url(images/logo.gif) no-repeat;

    text-indent:-9999px;

    width:235px;

    height:75px;

    position:relative;

    left:500px; 465px;

}
```

Weiter geht es auf Seite 186.

Praktisch: Mit dem Befehl VERSCHIEDENES > HILFSLINIEN EINBLENDEN in der Webdeveloper Toolbar blenden Sie Hilfslinien ein und kontrollieren damit Positionierungen. Infos zur Webdeveloper Toolbar lesen Sie auf Seite 40.

Infos zur Kurzschrift von `border` lesen Sie bitte auf Seite 140.

Special: Bildeffekte

Wie wir schon auf den Seiten 170/171 gesehen haben, kann man mit nur wenigen CSS-Zeilen auch im Zusammenhang mit Bildern schöne grafische Effekte erzielen. In diesem Special beschäftigen wir uns mit verschiedenen Bildeffekten – die zugegebenermaßen nicht alle nur mit reinem CSS erzielt werden:

- » Bild skalieren mit Browser-Fenster
- » Bild vergrößern mit `:hover`
- » Lightbox
  Bild vergrößern mit Javascript

Übrigens, falls Sie unerklärliche Abstände unter Bildern haben, liegt das am Doctype. Infos dazu: *http://www.carsten-protsch.de/zwischennetz/doctype/luecken.html.*

Bild skalieren mit Browser-Fenster

Gerade im Zusammenhang mit Accessibility ist es von Vorteil, wenn man Bilder gemeinsam mit dem Browser-Fenster vergrößern bzw. verkleinern lässt. Das erzielen Sie, indem Sie die Bildgröße in % angeben:

```
img {
    width: 100%;
}
```

Wenn Sie das Browser-Fenster vergrößern, sehen Sie, dass sich das Bild mitvergrößert.

Achten Sie jedoch darauf, dass das Bild über eine genügend hohe Auflösung verfügt, damit es beim Skalieren nicht unscharf wird („auspixelt").

Bild vergrößern mit :hover

Sie möchten eine vergrößerte Ansicht auf ein Bild per „MouseOver" anbieten? Auch das funktioniert mit reinem CSS. Bei dieser kleinen Bildergalerie wird das Foto vergrößert ein-geblendet, sobald Sie die Maus darüber positionieren:

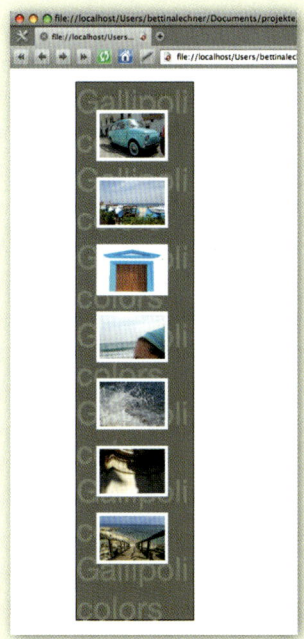
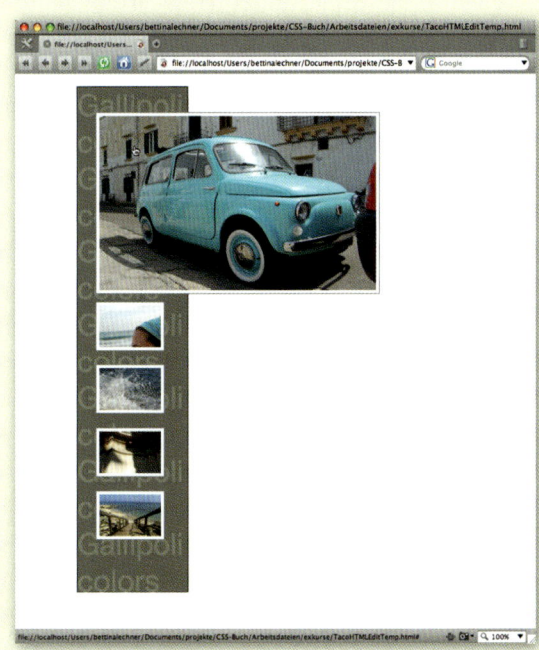

Sehen wir uns den Aufbau dieser Galerie gemeinsam an. Die Anregung dazu stammt übrigens aus Transcending CSS von Andy Clarke und Molly E. Holzschlag. Das XHTML-Dokument enthält eine Reihe von Bildern ausgezeichnet mit `id`s. Die Bilder sind mit einem `<div>` eingefasst, welches für die Positionierung der Galerie und die Hintergrundfarbe sorgt. Außerdem sind die Bilder verlinkt:

```
<div id="pos">

    <a href="#"><img src="bild1.jpg" id="i1" /></a>

    <a href="#"><img src="bild2.jpg" id="i2" /></a>

    <a href="#"><img src="bild3.jpg" id="i3" /></a>

    <a href="#"><img src="bild4.jpg" id="i4" /></a>

    <a href="#"><img src="bild5.jpg" id="i5" /></a>

    <a href="#"><img src="bild6.jpg" id="i6" /></a>

    <a href="#"><img src="bild7.jpg" id="i7" /></a>

</div>
```

Im Stylesheet positionieren Sie das `<div>` , definieren die Größe der Thumbs (kleinen Bilder) und rahmen sie (`img`). Die einzelnen Bilder werden einfach nur untereinander positioniert (`#`):

```css
#pos {
    background:#7c7b70;
    position:absolute;
    top: 20px;
    left: 100px;
    width: 180px;
    height: 800px;
}
```

```css
img {
    padding: 5px;
    margin: 40px 0 0 10px;
    border: 1px solid gray;
    width:100px;
    height:66px;
    background-color: #fff;
}
```

```css
#i1 {
position:absolute;
top: 0;
left: 20px;
}
```

```css
#i2 {
position:absolute;
top: 100px;
left: 20px;
}
```

```css
#i3 {
position:absolute;
top: 200px;
left: 20px;
}
```

```css
#i4 {
position:absolute;
top: 300px;
left: 20px;
}
```

```css
#i5 {
position:absolute;
top: 400px;
left: 20px;
}
```

```css
#i6 {
position:absolute;
top: 500px;
left: 20px;
}
```

```css
#i7 {
position:absolute;
top: 600px;
left: 20px; }
```

Mit der folgenden Deklaration vergrößern Sie also die Darstellung des Bilds, sobald ein Benutzer mit der Maus über das Bild fährt:

```
a:hover img {

width:450px;

height:276px;

z-index:900;

}
```

Leider funktioniert diese Lösung nicht im IE 6, weil dieser jegliche `:hover`-Anweisung nur auf das `<a>`-Element direkt ausführt und auf nichts anderes. Eine auch im IE 6 funktionierende Gallery finden Sie hier zum Download: *http://www.cssplay.co.uk/menu/lightbox*. Sie enthält jedoch wesentlich mehr Code und würde den Rahmen dieses Specials sprengen.

Lightboxen – Greyboxen – Shadowboxen – Thickboxen

Der Einsatz von Lightboxen u.Ä. ist sehr beliebt und wir werden oft danach gefragt. Daher zeigen wir Ihnen – auch wenn es kein CSS ist – hier, wie Sie diesen Effekt erzeugen.

Was ist was? Allen gemeinsam ist, dass sie Inhalte in einem Pop-up-Fenster einblenden; dahinter sieht man die eigentliche Website manchmal abgesoftet, halbtransparent oder abgedunkelt durchscheinen.

» Eine **Lightbox** ist ein Skript, das jeweils ein Bild vergrößert anzeigt.

» **Greyboxen** blenden nicht nur Bilder, sondern auch Websites mit diesem Effekt ein.

» Eine **Thickbox** ist noch vielfältiger und kann noch mehr Inhalte einblenden: einzelne Bilder, mehrere Bilder (Galerie), Inline-Inhalte, iFrame-Inhalte und auch AJAX-Inhalte.

» Die **Shadowbox** unterstützt alle gängigen Webformate (jpg, swf, Videos) und ist hochflexibel und beliebig anpassbar.

Darüber hinaus gibt es noch zahlreiche Mutationen, mit den unterschiedlichsten Funktionen. Am Ende dieses Abschnitts finden Sie unter den Webtipps einen Link zu einer tabellarischen Übersicht aller „Lightboxen" (im weitesten Sinne).

Sehen wir uns anhand einer Greybox an, wie Sie diesen Effekt auf Ihrer Webseite implementieren:

Bei Klick auf das kleine Vorschaubild öffnet sich das große Foto in der Greybox, der Hintergrund ist abgedunkelt:

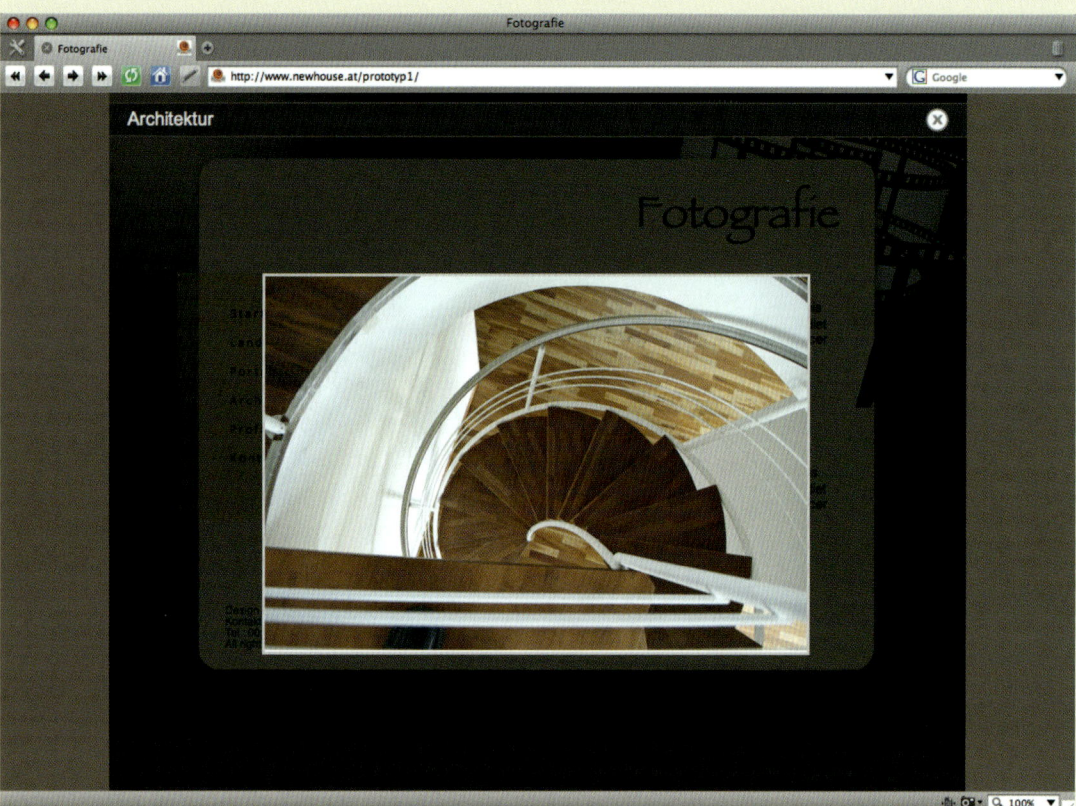

Und so funktioniert die Einbindung der Greybox

1. Laden Sie von *http://orangoo.com/labs/GreyBox* das Skript auf Ihren Computer.

2. Entpacken Sie die komprimierte Datei (auf den meisten Betriebssystemen durch Doppelklick).

3. Suchen Sie in dem Ordner **GreyBox_v5_53** (= aktuelle Version; Name kann ein wenig anders lauten) nach dem Ordner **greybox**. Ziehen Sie den Ordner **greybox** samt Inhalt in Ihren Webordner – d.h., er befindet sich dann z.B. auf derselben Ebene wie der Ordner **images** (siehe Ordnerstruktur, Seite 39)

4. Öffnen Sie das HTML-Dokument, wo Sie den Greybox-Effekt hinzufügen möchten, z.B. index.html in einem Editor.

5. Öffnen Sie außerdem aus dem Hauptordner **GreyBox_v5_53** die installation.html in einem Browser.

6. Kopieren Sie aus der installation.html die unter 1. angegebenen Zeilen in den `<head>`-Bereich Ihres HTML-Dokuments:

```
<script type="text/javascript">

    var GB_ROOT_DIR = „http://mydomain.com/greybox/";

</script>
```

Die Angabe des Pfads zu der Greybox sollte absolut sein, d.h. der vollständige Pfad. Kopieren Sie außerdem diese Zeilen in den `<head>`-Bereich:

```
<script type="text/javascript" src="greybox/AJS.js"></script>

<script type="text/javascript" src="greybox/AJS_fx.js"></script>

<script type="text/javascript" src="greybox/gb_scripts.js"></script>

<link href="greybox/gb_styles.css" rel="stylesheet" type="text/css" />
```

7. Suchen Sie im `<body>`-Bereich nach der Zeile, wo Sie das Bild eingebunden haben, das Sie vergrößert darstellen möchten. Der Quellcode sieht z.B. so aus:

```
<img src="images/stiegen.jpg" />
```

Packen Sie das Bild in einen Link zur vergrößerten Ansicht wie folgt:

```
<a href="images/stiegengr.jpg" title="Architektur"
rel="gb_image[]"><img src="images/stiegen.jpg" /></a>
```

[] = eckige Klammer auf und eckige Klammer zu, ohne Leerzeichen dazwischen

Sie verlinken mit `<a>` zur vergrößerten Ansicht. Die Angabe im `title`-Attribut wird links oben in der Ecke der Greybox eingeblendet (s. Screenshot, Seite 184). Das `rel`-Attribut aktiviert sozusagen die Greybox und dürfen Sie nicht ändern.

8. Laden Sie nun alle neuen und aktualisierten Dateien auf Ihren Webserver und testen Sie die Greybox. Übrigens wird das vergrößerte Bild auch ohne aktiviertes JavaScript dargestellt – eben nur in einem neuen Browser-Fenster und nicht in der Greybox. Viel Erfolg!

Webtipps

» Hier finden Sie eine übersichtliche Tabelle über die einzelnen Varianten und ihre Einsatzgebiete: *http://planetozh.com/projects/lightbox-clones/*

» Shadowbox: nichtkommerzieller Einsatz gratis: *http://www.shadowbox-js.com/*

» Thickbox: *http://jquery.com/demo/thickbox/*

186

Wenn Sie im XHTML site_info mit `<address class="vcard">` auszeichnen, lässt sich in zahlreichen Programmen die Kontaktinformation importieren. Siehe auch Mikroformate Seite 17.

Das Design der Seiteninformation #site_info

> Design by photographers media
> Kontakt: mail@photographersmedia.com
> Tel.: 00123456789
> All rights reserved

Wir sind ja fast schon fertig, einzig das Design der Seiteninformation fehlt noch: Dazu gehören vor allem wieder das „Hinausrücken" der Überschrift h4, die Screenreadern und Suchmaschinen beschreibt, welcher Abschnitt hier folgt, und anschließend die Definition der Position und etwas Textformatierung:

Überschrift <h4> verstecken

Erneut verschieben wir die Überschrift `<h4>`, die für Screenreader und Suchmaschinen wichtig ist, aus unserem Blickfeld:

```
#site_info h4 {
    text-indent:-9999px;
}
```

Design des Textes

Nun richten wir den Textblock der `site_info` bündig mit dem Text der Navigation aus:

```
div#site_info {
    margin-left:25px;
    font-size: 0.7em;
    line-height: 1.3em;
}
```

Mittels margin-left richten wir site_info und Navigation linksbündig aneinander aus.

Jetzt zum Schluss ist es wieder an der Zeit, den Check-Button zu drücken! Validieren Sie also Ihr Webdokument hinsichtlich XHTML und CSS
und wir hoffen, dass Sie zweimal „Gratulation – keine Fehler gefunden" als
Ergebnis erhalten!

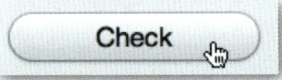

This document was successfully checked as XHTML 1.0 Strict!

Gratuliere! Keine Fehler gefunden.

Wo validieren? Wenn
Sie die Webdevel-
oper Toolbar instal-
liert haben, nützen
Sie einfach gleich die
dort eingebundenen
Links über „Tools" –
ansonsten lesen Sie
bitte auf Seite 26
nach.

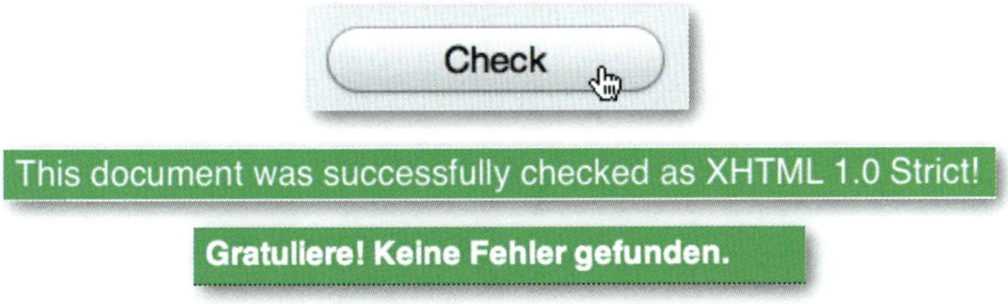

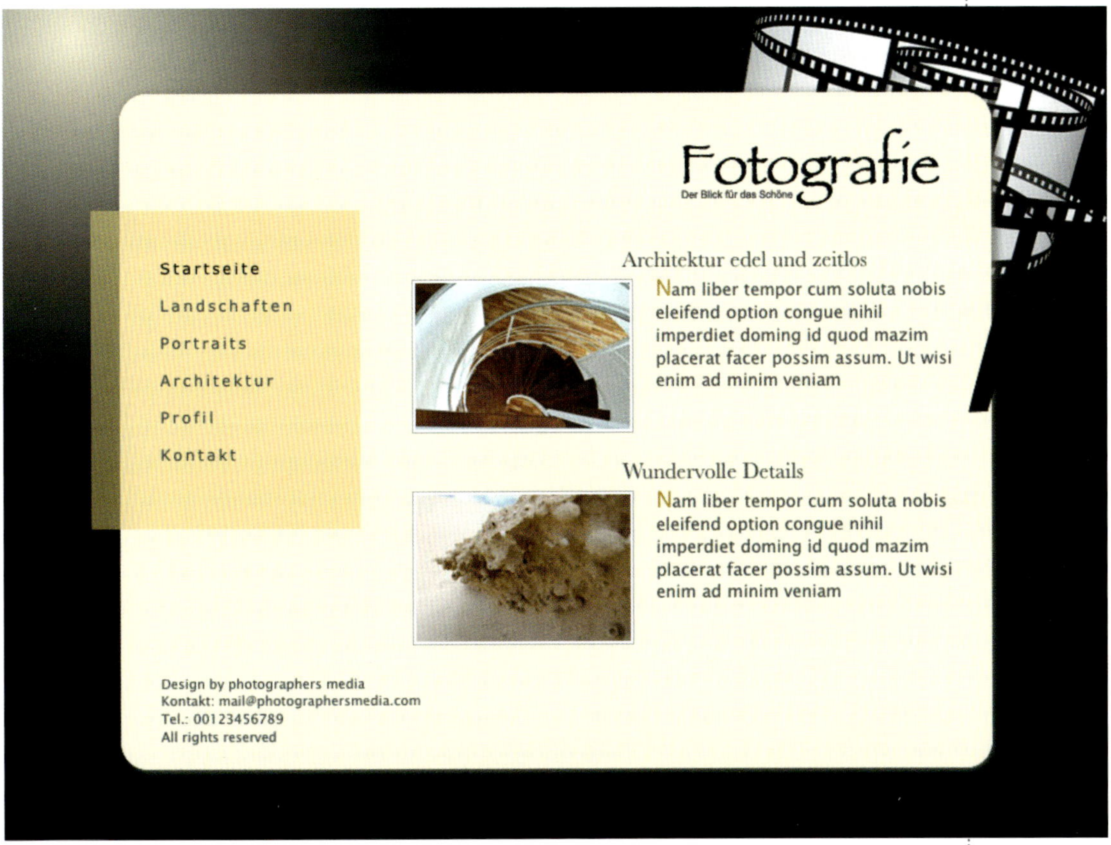

Fotografie
Der Blick für das Schöne

Startseite

Landschaften

Portraits

Architektur

Profil

Kontakt

Architektur edel und zeitlos

Nam liber tempor cum soluta nobis
eleifend option congue nihil
imperdiet doming id quod mazim
placerat facer possim assum. Ut wisi
enim ad minim veniam

Wundervolle Details

Nam liber tempor cum soluta nobis
eleifend option congue nihil
imperdiet doming id quod mazim
placerat facer possim assum. Ut wisi
enim ad minim veniam

Design by photographers media
Kontakt: mail@photographersmedia.com
Tel.: 00123456789
All rights reserved

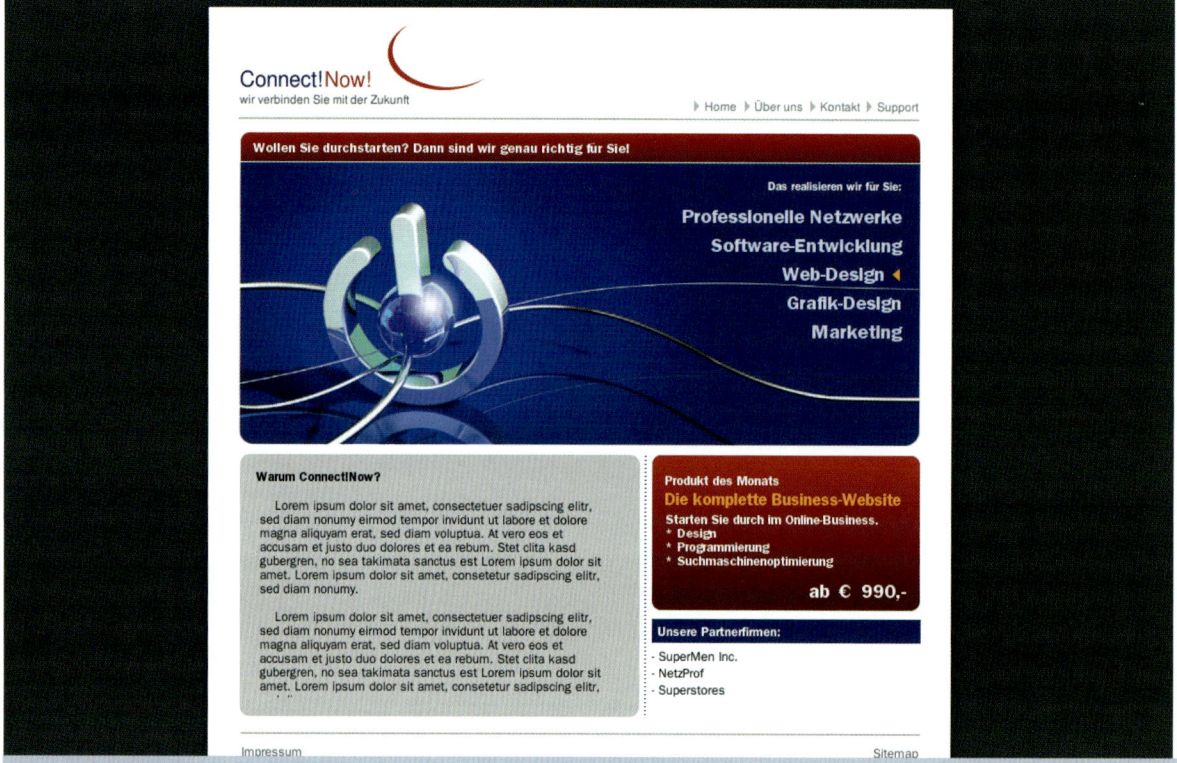

CSS-Features .... Seite

Prototyp 2:

Die Business-Website

Die meisten Seiten, die Sie im Netz besuchen, sind wahrscheinlich Seiten, die in irgendeiner Art und Weise mit Produkten zu tun haben. Diese Seiten legen viel Wert auf gute Präsentation und Übersichtlichkeit – schließlich soll der Kunde (unabhängig davon, wie versiert er sich im Netz bewegt) schnell ans Ziel gelangen und möglichst einen guten Eindruck von Ihrem Produkt bekommen – besonders bei realen Produkten sollten Sie diese Dinge nicht vergessen. Um dieses Ziel zu erreichen, sollten Sie eine einfach strukturierte Seite den überladenen Gegenstücken definitiv vorziehen.

Der zweite Prototyp, den wir hier im Detail vorstellen, ist eine typische Small-Business-Website, die optimal ausgebaut und weiterverwendet werden kann. Auf dieser Seite sind die Produkte virtuelle Güter, wie beispielsweise "Webdesign" oder Online-Marketing.

Typische Ziele für Business-Websites

» klares, übersichtliches und helles Design

» Präsentation von Produkten

» Platz für Teaser-Produkte (Sonderangebote ...)

» simple Navigation, um schnell ans Ziel zu gelangen

» Zitate von Kunden

» satte Farbgebung vermittelt Standfestigkeit

» seriöses, serifenloses Schriftbild

Raster und Flucht-
linien vereint man
in der Fachsprache
auch oft unter dem
englischen Begriff
"Grids".

Generelles zum Design von Business-Websites

Bevor Sie mit dem Coding Ihrer Website beginnen, müssen Sie natürlich ein Design in einem Grafikprogramm machen. Wenn Sie sich schon länger mit Webdesign befassen, kennen Sie sicher folgende Situation: Wenn Sie ein Design fertig haben und es sich am nächsten Tag nochmals ansehen, stellen Sie fest, dass das ganze Design nicht aussieht, als wäre es aus einem Guss ... Wenn Sie das betrifft, lesen Sie bitte folgende Anhaltspunkte und behalten Sie diese im Hinterkopf, um ansprechende Seiten zu gestalten:

Einheitlichkeit

Arbeiten Sie schon ab der Skizze auf Papier mit Fluchtlinien und Rastern, damit Boxen und Seitenteile nicht durcheinander stehen. Sehr wichtig sind dabei die vertikalen Linien. Horizontal lassen sich einheitliche Einteilungen im Web nur schwierig realisieren, da die Inhalte nach unten wachsen und sich grundsätzlich eher nicht zur Seite ausdehnen werden.

Gute Fotos fürs Business

Ganz wichtig und oft sehr sehr schwierig zu finden sind gute Fotos, die Aussagekraft haben. Bevor Sie einen Fotografen beauftragen, investieren Sie lieber einige Euro in Fotodatenbanken. Eine ausgezeichnete Quelle für Top-Fotos ist die Seite *www.dreamstime.com* oder *www.sxc. hu*. Das Front-Foto unserer Business-Website ist übrigens ebenfalls von Dreamstime.com und kostet in der mittelgroßen Version nur 2 Credits.

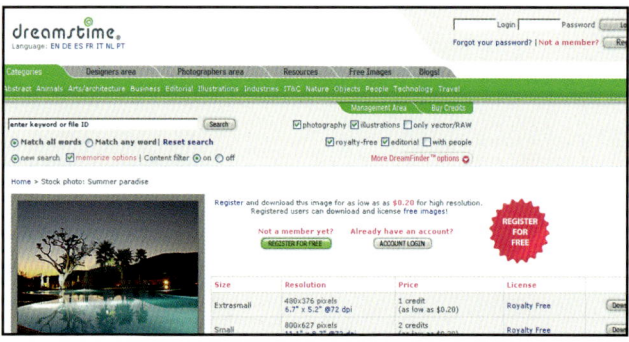

dreamstime.com ist eine Top-Quelle, wenn Sie auf der Suche nach professionellen, erschwinglichen Bildern sind.

Text & Schrift

Um ein ästhetisches Design zu erhalten, ist auch die Schriftwahl von entscheidender Bedeutung. Wählen Sie für Business- oder Firmenseiten am besten Sans-serif-Schriften wie Tahoma, Helvetica oder Arial. Mixen Sie nur in speziellen Fällen unterschiedliche Schriftarten miteinander und geben Sie dem Fließtext eher ein wenig mehr als zu wenig Zeilenabstand – das erleichtert die Lesbarkeit. Vermeiden Sie sehr lange Texte (die liest ohnehin keiner). Heben Sie in langen Texten wichtige Passagen hervor!

Überfordern Sie die Benutzer nicht ...

... mit unnötigem Schnickschnack wie Flash-Animationen, blinkenden Texten oder dreifach verschachtelten Navigationsebenen. Natürlich können Sie diese Dinge im Webdesign verwenden – für geschäftliche Websites ist dies jedoch unüblich. Gliedern Sie Ihre Navigation klar in schnell erfassbare Punkte. Beschränken Sie sich auf das Wesentliche (und lesen Sie das Zitat rechts ;-)).

"Simplicity is indeed often the sign of truth and a criterion of beauty."
Mahlon Hoagland

Farbgebung

Wenn Sie für die Website noch über keine Corporate Identity oder ein Corporate Design verfügen, sollten Sie bei der Farbwahl einiges an Zeit investieren. Hierbei helfen Ihnen Seiten zum Finden von Farbschemata, beispielsweise Kuler von Adobe: *http://kuler.adobe.com*

Mit dem Flash-Tool lassen sich Farben nach vielen Gesichtspunkten (Triade, Komplementär etc.) zusammenstellen. Unter Linux gibt es eine Desktop-Anwendung namens **Agave**, die ebenfalls ausgezeichnet zum Erzeugen von Farbschemata verwendet werden kann.

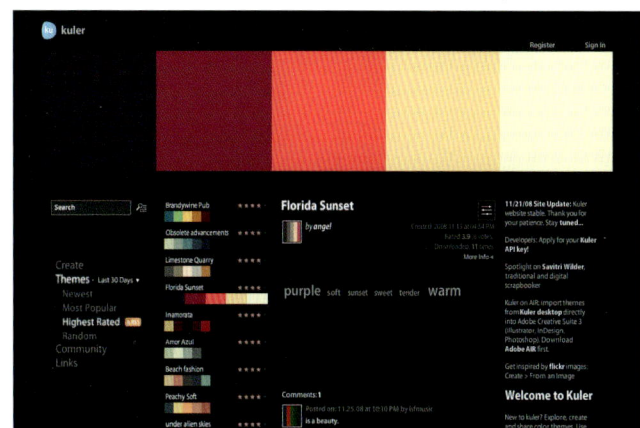

Mit dem Kuler von Adobe stellen Sie bequem unterschiedlichste Farbschemata zusammen.

Visualisierung des Aufbaus
Einteilung der div-Container

Die grundlegende Struktur unserer Website wird hier visualisiert durch verschachtelte div-Container. In einem Haupt-Container (blau) befinden sich alle anderen Div-Tags, die als logische Einteilung für den Aufbau der Website dienen.

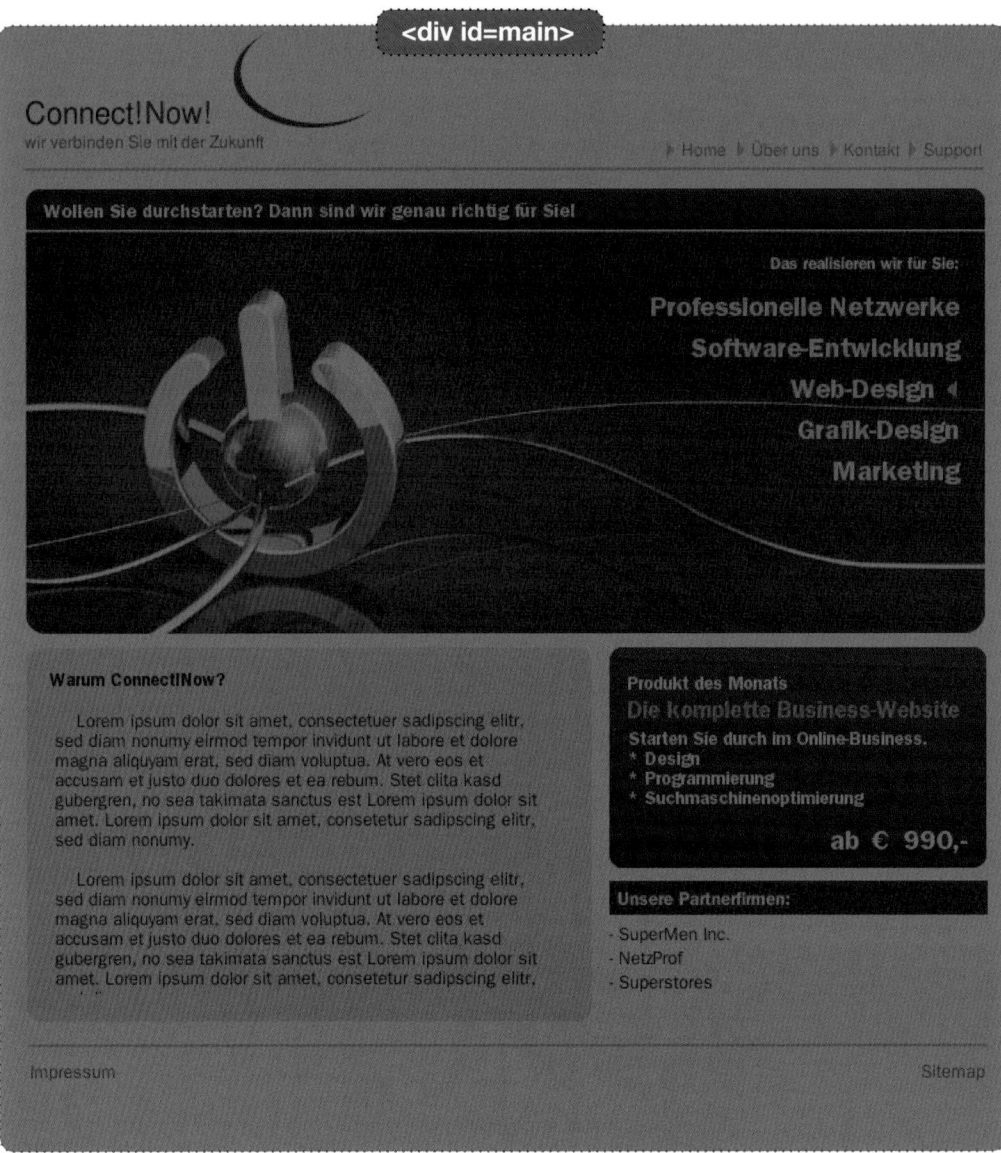

Hier sehen Sie die Einteilung der einzelnen div-Container, die sich innerhalb des Hauptcontainers #main befinden. Wir haben diese Container gelb
gekennzeichnet. Hier sehen Sie auch deutlich, dass die Verschachtelung
dieser Container noch weitergeht (Container in Container).

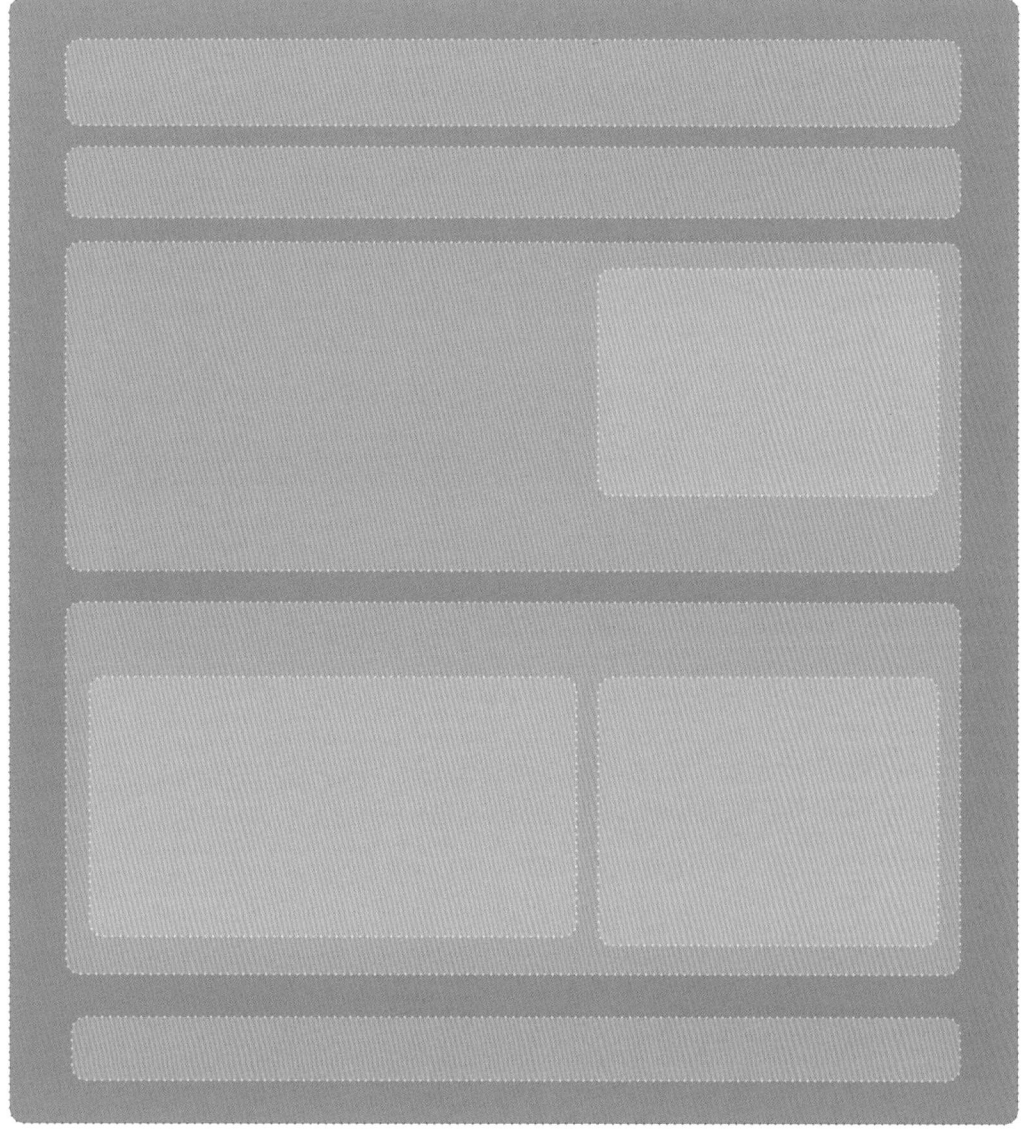

Benennung der Container

In Form von (nur einmal pro Dokument verwendeten) IDs werden Bezeichnungen zugewiesen, die – und darauf sollten Sie großen Wert legen – möglichst allgemein gehalten werden sollten. Nennen Sie die Kopfzeile beispielsweise "Branding" und nicht "ConnectNow_logo" – vielleicht wollen Sie ja einmal nur noch Text und kein Bild mehr dort stehen haben ...

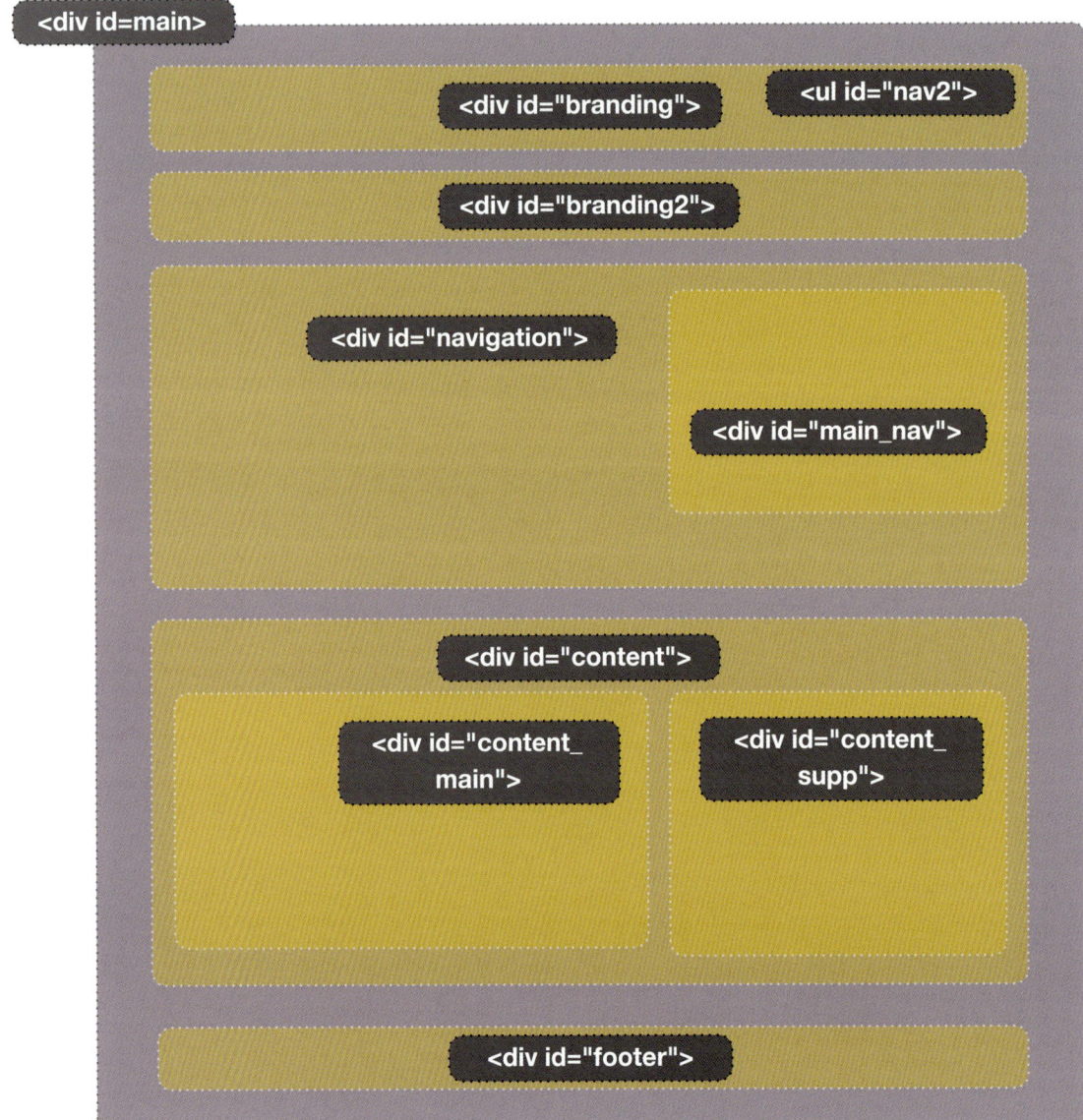

Auszeichnungen der Inhalte

Hier sehen Sie, welche Tags wir zur grundlegenden Gestaltung der Inhalte verwenden werden. Natürlich benötigen wir für die komplette Gestaltung noch weitere Tags, die wir hier bei der grundlegenden Struktur aber nicht zeigen, weil sie das Layout nicht maßgeblich beeinflussen.

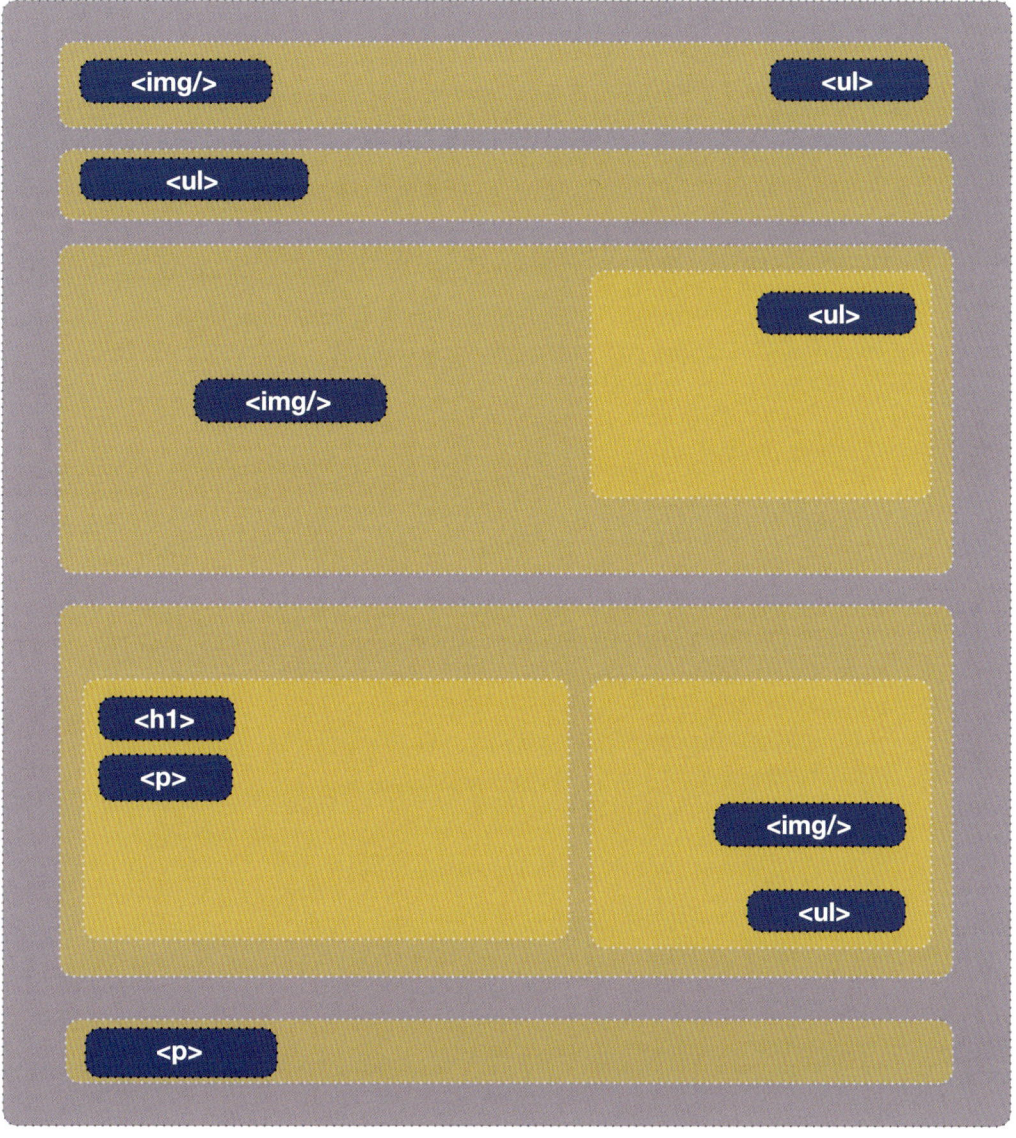

Im Ordner 02_Pro-
totyp>1_html_start
finden Sie eine
Version der index.
html-Datei, mit der
Sie gleich loslegen
können!

In diesem Fall hät-
ten wir das #main-
div weglassen
können und body
stattdessen ver-
wenden können.
Falls Sie einmal die
Hintergrundfarbe
des Hauptcon-
tainers ändern
wollen funktioniert
das aber nur mit
einem eigenen
div, da eine
Hintergrundfarbe
vom body immer
für das gesamte
Dokument gilt
(width und height-
Attribute werden
dabei ignoriert.)

Die Umsetzung im Detail

Das XHTML-Grundgerüst

Auf den letzten Seiten haben Sie bereits gesehen, wie wir unsere Business-Website aufbauen werden. Jetzt ist es an der Zeit, die Theorie in die
Tat umzusetzen! Das Wichtigste dabei ist das HTML-Layout: Nur wenn
Sie wissen, wie Ihr HTML aufgebaut ist, können Sie optimales CSS dafür
schreiben. Übrigens: Wenn Sie in einigen Textpassagen dieses Abschnitts
HTML statt XHTML lesen, können Sie davon ausgehen, dass dasselbe
gemeint ist.

Für jede Struktur einer Website kann es mehrere Möglichkeiten der Umsetzung und Einteilung geben. Ein einziges "Richtig oder Falsch" gibt es
im Webdesign nicht – oder sagen wir mal: eher selten. Eine Website kann
jedoch durch eine unterschiedliche Verschachtelung der div-Container an
Flexibilität einbüßen. Ich lege daher viel Wert auf eine solide HTML-Struk-
turierung, die überschaubar und nicht mit zu vielen div-Containern über-
laden ist. Dasselbe empfehle ich Ihnen auch für Websites abseits dieses
Buchs!

Der Aufbau des XHTML – die (semantische) Basis

Wie Sie bereits auf den Seiten 48 ff gelesen haben, ist es wichtig, die
XHTML-Struktur grundsätzlich im Hinblick auf einen semantischen Aufbau
zu schreiben. Wichtige Teile sollen mit Headings (h1...h5) hervorgehoben
sein. Und natürlich soll auch die Gliederung der einzelnen Container Sinn
machen.

Lassen Sie uns jetzt aber einfach mal loslegen! Erstellen Sie einen Haupt-
Container mit id=main. Dieser dient dazu, alle anderen Elemente zu beinhalten. Dem Element geben wir später im CSS-Teil eine fixe Breite – wodurch sich darin befindliche Tags automatisch an dieser Breite orientieren
und sich entsprechend ausdehnen werden.

```
<!DOCTYPE html

    PUBLIC "-//W3C//DTD XHTML 1.0 Strict//EN"

    "http://www.w3.org/TR/xhtml1/DTD/xhtml1-strict.dtd">

<html xmlns="http://www.w3.org/1999/xhtml" xml:lang="de" lang="de">

<head>

<title>ConnectNow</title>

<meta http-equiv="Content-Type" content="text/html;charset=UTF-8"/>

</head>

<body>

    <div id="main"></div>

</body>

</html>
```

Graue Textpas-
sagen betreffen
den derzeitigen
Arbeitsschritt nicht
unmittelbar und
dienen nur der
Orientierung.

Strukturierung des Inhalts

Im nächsten Schritt legen Sie die grundsätzliche Einteilung der Inhalts-
Container an. Hierbei geht es noch nicht um den Inhalt selbst, sondern
nur um die Struktur, die später auch für den CSS-Teil Relevanz hat. Die
Struktur hat vor allem deswegen Einfluss auf CSS, weil wir dem normalen
Dokumentfluss grundsätzlich folgen werden.

```
<!DOCTYPE html

    PUBLIC "-//W3C//DTD XHTML 1.0 Strict//EN"

    "http://www.w3.org/TR/xhtml1/DTD/xhtml1-strict.dtd">

<html xmlns="http://www.w3.org/1999/xhtml" xml:lang="de" lang="de">

<head>

<title>ConnectNow</title>

<meta http-equiv="Content-Type" content="text/html;charset=UTF-8"/>


</head>
```

```
<body>
<div id="main">
    <div id="branding"></div>
    <div id="branding_2"></div>
    <div id="navigation">
        <div id="main_nav"></div>
    </div>
    <div id="content">
        <div id="content_main"></div>
        <div id="content_supp"></div>
    </div>
    <div id="footer">
    </div>
</div>
</body>
</html>
```

Achten Sie bei der Vergabe von IDs (und Klassen) immer darauf, dass
die Bezeichnung nicht zu spezifisch ist. Vermeiden Sie beispielsweise
die Auszeichnung `id="container_gelb"`. Andernfalls machen Sie sich bei
einem Redesign nur zusätzliche Arbeit. Nehmen Sie nur mal an, Sie wollen
den genannten Container dann statt gelb blau hinterlegen. Auch in unserem Fall haben wir die Bezeichnungen sorgfältig gewählt, um diese Art von
Problemen von Anfang an zu vermeiden.

Der Branding-Bereich

Der HTML-Code für den Kopfbereich

Bis zum derzeitigen Stand unseres Codes haben wir ausschließlich
Container verwendet, um die grundlegende Einteilung vorzunehmen. Nun
gehen wir einen Schritt weiter und füllen die `div`-Container mit passenden
Inhaltselementen.

Im Kopfbereich der Seite befindet sich das sogenannte „Branding" Ihrer
Firma. Dies inkludiert – wie auch in unserem Fall – meist ein dezentes
Logo, das als Bild verwendet wird. Im folgenden Abschnitt kümmern wir
uns um die Auszeichnung der Inhalte für den Branding-Bereich: Zuerst
benötigen wir den `img`-Tag, um unser Logo auf unsere Website zu bekommen. Im Anschluss daran folgt ein zweiter Branding-Teil mit einem
Werbespruch. Theoretisch hätte man auch einen einzelnen Branding-Teil
verwenden können, aber oft ist es flexibler, mehrere Container separat
voneinander zu haben (z.B. um sie unabhängig voneinander positionieren
zu können).

```html
<div id="branding">

    <h1><img src="images/connectnow_logo.png" alt="Connect-Now-Logo"/></h1>

</div>

<div id="branding_2">

    <blockquote><p>Wollen Sie durchstarten? Dann sind wir genau richtig
für Sie!</p></blockquote>

</div>
```

Packen Sie um das Bild (den `img`-Tag) noch ein Heading. Das ist aufgrund
der Semantik notwendig, um die Wichtigkeit zu beurteilen. Vor allem
Suchmaschinen nehmen Rücksicht darauf und analysieren Websites diesbezüglich nach relevanten Inhalten.

blockquote und cite

Im zweiten eingefügten Teil befindet sich ein nicht ganz so bekannter Tag namens blockquote. Dieser wird verwendet, um Sprüche, Zitate oder spezielle Sätze in HTML auszuzeichnen. Es gibt einen ähnlichen Tag namens cite, der aber eher für Zitierungen verwendet wird. Denken Sie dabei eher an wissenschaftliche Texte, bei denen oft auf andere Arbeiten verwiesen wird (nur URI erlaubt). cite verwenden Sie dann in solchen Texten. BLOCK-QUOTEs müssen immer in Verbindung mit einem Paragrafen-Tag oder einem anderen Block-Element verwendet werden.

Der Haupt-Navigationsblock

Für die Seitenbedienung haben wir uns in unserer Grafikvorlage für eine Kombination aus klassischem, vertikalem Menü (Hauptmenü) und einem kleinen horizontalen Menü (Zweitmenü) entschieden. Das Hauptmenü ist in das grafische Teaser-Bild eingebettet. Das hat vor allem den Vorteil, dass die angebotenen Produkte unserer Firma gleich im „Rampenlicht" und im Mittelpunkt – also im auffallenden Teaser-Bild – stehen.

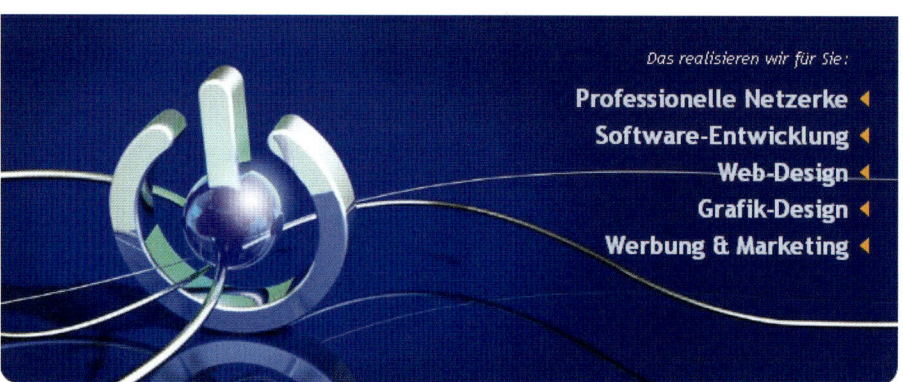

Der Aufbau des grafischen Menüs

Die Menüführung soll im Endeffekt innerhalb des Bilds zu finden sein. Sie können sich das wie eine Ebene vorstellen. Die Hintergrundebene ist das

Bild, oberhalb/darauf folgt der Navigationsblock. Speziell an dieser Art der Darstellung ist jedoch, dass unser Teaser-Bild kein Hintergrundbild ist, welches im CSS definiert wird. In unserem Fall wird das Bild im HTML-Code eingebunden. Wir beginnen das HTML-Coding, indem wir den dafür vorgesehenen `div`-Tag namens „`id=navigation`" mit Inhalten befüllen:

```
<div id="main">

    <div id="branding">...</div>

    <div id="branding_2">...</div>

    <div id="navigation">

        <img src="images/titelbild.jpg" alt="Titelbild: 3D-Startbutton
mit Kabeln"/>

        <div id="main_nav">

        <p><em>Das realisieren wir für Sie:</em></p>

        <ul>

            <li><a href="#">Professionelle Netzerke</a></li>

            <li><a href="#">Software-Entwicklung</a></li>

            <li><a href="#">Web-Design</a></li>

            <li><a href="#">Grafik-Design</a></li>

            <li><a href="#">Werbung &amp; Marketing</a></li>

        </ul>

        </div>

    </div>

</div>
```

Der `<em>`-Tag ist relativ unbekannt. em bedeutet emphasize, was so viel heißt wie „betonen". In den meisten Browsern wird Text der mit em getagt wurde kursiv hervorgehoben angezeigt. Eine zweite Form der Hervorhebung ist der `<strong>`-Tag. Dieser wird verwendet, wenn man Textpassagen noch ein wenig mehr als mit em hervorheben will.

Auch Screenreader sollten unterschiedlich betonen, siehe Sprachausgabesteuerung, Seite 58.

Sämtlicher Code passiert hier in unserem vorgesehenen Div-Container namens id=navigation. Dort haben wir zunächst das Titelbild samt `ALT`-Text eingefügt. Danach haben wir Inhalte in den Container eingefügt, der für die eigentliche Hauptnavigation (main_nav) vorgesehen ist. Hier folgt Text innerhalb eines P(aragrafen)-Tags, der durch den `<em>`-Tag hervorgehoben wird. Dieser Text dient der Verdeutlichung unserer Navigation. Die eigentliche Hauptnavigation (das Menü) realisieren wir als horizontale Link-Liste. Im Moment verweisen die Links noch auf gar nichts, das sehen Sie durch das #-Zeichen.

Beim Klick auf diese Links passiert nichts. Diese Auszeichnung der Links ist in diesem Schritt noch nicht unbedingt notwendig. Wir benötigen die Dummy-Links eigentlich erst, wenn wir uns im CSS-Teil um das Styling von Links kümmern. Die echten Verlinkungen fügt man in der Praxis meist am Ende des Entwicklungsprozesses ein.

„Flexibilität erhöhen" oder „warum man dieses Teaser-Bild nicht ins CSS packen muss (aber kann)!"

Wie vorhin bereits erwähnt ist es ungewöhnlich, dass ein Teaser-Bild (wie unseres oben mit dem Start-Knopf), das keinen unmittelbaren Informationswert hat, hier in den HTML-Teil eingefügt wird. Wir wollen uns jedoch die Möglichkeit offen lassen, unterschiedliche Bilder auf den verschiedenen Seiten anzuzeigen. Zum Beispiel könnten wir auf der Seite für Grafik-Design ein farbenfrohes Muster statt unserem blauen Startknopf anzeigen.

Wenn Sie nicht vorhaben, unterschiedliche Bilder zu verwenden, könnten Sie die Anzeige des Bilds auch problemlos als CSS-Hintergrundbild realisieren. Ich will Ihnen jedoch in diesem Prototypen diese Möglichkeit offen halten, auf den Inhalt angepasste Teaser-Bilder zu verwenden.

Eine Alternative

Natürlich wäre es auch möglich, auf jeder HTML-Seite das entsprechende Hintergrundbild mit `style="background-image..."` anzugeben. In diesem Prototypen haben wir uns aber entschieden, das Bild als Inhalt zu betrachten und in den HTML-Code einzufügen.

Die sekundäre Navigationsleiste

Vielleicht fragen Sie sich, warum diese zweite Navigationsleiste im HTML-Code an dieser Stelle steht. Wenn Sie das Grafikdesign betrachten, sehen Sie diese Navigation in der rechten oberen Ecke.

Home   Über uns   Kontakt   Support

Der alleinige Grund, warum diese sekundäre Navigation hier zwischen Hauptnavigation und dem nachfolgenden Content steht, ist die semantische Reihenfolge des XHTML-Codes. Wäre die Navigation im Branding enthalten (was theoretisch durchaus möglich ist), wären der Ablauf und die Relevanzordnung der Website-Elemente komplett durcheinandergebracht. Denn diese zweite Navigation wäre dann an erster Stelle zu sehen, was semantisch weniger Sinn macht.

```
<div id="main">

    <div id="branding">...</div>

    <div id="branding_2">...</div>

    <div id="navigation">...</div>

    <ul id="nav2">

    <li><a href="#">Home</a></li>

    <li><a href="#">Über uns</a></li>

    <li><a href="#">Kontakt</a></li>

    <li><a href="#">Support</a></li>

    </ul>

</div>
```

Sie sehen, dass dieser Block wieder als ungeordnete Liste realisiert wurde. Im Gegensatz zu anderen Blöcken haben wir hier auf einen umliegenden `div`-Container verzichtet und die ID direkt dem UL-Tag zugewiesen, statt einem `div`-Container wie bisher. Später im CSS-Teil werden wir diesen Block dann explizit umplatzieren, da er semantisch zwar an guter Stelle steht, designmäßig jedoch ganz woanders geplant ist (nämlich rechts oben).

Der Content-Bereich: Inhalte einfügen

Warum ConnectNow!

Lorem ipsum dolor sit amet, consectetuer sadipscing elitr, sed diam nonumy eirmod tempor invidunt ut labore et dolore magna aliquyam erat, sed diam voluptua. At vero eos et accusam et justo duo dolores et ea rebum. Stet clita kasd gubergren, no sea takimata sanctus est Lorem ipsum dolor sit amet. Lorem ipsum dolor sit amet, consetetur sadipscing elitr, sed diam nonumy eirmod tempor invidunt ut labore et dolore magna aliquyam erat, sed diam voluptua. At vero eos et accusam et justo duo dolores et ea rebum. Stet clita kasd gubergren, no sea takimata sanctus est Lorem ipsum dolor sit amet. Lorem ipsum dolor sit amet, consetetur sadipscing elitr, sed diam nonumy eirmod tempor invidunt ut labore et dolore magna aliquyam erat, sed diam voluptua. At vero eos et accusam et justo duo dolores et ea rebum. Stet clita kasd gubergren, no sea takimata sanctus est Lorem ipsum dolor sit amet.

Duis autem vel eum iriure dolor in hendrerit in vulputate velit

Der Hauptbereich der Seite ist natürlich der Inhaltsbereich. In diesem befindet sich sämtlicher primärer Inhalt. In unserem Fall haben wir auch einen unterstützenden Inhaltsbereich vorgesehen, den wir extra gestalten. Unser Inhaltsbereich besteht lediglich aus einem Überschrift- und einem Text-Block. So haben wir den Content-Bereich realisiert:

HTML für den Fließtext erstellen

```
<div id="main">

    <div id="branding">...</div>

    <div id="branding_2">...</div>

    <div id="navigation">...</div>

    <ul id="nav2">...</ul>

        <div id="content">

            <div id="content_main">

                <h1>Warum ConnectNow!</h1>

                <p>Lorem ipsum dolor sit amet, <a href="#">consectetuer
sadipscing elitr</a>, sed diam nonumy eirmod tempor invidunt ut labore et
sanctus est Lorem ipsum dolor sit amet.</p>

                <p>Duis autem vel eum iriure dolor in hendrerit in vulputate
unt <a href="#">ut laoreet</a> dolore magna aliquam erat volutpat.</p>

            </div>

        </div>

</div>
```

Der Fließtext im Content-Bereich ist schnell und sehr leicht erstellt. Wir verwenden die typischen Inhalts-Tags für Überschriften (`<h1>`) und Absätze (`<p>`). Bei der Erstellung des Template verwenden wir noch keinen Echt-Text.

Lorem Ipsum-Text besorgen

Dummy-Fließtexte sind vor allem deswegen wichtig, weil man bereits vor der Eingabe des echten Inhalts austesten kann, wie eine Seite mit gefülltem Text aussieht. Der Vorteil gegenüber anderem zufällig generierten Text ist, dass die Wort- und Absatzlängen ganz typisch für fast alle romanischen Sprachen sind. Somit erhalten Sie ein ganz typisches und echt aussehendes Schriftbild. Ein Nachteil besteht jedoch darin, dass der Text keine Umlaute beinhaltet.

Es gibt mehrere Möglichkeiten, an diese Blindtexte zu gelangen:

www.loremipsum.de **bietet** einen Generator, mit dem Sie beliebig viele und beliebig lange Textblöcke erzeugen können.

www.lipsum.com **hält viele vorgefertigte Lorem-Ipsum-Texte parat und bietet ebenfalls einen umfassenden Generator. Über **de.lispum.com** erhalten Sie deutsche Dummy-Texte.**

Der sekundäre Inhalts- und Teasing-Bereich

Der unterstützende Inhaltsbereich

Eine kleinere (zweite) Spalte neben dem Hauptinhaltsbereich nennt man in der Fachsprache oft Unterstützungsbereich. Wir haben unsere ID ebenso benannt – nämlich `content_supp`, wobei supp für supplemental (= unterstützend) steht. Diese Spalte wird in unserem Fall für diverse Teaser und sekundäre Informationen verwendet, die zum Inhalt thematisch dazugehören.

```
<div id="main">

    <div id="branding">...</div>

    <div id="branding_2">...</div>

    <div id="navigation">...</div>

    <ul id="nav2">...</ul>

    <div id="content">

        <div id="content_main">
```

```
        <h1>Warum ConnectNow!</h1>

        <p>Lorem ipsum dolor sit amet, <a href="#">consectetuer
sadipscing elitr</a>, sed diam nonumy eirmod tempor invidunt ut labore et
sanctus est Lorem ipsum dolor sit amet.</p>

        <p>Duis autem vel eum iriure dolor in hendrerit in vulputate
unt <a href="#">ut laoreet</a> dolore magna aliquam erat volutpat.</p>

    </div>


    <div id="content_supp">

        <div class="teaserbox">

            <h2>Produkt des Monats</h2>

            <h1>Die komplette Business-Website</h1>

            <h2>Starten Sie durch im Online-Business</h2>

            <ul>

                <li>Design</li>

                <li>Programmierung / Umsetzung</li>

                <li>SEO</li>

            </ul>

            <p class="preis"><em> &euro; 990,-</em></p>

        </div>


        <div class="normalbox">

            <h2>Unsere Partnerfirmen:</h2>

            <ul>

                <li><a href="#">NetzProf</a></li>

                <li><a href="#">SuperMen Inc.</a></li>

                <li><a href="#">Huge Superstores</a></li>

            </ul>

        </div>

    </div>

  </div>
</div>
```

Die gesamte Spalte packen wir in einen Container namens content_supp. In diesem haben wir einen weiteren div-Container („teaserbox") erstellt. Dieser soll die rote Produkt-Teaser-Box werden. Wenn Sie das Bild ansehen, ist dies das angekündigte Produkt mit dem Preis.

Den Teaser und weitere Info-Blöcke erstellen

Der Teaserbox geben wir im Unterschied zu den anderen Containern eine Klasse (`class=teaserbox`), da wir uns die Möglichkeit offen halten wollen, auch mehrere dieser Teaserboxen auf unserer Website zu verwenden. Sie wissen ja, dass IDs pro Seite nur ein einziges Mal verwendet werden dürfen. Aus diesem Grund müssen wir hier eine Klasse statt einer ID verwenden.

Die Reihenfolge dieser Überschriften-Tags muss nicht geordnet sein. Die Box beinhaltet eine „schwächere" (unwichtigere) Überschrift `<h2>` an erster Stelle. Erst danach folgt die Hauptinfo `<h1>`.

Unter unserer Teaserbox haben wir einen weiteren Container platziert, der als Platzhalter für sonstige Informationen dienen kann/soll. Beachten Sie: Auch hier verwenden wir eine Klasse statt einer ID, um ihn öfter verwenden zu können. Testweise habe ich hier einfach mal ein Linkliste zu fiktiven Partnerfirmen eingegeben.

Überschriftenrelevanz mit der Webdeveloper-Toolbar zeigen

Wenn Sie das Add-on „Webdeveloper" für Firefox installiert haben, können Sie auf INFORMATION und auf DOKUMENT GLIEDERUNG klicken, um die Headings anzuzeigen.

Mehr zur Installation der Webdeveloper Toolbar lesen Sie auf Seite 40.

▫ **http://www.devvv.de/markup_business/**

`<h1>` **[Connect-Now Logo]**

`<h1>` **Warum ConnectNow!**

   `<h2>` **Produkt des Monats**

`<h1>` **Die komplette Business-Website**

   `<h2>` **Starten Sie durch im Online-Business**

   `<h2>` **Unsere Partnerfirmen:**

Special: Wann verwende ich welchen Überschrift-<tag>?

Wenn Sie nicht sicher sind, welchen Überschrift-Tag Sie verwenden sollen, unterscheiden Sie am besten nach der Wichtigkeit bzw. nach der Relevanz eines Elements. Denken Sie z.B. so: Was soll am ehesten von einer Suchmaschine bewertet werden ...? Was ist der relevanteste Teil eines Blocks ...? Was sollen meine Besucher am schnellsten im Blickfeld haben?

In unserem Beispiel ist es nicht von besonderer Bedeutung, dass Google (oder andere Suchmaschinen) wissen, dass Ihr Unternehmen ein Angebot wie ein „Produkt des Monats" hat. Viel eher soll die Welt doch über das Produkt selbst informiert werden, nämlich dass Sie eine „komplette Business-Website" anbieten.

Der Fußbereich

Die Fußzeile

Im Fußbereich der Seite befinden sich in unserem Design nur noch zwei Links zum Impressum und zur Sitemap. Wir realisieren dies durch zwei Absätze, die wir im Styling-Teil dieses Designs dann floaten lassen werden.

```
<div id="main">

    ...

    <div id="footer">

        <p class="sitemap"><a href="#">Sitemap</a></p>

        <p><a href="#">Impressum</a></p>

    </div>

</div>
```

Vergeben Sie die Klasse sitemap für den ersten Paragrafen. Diese werden wir im CSS-Layout-Teil ansprechen und entsprechend ausrichten.

Das Impressum einer Website muss laut Gesetz einfach und intuitiv auf der Website gefunden werden können. Gängige Platzierungen sind rechts oben oder in der Fußzeile.

In der Schweiz gibt es derzeit übrigens keine Impressumspflicht.

Rechtliches zum Impressum

Sobald Sie eine Website in irgendeiner Form geschäftlich nutzen oder dadurch einen finanziellen Nutzen (direkt oder indirekt) erhalten, sind Sie verpflichtet, ein Impressum anzugeben. In Österreich ist die Impressumspflicht für Anbieter von Inhalten auf Internetseiten in § 5 Abs. 1 E-Commerce-Gesetz (ECG) geregelt. In Deutschland regelt das Telemediengesetz die Impressumsangaben.

Nach deutschem und österreichischem Recht ist ein Impressum nur gültig, wenn folgende Bedingungen erfüllt sind:

» Vollständiger Name und Anschrift des Eigentümers bzw. der Firma, die die Website besitzt.

» Anschrift/Adresse der Person oder Firma

» Stellen Sie eine Möglichkeit bereit, mit der man Sie möglichst schnell erreicht (E-Mail-Adresse).

» Geben Sie die Firmenbuchnummer und das Firmenbuchgericht bekannt, sofern vorhanden. Wenn Ihre Tätigkeit einer behördlichen Aufsicht unterliegt, müssen Sie die für Sie zuständige Aufsichtsbehörde angeben.

» Geben Sie Ihre UmsatzsteuerIdentifikations-Nummer (UID) bekannt.

Ein nicht vollständiges Impressum kann ein teures Nachspiel haben. Es gibt sogar Anwaltskanzleien, die sich nur darauf spezialisiert haben, unvollständige Impressen ausfindig zu machen, nur um die Seitenbetreiber daraufhin abzumahnen.

Bitte halten Sie sich immer auf dem laufenden Stand und befragen Sie im Zweifel rechtskompetente Personen, zu denen wir uns als Autoren dieses Buches nicht zählen. In Österreich gibt die Wirtschaftskammer (*www.wko.at*) bereitwillig Auskunft, als deutscher Website-Betreiber finden Sie den Gesetzestext unter *http://www.gesetze-im-internet.de/tmg*.

Der vollständige HTML-Code

Übersicht

Der (X)HTML-Code unserer Seite ist nun komplett – zumindest in seiner grundlegenden Form. Natürlich werden Sie feststellen, dass – wenn Sie diesen HTML-Code in einer index.html-Datei speichern und im Browser laden – alles untereinander steht. Um Layout und Styling werden wir uns jetzt ausführlich im nächsten Kapitel kümmern!

Code auf beiliegender CD (unter 02_Prototyp/2_layout_start/)

```
<!DOCTYPE html

    PUBLIC „-//W3C//DTD XHTML 1.0 Strict//EN"

    „http://www.w3.org/TR/xhtml1/DTD/xhtml1-strict.dtd">

<html xmlns="http://www.w3.org/1999/xhtml" xml:lang="de" lang="de">

<head>

<title>ConnectNow</title>

<meta http-equiv="Content-Type" content="text/html;charset=UTF-8"/>

</head>

<body>

<div id="main">

    <div id="branding">

        <h1><img src="images/connectnow_logo.png" alt="Connect-Now
Logo"/></h1>

    </div>

    <div id="branding_2">

        <blockquote><p>Wollen Sie durchstarten? Dann sind wir genau richtig
für Sie!</p></blockquote>

    </div>


    <div id="navigation">

        <img src="images/titelbild.jpg" alt="Titelbild: 3D-Startbutton
mit Kabeln"/>

        <div id="main_nav">

        <p><em>Das realisieren wir für Sie:</em></p>
```

```html
            <ul>
                <li><a href="#">Professionelle Netzerke</a></li>
                <li><a href="#">Software-Entwicklung</a></li>
                <li><a href="#">Web-Design</a></li>
                <li><a href="#">Grafik-Design</a></li>
                <li><a href="#">Werbung &amp; Marketing</a></li>
            </ul>
        </div>


        </div>


        <ul id="nav2">
            <li><a href="#">Home</a></li>
            <li><a href="#">Über uns</a></li>
            <li><a href="#">Kontakt</a></li>
            <li><a href="#">Support</a></li>
        </ul>


        <div id="content">
            <div id="content_main">
                <h1>Warum ConnectNow!</h1>
                <p>Lorem ipsum dolor sit amet, <a href="#">consectetuer sad-
ipscing elitr</a>, sed diam nonumy eirmod t...t justo duo dolores et ea
rebum. Stet clita kasd gubergren, no sea takimata sanctus est Lorem ipsum
dolor sit amet.</p>
                <p>Duis autem vel eum iriure dolor in hendrerit in vulpu-
tate velit esse molestie consequat, vel illum dolore eu..dolor sit amet,
consectetuer adipiscing elit, sed diam nonummy nibh euismod tincidunt <a
href="#">ut laoreet</a> dolore magna aliquam erat volutpat.</p>
            </div>
                <div id="content_supp" class="small">
                <div class="teaserbox">
```

```
        <h2>Produkt des Monats</h2>

        <h1>Die komplette Business-Website</h1>

        <h2>Starten Sie durch im Online-Business</h2>

        <ul>

            <li>Design</li>

            <li>Programmierung / Umsetzung</li>

            <li>SEO</li>

        </ul>

        <p class="preis"><em> &euro; 990,-</em></p>

    </div>


    <div class="normalbox">

        <h2>Unsere Partnerfirmen:</h2>

        <ul>

            <li><a href="#">NetzProf</a></li>

            <li><a href="#">SuperMen Inc.</a></li>

            <li><a href="#">Huge Superstores</a></li>

        </ul>

    </div>

  </div>


 </div>

 <div id="footer">

    <p class="sitemap"><a href="#">Sitemap</a></p>

    <p><a href="#">Impressum</a></p>

 </div>

</div>

</body>

</html>
```

Den gesamten Code, den wir hier bearbeitet haben, finden Sie ebenfalls auf der beigelegten CD im Ordner 02_Prototyp/2_layout_start/. Falls Sie gleich mit dem CSS-Teil beginnen wollen, kopieren Sie bitte die vorgefertigte index.html von der CD auf Ihren Computer und legen Sie los!

Der derzeitige Stand der Website im Browser

Wenn Sie gerade dabei sind mitzumachen, sollten Sie in Ihrem Browser in etwa dieses Bild zu sehen bekommen:

Überprüfung und Validierung

Optimalerweise sollten Sie immer, wenn Sie einen größeren Teil Code
geschrieben haben, gleich Ihr Dokument auf Fehler überprüfen. Das spart
Zeit. Besonders gut können Sie das mit dem Validierungstool des W3C-
Konsortiums: *http://validator.w3.org*.

Mehr Informationen
zur Validierung lesen
Sie auf Seite 26.

Schritt 1: Klicken Sie auf „Upload by File" und geben Sie die Datei
index.html an, in der Sie den Code gespeichert haben.

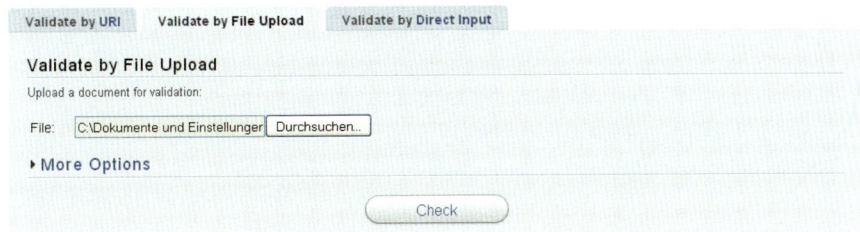

Schritt 2: Nach der Validierung sollte folgende Nachricht erscheinen:

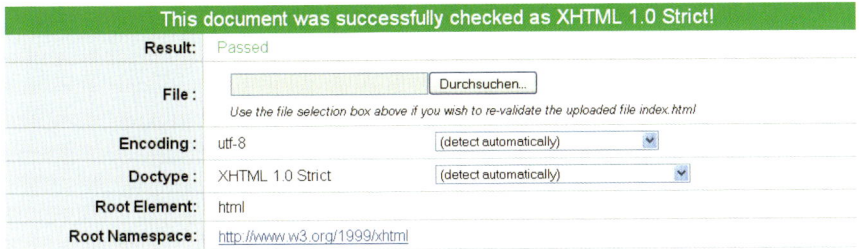

Diese besagt, dass Sie zumindest den Code so weit richtig geschrieben
haben und keine Tags vergessen haben zu schließen.

Fehler? Kein Problem!

Sollten ein oder mehrere Fehler aufgetreten sein – keine Panik! Sehen
Sie sich nur den ersten Fehler an und korrigieren Sie diesen. Fast immer
helfen die direkt angezeigten Tipps des W3C, den Fehler zu beseitigen.
Nachdem Sie den ersten Fehler beseitigt haben, validieren Sie einfach
nochmals. Oft verursacht ein einzelner vergessener Tag unzählige Folge-
fehler, die durch die Behebung allesamt verschwinden können!

CSS: Die komplette Umsetzung

Auf diesen Teil des Kapitels warten Sie wahrscheinlich schon sehnsüchtig. Wir werden uns jetzt darum kümmern, die Seite mittels Cascading Style Sheets so aussehen zu lassen wie in unserem Grafikdesign von Seite 188.

Die grundlegende Vorgangsweise

Bitte glauben Sie nicht, dass man ab jetzt am HTML-Code nichts mehr ändern darf oder soll. In der Praxis ist es ab jetzt stets ein wechselnder Prozess. Wenn Seiten in CSS designt werden, kommt man öfter zu Punkten, wo man feststellt, dass man Änderungen im HTML vornehmen muss, um das Layout überhaupt richtig umsetzen zu können.

Die Vorgehensweise sieht vor, zuerst die Container grundlegend zu positionieren. Dies ist die sogenannte Layout-Phase. Hier werden noch keine Listen gestylt, keine besonderen Farben verwendet oder Schriftstile festgelegt. Es geht zunächst darum, den Grundstein zu legen: Alle Elemente sollen sich am Ende dieses Vorgangs in etwa an der finalen (richtigen) Stelle befinden. Manche Leute gehen einen Schritt weiter und legen den CSS-Code für das gesamte Layout in einem separaten Stylesheet ab. Da diese Seite hier aber nicht allzu viele Styles benötigt, sehen Sie am besten davon ab und verwenden stattdessen CSS-Kommentare, um die einzelnen Phasen (Basis, Layout und detailliertes Styling) voneinander abzutrennen.

Gedanken hinter dem Design

Dieses Design ist so konzipiert, dass es sich nach unten hin problemlos ausdehnen können soll. Die Fußzeile soll sich automatisch unter dem Content-Bereich anordnen. Die zwei Navigationsleisten sind thematisch und auch platzmäßig voneinander getrennt. Das Hauptmenü ist direkt in das Teaser-Bild integriert. Wir verwenden hier für das Teaser-Bild jedoch kein Hintergrundbild in CSS, sondern ein in HTML eingebundenes Bild. Das bringt uns auch schon zu einer Herausforderung dieser Umsetzung – nämlich den Navigationstext und das Teaser-Bild so ineinander zu platzieren, dass wir uns weiterhin am normalen Dokumentfluss orientieren können.

Weiters werden Sie in diesem Layout sehen, wie Sie rechtsbündige Listenelemente erstellen können. Ein weiterer Schwerpunkt ist die Verwendung von abgerundeten Ecken, die (wenn Sie einen Blick auf das Grafikdesign werfen) bei diesem Layout recht häufig vorkommen.

Foto: www.sxc.hu

Schwerpunkt der Layoutgestaltung ist das konsequente Einsetzen der zwei verschiedenen Positionierungsmethoden: position und float/clear.

So – nun aber genug der Worte – legen Sie los!

1. screen.css anlegen: Um unseren HTML-Code auch entsprechend ansprechen zu können, müssen Sie nun eine neue Datei anlegen, die Ihr CSS beinhaltet. Am besten nennen Sie diese Datei screen.css und legen Sie im selben Ordner ab wie Ihre index.html-Datei.

2. Verweis im HTML-Code angeben: Öffnen Sie die index.html und fügen Sie innerhalb des Head-Tags folgende Zeile ein:

```
<link rel="stylesheet" type="text/css" media="screen" href="screen.css"/>
```

Der Link-Tag enthält neben den notwenigen Attributen (`rel`,`type` und `href`) noch die Angabe `media=screen`. Dadurch weiß das Gerät, das die Seite anzeigt, dass es für die Darstellung auf PC-Bildschirmen optimiert ist. Speichern Sie die Datei ab und schließen Sie diese wieder. Von nun an arbeiten wir fast ausschließlich in unserer neu angelegten screen.css-Datei.

Mehr zu den Medientypen (screen, print, all etc.) lesen Sie auf Seite 32.

margin: 0 auto; ist gleichbedeutend mit margin: 0 auto 0 auto; siehe auch Kurzschriften Seite 88.

Zur Normalisierung verwenden Webentwickler manchmal auch eine gesonderte CSS-Datei. Da wir hier aber lediglich den Außen- und Innenabstand normalisiert haben, verzichten wir hier auf eine eigene extra eingebundene norm.css-Datei.

CSS: Layout & Positionierung

Wir kümmern uns nun um das grob positionierte Layout. Arbeiten Sie sich hier (wenn Sie noch wenig Erfahrung mit CSS haben) am besten linear nach dem HTML-Code vor. Bevor wir beginnen, uns mit den einzelnen Elementen zu befassen, nehmen wir sicherheitshalber eine Normalisierung mittels Stern-Selektor (*) vor, um sicherzustellen, dass der verwendete Browser nicht selbstständig bei Elementen Innen- oder Außenabstände verwendet. Fügen Sie diese Zeile ganz oben in Ihr Stylesheet screen.css ein:

```
* {
    margin: 0;
    padding: 0;
}
```

Den Hauptcontainer #main zentrieren

Der erste Schritt ist, wie bei fast allen Umsetzungen, die Positionierung unseres Hauptcontainers. In ihm befinden sich sämtliche anderen Container und Inhalte. Dieser hat bei uns die id=main erhalten. Über den Selektor #main können wir ihn nun mittels CSS auch ansprechen und entsprechend ausrichten.

```
#main {
    width: 710px;
    margin: 0 auto;
}
```

Über das width-Attribut geben wir die fixe Breite unseres Containers an. Unterschreitet das Browser-Fenster diesen festgesetzten Wert, werden automatisch Scrollbars eingeblendet. Üblicherweise verwendet man für die Breitenangabe eines Containers die Pixel-Einheit (px). Sie können aber auch andere mögliche Maßeinheiten (z.B. pt, em oder %) angeben, die Sie bereits im Theorieteil kennengelernt haben.

Das Zentrieren des Containers selbst geschieht über den Außenabstand margin: 0 auto; in Kombination mit einer unbedingten notwenigen Breitenangabe, die wir ja bereits über width gemacht haben. Geben Sie keine

Die index.html im Browser-Fenster

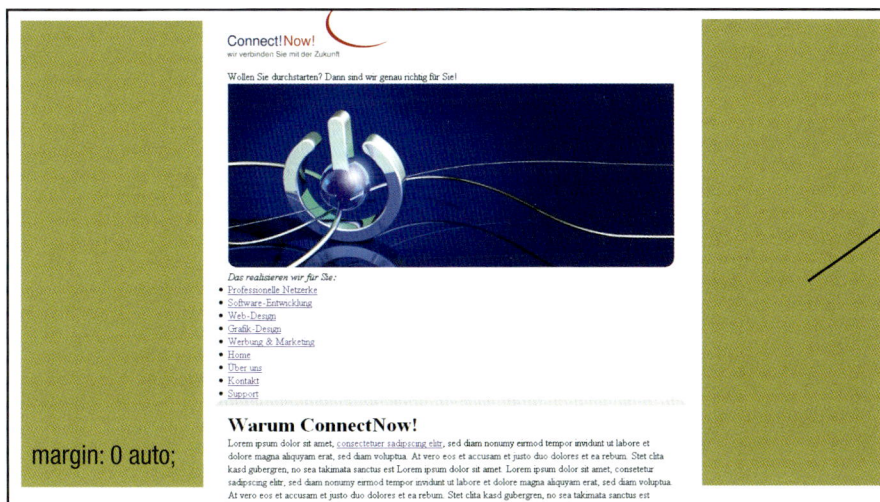

margin: 0 auto;

Der gelb eingefärbte Bereich ist der Margin-Bereich von #main. Er ist genau so groß, dass der Inhalt des div zentriert wird, obwohl das div samt margin die gesamte Seitenbreite einnimmt.

Breite an wird der Container immer die Breite annehmen, die Ihr Browser-Fenster vorgibt.

Wir haben in diesem Fall eine abgekürzte zweifache Angabe bei margin verwendet. Der erste Wert (0) steht für Abstände nach oben und unten, der 2. für die nach links und rechts. Der auto-Wert bewirkt, dass die seitlichen Abstände zur Größe des Browser-Fensters immer genauso breit gemacht werden, dass der verfügbare Raum automatisch vollkommen ausgenutzt wird. Das wiederum bewirkt, dass der Container dann immer genau mittig zentriert wird, da sich auf beiden Seiten des Containers gleich viel Abstand zum Browser-Fenster ausbreitet!

Die Hauptnavigation #navigation positionieren

Im nächsten Schritt kümmern wir uns um die Positionierung des Haupt-menüs. Dieses soll innerhalb des Teaser-Bilds stehen. Im Design wollen wir uns jedoch die Möglichkeit offen halten, für unterschiedliche Themen-bereiche der Website auch unterschiedliche Bilder einzubauen. Deshalb wurde das Bild in den HTML-Code eingebettet und nicht (wie auch mög-lich und legitim) als CSS-Hintergrundbild.

Werfen Sie kurz einen Blick auf den zugrunde liegenden HTML-Code, um den es sich hier dreht:

```html
<div id="navigation">

    <img src="images/titelbild.jpg" alt="Titelbild: 3D-Startbutton mit
Kabeln"/>

    <div id="main_nav">

    <p><em>Das realisieren wir für Sie:</em></p>

    <ul>

        <li><a href="#">Professionelle Netzwerke</a></li>

        <li><a href="#">Software-Entwicklung</a></li>

        <li><a href="#">Web-Design</a></li>

        <li><a href="#">Grafik-Design</a></li>

        <li><a href="#">Werbung &amp; Marketing</a></li>

    </ul>

    </div>

</div>
```

Wenn Sie die Seite im derzeitigen Stand im Browser öffnen, sehen Sie den Text unterhalb des Bilds. Wir wollen nun, dass dieser Text in das Bild hineinrutscht, also quasi nach oben.

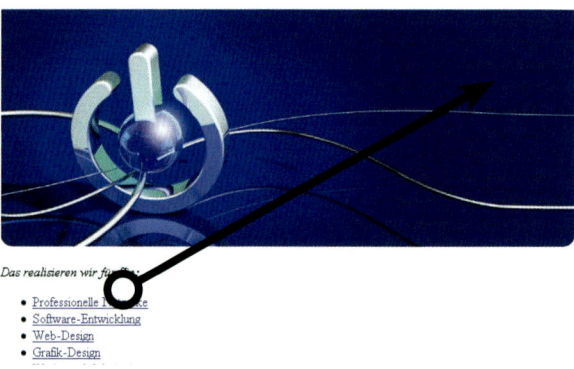

Wir erreichen das durch geschickte Positionierungsmethoden im CSS. Falls Sie noch nicht den Abschnitt über Positionierung im vorderen Teil des Buchs gelesen haben (Seite 102), sollten Sie dies nun tun, bevor Sie weitermachen, um besser zu verstehen, wie die einzelnen Positionierungstypen aufeinander reagieren!

Schreiben Sie bitte einen neuen Eintrag im Stylesheet für den Container mit der ID `navigation` und verleihen Sie ihm folgende Eigenschaft:

```css
#navigation {

    position: relative;

}
```

Die relative Positionierung bei `#navigation` bewirkt, dass dieser Container für darin befindliche Inhaltselemente als Referenzpunkt für weitere Positionierungen dient. Es orientieren sich allerdings nur solche Elemente daran, die mittels `position:absolute` positioniert sind. Relativ positionierte Elemente ändern den normalen Dokumentfluss nicht, absolut positionierte hingegen schon!

Was bedeutet das nun konkret für unser Beispiel?

Da wir der #navigation außer `position:relative` sonst keine speziellen Positionsangaben gegeben haben, ändert sich für nachfolgende Elemente – das sind die, die außerhalb dieses `div` liegen – nichts. Der Dokumentfluss bleibt also uneingeschränkt bestehen. Wir haben uns jedoch die Möglichkeit erarbeitet, **darin** befindliche Elemente an diesem Container genau positionieren zu können.

`#main_nav` beinhaltet unser Hauptmenü. Sprechen Sie nun die darin befindliche `#main_nav` an und vergeben Sie die Eigenschaft `position: absolute`.

```css
#navigation #main_nav {

    position: absolute;

}
```

Im Gegensatz zum vorhin durch `position:relative` ausgerichteten `div` rutscht nun der nachfolgende Text außerhalb des umliegenden Containers über den gerade positionierten Text, weil absolut positionierte Elemente vom Dokumentfluss herausgenommen werden. Für den Dokumentfluss sind absolut positionierte Elemente quasi nicht sichtbar.

Das realisieren wir für Sie:
- Über uns
- Professionelle Netzerke
- Software-Entwicklung
- Web-Design

Hier sehen Sie den Effekt, der auftritt, wenn Elemente absolut positioniert werden und somit vom Dokumentfluss ignoriert werden. Schrecken Sie trotzdem nicht vor dieser Positionierungsmethode zurück, denn sie eröffnet viele Möglichkeiten!

Elemente am Rand positionieren

Um die Positionierung zu vervollständigen, müssen Sie nun noch angeben, wo genau das absolut positionierte `#main_nav` sich am relativ positionierten `#navigation`-div ausrichten soll. Ergänzen Sie den Code mit diesen Angaben (`top` und `right`):

```
#navigation #main_nav {

    position: absolute;

    top: 0;

    right: 0;

}
```

Und schon landet unsere Navigation wie gewünscht oberhalb des Bilds! Die genauen Positionsangaben `top, right, bottom, left` beziehen sich immer als Abstand zu den genannten vier Kanten. Geben Sie beispielsweise `top:100px` an, wird das Element 100 Pixel von der oberen Kante herabgesetzt. Wenn Sie wie in unserem Fall zwei Kanten mit 0 angeben, wird das Element einfach direkt in der – wie hier in der rechten oberen – Ecke platziert.

Hervorgehoben durch die Firefox-Extension Firebug: das positionierte Element (blau) und der zugehörige Außenabstand (gelb)

Setzen Sie nun noch einen weiteren Außenabstand für diese Navigation, um sie ein wenig von den Rändern abgesetzt zu positionieren.

```css
#navigation #main_nav {

    position: absolute;

    top: 0;

    right: 0;

    margin: 20px 40px 0 0;

}
```

Durch diese Angabe haben Sie nun einen Außenabstand von 20 Pixel oben und von 40 Pixel rechts angegeben. Beim Wert 0 brauchen Sie keine Maßeinheit anzugeben.

Wenn Sie die Seite nun in Ihrem Browser öffnen, werden Sie sehen, dass nur die Navigation in das Bild hineinrutscht. Alle nachfolgenden Elemente ordnen sich jedoch korrekt unterhalb des Bilds an. Aber warum unterhalb des Bilds?, fragen Sie sich vielleicht, da wir ja gar keine speziellen CSS-Angaben dafür gemacht haben. Warum rutscht nicht alles Darunterliegende ebenfalls über das Bild? Durch die relative Positionierung des Navigations-Containers wird – wie schon vorhin erwähnt – der Dokumentfluss nicht abgeändert.
Infolgedessen ist das navigation-div immer noch genauso groß wie vorhin, denn das letzte Element, das berücksichtigt wird, ist das Teaser-Bild, da wir ja die #main_nav absolut positioniert haben.

Bei Maßangaben von 0, wie hier bei margin, benötigen Sie keine Maßeinheitenangabe wie px oder pt!

Special: Richtige Ebenen erstellen mit dem z-index

Neben der `position:relative/absolute`-Kombination (Seite 222) gibt es noch eine weitere Möglichkeit, um überlappende Ebenen zu realisieren. Mit dem `z-index` können Sie Tiefenwertangaben realisieren. Das bedeutet, dass Sie positionierten Elementen mitteilen können, wie nah sich diese am Auge des Betrachters befinden.

Das Ganze funktioniert mittels der css-Eigenschaft `z-index`, der Sie einen beliebigen Zahlenwert geben können. Auch Negativangaben sind erlaubt. Um „Ebenen" zu realisieren, müssen Sie zuerst alle Elemente entweder absolut oder relativ positionieren. Gemischte Angaben führen zu Problemen. Die Möglichkeiten mittels Tiefenwerten sind weitreichend – Sie können Text über oder unterhalb eines Bilds stellen, andere Bilder übereinanderlegen und somit nette Effekte erzielen. In diesem Special werden wir zwei `div`-Container übereinander platzieren.

Beginnen Sie mit der Deklaration zweier `div`-Container in HTML:

```
<div id="layer1"></div>
<div id="layer2"></div>
```

Und schreiben Sie nun das CSS dafür:

```
div#layer1 {
    height: 200px;
    width: 200px;
    top: 10px;
    left: 10px;
    position: absolute;
    z-index: 1;
    background-color: red; }


div#layer2 {
    height: 200px;
    width: 200px;
    top: 100px;
    left: 100px;
    position: absolute;
    z-index: 2;
    background-color: blue; }
```

Sehen Sie sich dieses Beispiel nun im Browser an. Sie sehen zwei übereinanderliegende Ebenen. Der Z-Index kontrolliert hier, welche der Ebenen näher am Auge des Betrachters (und somit vorne) liegt.

Testen Sie den `z-index`, indem Sie dem ersten Layer einen Wert von 3 geben. In der Abbildung rechts oben sehen Sie, dass nun dieser Teil über dem blauen liegt.

Stapeln von Ebenen (Z-Index-Stacks)

Beim Z-Index spielt auch die Hierarchie im Dokumentstammbaum eine wichtige Rolle. Es werden immer benachbarte Elemente nach aufsteigendem Z-Index am Bildschirm gerendert. Die untergeordneten Elemente eines einzelnen Elements werden wiederum nach aufsteigendem Z-Index gerendert usw.

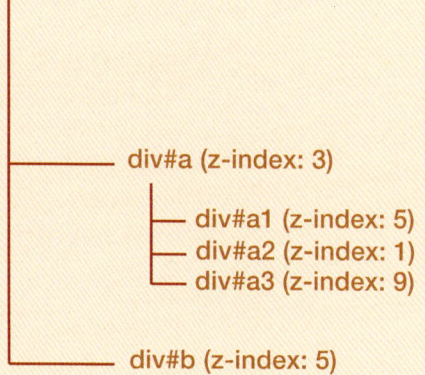

Reihenfolge des Renderns: a => a2, a1, a3 -> b
Zuletzt gerendert = am "sichtbarsten"

Wie im Beispiel rechts zu sehen, ist es durchaus möglich, dass das Element `div#a3` unter einem anderen Element `div#b` liegt, obwohl es einen höheren Zahlenwert (9) für Z-Index hat. Das passiert, weil das Elternelement von a einen kleineren Z-Index hat als das Elternelement von b.

Mehr zum Dokumentstammbaum finden Sie auf Seite 80.

Die zweite Navigation #nav2 positionieren und ausrichten

Wenn Sie einen Blick zurück in Ihren HTML-Code werfen (Seite 212), sehen Sie nun an dieser Stelle die zweite Navigation, die für rechts oben geplant ist. Damit wir den semantischen Aufbau nicht durcheinanderbringen, sollte der HTML-Code hier so bleiben und diese zweite Navigationsleiste mittels CSS umpositioniert werden. Die `ul#nav2` wird hier nun aus dem Dokumentfluss herausgenommen und separat behandelt, da wir keine andere Möglichkeit haben, diese Navigation sonst am rechten oberen Rand zu positionieren. Das ist allerdings nicht tragisch, da es sich hier ja um ein kleines Element handelt.

Legen Sie in Ihrem Stylesheet einen neuen Selektor für die ID `nav2` an:

```
ul#nav2 {

    position: absolute;

}
```

Wegen `position:absolute` wird der Dokumentfluss nicht mehr durch dieses Element beeinflusst. Der restliche Inhalt der Seite rutscht dementsprechend nach, als wäre das Element nicht vorhanden.

Nun müssen Sie also noch diese Navigation nach oben bekommen. Das erreichen Sie, indem Sie das Element mittels `top`- und `right`-Attributen ausrichten.

```
ul#nav2 {

    position: absolute;

    top: 0;

    right: 0;

}
```

0 Pixel von oben und von rechts sollte das Element rechts oben ausrichten, was es auch tut – etwas passt jedoch nicht, wenn Sie sich nun dieses Bild hier ansehen:

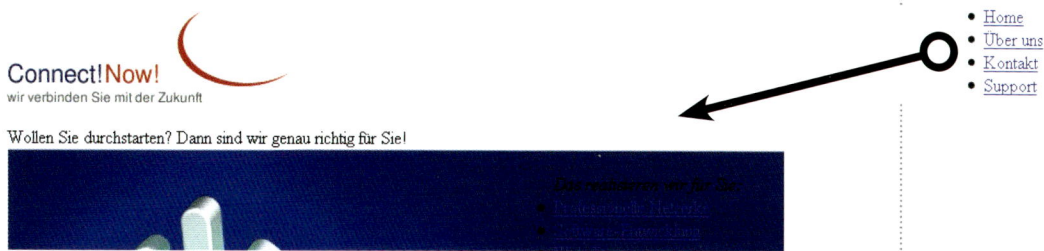

Die soeben positionierte Liste ordnet sich, korrekterweise, ganz rechts außen an. Das passiert, weil ein absolut positioniertes Element immer einen Referenzpunkt für die Positionierung benötigt. Ein solcher Referenzpunkt ist immer das zuletzt übergeordnete (absolut oder relativ) positionierte Element. In diesem Fall ist das übergeordnete Element der Hauptcontainer #main, das aber noch **keine** Positionierung mittels position erfahren hat. Genau deshalb orientiert sich diese zweite Navigationsleiste nicht an diesem Hauptcontainer.

Um das zu umgehen und den restlichen Teil nicht zu beeinflussen, verleihen Sie nun dem Hauptcontainer eine relative Positionierung:

```
#main {
    width: 710px;
    margin: 0 auto;
    position: relative;
}
```

Danach rutscht der Navigationsteil hier nach innen und richtet sich am Hauptcontainer aus. Um die horizontale Anordnung der Liste kümmern wir uns dann im Designteil – der Layout-Part ist für dieses Element somit erst einmal abgeschlossen.

Der Content-Bereich #content

Der Inhaltsbereich ist zwar einer der wichtigsten Bereiche der Seite, im CSS ist das Ganze jedoch recht einfach gelöst – Sie werden das auch in anderen Designs feststellen. Das kommt daher, dass der Content meist im Dokumentfluss zentral platziert ist und die umliegenden Teile wie Navigation, Bilder etc. eher platziert und mit CSS gestaltet werden müssen.

Auf den letzten Seiten haben wir viel über das position-Attribut positioniert. Der Content-Bereich verfolgt eine andere Möglichkeit der Positionierung – nämlich die mittels Float. Floats wurden früher primär für Bilder eingesetzt, damit diese um die Texte herumfließen können. Um Spalten in modernen CSS-Weblayouts zu realisieren, wird diese Methode jedoch ebenfalls verwendet. Der große Vorteil von Floats ist, dass sie sehr gut mit dem Dokumentfluss zusammenarbeiten (was allerdings auch eine gewisse Schwierigkeit mit sich bringt – dazu aber später mehr).

710px

370px   280px

Warum ConnectNow!

Lorem ipsum dolor sit amet, consectetuer sadipscing elitr, sed diam nonumy eirmod tempor invidunt ut labore et dolore magna aliquyam erat, sed diam voluptua. At vero eos et accusam et justo duo dolores et ea rebum. Stet clita kasd gubergren, no sea takimata sanctus est Lorem ipsum dolor sit amet. Lorem ipsum dolor sit amet, consetetur sadipscing elitr, sed diam nonumy eirmod tempor invidunt ut labore et dolore magna aliquyam erat, sed diam voluptua. At vero eos et accusam et justo duo dolores et ea rebum. Stet clita kasd gubergren, no sea takimata sanctus est Lorem ipsum dolor sit amet. Lorem ipsum dolor sit amet, consetetur sadipscing elitr, sed diam nonumy eirmod tempor invidunt ut labore et dolore magna aliquyam erat, sed diam voluptua. At vero eos et accusam et justo duo dolores et ea rebum. Stet clita kasd gubergren, no sea takimata sanctus est Lorem ipsum dolor sit amet.

Duis autem vel eum iriure dolor in hendrerit in vulputate velit esse molestie consequat, vel illum dolore eu feugiat nulla facilisis at vero eros et accumsan et justo odio dignissim qui blandit praesent luptatum zzril delenit augue duis dolore te feugait nulla facilisi. Lorem ipsum dolor sit amet, consectetuer adipiscing elit, sed diam nonummy nibh euismod tincidunt ut laoreet dolore magna aliquam erat volutpat.

Produkt des Monats

Die komplette Business-Website

Starten Sie durch im Online-Business

» Design
» Programmierung / Umsetzung
» SEO

€ 990,-

Unsere Partnerfirmen:

NetzProf
SuperMen Inc.
Huge Superstores

Die Pixelmaße unserer Container. Zu den 370 Pixel und 280 Pixel müssen später noch Innen- und Außenabstand hinzugefügt werden, um die endgültige Breite des Elements zu bestimmen.

In dem Bild oben sehen Sie die Breitenangaben für die einzelnen Inhalts-
bereiche. Kümmern Sie sich zuerst um den Haupt-Content-Bereich und
geben Sie ihm eine Breite von 370px und das Attribut `float: left`.

```css
#content #content_main {

    width: 370px;

    float: left;

}
```

Wichtig: Wenn Sie Spalten floaten lassen, müssen Sie eine Breitenangabe
mittels `width` angeben, damit die Box in ihrer Breite begrenzt wird. Tun Sie
das nicht, dehnt sich der Bereich automatisch auf die verfügbare Breite
aus und es würde kein Platz mehr daneben bleiben, in dem andere Teile
(in unserem Fall Spalten) Platz haben. Sie sehen, was nun im Browser
passiert: Der im HTML-Code eigentlich dahinter liegende Text für die
zweite Spalte rutscht bereits nach rechts.

Warum ConnectNow!

Lorem ipsum dolor sit amet, consectetuer sadipscing elitr,
sed diam nonumy eirmod tempor invidunt ut labore et
dolore magna aliquyam erat, sed diam voluptua. At vero
eos et accusam et justo duo dolores et ea rebum. Stet
clita kasd gubergren, no sea takimata sanctus est Lorem
ipsum dolor sit amet. Lorem ipsum dolor sit amet,
consetetur sadipscing elitr, sed diam nonumy eirmod
tempor invidunt ut labore et dolore magna aliquyam erat,
sed diam voluptua. At vero eos et accusam et justo duo
dolores et ea rebum. Stet clita kasd gubergren, no sea
takimata sanctus est Lorem ipsum dolor sit amet. Lorem
ipsum dolor sit amet, consetetur sadipscing elitr, sed diam
nonumy eirmod tempor invidunt ut labore et dolore
magna aliquyam erat, sed diam voluptua. At vero eos et
accusam et justo duo dolores et ea rebum. Stet clita kasd
gubergren, no sea takimata sanctus est Lorem ipsum
dolor sit amet.
Duis autem vel eum iriure dolor in hendrerit in vulputate
velit esse molestie consequat, vel illum dolore eu feugiat
nulla facilisis at vero eros et accumsan et justo odio

Produkt des Monats
Die komplette Business-Website
Starten Sie durch im Online-Business

- Design
- Programmierung / Umsetzung
- SEO
- *€ 990,-*

Unsere Partnerfirmen:

- NetzProf
- SuperMen Inc.
- Huge Superstores

Sitemap
Impressum

Durch `float:left` und eine feste Brei-te ordnet sich nachfolgender Text rechts von diesem Element an.

Jedoch passen wir diese Seitenspalte noch ein wenig weiter an.

Der Bereich #content_supp für Teaserboxen

Geben Sie dem unterstützenden Inhaltsbereich `#content_supp` nun ebenfalls eine Breitenangabe und richten Sie den Bereich rechtsbündig durch `float:right` aus.

```
#content_supp {

    float: right;

    width: 280px;

}
```

Sie fragen sich vielleicht: Warum noch rechtsbündig durch `float` ausrichten, wenn doch – wie im letzten Übersichtsbild zu sehen – die Teaser-Spalte im Grunde bereits an der richtigen Stelle ist? Sie haben Recht! Eigentlich wäre nichts weiter nötig. Und trotzdem: Wir machen hier nun bereits einige Vorarbeit für den Design-Abschnitt, denn wir brauchen rechts neben dem Inhalt die unterstützende Inhaltsbox mit fixer Breite. Das Problem dabei: Geben Sie nur die `width` von `280px` an, wird sich der Teil wieder unterhalb des eigentlichen Content-Bereichs anordnen, weil `#content_main` und `#content_supp` immer noch Block-Elemente sind, die untereinander dargestellt werden. Deshalb sollten Sie also hier ein `float:right` verwenden – so wird auch die zweite (untere) Box aus dem normalen Fluss genommen und rechts positioniert.

Floats verursachen auch oft ungewollte Umbrüche, wie hier bei der Fußzeile zu sehen. Sitemap und Impressum verrutschen. Vergessen Sie nicht, Floats eisern zu kontrollieren: zum Beispiel mit dem overflow-Trick oder mittels clear. Die Lösung zu diesem Problem finden Sie auf der nächsten Seite.

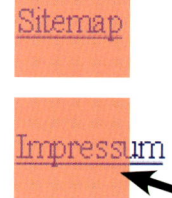

Rot hervorgehoben sehen Sie den Platz, der nun entstanden ist, da wir nicht die vollständige Fläche ausgenutzt haben.

Wie viel Zwischenraum bleibt? Gesamtbreite von 710px - 370px - 280px = 60px Zwischenraum. Dieser Abstand wird später im Design-Teil (Seite 258) durch Innenabstände der Container `#content_main` und `#content_supp` fast vollständig ausgefüllt.

Aufräumen von Floats mit dem overflow-Trick

In der letzten Abbildung von Seite 230 sehen Sie schon genau, worum wir uns jetzt kümmern müssen. Die Fußzeile mit Impressum und Sitemap bricht durch das Verwenden von Floats um. Die Kontrolle von Floats ist deshalb eine der wichtigsten Aufgaben beim Layout eines Webdesigns. Sie sollten auch bei eigenen Designs größten Wert darauf legen, Floats nicht leichtfertig zu verwenden, sondern diese immer im Auge behalten.

Es gibt zwei unterschiedliche Möglichkeiten, nun den Dokumentfluss so zu beeinflussen, dass die Fußzeile unterhalb der beiden Boxen steht, wie es im Grafikdesign vorgesehen ist.

1. overflow (bevorzugt)

Geben Sie dem content-Container den Wert overflow: auto;

```
#content { overflow: auto; /* oder overflow: hidden; */ }
```

Durch den Overflow-Trick, den Sie bereits im ersten Prototypen gesehen haben (S. 155), wird der umliegende Container (#content) immer genau die Höhe bekommen, die das höchste darin befindliche Element hat. Somit fällt unser Leerraum weg, in den die zwei Links (Impressum und Sitemap) hineingerutscht sind, und sie ordnen sich unterhalb an.

Damit das Ganze auch im IE6 funktioniert, müssen Sie jetzt noch einen Wert hinzufügen: width: 100%:

```
#content {
    width: 100%; /*IE6*/
    overflow: auto;
}
```

Nur für IE!

Warum ConnectNow!

Lorem ipsum dolor sit amet, consectetuer sadipscing elitr, sed diam nonumy eirmod tempor invidunt ut labore et dolore magna aliquyam erat, sed diam voluptua. At vero eos et accusam et justo duo dolores et ea rebum. Stet clita kasd gubergren, no sea takimata sanctus est Lorem ipsum dolor sit amet. Lorem ipsum dolor sit amet, consetetur sadipscing elitr, sed diam nonumy eirmod tempor invidunt ut labore et dolore magna aliquyam erat, sed diam voluptua. At vero eos et accusam et justo duo dolores et ea rebum. Stet clita kasd gubergren, no sea takimata sanctus est Lorem ipsum dolor sit amet. Lorem ipsum dolor sit amet, consetetur sadipscing elitr, sed diam nonumy eirmod tempor invidunt ut labore et dolore magna aliquyam erat, sed diam voluptua. At vero eos et accusam et justo duo dolores et ea rebum. Stet clita kasd gubergren, no sea takimata sanctus est Lorem ipsum dolor sit amet.

Duis autem vel eum iriure dolor in hendrerit in vulputate velit esse molestie consequat, vel illum dolore eu feugiat nulla facilisis at vero eros et accumsan et iusto odio dignissim qui blandit praesent luptatum zzril delenit augue duis dolore te feugait nulla facilisi. Lorem ipsum dolor sit amet, consectetuer adipiscing elit, sed diam nonummy nibh euismod tincidunt ut laoreet dolore magna aliquam erat volutpat.

Sitemap
Impressum

Produl
Die k
Busi
Starter
Online
- Design
- Programm
- SEO
€ 990,-

Unsere
- NetzProf
- SuperMen
- Huge Supe

Das ist notwendig, damit der Internet Explorer hasLayout triggert. Mehr zum Triggern dieser Eigenschaft im Special auf den nächsten Seiten.

2. clear (und ein Nachteil davon)

Eine klassische Möglichkeit ist, Floats mittels zugehörigem Clear-Attribut zu steuern und zu kontrollieren. Sie geben dem nachfolgenden Element, das nicht mehr umfließen soll, den Wert

1. clear: left;
2. clear: right; oder
3. clear: both;

Ein Element, das mit `clear:left`/`right`/`both` versehen ist, befindet sich auf jeden Fall unter dem letzten `float:left`/`right`/`left` oder `right`. Sie können damit also sagen, wann die Umfließung beendet werden soll.

Mehr zum Clearing von Floats lesen Sie unter Grundlegendes auf Seite 108 bzw. im Prototyp 1 auf Seite 155.

Die Fußzeile #footer

In unserem Fall könnten Sie statt des overflow-Tricks also auch so clearen:

```
#footer {

    clear: both;

}
```

`Both` deshalb, weil wir sowohl `float:left` als auch `float:right` verwendet haben und automatisch ermittelt werden soll, welches float-Element höher ist.

Nachdem Sie sich hier um das Clearing gekümmert haben, sollte sich das `#footer`-div direkt unterhalb anordnen.

In unserem HTML-Code haben Sie für die Fußzeile zwei Absätze definiert und einem davon eine Klasse gegeben:

```html
<div id="footer">

        <p class="sitemap"><a href="#">Sitemap</a></p>

        <p><a href="#">Impressum</a></p>

</div>
```

Den durch die Klasse „sitemap" deklarierten Absatz sprechen wir nun an und richten ihn durch ein rechtsbündiges Floating aus. Sprechen Sie die Fußzeile mit diesem css-Wert an:

```css
#footer .sitemap {

    float: right;

}
```

Sie selektieren hier zuerst den Container für die Fußzeile und sprechen darin dann den Paragrafen sitemap an. Durch float:right wandert der gesamte Absatz nach rechts. Der Vorteil durch das Float hier – der nachfolgende „Impressum"-Text rutscht nach oben und ist somit in derselben Zeilenhöhe angesiedelt.

adipiscing elit, sed diam nonummy nibh euismod tincidunt ut
laoreet dolore magna aliquam erat volutpat.

Impressum   Sitemap

Special: hasLayout auslösen bei IE6 und IE7

hasLayout ist eine Eigenschaft, die nur beim Internet Explorer zum Tragen kommt. Sie veranlasst, dass das Layout neu gezeichnet wird. Bei standardkonformen Browsern wird nach der Vergabe des overflow-Werts das Layout neu gezeichnet, im Gegensatz zum IE6, der das „vergisst" und somit das Kontrollieren von Floats unmöglich macht. Deshalb müssen Sie ihm das Neuzeichnen manuell mitteilen.

Der Internet Explorer 6 versteht die CSS-Eigenschaft overflow erst dann richtig, wenn man diese interne Eigenschaft namens hasLayout auslöst. Dadurch wird die Website dann erneut am Bildschirm bzw. im Browser „gezeichnet/gerendert". Ihr Ziel muss nun sein, diese Eigenschaft irgendwie (nachträglich) auszulösen – dazu existieren unterschiedliche Wege, eine universelle Lösung gibt es nicht.

Das Problem dabei: Die Eigenschaften zum Auslösen sind normale CSS-Eigenschaften, die auch immer etwas Bestimmtes bewirken. Sie müssen also stets abwägen, ob im derzeitigen Fall diese oder jene Möglichkeit Sinn macht bzw. ob sie sich überhaupt umsetzen lässt, ohne Ihr Layout dadurch zu verändern.

Eine oft verwendete Methode ist width:100%:
Da sich Block-Elemente ja ohnehin automatisch ausdehnen, müsste man diese Eigenschaft nicht setzen – das tut man normalerweise auch nicht, außer man will, dass IE die hasLayout-Eigenschaft auslöst. Tipp: Sie können auch andere Maß- und Zahlenwerte bei width nehmen.

Unterschieden wird zwischen konformen (diese validieren korrekt, wenn Sie die Seite bzw. das CSS-File mittels Validator überprüfen) und nicht konformen Eigenschaften (diese geben bei der Validierung einen Fehler zurück).

Standardkonforme Möglichkeiten im Überblick:

> » display: inline-block (CSS 2.1)
> » height: (jeder Wert außer auto)
> » float: (left oder right)
> » position: absolute
> » width: (jeder Wert außer auto)

Nicht standardkonforme Möglichkeiten im Überblick
(für diese benötigen Sie ein separates Stylesheet, das Sie mit Conditional Comments einbinden, wodurch sie nur beim IE6 geladen werden; mehr dazu auf Seite 92):

> » writing-mode: tb-rl

> » zoom: (jeder Wert außer auto) z.B. Wert 1

Vergeben Sie einen dieser Werte, stellt auch der IE6 `overflow` richtig dar und Sie können somit den overflow-Trick verwenden, um Elemente nach Floats wieder unterhalb anzuordnen!

Zusätzliche Möglichkeiten im IE7, um hasLayout auszulösen (alle konform)

> » min-height: (jeder Wert)

> » max-height: (jeder Wert außer none)

> » min-width: (jeder Wert)

> » max-width: (jeder Wert außer none)

> » overflow: (jeder Wert außer visible)

> » position: fixed

Es gibt im Web schon einige Artikel zu diesem Problem:

Artikel zum generellen Problem des hasLayout:
http://www.satzansatz.de/cssd/onhavinglayout.html

Corina Rudel hat eine ausgezeichnete Übersichtsmatrix zu den hasLayout-Triggern erstellt:
http://onhavinglayout.fwpf-webdesign.de/hack_management/

Fertig!

Gratulation! Sie haben in knapp 30 Zeilen CSS-Code die gesamte Website grundlegend positioniert. Allein die geringe Anzahl an Zeilen, die Sie hierfür benötigt haben, demonstriert schon die Mächtigkeit von CSS – vor allem aber natürlich dann, wenn Sie – wie bei diesem Design – das volle Potenzial von CSS ausnutzen und korrekt einsetzen.

Das komplette CSS bis dato im Überblick

```css
* { margin: 0px; padding: 0px; }


#main {

    width: 710px;

    margin: 0 auto;

    position: relative;


}


#navigation {

    position: relative;

}


#navigation #main_nav {

    position: absolute;

    top: 0;

    right: 0;

    margin: 20px 40px 0 0;

}
```

```
ul#nav2 {

    position: absolute;

    top: 0;

    right: 0;

}


#content {

    width: 100%; /*IE6*/

    overflow: auto;

}


#content #content_main {

    width: 370px;

    float: left;

}


#content_supp {

    float: right;

    width: 280px;


}


#footer .sitemap {

    float: right;

}
```

wir verbinden Sie mit der Zukunft

- Home
- Über uns
- Kontakt
- Support

Wollen Sie durchstarten? Dann sind wir genau richtig für Sie!

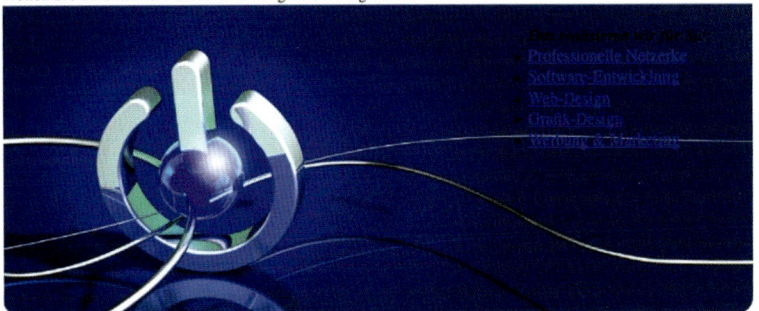

Warum ConnectNow!

Lorem ipsum dolor sit amet, consectetuer sadipscing elitr, sed diam nonumy eirmod tempor invidunt ut labore et dolore magna aliquyam erat, sed diam voluptua. At vero eos et accusam et justo duo dolores et ea rebum. Stet clita kasd gubergren, no sea takimata sanctus est Lorem ipsum dolor sit amet. Lorem ipsum dolor sit amet, consetetur sadipscing elitr, sed diam nonumy eirmod tempor invidunt ut labore et dolore magna aliquyam erat, sed diam voluptua. At vero eos et accusam et justo duo dolores et ea rebum. Stet clita kasd gubergren, no sea takimata sanctus est Lorem ipsum dolor sit amet. Lorem ipsum dolor sit amet, consetetur sadipscing elitr, sed diam nonumy eirmod tempor invidunt ut labore et dolore magna aliquyam erat, sed diam voluptua. At vero eos et accusam et justo duo dolores et ea rebum. Stet clita kasd gubergren, no sea takimata sanctus est Lorem ipsum dolor sit amet.
Duis autem vel eum iriure dolor in hendrerit in vulputate velit esse molestie consequat, vel illum dolore eu feugiat nulla facilisis at vero eros et accumsan et iusto odio dignissim qui blandit praesent luptatum zzril delenit augue duis dolore te feugait nulla facilisi. Lorem ipsum dolor sit amet, consectetuer adipiscing elit, sed diam nonummy nibh euismod tincidunt ut laoreet dolore magna aliquam erat volutpat.
Impressum

Produkt des Monats
Die komplette Business-Website
Starten Sie durch im Online-Business
- Design
- Programmierung / Umsetzung
- SEO
  € 990,-
Unsere Partnerfirmen:
- NetzProf
- SuperMen Inc.
- Huge Superstores

Sitemap

Der Teil für das Layout dieser Website ist nun abgeschlossen und wir können uns um die Designfeinheiten kümmern.

Im Ordner 02_Prototyp/3_design_start/ finden Sie eine Version der screen.css-Datei, mit der Sie gleich von hier weg loslegen können!

CSS: Styling & Design

Der Layout-Teil – und somit der technisch schwierigste – ist abgeschlossen. Nun kommen Sie zur interessantesten Phase von CSS: detailliertes Styling und Design der unterschiedlichsten Elemente.

Die 10 Highlights dieser Phase

In diesem Abschnitt lesen Sie, wie Sie:

» Listenelemente horizontal und vertikal ausrichten

» Listen mit rechtsbündigen Aufzählungszeichen erstellen

» abgerundete Ecken realisieren

» verschiedene Link-Farben für unterschiedliche Seitenteile erstellen

» Links grafisch hervorheben und mit Mouse-Over-Effekt versehen

» externe und interne Links unterschiedlich darstellen

» Hintergrundgrafiken positionieren und mit Farben kombinieren

» zwei grafisch unterschiedliche Box-Designs erstellen

» Innen- und Außenabstände perfekt einsetzen, um ein einheitliches Design zu erhalten

» wechselnde Listen-Hintergrundbilder bei Maus-Over erstellen

Verwendete Grafiken im CSS-Teil dieser Website:

In dieser Phase verwenden Sie oft Hintergrundbilder, die Sie hier in einer Übersicht sehen:

connect_now_logo.png
Das Logo im linken oberen Teil der Seite

li_pfeil_rtl.png
Der transparente Pfeil für die Hauptnavigation (Listenelement)

li_pfeil_rtl_hover.png
Der transparente Pfeil für die Hauptnavigation, wenn sich die Maus über einem Listenelement befindet

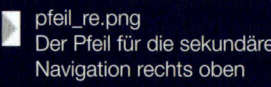

pfeil_re.png
Der Pfeil für die sekundäre Navigation rechts oben

Foto: www.sxc.hu

teasertext_bg.png
Ein Hintergrundbild für den Teaser-Text oberhalb der Navigation

teaser_bg.png
Ein 1 Pixel breiter Verlauf für die
Teaserbox

titelbild.jpg
Das Titelbild. Wird im CSS-Sty-
ling nicht direkt verwendet.

3

Allgemeine Formatierungen

Bevor wir uns um die speziellen Teile unserer Website (durch IDs oder Klassen gekennzeichnete Elemente) kümmern, werden wir einige allgemeine Formatierungen vornehmen; wir beginnen mit der Schriftgebung des Dokuments:

Gestaltung eines seriösen Schriftbilds

Passende und schöne Schriften sind äußerst wichtig für ein schön wirkendes Webdesign. Sie müssen zwar nicht damit beginnen, Schriften auszuwählen, dennoch macht es zum Anfang deshalb Sinn, weil Sie dann in der laufenden Entwicklung diese ständig im Blick haben und auch gleich sehen, wenn bei geringem Platz ein paar Zeichen oder Wörter nicht passen oder sich verschieben – denken Sie dabei an eine horizontale Navigationsleiste, die dann eventuell umbrechen könnte.

In unserem Business-Design bieten sich natürlich Schriften ohne Serifen an. Im ersten Prototyp haben Sie bereits einiges zu Font-Stacks gelesen – Gruppen von Schriften, die für alle Betriebssysteme verfügbare Schriftarten beinhalten (siehe Seite 164). Die Schriften, die wir in diesem Prototyp verwenden werden, sehen Sie in der Tabelle auf Seite 241. Das allgemeine Schriftbild wird für den body des ganzen Dokuments angegeben, an oberster Stelle sozusagen – und somit erben alle anderen Elemente diese Schriftgebung. Beginnen Sie damit, den body Ihres Dokuments zu selektieren. Arbeiten Sie bei allgemeinen Selektoren ganz am Beginn Ihres Dokuments (nach dem *-Selektor und vor dem ersten # – in unserem Fall #main) und geben Sie diese Schriftenfamilie für den Body an:

```
body {

    font-family: "URW Gothic L", "Century Gothic", "Lucida Sans Regular",
"Trebuchet MS", sans-serif;

    font-size: 10pt;

}
```

Als Standardgröße der Schrift haben wir hier 10 Punkt gewählt. Kleinere Schriftgrößen für den Fließtext sind generell nicht zu empfehlen, da sonst alles sehr klein wird. Wichtig: Die Punktgröße, die Sie hier angeben, wird uns als Referenz für weitere Größenangaben von anderen Elementen dienen, die wir als %-Werte angeben. Die 10pt oben sind sozusagen 100% Größe. Das hat den Vorteil, dass Sie die Schriftgröße schnell global ändern

Im ersten Prototyp wurde 100.1% für die Schriftgröße der Seite angegeben, wodurch die Standardeinstellung des Browsers für die Schriftgröße verwendet wird. Wir haben in diesem Prototyp eine Punktangabe als Basis verwendet, damit das Design auf allen Systemen nahezu gleich aussieht.

können. Sollte jemand mit einem sehr exotischen System Ihre Seite ansehen, wird durch den allgemeinen „sans-serif"-Wert die Standardschrift ohne Serifen dafür genommen – das ist sozusagen für den Notfall.

Der Font-Stack der Business-Website		
Schriftname	Font-Ansicht	Betriebssysteme
URW Gothic L	ConnectNow	Linux, Standardschrift bei vielen Distributionen
Century Gothic	ConnectNow	Mac-Standardschrift
Lucida Sans	ConnectNow	Windows Vista, Windows XP
Trebuchet MS	ConnectNow	Windows XP

Überschriften relativ anpassen

Sprechen Sie nun gleich mehrere Überschiftengrößen an, indem Sie `h1` bis `h3` selektieren. Andere Headings kommen ja in unserem HTML-Code nicht vor.

```
h1 { font-size: 140%; }

h2 { font-size: 120%; }

h3 { font-size: 100%; }
```

Überschriften sind in allen Browsern standardmäßig fett gedruckt, deshalb können Sie hier auf ein `font-weight:bold` großzügigerweise verzichten und brauchen nur die relative Größe zu der im `body` definierten Punktgröße anzugeben. Ändern Sie im Body die Punktgröße, werden die anderen Schriften automatisch mitwachsen – oder schrumpfen. Praktisch, oder?

Naürlich wollen wir unseren Überschriften auch einen einheitliche Außenabstand geben, dazu bietet sich eine CSS-Mehrwachauswahl an, um Elemente auf einmal anzusprechen (das verkürzt natürlich den Schreib-

Warum ConnectNow!

Lorem ipsum dolor sit amet, consectetuer sadipscing elitr, sed diam nonumy eirmod tempor invidunt ut labore et dolore magna aliquyam erat, sed diam voluptua. At vero eos et accusam et justo duo dolores et ea rebum. Stet clita kasd gubergren, no sea takimata sanctus est Lorem ipsum dolor sit amet. Lorem ipsum dolor sit amet, consetetur sadipscing elitr, sed diam nonumy eirmod tempor invidunt ut labore et dolore magna aliquyam erat, sed diam voluptua. At vero eos et accusam et justo duo dolores et ea rebum. Stet clita kasd gubergren, no sea takimata sanctus est Lorem ipsum dolor sit amet. Lorem ipsum dolor sit amet, consetetur sadipscing elitr, sed diam nonumy eirmod tempor invidunt ut labore et dolore magna aliquyam erat, sed diam voluptua. At vero eos et accusam et justo duo dolores et ea rebum. Stet clita kasd gubergren, no sea takimata sanctus est Lorem ipsum dolor sit amet.

Produkt des Monats

Die komplette Business-Website

Starten Sie durch im Online-B

- Design
- Programmierung / Umsetzung
- SEO
  € 990,-

Unsere Partnerfirmen:

- NetzProf
- SuperMen Inc.
- Huge Superstores

Oberhalb sehen Sie die Website unter Windows XP SP3, unterhalb unter Linux (Ubuntu 9.04). Beachten Sie, dass hier geringe Unterschiede in der Schrift zu sehen sind: Die Schrift URW Gothic L ist bei 10pt. eine Spur größer als die Trebuchet MS unter Windows. Unterschiede (achten Sie v.a. auf den Fließtext der Website) wie diese lassen sich leider so gut wie nicht beseitigen. Als Webdesigner müssen Sie damit leben lernen, dass Websites auf unterschiedlichen Betriebssystemen auch bei großer Sorgfalt geringfügig anders aussehen werden.

Warum ConnectNow!

Lorem ipsum dolor sit amet, consectetuer sadipscing elitr, sed diam nonumy eirmod tempor invidunt ut labore et dolore magna aliquyam erat, sed diam voluptua. At vero eos et accusam et justo duo dolores et ea rebum. Stet clita kasd gubergren, no sea takimata sanctus est Lorem ipsum dolor sit amet. Lorem ipsum dolor sit amet, consetetur sadipscing elitr, sed diam nonumy eirmod tempor invidunt ut labore et dolore magna aliquyam erat, sed diam voluptua. At vero eos et accusam et justo duo dolores et ea rebum. Stet clita kasd gubergren, no sea takimata sanctus est Lorem ipsum dolor sit amet. Lorem ipsum dolor sit amet, consetetur sadipscing elitr, sed diam nonumy eirmod tempor invidunt ut labore et dolore magna aliquyam erat, sed diam voluptua. At vero eos et accusam et justo duo dolores et ea rebum. Stet clita kasd gubergren, no sea takimata sanctus est Lorem ipsum dolor sit amet.

Produkt des Monats

Die komplette Business-Website

Starten Sie durch im Online-B

- Design
- Programmierung / Umsetzung
- SEO
  € 990,-

Unsere Partnerfirmen:

- NetzProf
- SuperMen Inc.
- Huge Superstores

aufwand). Wir wollen, dass unter allen Überschriften ein bisschen Standardabstand eingefügt wird, damit nicht alles aufeinander „klebt".

```
h1,h2,h3 { margin: 0 0 5px 0; }
```

Der dritte Wert bei margin ist der Abstand nach unten (`bottom`), den wir hier auf 5px gesetzt haben. Nach der Anpassung des Schriftbilds und der Überschriften sieht das Ganze im Browser etwa so aus wie links.

Blocksatz für Absätze verleihen

Da wir gerade schon beim Designen des Schriftbilds sind, können wir uns auch gleich um die Standardformatierung unserer Absätze kümmern. Wir wollen diese im Blocksatz-Stil haben und vergeben den Wert `justify`:

```
p {
    text-align: justify;
    margin: 5px 0;
}
```

Im gleichen Zuge haben wir auch noch einen kleinen Abstand (5 Pixel) für oben und unten eingefügt. Beachten Sie die Kurzschreibweise mit zwei Werten, die es erlaubt, Kombi-Werte für oben/unten und links/rechts anzugeben (siehe auch Kurzschriften Seite 88).

Listen-Aufzählungszeichen kontrollieren

Listen sind ein zentrales und sehr oft verwendetes Element bei Webdesigns. Da wir im Zuge des Designs noch sehr spezielles Listen-Styling vornehmen werden, können Sie hier erstmal sämtliche Aufzählungspunkte „verschwinden lassen". Wir sprechen alle ungeordneten Listen (`ul`) an und geben den Typ `none` – wodurch die Punkte bei allen Listen verschwinden.

```
ul { list-style-type: none;}
```

Gleich werden wir im Branding-Bereich eine Liste mit unseren eigenen Listenbildern versehen.

Das Branding #branding gestalten

Das Branding selbst haben wir bereits positioniert – nun kommen wir zum Styling dieser Liste. Wie im Grafikdesign vorgesehen, soll die Liste hori-

Blocksatz im Web zu verwenden, ist ein umstrittenes Thema, da es keine wirkliche Silbentrennung gibt und es somit manchmal zu großen Löchern im Text kommen kann. Schlimm sieht dies vor allem bei schmalen Spalten und hoher Schriftgröße aus, in der Spaltengröße, die wir hier verwenden, sieht es jedoch sehr brauchbar aus (s. Seite 245)!

zontal angeordnet sein und einen kleinen, grauen Pfeil als Aufzählungszeichen haben.

Beginnen Sie damit, den Container für das Branding zu selektieren –
das ist das `div` mit der ID `#branding`. Wir müssen eine fein gepunktete
Trennlinie einfügen und einen Abstand nach unten definieren, damit der
Branding-Teil mit dem Logo nicht ganz so an den nachfolgenden Elementen klebt.

```
#branding {

    margin-bottom: 10px;

    border-bottom: 1px dotted gray;

}
```

Diese 10 Pixel Abstand ziehen sich noch öfter durch das gesamte Design.
Durch gleiche Abstände erhalten Sie ein schönes und gleichmäßiges Design. Manchmal können schon ein paar Pixel Abweichung für ein gestalte-
risches Durcheinander sorgen. Wir verleihen im gleichen Zuge auch dem
Navigations-`div` einen solchen Abstand:

```
#navigation {

    position: relative;

    margin-bottom: 10px;

}
```

Kombinieren und optimieren

Die letzten beiden CSS-Änderungen sind ein sehr schönes Beispiel für
kombinierte Selektoren. Wie schon bei den Überschriften ist es auch hier
wieder von Vorteil Gemeinsamkeiten schön zusammen zu fassen. Das
macht in diesem Fall besonders Sinn, da diese Zwischenabstände, die wir
fast immer mittels Außenabständen relaisieren, natürlich immer gleich sein
sollten um Einheitlichkeit zu vermitteln.

```
#branding, #navigation, #content {

    margin-bottom: 10px;

}
```

Dadurch haben Sie jetzt einen „globalen" Wert, den Sie bei Änderungs-
wünschen leicht anpassen können. Wollen Sie der Seite etwas mehr
Abstände geben erhöhen Sie hier einfach den Pixelwert.

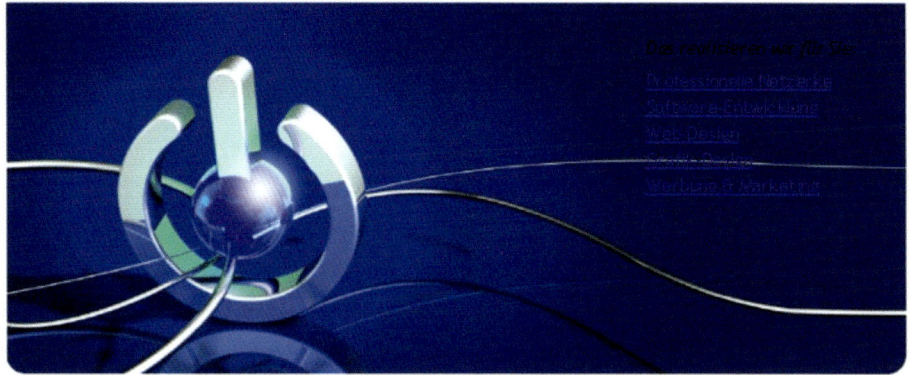

Connect!Now!
wir verbinden Sie mit der Zukunft

Home
Über uns
Kontakt
Support

Durch die Mehrfach-selektion der Container #branding, #content und #navigation müssen wir den Außenab-stand für diese Elemente nur einmal ange-ben und haben so auch die Möglichkeit, später schnell die Abstände abzuändern.

Wollen Sie durchstarten? Dann sind wir genau richtig für Sie!

Warum ConnectNow!

Lorem ipsum dolor sit amet, consectetuer sadipscing elitr, sed diam nonumy eirmod tempor invidunt ut labore et dolore magna aliquyam erat, sed diam voluptua. At vero eos et accusam et justo duo dolores et ea rebum. Stet clita kasd gubergren, no sea takimata sanctus est Lorem ipsum dolor sit amet. Lorem ipsum dolor sit amet, consetetur sadipscing elitr, sed diam nonumy eirmod tempor invidunt ut labore et dolore magna aliquyam erat, sed diam voluptua. At vero eos et accusam et justo duo dolores et ea rebum. Stet clita kasd gubergren, no sea takimata sanctus est Lorem ipsum dolor sit amet. Lorem ipsum dolor sit amet, consetetur sadipscing elitr, sed diam nonumy eirmod tempor invidunt ut labore et dolore magna aliquyam erat, sed diam voluptua. At vero eos et accusam et justo duo dolores et ea rebum. Stet clita kasd gubergren, no sea takimata sanctus est Lorem ipsum dolor sit amet.

Duis autem vel eum iriure dolor in hendrerit in vulputate velit esse molestie consequat, vel illum dolore eu feugiat nulla facilisis at vero eros et accumsan et iusto odio dignissim qui blandit praesent luptatum zzril delenit augue duis dolore te feugait nulla facilisi. Lorem ipsum dolor sit amet, consectetuer adipiscing elit, sed diam nonummy nibh euismod tincidunt ut laoreet dolore magna aliquam erat volutpat.

Produkt des Monats

Die komplette Business-Website

Starten Sie durch im Online-Business

Design
Programmierung / Umsetzung
SEO

€ 990,-

Unsere Partnerfirmen:

NetzProf
SuperMen Inc.
Huge Superstores

Impressum

Sitemap

Wir sind mit dem Kopfbereich hier noch nicht ganz fertig, schließlich gehört die Liste rechts oben – zumindest wenn man das Design begutachtet
– noch dazu. Da wir aus semantischen Gründen die #nav2 ausgelagert
haben sprechen wir diese nun direkt an und werden die Listenelemente
horizontal anordnen. **Achtung:** Wir müssen hier die Listenelemente selbst
ansprechen – also `li`. Fügen Sie diese Zeilen in Ihr CSS ein...

```
ul#nav2 li {

    display: inline;

}
```

Home Über uns Kontakt Support

... und schwupps, werden die Elemente nun nebeneinander angeordnet.
Was ist genau passiert?

Der `display`-Wert inline verändert die Darstellungsweise des Elements. Da
Listenelemente standardmäßig als sich automatisch ausdehnende Block-
Elemente angezeigt werden, haben wir dies nun so abgeändert, dass es
quasi als Inline-Element behandelt wird – in etwa wie normaler Fließtext
(der ja auch immer nebeneinander angeordnet wird).

Weil wir jetzt Inline-Elemente daraus gemacht haben, müssen wir die
Aufzählungszeichen als Hintergrundgrafik realisieren. Wichtig: Sie können
list-style-image in diesem Fall nicht verwenden, um grafische Aufzählungszeichen zu verwenden, weil nur Elemente mit der Eigenschaft display: list-
item ein solches Bild erhalten. Um den Umweg mittels Hintergrundgrafik
zu gehen, schreiben Sie bitte diese zwei Zeilen dazu:

```
ul#nav2 li {

    display: inline;

    background: url(images/pfeil_re.png) no-repeat;

    padding: 0 10px;

}
```

Wie Sie sehen, haben wir hier einen Innenabstand verwendet, um den Text im `<li>` ein wenig vom Rand abzusetzen. So ist es möglich, dass das Hintergrundbild hier nicht unterhalb des Textes steht, sondern frei durchscheinen kann. Setzen Sie nun noch die gesamte Liste etwas vom oberen Rand ab, damit sie etwa in der Höhe des Logos platziert ist. Verwenden Sie dazu wieder einen Außenabstand – diesmal jedoch beim `ul` selbst, da wir ja die gesamte Liste und nicht nur die einzelnen Listenelemente von oben heruntersetzen wollen:

Connect!Now!
wir verbinden Sie mit der Zukunft

▸ Home   ▸ Über uns   ▸ Kontakt   ▸ Support

Werfen Sie einen genauen Blick auf die grauen Pfeile oberhalb. Fällt Ihnen etwas auf? Jaaa, genau – der Pfeil sollte doch etwas weiter unten sein, damit er in die Mitte der Buchstaben zeigt, oder?! CSS erlaubt genaue Positionsangaben von Hintergründen: Positionieren Sie den Pfeil folgendermaßen:

```
ul#nav2 li {
    display: inline;
    background: url(images/pfeil_re.png) 0px 4px no-repeat;
    padding: 0 10px;
}
```

Wir haben den Pfeil 0 von links und 4px von oben weg positioniert.

▸ Home   ▸ Über uns   ▸ Kontakt   ▸ Support

Ausführliche Details zur Positionierung von Hintergrundbildern finden Sie im folgenden Workshop:

Jedes der vier separaten Listenelemente bekommt durch CSS das Hintergrundbild zugewiesen!

Workshop: Hintergrundgrafiken exakt positionieren und ausrichten

Die Positionierung von Hintergrundbildern ist in CSS äußerst wichtig, weil es die so gut wie einzige Möglichkeit ist, Bildmaterial zum Styling der Seite in Ihre Website zu bekommen. Mit einer simplen Deklaration eines Hintergrundbilds ist es allerdings noch nicht getan – Sie müssen auch noch die Position von Hintergrundgrafiken exakt angeben. Den einfachsten Weg, ein Hintergrundbild zu erstellen, kennen Sie bereits (siehe auch Special Seite 146):

```
/*ein Beispiel-Container */

#eincontainer {

    border: 1px dotted black;

    width: 150px;

    height: 100px;

    background: url(roterpunkt.png);

}
```

Nun gibt es neben den normalen Background-Eigenschaften (`color`, `repeat` etc.) noch die sehr mächtige `position`-Eigenschaft. Positionieren können Sie über den Wert:

```
background-position: <einer/mehrere werte>;
```

Als Werte geben Sie Pixel- oder Prozentzahlen an, die immer ausgehend von links oben zu sehen sind. `background-position: 0 0` bedeutet, dass das Hintergrundbild in der linken oberen Ecke positioniert wird. Sie sollten immer ein `background-repeat: no-repeat` angeben, wenn Sie ein einzelnes Bild positionieren wollen.

top left

Eine weitere Positionierungsmethode ist, statt den px- oder %-Werten `top`/`center`/`bottom` kombiniert mit `left`/`center`/`right` zu verwenden:

`background-position: right top` steht synonym für `background-position: 100% 0%`, wobei Sie die geschriebenen Werte vertauschen können, die Zahlenwerte jedoch nicht. Bei Letzteren steht zuerst der Wert <von links> und danach der Wert für <von oben>. Wenn Sie viel mit Hintergrundgrafiken zu tun haben, sollten Sie sich die Kurzschreibweise gut einprägen:

right top

Eine Kurzschreibweise für Hintergründe

```
background: <farbe> <url> <positionswerte> <attachment-werte> <repeat-werte>;
```

Die Werte sind optional. Sie können Werte auch ganz weglassen (wie unten beispielsweise <farbe> immer weggelassen wurde).

Für den rechts zentrierten Punkt (im Bild rechts) würden Sie mittels Kurzschreibweise folgende CSS-Zeile schreiben:

```
/* 1. Abb.: rechts zentriert */

background: url(roterpunkt.png) right center no-repeat;
```

Noch mehr Beispiele:

```
/* 2. Abb.: komplett zentriert */

background: url(roterpunkt.png) center center no-repeat;

background: url(roterpunkt.png) 50% 50% no-repeat;

/* 3. Abb.: 80px von links / 0px von oben */

background: url(roterpunkt.png) 80px 0px no-repeat;
```

Sehr interessant ist die Positionierung mit repeat-Werten. Damit können Sie beispielsweise auf Websites den Eindruck von echten Spalten erzeugen, auch wenn die Spalte gar nicht wirklich bis ganz zum Seitenende geht. Diese Methode ist bekannt unter dem Namen **Faux Columns** (= gefälschte Spalten). Bei wiederholenden Bildern wird vom positionierten Punkt ausgegangen. Im folgenden Beispiel ist die Mitte der Ausgangspunkt – oben und unten passen die Hintergrundbilder nicht mehr vollständig und werden abgeschnitten (s. Abb. 4).

```
/* 4. Abb.: */

background: url(roterpunkt.png) center center repeat-y;
```

Abb 1. right center

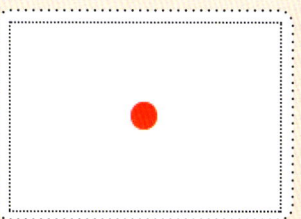

Abb 2: center center / 50% 50%

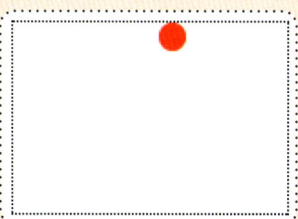

Abb 3. 80px 0px

Abb 4. center center repeat-y

Eine kleine Übung – wie würden Sie dieses Abbild in CSS umsetzen?

Um die Lösung zu sehen halten Sie einfach einen Spiegel an diese Stelle unterhalb ;-).

background: url(roterpunkt.png) bottom left repeat-x;

Die Lösung (z.B.):

Unterschiedliche Link-Farben für verschiedene Seitenbereiche definieren

Wenn Sie nur den Selektor a verwenden, um Links zu stylen, sprechen Sie alle Links des gesamten Dokuments an. Sie können somit sehr leicht die Farbe für alle Links ändern. Wollen Sie jedoch unterschiedliche Farben in bestimmten Seitenteilen einsetzen, empfiehlt es sich, die Hauptfarbe durch eine spezifisch angegebene zu überschreiben.

In unserem Dokument werden wir also zuerst die Links „global" färben. Legen Sie dazu folgende Codezeile an:

```
a { color: black; }
```

Als Nächstes kümmern wir uns um spezifischere Link-Teile. Der Content-Bereich sowie der unterstützende Bereich sollen die Link-Farbe Rot erhalten. Sie müssen also, um die „globale" Link-Farbe zu überschreiben, nun spezifischere bzw. genauere Angaben machen. Das machen Sie mittels Verschachtelungen im CSS. Selektieren Sie zuerst den content-Container und geben Sie dahinter alle Anker-Elemente – die Links – an:

```
#content a { color: red; }
```

Und im letzten Schritt werden wir sogar noch spezifischer:

```
#navigation #main_nav a { color: #d1e2ff; }
```

Diese ganz genaue und spezifische Angabe wäre eigentlich nicht notwendig – es würde auch reichen, wenn Sie #navigation a schreiben. Dennoch wollen wir hier verdeutlichen, dass Sie die Spezifität immer weiter „verschachteln" können. Die Farbe #d1e2ff ist übrigens ein sehr helles Blau, wie im Grafikdesign vorgesehen.

Alternative Deklarationen

Alternativ hätten Sie übrigens die global definierte Link-Farbe weglassen und stattdessen die Navigation rechts oben und die Fußzeile gemeinsam ansprechen können. Es gibt – wie so oft in CSS – mehrere Möglichkeiten, Dinge zu realisieren. Der Code dafür hätte so ausgesehen:

```
ul#nav2 a, #footer a { color: black; }
```

color: black für
das sekundäre
Menü sowie die
Fußzeile

color:
#d1e2ff für die
Hauptnaviga-
tion.

Connect!Now!
wir verbinden Sie mit der Zukunft

▷ Home   ▷ Über uns   ▷ Kontakt   ▷ Support

Wollen Sie durchstarten? Dann sind wir genau richtig für Sie!

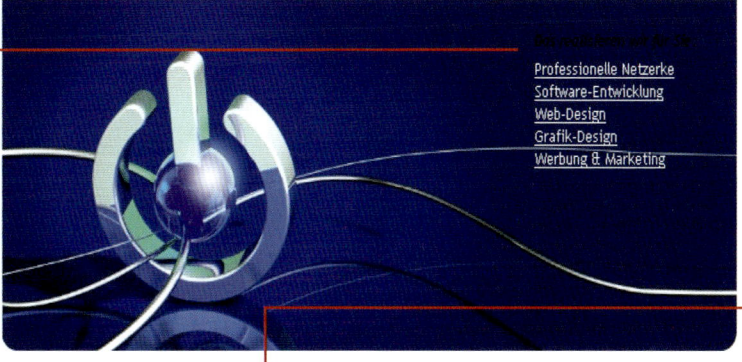

Professionelle Netzerke
Software-Entwicklung
Web-Design
Grafik-Design
Werbung & Marketing

Warum ConnectNow!

Lorem ipsum dolor sit amet, consectetuer sadipscing elitr, sed diam nonumy eirmod tempor invidunt ut labore et dolore magna aliquyam erat, sed diam voluptua. At vero eos et accusam et justo duo dolores et ea rebum. Stet clita kasd gubergren, no sea takimata sanctus est Lorem ipsum dolor sit amet. Lorem ipsum dolor sit amet, consetetur sadipscing elitr, sed diam nonumy eirmod tempor invidunt ut labore et dolore magna aliquyam erat, sed diam voluptua. At vero eos et accusam et justo duo dolores et ea rebum. Stet clita kasd gubergren, no sea takimata sanctus est Lorem ipsum dolor sit amet. Lorem ipsum dolor sit amet, consetetur sadipscing elitr, sed diam nonumy eirmod tempor invidunt ut labore et dolore magna aliquyam erat, sed diam voluptua. At vero eos et accusam et justo duo dolores et ea rebum. Stet clita kasd gubergren, no sea takimata sanctus est Lorem ipsum dolor sit amet.

Duis autem vel eum iriure dolor in hendrerit in vulputate velit esse molestie consequat, vel illum dolore eu feugiat nulla facilisis at vero eros et accumsan et iusto odio dignissim qui blandit praesent luptatum zzril delenit augue duis dolore te feugait nulla facilisi. Lorem ipsum dolor sit amet, consectetuer adipiscing elit, sed diam nonummy nibh euismod tincidunt ut laoreet dolore magna aliquam erat volutpat.

Impressum

Produkt des Monats

Die komplette Business-Website

Starten Sie durch im Online-Business

Design
Programmierung / Umsetzung
SEO

€ 990,-

Unsere Partnerfirmen:

NetzProf
SuperMen Inc.
Huge Superstores

color: red für
den Inhalts- und
den unterstüt-
zenden Inhalts-
bereich

Sitemap

Die Hauptnavigation #main_nav gestalten

Wir haben den Kopfbereich der Seite nun abgeschlossen und können uns als Nächstes um die Hauptnavigation der Seite kümmern. Was ist zu tun?

Werfen wir diesbezüglich wieder mal einen Blick auf unser Grafikdesign:

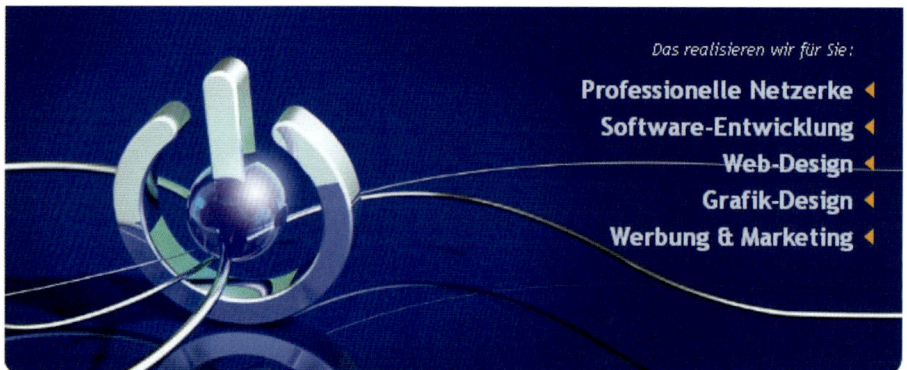

Die Farbgebung der Links ist ja bereits abgeschlossen. Bleiben also noch die Textgestaltung für die Überschrift „Das realisieren wir für Sie" und die fetteren Link-Texte. Und natürlich müssen wir die Aufzählungszeichen auch noch rechtsbündig anzeigen.

Kümmern wir uns zunächst um die Ausrichtung der Texte. Diese soll in diesem Fall rechtsbündig sein. Und zwar wollen wir hier den gesamten Navigationsblock rechtsbündig ausrichten. Ändern Sie dazu Folgendes im #main_nav-Container:

```
#navigation #main_nav p { text-align: right; }
```

Wir sprechen hierdurch den einen Absatz an, der sich innerhalb des #main_nav-div-Containers befindet. Als Nächstes geben wir dem gesamten #main_nav die Farbe Weiß. Das machen wir sicherheitshalber für alle Elemente in diesem Container, weil wir ja einen dunklen Hintergrund haben. Durch die Vererbung brauchen wir dies jedoch nur einmal für den Hauptcontainer anzugeben.

```
#navigation #main_nav {

    ... /* <- hier stehen die Layout-Eigenschaften (Seite 252) */

    color: white;

}
```

Wenn Sie einen Blick in den HTML-Quellcode werfen, sehen Sie, dass in unserem `#main_nav` sowohl ein Absatz-Element als auch eine Liste enthalten sind.

Kommen wir nun dazu, die Navigationselemente selbst zu gestalten:

```
#navigation #main_nav ul {

    margin-top: 10px;

    font-size: 140%;

    font-weight: bold;

}
```

Wir haben die Schriftgröße mittels font-size erhöht und gleichzeitig fett gedruckt.

Im Browser sollte Ihre Navigation nun etwa so aussehen:

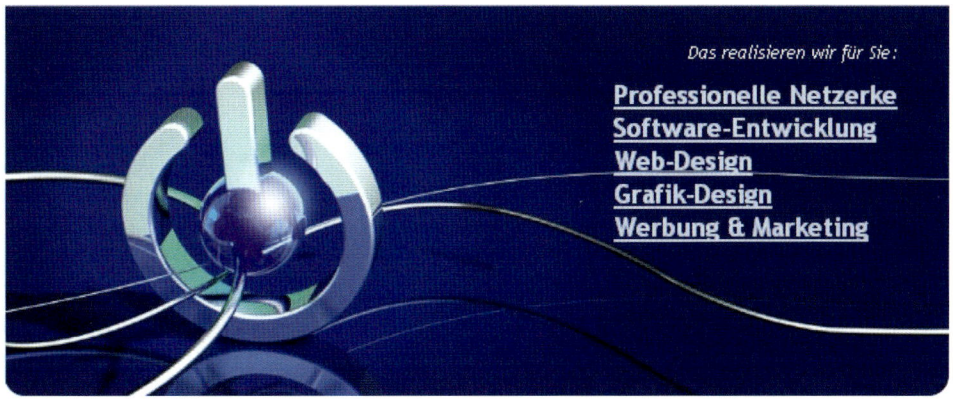

Listen mit rechtsbündigen, wechselnden Aufzählungszeichen

Im folgenden Special lernen Sie, wie Sie rechtsbündige Aufzählungszeichen bei Listen realisieren. Das Problem dabei: Auch wenn Sie Listenelemente mittels `text-align: right` ausrichten, werden die Aufzählungszeichen, seien es Bilder oder nur normale Punkte, immer links davon stehen. Im umzusetzenden Grafikdesign sind diese jedoch rechts von den Links zu sehen. Durch den schon vorhin für alle Listen global definierten Wert `list-style-type: none` sind bereits alle Aufzählungszeichen verschwunden. Wie im Menü des Kopfbereichs definieren wir nun eigene Listenbilder für unser Navigationsmenü. Selektieren Sie alle Listenelemente in der Liste des `#navigations`- bzw. des `#main_nav`-Containers:

```
#navigation #main_nav ul li {

    margin-bottom: 4px;

    list-style-image: url("images/li_pfeil_rtl.png");

}
```

Damit der Abstand zwischen den Listeneinträgen etwas größer wird, haben wir hier übrigens noch einen 4px-Abstand nach unten definiert (`margin-bottom`). Bei der ersten Abbildung links sehen Sie die linksbündigen Aufzählungszeichen. Geben Sie nun der Liste `#navigation #main_nav ul` testweise den Wert `text-align: right` und schauen Sie, was passiert (s. zweite Abb.):

Die als Bild definierten Aufzählungszeichen sind standardmäßig immer links vom Text platziert.

Trotz `text-align: right` bleiben die Aufzählungsbildchen hier links vom Text.

Die Lösung dieses Problems nennt sich `rtl`. (Nein, nicht der Fernsehsender!) Mit CSS legen Sie fest, aus welcher Richtung ausgehend Text gezeichnet wird. Es gibt ja bekanntlich auch Sprachen, die von rechts nach links geschrieben werden, und CSS berücksichtigt diese Möglichkeit. `rtl` bedeutet hier „Right To Left". Verwenden Sie in Kombination damit `direction`. Es ist ein Attribut, das Sie im `ul` und nicht in den `li`s selbst angeben müssen:

```
#navigation #main_nav ul {

    margin-top: 10px;

    font-size: 140%;

    direction: rtl;

    font-weight: bold;

}
```

Wir geben hier also vor, dass unsere Sprache von rechts nach links geschrieben wird und schwupps, befinden sich auch unsere Aufzählungszeichen auf der rechten Seite (s. erste Abbildung unten).
Kümmern wir uns nun noch um die wechselnden Listenbilder. Wenn Sie mit der Maus über ein Listenelement fahren, soll sich das Listenbild ändern. Dazu vergeben Sie die Pseudoklasse `hover`, die auf viele Elemente anwendbar ist. Kopieren Sie den Teil des vorigen Blocks, in welchem Sie das Listenbild definiert haben, und geben Sie dem `li` die Pseudoklasse hover:

```
#navigation #main_nav ul li:hover {

    list-style-image: url("images/li_pfeil_rtl_hover.png"); }
```

Pseudoklassen erben alle zuvor definierten Eigenschaften – Sie brauchen also keinen `margin-bottom` mehr anzugeben.

Die Pseudoklasse `:hover` wird hier auf `li` angewendet, um einen Mouse-Over-Effekt zu erzielen.

Durch `direction: rtl` werden auch die Listenelemente rechtsbündig ausgerichtet.

CSS-Hintergrund verwenden

Den Slogan stylen

Den Slogan oberhalb des Hauptmenüs haben wir in HTML als `blockquote`-Tag (s. HTML-Code auf Seite 211) realisiert. Diesen sprechen wir nun an, um eine Hintergrundgrafik einzufügen. Zuerst formatieren wir den Text dieses `blockquote` noch fett:

```
#branding_2 blockquote { font-weight: bold; }
```

Unser Hintergrundbild ist bereits für die Breite dieses Designs angepasst. Wir brauchen es also nur noch als Hintergrundbild zu definieren. Wir werden das Bild allerdings nicht dem `blockquote` selbst, sondern dem umliegenden Container geben:

```
#branding_2 {

    background: url(images/teasertext_bg.png) no-repeat;

    color: white;

}
```

Das Hintergrundbild teasertext_bg.png finden Sie im Ordner 02_Prototyp/3_design_start/images/.

Wenn Sie sich das nun in Ihrem Browser ansehen, werden Sie gleich feststellen, dass das Ganze so nicht sonderlich gut aussieht: Der Text steht einfach zu sehr am Rand – wir müssen ihn also ein wenig nach innen setzen.

```
#branding_2 {

    background: url("images/teasertext_bg.png") no-repeat;

    color: white;

    padding: 7px 20px 5px 20px;

}
```

Das Hintergrundbild endet, dadurch scheint der weiße Hintergrund des Dokuments durch.

Schon besser! Aber jetzt tritt ein weiteres Problem auf, auf das Sie auch bei eigenen Websites – wenn Sie mit Hintergründen arbeiten – stoßen werden: Das Hintergrundbild endet und der (in unserem Fall weiße)

Hintergrund scheint durch. Wir müssen also eine Farbe definieren. Allerdings nicht irgendeine – es muss eine sein, die an dieses Hintergrundbild anschließen kann. In unserem Fall ist das Bild ein schwacher Verlauf
zwischen Rottönen. Das Bild befindet sich standardmäßig ganz oben. Also
bietet es sich natürlich an, den Farbton des Pixels am Ende des Verlaufs
als Hintergrundfarbe zu nehmen, damit ein fließender Übergang entsteht.

```
#branding_2 {

    background: #6a0000 url("images/teasertext_bg.png")
                no-repeat;

    color: white;

    padding: 7px 20px 5px 20px;

}
```

Wollen Sie durchstarten? Dann sind wir genau richtig für Sie!

Vergrößerte
Ansicht:

Sie ver-
wenden
den Farbton
des letzten
Pixels als
Hinter-
grundfarbe,
um einen
fließenden
Verlauf zu
erhalten.

Die abgerundeten Ecken des Hintergrundbilds sind nun natürlich nicht
mehr gut sichtbar – um die abgerundeten Ecken kümmern wir uns aber
ohnehin noch später ausführlich (s. Special ab Seite 267).

Das Ganze sieht schon gut aus – jetzt brauchen wir nur noch eine dünne
Haarlinie zwischen dem Slogan-Container und dem Hauptnavigationsbe-
reich. Hier bietet es sich jetzt an, einfach einen Pixel Abstand dazwischen-
zuschieben:

```
#branding_2 {

    background: #6a0000 url("images/teasertext_bg.png") no-repeat;

    color: white;

    padding: 7px 20px 5px 20px;

    margin: 0 0 1px 0;

}
```

Wollen Sie durchstarten? Dann sind wir genau richtig für Sie!

Perfekt! Der Branding-Bereich mit dem Slogan ist fertig und wir können
uns als Nächstes um den Inhaltsbereich kümmern!

Der Content-Bereich #content_main

Willkommen beim leichtesten Teil des Styling-Abschnitts dieser Designumsetzung! Der Hauptinhaltsbereich benötigt im Gegensatz zum unterstützenden Bereich `#content_supp` nur wenig Arbeit. Wir müssen lediglich den Text ein wenig ausrichten und eine Hintergrundfarbe vergeben. Als Hintergrundfarbe wollen wir ein sanftes, helles Grau, das sich nur ein bisschen vom sonst weißen Hintergrund abhebt.

```
#content #content_main {

    width: 370px;

    background: #e3e3e3;

    padding: 20px;

    float: left;

}
```

Der Weißraum, den wir vorsichtshalber bei der Layoutphase zwischen Haupt- und Sekundärbereich freigehalten haben (s. Abb. links), wird nun durch das `padding` ausgefüllt. Warum? Wie Sie im Box-Modell-Abschnitt gelesen haben, berechnet sich die Breite eines Containers aus der angegebenen Breite (`width`) sowie den Innen- und Außenabständen dieses Containers. In diesem Fall beträgt die Breite also 370+2x20px (Innenabstände links und rechts). Aus diesem Grund wird der Hauptcontainer also größer als die eigentlich angegebene `width`.

Unterhalb sehen Sie, wie sich der Content-Bereich ausgedehnt hat.

Warum ConnectNow!

Lorem ipsum dolor sit amet, consectetuer sadipscing elitr, sed diam nonumy eirmod tempor invidunt ut labore et dolore magna aliquyam erat, sed diam voluptua. At vero eos et accusam et justo duo dolores et ea rebum. Stet clita kasd gubergren, no sea takimata sanctus est Lorem ipsum dolor sit amet. Lorem ipsum dolor sit amet, consetetur sadipscing elitr, sed diam nonumy eirmod tempor invidunt ut labore et dolore magna aliquyam erat, sed diam voluptua. At vero eos et accusam et justo duo dolores et ea rebum. Stet clita kasd gubergren, no sea takimata sanctus est Lorem ipsum dolor sit amet. Lorem ipsum dolor sit amet, consetetur sadipscing elitr, sed diam nonumy eirmod tempor invidunt ut labore et dolore magna aliquyam erat, sed diam voluptua. At vero eos et

Produkt des Monats

Die komplette Business-Website

Starten Sie durch im Online-Business

Design
Programmierung / Umsetzung
SEO

€ 990,-

Unsere Partnerfirmen:

NetzProf

Der sekundäre Inhaltsbereich #content_supp

Im Vergleich zum primären Inhaltsbereich ist dieser Teil umfangreicher, da
wir uns hier mit unterschiedlichen Klassen, Hintergrundbildern und ge-
mischten Textausrichtungen beschäftigen müssen. Werfen wir kurz einen
Blick zurück in den HTML-Code:

```
<div id="content_supp">

        <div class="teaserbox">

            <h2>Produkt des Monats</h2>

            <h1>Die komplette Business-Website</h1>

            <h2>Starten Sie durch im Online-Business</h2>

            <ul>

                <li>Design</li>

                <li>Programmierung / Umsetzung</li>

                <li>SEO</li>

            </ul>

            <p class="preis"><em> &euro; 990,-</em></p>

        </div>

        <div class="normalbox">

        ...

    </div>
```

In diesem Seitenteil haben wir Klassen für die einzelnen Boxen vergeben,
das ermöglicht uns ein unterschiedliches Styling. Für die Teaserbox haben
wir einen zarten Rotverlauf als Bild abgespeichert. Das Bild ist nur einen
Pixel breit, da wir es horizontal wiederholen lassen werden. Wir werden
als Erstes den Hintergrund für diese Box einfügen. Selektieren Sie diese
Klasse und schreiben Sie folgendes CSS:

```
#content_supp .teaserbox {

    background: url("images/teaser_bg.png") repeat-x;

    color: white;

}
```

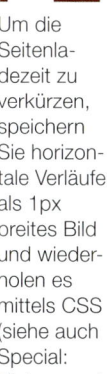

Um die
Seitenla-
dezeit zu
verkürzen,
speichern
Sie horizon-
tale Verläufe
als 1px
breites Bild
und wieder-
holen es
mittels CSS
(siehe auch
Special:
Hintergrund
Seite 146).

Ohne Hintergrundfarbe scheint nach dem Verlaufshintergrund der weiße Hintergrund der Seite durch (links). Durch die weiße Schriftfarbe sieht man den Text nicht mehr. Nach Vergabe der Farbe des letzten Pixels erzeugen wir einen durchgehenden Verlauf (rechts).

Wie schon einige Seiten zuvor beschrieben, sollte der Verlauf, sobald er aus ist, unten mit einer weiteren Hintergrundfarbe versehen werden, damit das Weiß des Dokuments nicht durchscheinen kann. Hierfür fügen wir die Farbe #5c0000 hinzu und erhalten somit eine schöne durchgehende Farbe. Das Gute daran: Die Box kann sich beliebig vertikal ausdehnen, sie wird stets mit der angegebenen Farbe aufgefüllt.

Geben wir nun unserer .normalbox noch schnell eine durchgehende Hintergrundfarbe:

```
#content_supp .normalbox {

    background: #e3e3e3;

    color: #001b5e;

}
```

Neben dem grauen Hintergrund haben wir auch noch sattes Marineblau für den Text genommen.

Als Nächstes kümmern wir uns um die Innenabstände – der Text soll natürlich nicht direkt am Rand kleben. Kombinieren Sie die Teaserbox- und die Normalbox-Klasse in einer mehrfachen Auswahl – so können wir Doppelangaben vermeiden, im gleichen Zuge erhalten wir wieder Einheitlichkeit:

```
#content_supp .teaserbox, #content_supp .normalbox {

    padding: 20px;

    margin-bottom: 10px; }
```

Ein kleiner Ausflug ins CSS-Boxmodell

Vielleicht fragen Sie sich Folgendes, wenn Sie die letzten Seiten akribisch verfolgt haben: Unsere gesamte verfügbare Breite, die durch `#main` definiert wurde, beträgt 710px. Kein darin befindliches Element kann also breiter als 710 Pixel werden. Nun wissen Sie bereits, dass sich die Breite eines Elements durch die angegebene width sowie linkes und rechtes padding und margin zusammensetzt. Der Content-Bereich hat insgesamt bereits eine Breite von 410px (370+2 mal 20px Padding). Unser `#content_supp`-Container hat eine width von 280px. Und eben haben wir wieder zweimal 20px Padding für teaser/normal-boxes vergeben. Das wären also 320px. Zählen wir nun 320 und 410 zusammen, erhalten wir bereits 730px Breite – warum also stehen Content- und Unterstützungsbereich immer noch nebeneinander? Die Antwort ist simpel: Während wir den Padding beim Inhaltsbereich direkt dem `#content`-Container gegeben haben, wurde im letzteren Fall den innerhalb des `#content_supp` liegenden Containern der Padding gegeben. Innerhalb befindliche Container dehnen sich maximal bis zu der Breite aus, die der umliegende Container bekommen hat. Größer als 280px wird der Teaser-Bereich also nie werden. Stattdessen rutscht der Text innerhalb etwas enger zusammen!

Grundlagen und Details zum CSS-Boxmodell finden Sie ab Seite 86.

Durch `margin-bottom` folgt unter allen Teaserboxen ein 10px-Abstand. Dadurch kleben die Boxen nicht direkt aufeinander. Jetzt haben wir unseren Text zwar schöner ausgerichtet, aber die Größe der einzelnen Teile passt nicht, da müssen noch verschiedene Größen rein. Praktisch, dass wir die einzelnen Textteile mit unterschiedlichen Headings ausgezeichnet haben (und nicht mit einzelnen Textabsätzen), die wir nun schön mittels CSS ansprechen können:

```
.teaserbox h1 { color: #ffa200; font-size: 120%; }

.teaserbox h2 { font-size: 110%; }
```

Anstatt nun wie sonst häufig eine ID anzusprechen, wählen wir bei der Deklaration als Initialwert eine Klasse und geben die Überschriften dahinter an. Die bereits global definierten Headings im oberen Teil des CSS werden durch die spezifischere Auszeichnung durch diese überschrieben. Wählen Sie eine kleine Abstufung bei den Überschriftgrößen. Die Hauptüberschrift wird zwar nicht so groß sein wie die ursprüngliche, jedoch vergeben wir eine Farbe #ffa200, um sie etwas hervorzuheben.

Einer der Vorteile von UTF-8: Wenn Sie diesen Zeichensatz verwenden, können Sie das -Zeichen statt € verwenden. Siehe auch Seite 46.

Was jetzt noch fehlt, ist die etwas unscheinbare Auszeichnung des Preises. Wir haben diesen im HTML-Teil folgendermaßen beschriftet und eine Klasse vergeben, um ihn nun leicht ansprechen zu können:

```
<p class="preis"><em> € 990,-</em></p>
```

Sprechen Sie den Preis an und verändern Sie die Größe, die Dicke und die Ausrichtung:

```
.teaserbox .preis {
    font-size: 150%;
    font-weight: bold;
    text-align: right;
}
```

Hätten Sie nicht auch Lust, diese Listenelemente hier („Design", "Programmierung" und „SEO") mit einem Aufzählungszeichen zu versehen? Und soll es vielleicht sogar noch ein „echtes" Zeichen (also weder ein Bild noch eines der vorgefertigten Punkte oder Kreis-Zeichen) sein? Wenn Sie neugierig geworden sind, lesen Sie bitte das folgende Special, in dem Sie sehen, wie Sie mittels CSS zusätzlichen Inhalt in Ihre Website einfügen können.

Special: Zeichen, Text und andere Inhalte mittels CSS einfügen

Mit dem CSS-Attribut `content` ist es möglich, auch nachträglich (und getrennt vom eigentlichen Inhalt) noch Text einzufügen. Besonders nützlich ist dies beispielsweise, wenn Sie Listenelemente mit einem besonderen HTML-Zeichen beginnen lassen wollen, z.B. mit dem franösischen Anführungszeichen » . Anstatt dieses Zeichen in HTML einzufügen (was auch wenig inhaltlichen Sinn für den Benutzer macht), generieren Sie es mittels der CSS-Eigenschaft `content`. Dazu benötigen Sie eine Pseudoklasse, die anzeigt, ob das Zeichen vor oder hinter der aktuellen Position eingefügt werden soll.

Sinnvoll sind in Verbindung mit `content` diese Pseudoklassen:

- » `:before` (für Inhalte davor) und
- » `:after` (für Inhalte nach dem Ende des Elements).

Ein Beispiel:

```
.teaserbox ul li:before {  content: "» "; }
```

Durch dieses CSS wird vor allen Listenelementen `li`, die innerhalb der `teaserbox`-Klasse stehen, ein Doppelpfeil-Zeichen eingefügt. Für Bilder können Sie `url()` ohne Anführungszeichen verwenden – beispielsweise:

```
.teaserbox ul li:before {
    content: url(images/li_pfeil_rtl.png);

}
```

Kombinationen oder Mehrfachangaben sind ebenfalls möglich. Dazu schreiben Sie die Elemente in Anführungszeichen und trennen diese mit einem Leerzeichen voneinander:

```
.teaserbox ul li:before {
    content: url(images/li_pfeil_rtl.png) " " "~ ";

}
```

Achtung: Der **IE6** versteht diesen CSS-Code nicht. Sie können diesen Umstand aber leicht umgehen, indem Sie das IE8-Script einbinden. Mehr zu diesem Script auf Seite 97.

> Design
> Programmierung / Umsetzung
> SEO

Die Liste ohne Aufzählungszeichen

» Design
» Programmierung / Umsetzung
» SEO

Vor den Listenelementen wird mittels content und der Pseudoklasse `:before` ein „echtes" Aufzählungszeichen eingefügt.

◄ ~ Design
◄ ~ Programmierung / Umsetzung
◄ ~ SEO

Hier werden ein Bild und anschließend ein Leerzeichen (es schafft einen Abstand zwischen Bild und Text) sowie das Zeichen für Tilde mit einem Abstand eingefügt.

Special: HTML-Attribute auslesen und mittels CSS überprüfen

Durch eine spezielle Deklaration können Sie auf Attribute zugreifen, die Sie in HTML-Tags vergeben haben. Attribute sind beispielsweise `href` beim `a`-Tag oder `alt` bzw. `title` beim `img`-Tag oder aber auch `name` bei `input`-Tags. Optimal ist das Ganze auch für Formulare, weil Sie hier schnell auf unterschiedliche Input-Felder zugreifen können, ohne Klassen vergeben zu müssen.

Deklarieren Sie z.B. folgenden HTML-Code für ein kleines Formular – er hat keine Relevanz für unseren Business-Website-Prototypen:

```
<form id="registrierung" method="post" action="submit.html">
    <p><input name="vollername" value="Ihr Name"/><br/>
    <input name="adresse" value="Ihre Adresse"/><br/>
    <input name="plz" value="PLZ"/><br/>
    <input type="submit" value="Formular abschicken"></p>
</form>
```

Das Formular sieht im Browser völlig ungestaltet aus (s. Abb. unten links). Mittels CSS überprüfen Sie nun die Namen der Inputfelder, indem Sie direkt hinter den Selektor innerhalb einer eckigen Klammer den Attributtyp schreiben und mittels `=` den Wert vergleichen. Für den Namen würden Sie beispielsweise ein breiteres Input-Feld anzeigen als für die Postleitzahl:

```
input { margin: 5px; }
input[name=vollername] { width: 20em; }
input[name=adresse] { width: 30em; }
input[name=plz] { width: 5em; }
input[type=submit] { background: lightblue; font-size: 14pt; }
```

In der letzten Zeile sehen Sie, dass Sie beispielsweise auch alle Abschicken-Buttons durch diese Technik bequem auf einmal gestalten können. Praktisch oder? Mehr zum Thema Attributselektor lesen Sie auf Seite 72. **Achtung:** Der **IE6** versteht diesen CSS-Code nicht. Der einfachste Workaround: Binden Sie das IE8-Script ein. Mehr zu diesem Script lesen Sie auf Seite 97.

Externe/interne Links unterschiedlich kennzeichnen

In den letzten Specials (S. 263 und 264) haben Sie spezielle Inhalte eingefügt, um eine `liste` mit Aufzählungszeichen (einem Doppelpfeil) zu versehen, und gesehen, wie Sie auf in HTML vergebene Attribute zugreifen. Wir
kombinieren diese beiden Techniken nun und geben dem Benutzer die
Möglichkeit, zu sehen, ob ein von uns in HTML definierter Link auf eine
Sub-Seite unserer Website verlinkt oder ob er auf eine externe URL (und
damit von unserer Seite weg) führt. Beispielsweise können Sie vor einem
Link ein kleines Icon platzieren, das indiziert, dass der Benutzer auf Ihrer
Seite bleibt, sobald er den Link anklickt.

Automatisiert kann CSS dies leider nicht, da es keinen Unterschied zwischen internen und externen Links sieht. Ein Anker/Link ist für CSS eben
einfach nur ein Link auf einen anderen Inhalt – egal wohin er letztendlich
führt. Wenn Sie jedoch im HTML den verlinkten Inhalt als internen oder externen Link deklarieren, haben Sie die Möglichkeit, mittels CSS auf dieses
Attribut zuzugreifen.

Ändern Sie bitte den HTML-Code folgendermaßen ab und fügen Sie das
Attribut `rel` bei den drei Links der `.normalbox` hinzu. Dasselbe machen Sie
mit einem Link im Dummy-Text. Den zweiten Link lassen Sie unangetastet,
damit wir später auch einen Unterschied zwischen internen und externen
Links sehen:

```
<div class="normalbox">

    <h2>Unsere Partnerfirmen:</h2>

    <ul>

        <li><a rel="extern" href="#">NetzProf</a></li>

        <li><a rel="extern" href="#">SuperMen Inc.</a></li>

        <li><a rel="extern" href="#">Huge Superstores</a></li>

    </ul>

</div>
```

und:

```
<p>Lorem ipsum dolor sit amet, <a rel="extern" href="#">consectetuer
sadipscing elitr</a>, sed diam nonumy eirmod tempor invidunt ut labore et
dolore magna aliq ...</p>
```

Im nächsten Schritt wird unser CSS-Code schon ziemlich kryptisch. Wir
kombinieren die letzten beiden Specials miteinander und werden zuerst

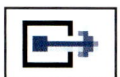

Das Icon, das
hinter einem
externen Link
angezeigt
werden soll

das `rel`-Attribut auf einen gegebenen Wert überprüfen und anschließend über die Pseudoklasse `:after` ein kleines Bild einfügen, welches dem Benutzer zeigen soll, dass er die Website verlässt, wenn er auf diesen Link klickt. Um auf die Links überhaupt zugreifen zu können, schreiben Sie wie gewohnt den CSS-Selektor, um Links anzusteuern, die im `#content`-Container liegen. Direkt hinter dem `a` müssen Sie ohne Abstand überprüfen, ob das in HTML verliehene Attribut `rel` den Wert `extern` hat. Anschließend vergeben Sie die Pseudoklasse `:after`, um zu indizieren, dass etwas nach dem angesprochenen Element (dem Link) eingefügt werden soll.

```
#content a[rel=extern]:after {
    content: " " url(images/link_extern.png); }
```

Über `content` haben wir zuerst ein Leerzeichen eingefügt und anschließend das Icon, das wir zur Kennzeichnung externer Links verwenden wollen.

Natürlich können Sie zusätzlich auch interne Links kennzeichnen, wenn Sie wollen, jedoch macht es nicht so viel Sinn, den Benutzer auf beide Umstände hinzuweisen. Denn aus dem gekennzeichneten externen Link ergibt sich für den Benutzer bereits, dass andere Links auf Unterseiten der Website verweisen (es gibt ja auch nur extern ODER intern und keine dritte Variante). Grundsätzlich sollten Sie den User der Website eher darauf hinweisen, wenn er die Seite verlässt und nicht umgekehrt.

Und so sollten die externen Links nun in Ihrem Browser aussehen:

Optional können Sie auch den umgekehrten Weg nehmen und alle internen Links durch dieses Icon kennzeichnen.

Special: Abgerundete Ecken automatisieren

In der Praxis und im Arbeitsablauf von Website-Entwicklungen sind oft komfortable Lösungen gefragt, die nicht Unmengen an Zeitaufwand benötigen. Bei abgerundeten Ecken sind wir genau bei so einer Herausforderung angekommen.

Eins kurz vorweg: Es gibt zahllose Wege, abgerundete Ecken zu realisieren. Wir wollen Ihnen in diesem Special eine Möglichkeit vorstellen, mit der Sie sehr einfach und ohne großen Aufwand abgerundete Ecken automatisieren können.

Das Nifty-Corners-Script

Bei „Nifty Corners" handelt es sich um Javascript, das in die Website eingebunden wird. Die Vorteile: Es sind keine Bilder im Spiel, die Ladezeit benötigen, und Sie können jeden beliebigen Container, der eine Hintergrundfarbe besitzt, abrunden.

1. Download

Gehen Sie in Ihrem Browser auf die Website der Nifty-Corners: *http://www.html.it/articoli/niftycube/index.html*. Scrollen Sie bis zum Ende der Seite – dort finden Sie den Download-Link zum Script: *http://www.html.it/articoli/niftycube/NiftyCube.zip*.

More than one year has passed from the first version of Nifty Corners. While it was more of a proof of concept, and the second version presented some big improvements, there was still something missing. So here I present Nifty Corners Cube, that are simpler and more flexible than the previous versions. Let's start.

New features

If you're new to Nifty Corners, I suggest to look in particular at the article on the first version to understand the concept behind them. Basically, Nifty Corners are a solution based on CSS and

Ganz unten auf der Website der Nifty-Corners finden Sie den Download-Link zum Javascript.

2. Verlinkung

Im heruntergeladenen Archiv befinden sich viele Beispieldateien. Sie benötigen ausschließlich die .js, und die .css-Datei – kopieren Sie diese bitte direkt in denselben Ordner, in dem auch Ihre index.html-Datei liegt.

Öffnen Sie die index.html und fügen Sie diese Zeile in Ihrem HTML-Code ein, um auf das Script zu verweisen:

```
<!DOCTYPE html
    PUBLIC „-//W3C//DTD XHTML 1.0 Strict//EN"
    „http://www.w3.org/TR/xhtml1/DTD/xhtml1-strict.dtd">
<html xmlns="http://www.w3.org/1999/xhtml" xml:lang="de" lang="de">
<head>
<title>ConnectNow</title>
<meta http-equiv="Content-Type" content="text/html;charset=UTF-8"/>

<link rel="stylesheet" type="text/css" media="screen" href="screen.css"/>
  <script type="text/javascript" src="niftycube.js"></script>
</head>
```

3. Den Container auswählen, der abgerundet werden soll

Der Vorgang könnte einfacher nicht sein: Sie geben die ID oder die Klasse eines Containers und dessen gewünschten Abrundungsradius an und das Script erledigt den Rest für Sie. Um das zu tun, rufen Sie die Nifty()-Funktion folgendermaßen auf:

```
<script type="text/javascript" src="niftycube.js"></script>
<script type="text/javascript">
window.onload = function() {
    Nifty("div#content_main","big");
}
</script>
</head>
```

In der dritten Zeile wird es nun für uns interessant: Die Nifty()-Funktion wird aufgerufen und es werden zwei Werte übergeben; zuerst notieren Sie den Container selbst, der abgerundet werden soll, und anschließend noch den vordefinierten Wert der Abrundung. „Big" steht in diesem Fall für einen großen Abrundungsradius. Wenn Sie nun die Seite speichern und im Browser laden, wird der Container #content_main abgerundete Ecken haben:

Warum ConnectNow!

Übersicht: Mögliche Angaben beim Aufruf der Nifty()-Funktion:

Mögliche Eckenangaben	
tl	oben links
tr	oben rechts
bl	unten links
br	unten rechts
top	beide Ecken oben
bottom	beide Ecken unten
left	beide Ecken links
right	beide Ecken rechts
all (default)	alle Ecken (Standardwert)
none	keine Ecken abrunden
Mögliche Stärken der Abrundung	
small	kleiner Radius (2px)
normal (default)	der Standardradius (5px)
big	großer Radius (10px)
Zusatzoptionen	
transparent	transparenten Hintergrund festlegen
fixed-height	muss angegeben werden, wenn eine mittels CSS eine fixe Höhe definiert wurde

Sie können folgende Selektoren verwenden, um ein Element mittels der Nifty()-Funktion anzusteuern:

- » simpler Tag-Selektor: z.B. `p` oder `h1`
- » mittels ID: z.B. `#content_main` oder `div#content_main`
- » mittels Klassen: z.B. `.teaserbox`
- » mittels gruppierter Selektoren: z.B. `h1,h2,h3` oder `#content,.teaserbox`
- » mittels spezifischerer Angabe über Klassen oder IDs: z.B. `#content_main p` oder `.teaserbox h2`

Weitere Container ansprechen: Für jeden angesprochenen Container rufen Sie erneut die Nifty()-Funktion auf, wie Sie gleich sehen werden, wenn wir unsere abgerundeten Ecken erweitern. Mit dem Script haben Sie umfangreiche andere Möglichkeiten. Unterhalb sehen Sie den Code, den Sie schreiben müssen, wenn Sie die Teaserboxen ansprechen wollen. In diesem Fall bekommen diese Teaser- und Normalboxen nun ein abwechslungsreicheres Aussehen. Nur die linke obere und die rechte untere Ecke sollen abgerundet werden:

```
<script type="text/javascript">

window.onload = function(){

    Nifty("div#content_main","big");

    Nifty("div.teaserbox","big transparent tl br");

    Nifty("div.normalbox","big transparent tl br");

    Nifty("div#branding_2","big transparent tl tr");

}

</script>
```

Wir haben hier mehrere Werte übergeben, zuerst den Radius „big" und dahinter mit Leerzeichen getrennte Zusatzoptionen. „Transparent" bedeutet, dass die Hintergrundfarbe durchscheinen soll, tl bedeutet top left, br bedeutet bottom right. Somit werden oben links und unten rechts abgerundete Ecken für unsere Teaserboxen erstellt (s. Abb. rechts). Weitere Optionen entnehmen Sie der Optionen-Übersicht auf der vorigen Seite.

Achtung: Bilder lassen sich mit den Nifty-Corners leider nicht abrunden. Aus diesem Grund muss für diese Website das Teaser-Bild manuell in einem Grafikprogramm bearbeitet werden.

Vorteile des Scripts

+ automatisch abgerundete Ecken in unterschiedlichsten Ausführungen
+ keine Bilder notwendig
+ auch bei deaktiviertem Javascript funktioniert die Seite weiterhin problemlos
+ HTML-Code bleibt konform, da Javascript erst nach dem Fertigladen der Seite ausgeführt wird
+ funktioniert einwandfrei auch mit dem IE6

Nachteile des Scripts

− Bilder können nicht abgerundet werden
− Container mit der CSS-border-Eigenschaft für Rahmen können nicht abgerundet werden

Wie funktioniert NiftyCorners?

Nach dem Aufrufen des Javascript ändert Nifty den HTML-Quellcode und fügt einige Inline-Tags zusätzlich ein, die um das abzurundende Objekt gelegt werden. All diesen Tags wird eine CSS-Klasse gegeben, die dann im selben Zuge gestylt wird. Der Trick dabei: Es werden nach und nach Außenabstände angegeben, welche den Eckenbereich verkleinern. Das passiert in mehreren Schritten, bis schließlich eine Rundung erzeugt wird. Die Außenabstände überdecken den Eckenbereich des Containers mit einer gewissen Farbe und erzeugen somit den Eindruck, die Ecke wäre abgerundet. Mehr dazu lesen Sie hier: *http://www.html.it/articoli/nifty/index.html*

Kritik an den Nifty-Corners

Webdesigner Jens Meiert übt zu Recht Kritik an den Nifty-Corners: Normalerweise sollte HTML-Code nicht abgeändert werden, nur um grafische Effekte zu erzeugen. In unserem Fall ist dies nicht so tragisch, da der HTML-Code nur mittels Javascript nachträglich geändert wird. Der Originalcode bleibt unangetastet.

http://meiert.com/en/blog/20080311/great-css-techniques/

Weitere Möglichkeiten, abgerundete Ecken zu erzeugen

Die Seite CSSJuice hat 25 Techniken gesammelt und kurz vorgestellt. Den Blog-Eintrag finden Sie unter: *http://www.cssjuice.com/25-rounded-corners-techniques-with-css/*

Der gesamte CSS-Code im Überblick

Geschafft! Die Website ist nun komplett umgesetzt und somit fertig. Unterhalb finden Sie nochmals den gesamten CSS-Code für Layout und Styling im Überblick. Auch bei Ihnen sollte die Seite nun so aussehen:

▸ Home   ▸ Über uns   ▸ Kontakt   ▸ Support

Wollen Sie durchstarten? Dann sind wir genau richtig für Sie!

Das realisieren wir für Sie:

Professionelle Netzerke ◂
Software-Entwicklung ◂
Web-Design ◂
Grafik-Design ◂
Werbung & Marketing ◂

Warum ConnectNow!

Lorem ipsum dolor sit amet, consectetuer sadipscing elitr ⊞▸, sed diam nonumy eirmod tempor invidunt ut labore et dolore magna aliquyam erat, sed diam voluptua. At vero eos et accusam et justo duo dolores et ea rebum. Stet clita kasd gubergren, no sea takimata sanctus est Lorem ipsum dolor sit amet. Lorem ipsum dolor sit amet, consetetur sadipscing elitr, sed diam nonumy eirmod tempor invidunt ut labore et dolore magna aliquyam erat, sed diam voluptua. At vero eos et accusam et justo duo dolores et ea rebum. Stet clita kasd gubergren, no sea takimata sanctus est Lorem ipsum dolor sit amet. Lorem ipsum dolor sit amet, consetetur sadipscing elitr, sed diam nonumy eirmod tempor invidunt ut labore et dolore magna aliquyam erat, sed diam voluptua. At vero eos et accusam et justo duo dolores et ea rebum. Stet clita kasd gubergren, no sea takimata sanctus est Lorem ipsum dolor sit amet.

Duis autem vel eum iriure dolor in hendrerit in vulputate velit esse molestie consequat, vel illum dolore eu feugiat nulla facilisis at vero eros et accumsan et iusto odio dignissim qui blandit praesent luptatum zzril delenit augue duis dolore te feugait nulla facilisi. Lorem ipsum dolor sit amet, consectetuer adipiscing elit, sed diam nonummy nibh euismod tincidunt ut laoreet dolore magna aliquam erat volutpat.

Produkt des Monats
Die komplette Business-Website
Starten Sie durch im Online-Business

⊞ Design
⊞ Programmierung / Umsetzung
⊞ SEO

€ 990,-

Unsere Partnerfirmen:

NetzProf ⊞▸
SuperMen Inc. ⊞▸
Huge Superstores ⊞▸

Impressum   Sitemap

```
* { margin: 0px; padding: 0px; }


body {


    font-family: "URW Gothic L", "Century Gothic", "Lucida Sans Regular",
"Trebuchet MS", sans-serif;

    /*font-family: "Lucida Grande","Lucida Sans Unicode","Eras Medium
ITC","DejaVu Sans",Helvetica,Verdana,sans-serif;*/

    font-size: 10pt;

}


.serif { font-family: Palatino, "Palatino Linotype", "Hoefler Text",
Times, "Times New Roman", "URW Palatino L", serif }


a { color: black; }
p {

    text-align: justify;

    margin: 5px 0px;

}


h1,h2,h3 { margin: 0 0 5px 0; }
h1 { font-size: 140%; }
h2 { font-size: 120%; }
h3 { font-size: 100%; }


ul { list-style-type: none;}


#main {

    margin: 0 auto;

    width: 710px;

    padding-bottom: 50px;

    position: relative; /* für nav2 */

}
```

Im Ordner 02_Prototyp/finale_website/ finden Sie die komplette fertige Seite mit allen zugehörigen Dateien.

```css
#branding, #navigation, #content { margin-bottom: 10px; }

#branding {
    border-bottom: 1px dotted gray;
}

ul#nav2 {
    position: absolute;
    top: 0px;
    right:0px;
    margin-top: 75px;
}

ul#nav2 li {
    display: inline;
    padding: 0 10px;
    background: url("images/pfeil_re.png") 0px 4px no-repeat;
}

#branding_2 {
    clear: right;
    background: #6a0000 url("images/teasertext_bg.png") no-repeat;
    padding: 7px 20px 5px 20px;
    color: white;
    margin: 0 0 1px 0;
}
```

```css
#branding_2 blockquote { font-weight: bold; }


#navigation {
    position: relative;
}


#navigation #main_nav a { color: #d1e2ff; }
#navigation #main_nav {
    margin: 20px 40px 0 0;
    color: white;
    position: absolute;
    top: 0px;
    right: 0px;
    text-align: right;
}


#navigation #main_nav p { text-align: right; }
#navigation #main_nav ul {
    margin-top: 10px;
    font-size: 140%;
    direction: rtl;
    font-weight: bold;
}


#navigation #main_nav ul li {
    margin-bottom: 4px;
    list-style-image: url("images/li_pfeil_rtl.png");
}
```

```css
#navigation #main_nav ul li:hover {

    list-style-image: url("images/li_pfeil_rtl_hover.png");

}


#content {

    width: 100%; /*IE6*/

    overflow: auto;

}


#content a { color: red; }
#content a[rel=extern]:after {

    content: " " url(images/link_extern.png);

}


#content #content_main {

    width: 370px;

    background: #e3e3e3;

    padding: 20px;

    float: left;

}
#content_supp {

    float: right;

    width: 280px;

    margin: 0 0 0 10px;

}
#content_supp .teaserbox, #content_supp .normalbox {

    padding: 20px;

    color: white;

    margin-bottom: 10px;

}
```

```
#content_supp .normalbox { background: #e3e3e3; color: #001b5e }

#content_supp .teaserbox { background: #5c0000 url("images/teaser_
bg.png") repeat-x;}


.teaserbox h1 { color: #ffa200; font-size: 120%; }

.teaserbox h2 { font-size: 110%; }

.teaserbox h3 { font-size: 105%; }


.teaserbox ul li:before {

    content: "» ";

}


.teaserbox .preis { font-size: 150%; font-weight: bold; text-align:
right;}



/*#content_supp h2 { background: #001b5e; }*/


#footer {

    border-top: 1px dotted gray;

}


#footer .sitemap {

    float: right;

}
```

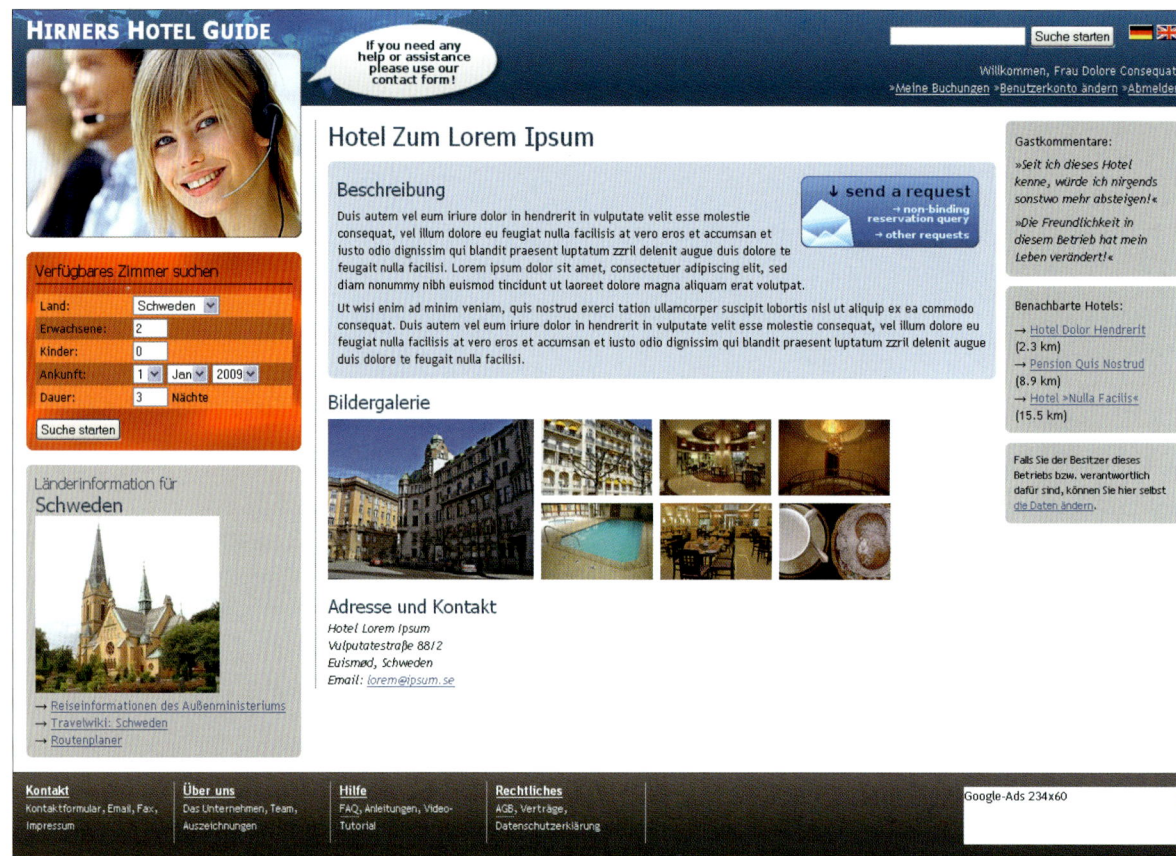

CSS-Features der Portal-Website ....Seite

Prototyp 3

Das Web-Portal

Ein Web-Portal zu erschaffen, ist eine Herausforderung in jeder Hinsicht. Das Design darf nicht zu speziell sein – es muss sich an eine Masse von Leuten richten.

Unseren dritten Prototyp werden wir am Beispiel eines modernen Reiseportals vorstellen. Es sollen in erster Linie viele Hotels präsentiert werden. Um den Hauptbereich tummeln sich viele Informationsblöcke (schnelles Suchformular, Info-Bereich, Sprachauswahl, Site-Search etc.). Wie bei allen Portalen sind hier Inhalte klar im Vordergrund. Und auch für Benutzer-Login und Werbung (z.B. Google-Ads) ist Platz eingeplant. Es wird also eine große Website mit vielen flexiblen Seitenteilen. Das gesamte Layout wird sich zwischen 980 und 1280 Pixel Seitenbreite dynamisch anpassen! Keine Angst: Sollten Sie gerade kein Reiseportal brauchen, können Sie das Design selbstverständlich sehr leicht abändern, indem Sie die Bilder auswechseln und ein paar Farben ändern.

Typische Ziele für Portale

- » viele Inhalte gekonnt aufbereiten, intuitive Unterteilungen
- » zurückgenommene Bilder, Funktionalität im Vordergrund
- » ansprechende Formulare und Tabellen
- » Platz für Werbung einplanen
- » Suche zentral integrieren
- » Mehrsprachigkeit einplanen und schnell deutlich machen
- » Platz möglichst gut ausnutzen

Inhalte des Portals im Überblick

Hauptinhaltsbereich mit Beschreibung, Bildergalerie und Adressblock

Name des Reise-portals, linkt zur Startseite

Teaser-Bild und ein Bild, das zur Support-Seite führt

Ein Formular zur direkten Zimmer-suche mittels Zebra-Tabelle

Länderinforma-tionen mit Bild und Link-Liste für wichtige Informa-tionen zu diesem Land

Einige allgemeine Links für Kunden und Benutzer des Portals

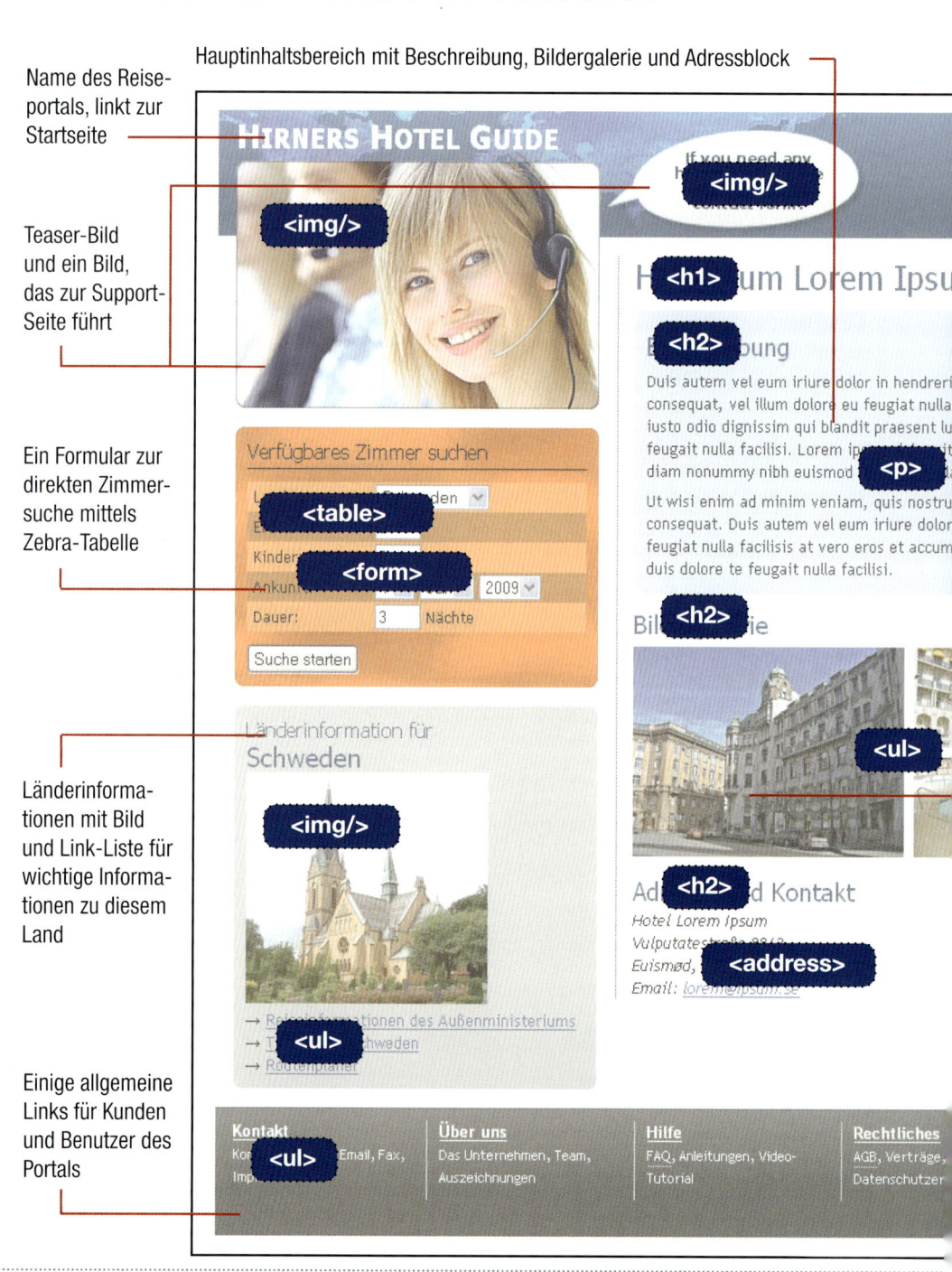

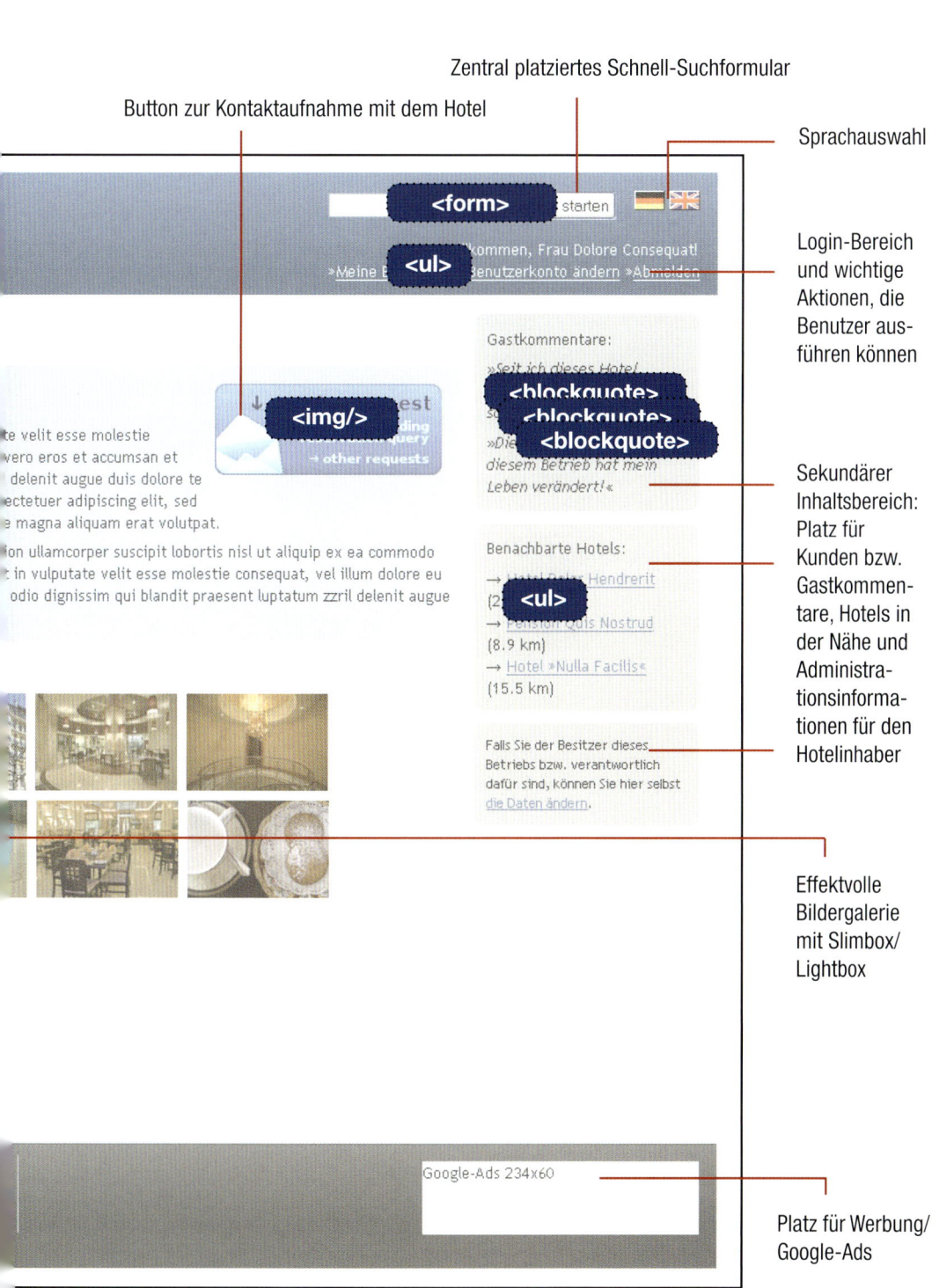

Zentral platziertes Schnell-Suchformular

Button zur Kontaktaufnahme mit dem Hotel

Sprachauswahl

Login-Bereich und wichtige Aktionen, die Benutzer ausführen können

Sekundärer Inhaltsbereich: Platz für Kunden bzw. Gastkommentare, Hotels in der Nähe und Administrationsinformationen für den Hotelinhaber

Effektvolle Bildergalerie mit Slimbox/Lightbox

Platz für Werbung/Google-Ads

Der visualisierte Seitenaufbau

Wie schon in den letzten Prototypen sehen Sie hier visualisiert die Verschachtelung der einzelnen Container. Die Hauptcontainer (graue divs) beinhalten viele weitere Container (blaue divs).

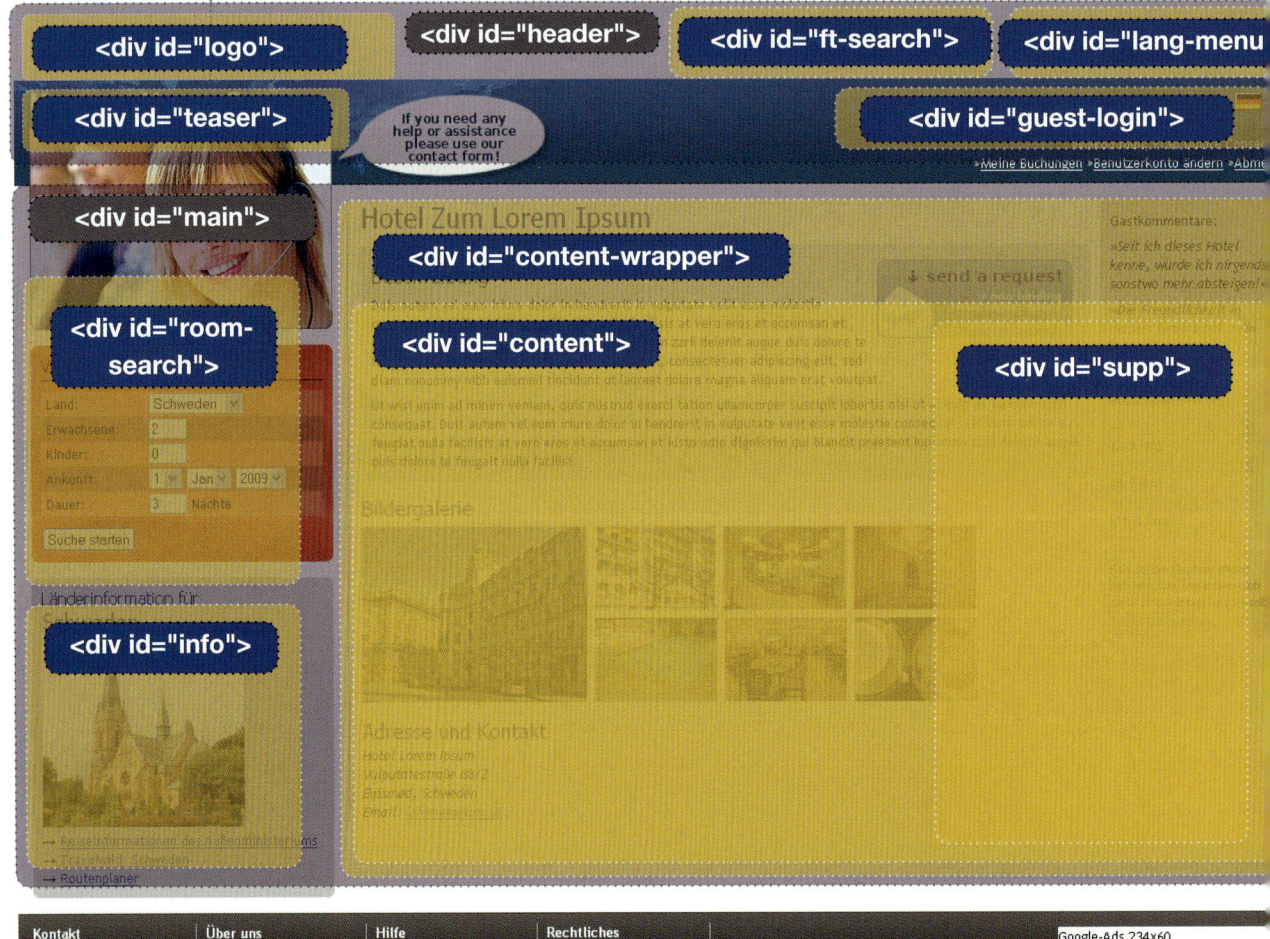

Die Umsetzung im Detail

Das XHTML-Grundgerüst

Die letzten Seiten haben Ihnen schon einmal demonstriert, wie wir den XHTML-Code grundsätzlich strukturieren werden. Der einzige kleine Nachteil, den sehr komplexe Layouts wie dieses hier haben, ist, dass die Semantik – also die richtige Auszeichnung der HTML-Inhalte – in Bezug auf die Anordnung der Inhalte nicht überkorrekt eingehalten werden kann. So steht in unserem Beispiel die Länderinformation vor dem eigentlichen Inhalt. Solche Abstriche können Sie in der Praxis aber in Kauf nehmen. Das wichtigste Kriterium der Semantik, nämlich mit den richtigen Tags gekennzeichnete Inhalte, haben wir auch in diesem Prototyp zur Gänze erfüllt, wovon Sie sich gleich auf den nächsten Seiten überzeugen können.

Die größte Herausforderung ...

... unseres Reiseportals, das wir hier von null weg umsetzen wollen, liegt einerseits in der vollen Ausnutzung der Browser-Breite (wir setzen die Seite als sogenanntes „fluent Layout" um), andererseits in der korrekten Verschachtelung und Positionierung der vielen Inhalte. Diese Website könnte übrigens praxisnaher nicht sein, sie wird demnächst live im Web zu sehen sein und mit Ruby on Rails (ein Framework für die serverseitige Programmierung von dynamischen Seiten) realisiert.

Die Einteilung der Haupt-div-Container

Wir benötigen zur Umsetzung drei voneinander unabhängige div-Container: der erste für den Header, gefolgt von dem Inhalts-Container und abgeschlossen wird dieses Design mit einem eigenen Container für den Fußbereich.

Auf den nächsten Seiten lesen Sie, wie der XHTML-Code für diese Container gestaltet wird! Er stellt die Basis für die CSS-Umsetzung dar.

```
⊟ <div id="header">
    ⊞ <div id="logo">
    ⊞ <div id="lang-menu">
    ⊞ <div id="ft-search">
    ⊞ <div id="guest-login">
    ⊞ <div id="teaser">
  </div>
⊟ <div id="main">
    ⊞ <div id="room-search">
    ⊞ <div id="info">
    ⊞ <div id="content-wrapper">
  </div>
⊟ <div id="footer">
    ⊞ <div id="site-menu">
    ⊞ <div id="footer-ads">
  </div>
```

Die Verschachtelung und die Basiseinteilung der Inhalte visualisiert durch die Firefox-Extension Firebug

Die drei Hauptcontainer

Beginnen Sie damit, die divs für die drei Hauptbereiche zu schreiben und mit IDs zu versehen.

```
<!DOCTYPE html

    PUBLIC „-//W3C//DTD XHTML 1.0 Strict//EN"

    „http://www.w3.org/TR/xhtml1/DTD/xhtml1-strict.dtd">

<html xmlns="http://www.w3.org/1999/xhtml" xml:lang="en">

<head>

    <title>Prototyp &mdash; Hirners Hotel Guide</title>

    <meta http-equiv="Content-Type" content="text/html; charset=UTF-8"/>

</head>

<body>

<div id="header"></div>

<div id="main"></div>

<div id="footer"></div>

</body>

</html>
```

Wir gehen linear vor und starten mit dem Kopfbereich:

Der Header #header

Der Kopfbereich #header der Seite hat schon reichlich Informationen für den Benutzer zu bieten:

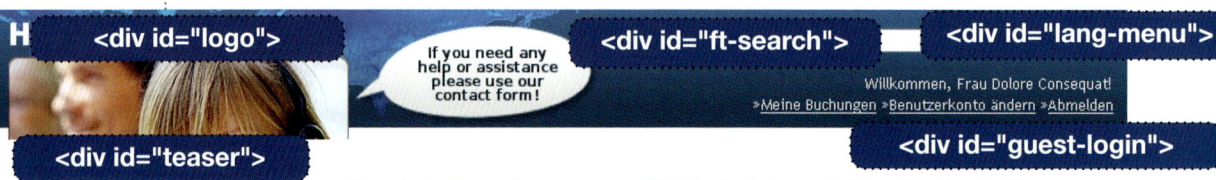

Logo-Bereich #logo (in unserem Fall lediglich verlinkter Text), ein Teaser-Bild #teaser, Wechsel zwischen deutscher und englischer Sprache #lang-menu, ein Suchformular #ft-search und letztendlich noch eine kleine Navigation für die UserInnen #guest-login, sobald diese eingeloggt sind.

Beginnen Sie damit, für jeden dieser Bereiche einen eigenen div-Container zu erstellen, der fortan die zugehörigen Elemente beinhaltet.

Logo, Sprachenauswahl und Suche

Wir erstellen nun drei div-Container mit den IDs logo, lang-menu und ft-search (ft steht hier für fulltext – geplant ist also eine Volltextsuche). Schreiben Sie diese drei zusätzlichen divs innerhalb des Header-div:

```
<div id="header">

    <div id="logo"><a href="/">Hotel Guide</a></div>
```

Bei obigem Code haben wir lediglich Text verlinkt. Wir haben hier keinen h1-Tag verwendet, um den Namen der Seite zu kennzeichnen, weil es hier keine Überschrift in dem Sinne ist.

Die Sprachauswahl der Seite ist über zwei verlinkte Bilder realisiert:

```
    <div id="lang-menu">

        <a href="#" xml:lang="de"><img alt="dt.Version" width="26"
height="16" src="images/lang_de.png"/></a>

        <a href="#" xml:lang="en"><img alt="engl. version" width="26"
height="16" src="images/lang_en.png"/></a>

    </div>
```

Um den Inhalt mittels XHTML bestmöglich zu beschreiben, haben wir bei den Sprach-Links ein XML-Attribut eingefügt, das angibt, in welcher Sprache (xml:lang="") das entsprechende Element (und z.B. der alt-Text) ist.

Als Nächstes benötigen wir ein kleines Formular für die Suche #ft-search:

```
    <div id="ft-search">

        <form action="#">

        <p>

            <label for="ft-search-p" class="hidden">Suchbegriff:</label>

            <input id="ft-search-p" name="p"/>

            <input type="submit" value="Suche starten"/>

        </p>

        </form>

    </div>
```

Geben Sie das xml:lang-Attribut allen Elementen, um die Sprache zu bestimmen, in der das Element „geschrieben" ist.

Ein `label` sollten Sie in Forms immer verwenden – es gibt an, was im zugehörigen `input`-Feld vom Benutzer der Seite eingegeben werden soll. Mit dem Attribut `for` können Sie einen Bezug zum Input-Feld herstellen. Wie in unserem Fall kann es sein, dass in der grafischen Umsetzung jedoch keine Beschreibung des Felds davor stehen soll – deshalb werden wir das Label mittels CSS verschwinden lassen. Genau aus diesem Grund haben wir auch die Klasse `.hidden` vergeben, die wir im späteren Teil der Umsetzung mit CSS ansprechen werden.

Benutzerlogin #guest-login

Für den eingeloggten Benutzer bieten wir eine kleine zusätzliche Navigation, mit deren Hilfe er auf wichtige Bereiche auf der Website zugreifen kann.

Diese kleine Navigation schreiben wir wie gewohnt als ungeordnete Liste:

```html
<div id="guest-login">

    Willkommen, Frau Dolore Consequat!

    <ul>

        <li><a href="#">Meine Buchungen</a></li>

        <li><a href="#">Benutzerkonto ändern</a></li>

        <li><a href="#">Abmelden</a></li>

    </ul>

</div>
```

Die Liste wird mittels CSS horizontal angeordnet (s. Seite 337).

Teaser-Bild

Der Code für das Teaser-Bild ist etwas interessanter. Das Teaser-Bild ist aus zwei Gründen in den Header-Bereich positioniert worden.

1. Im Hauptinhaltsbereich ist es eher unpassend und

2. es ist inhaltlich mit der Sprechblase gekoppelt, die sich ganz eindeutig im Header-Bereich befindet. Wir fassen zusammengehörige Inhaltselemente auch in HTML (durch `div`s) gebündelt zusammen.

Legen Sie nun auch für den Teaser-Bereich (#teaser) ein div an:

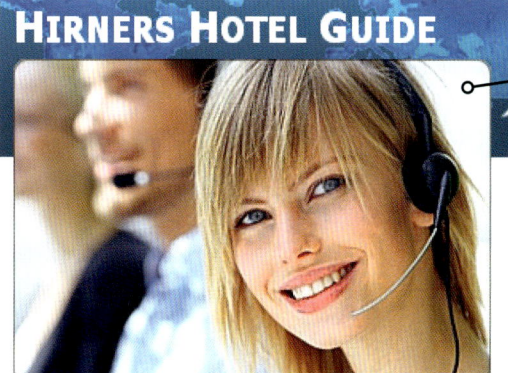

Bündeln Sie (semantisch) zusammengehörige Bilder wie hier (Sprechblase gehört inhaltlich zum Teaser-Bild) in einem gemeinsamen div-Container.

```
<div id="teaser">

    <img alt="" src="images/design/teaser.jpg"/>

    <span class="bubble">

        <a href="#"><img alt="Kontaktformular" src="images/design/
bubble-help-trans.png" width="224" height="90"/></a>

    </span>

</div>

</div> /*Ende des Header-DIVs*/
```

Wir haben das Teaser-Bild innerhalb des Teaser-Containers platziert. Danach haben wir den Link und die Sprechblase mittels span-tag zusammengefasst und diesem eine Klasse gegeben. Wir können somit die Sprechblase samt Link später mit CSS relativ einfach umpositionieren.

Sollten Sie mehrere Inline-Elemente zusammenfassen wollen, ohne ein spezielles Inhaltselement wie p zu verwenden, sollten Sie span in Betracht ziehen.

Wir kümmern uns im
Content-Bereich zuerst
um das Suchformular
und den Info-Block.

Der Hauptcontainer #main

Inhaltsbereich

Sämtlicher Inhalt wird von einem eigenen `div` umgeben, das die ID `main`
bekommt. In diesen `main` werden drei weitere `div`s gepackt – jeweils eines
für die Zimmersuche, den Infobereich darunter und letztendlich für den
Content, den Hauptinhalt der Seite. Wie Sie unterhalb sehen, haben wir
bereits einen Content-Wrapper eingeführt. Dieser ist notwendig, damit
auch der Opera-Browser das Layout später richtig darstellt. Deklarieren
Sie im HTML Folgendes:

```
<div id="main">

    <div id="room-search"></div>

    <div id="info"></div>

    <div id="content-wrapper"><!-- Opera-Browser -->

        <div id="content"></div>

    </div>

</div>
```

Die Zimmersuche #room-search mit form und table

Beginnen Sie mit der Deklaration für den im Grafikdesign orangefarbenen
Teil der Zimmersuche. Fügen Sie eine Überschrift und einen leeren Form-
Tag hinzu. Letzteren werden wir gleich mit einer umfangreichen Tabelle
füllen.

```
<div id="room-search">

    <h1>Verfügbares Zimmer suchen</h1>

    <form action="#"></form>

</div>
```

Auf den nächsten Seiten werden Sie das Formular mittels Tabelle unterteilen. Wenn Sie dabei noch nicht ganz sicher sind, lesen Sie bitte einfach
die Anmerkungen am Rand der Seite. Deklarieren Sie nun innerhalb der
Form eine neue Tabelle mittels `<table>`. Sollte Ihnen der folgende Code zu
lang zu tippen sein, kopieren Sie diesen bitte aus der html-Datei heraus
und fügen Sie ihn in Ihr Dokument ein.

Die Zimmersu-
che besteht aus
einem kleinen
Formular, das
wir mittels Ta-
belle anordnen.

Im Ordner 03_Proto-
typ/2_layout_start/
finden Sie eine
Version der index.
html-Datei, die den
gesamten HTML-
Code beinhaltet.

```
<table>

    <tr class="odd">

        <th><label for="room-search-country">Land:</label></th>

        <td><select id="room-search-country" name="country">

            <optgroup label="Europa">

                <option value="DE">Deutschland</option>

                <option value="AT">Österreich</option>

                <option value="SE" selected="selected">Schweden</option>

                <option value="CH">Schweiz</option>

            </optgroup>

            <optgroup label="USA">

                <option value="USFL">Florida</option>

                <option value="USNY">New York</option>

                <option value="USUT">Utah</option>

                <option value="USTX">Texas</option>

            </optgroup>

            </select>

        </td>

    </tr>

    <tr>

        <th><label for="room-search-no_adults">Erwachsene:</label></th>

        <td><input id="room-search-no_adults" name="no_adults"
value="2" size="2" maxlength="3"/></td>

    </tr><tr class="odd">

        <th><label for="room-search-no_children">Kinder:</label></th>

        <td><input id="room-search-no_children" name="no_children"
value="0" size="2" maxlength="3"/></td>

    </tr>

    <tr>

        <th>Ankunft:</th>

        <td>
```

HTML-Tabellen:
wichtigste Tags

`<table>`

Hiermit umschließen Sie eine neue HTML-Tabelle.

`<th>`

Das Table-Heading wird verwendet, um eine Spalte als Überschrift zu kennzeichnen.

`<td>`

Mit `td` deklarieren Sie eine Spalte/Zelle. Sie können mehrere `td` in eine Zeile setzen.

`<tr>`

Mit `tr` legen Sie eine neue Zeile an, in der sich `th` oder mehrere `td` befinden können.

`<thead>`

Hiermit kennzeichnen Sie einen Block aus einer oder mehreren Zeilen als Überschriftenblock.

`<tbody>`

Wie `thead`, nur wird hiermit der Inhaltsbereich gekennzeichnet.

`<tfooter>`

Kennzeichnet den Fußbereich einer Tabelle (sehr selten in Verwendung).

Formulare:
wichtigste Tags

`<form>`

Hiermit umschließen Sie ein HTML-Formular. Benötigt werden die Attribute: action= die Seite, an die Daten übergeben werden method= die Art der Übergabe (entweder GET oder POST)

`<input type=.../>`

Das Standardeingabefeld. type= bezeichnet den Typ des Eingabefelds. Möglich sind:
type="text"
type="radio"
type="checkbox"
type="submit"
type="image"
(hiermit erstellen Sie grafische Buttons)

Weitere optionale Angaben: value= der gesetzte Standardwert
maxlength= [zahl] die maximale Anzahl an Zeichen
size= angezeigte Größe des Felds

Inputs werden in XHTML mit einem / am Ende geschlossen. Es gibt keinen End-Tag.

`<label for=>`

Kennzeichnung für alle Felder in einem Formular. Verbindung wird über die ID des Eingabefelds hergestellt: z.B. `<label`

```html
            <label for="room-search-arrival-day"
class="hidden">Ankunftsdatum (Tag):</label>

        <select id="room-search-arrival-day" name="arrival-day">

            <option value="1">1</option>

            <option value="2">2</option>

            <option value="...">...</option>

            <option value="31">31</option>

        </select>

        <label for="room-search-arrival-month"
class="hidden">Ankunftsdatum (Monat):</label>

        <select id="room-search-arrival-month" name="arrival-month">

        <option value="1">Jan</option>

        <option value="2">Feb</option>

        <option value="...">...</option>

        <option value="12">Dez</option>

    </select>

    <label for="room-search-arrival-year"
class="hidden">Ankunftsdatum (Jahr):</label>

    <select id="room-search-arrival-year" name="arrival-year">

        <option value="2009">2009</option>

        <option value="2010">2010</option>

        <option value="2011">2011</option>

        <option value="...">...</option>

    </select>

    </td>

</tr>

<tr class="odd">

<th><label for="room-search-days">Dauer:</label></th>

<td><input id="room-search-days" name="days" size="2" maxlength="3"
value="3"/>Nächte</td>

</tr>

</table>

<p><input type="submit" value="Suche starten"/></p>
```

Auf den vorherigen zwei Seiten haben wir hauptsächlich Eingabefelder und Drop-down-Menüs mittels `select` realisiert.

Zu Beginn wurde eine `optgroup`, ein relativ unbekanntes HTML-Element, verwendet, die dazu dient, Optionen in einem Select/Drop-down-Feld inhaltlich zu unterteilen. Sie erleichtern somit dem Benutzer bei vielen Optionen die Übersicht.

Ganz am Ende schicken wir das Formular mit dem `<input type="submit">`-Button ab. Input-Felder müssen immer von einem Element, das als Anzeigeeigenschaft `block` oder `inline-block` hat, oder von einem `table-cell`-Element umgeben sein, sonst erhalten Sie XHTML-Fehler bei der Validierung. Wir haben hier ein einfaches `p` verwendet.

Der Infobereich #info

Der Infobereich der Spalte soll Informationen über das jeweilige Land enthalten.

```
<div id="main">

    <div id="room-search">...</div>

    <div id="info">

        <h1><span class="subtitle">Länderinformation für</span>
Schweden</h1>
```

`for="nachname">` Nachname`</label>` kennzeichnet `<input id="nachname">` als ein Eingabefeld für den Nachnamen.

`<select>`
Das typische Drop-down-Menü; wird mit `<option>`-Tags befüllt.

`<option value=>`
Eine Auswahlmöglichkeit in `select`-Drop-downs. Den Text schreiben Sie zwischen `<option>` und `</option>`. Sie können einem `<option>`-Tag immer einen Wert über `value=` zuweisen.

`<optgroup label=>`
Hiermit gruppieren Sie mehrere zusammengehörige `option`-Tags, wie in unserem Fall die Länder einzelner Kontinente. Mittels `label=` können Sie eine Gruppe benennen.

`<button>`
Ein Button, der HTML-Inhalt (z.B. Bild und daneben Text) erlaubt.
`type="submit"` (schickt ein Formular ab)
`type="reset"` (setzt Eingabefelder)
`type="button"` (funktionsloser Button, der für Javascripts verwendet wird)

```
<img alt="Kirche, Schweden" src="images/Arlovs_Kyrka_Skane_Sweden.jpg"/>
<ul class="links">
    <li><a href="#">Reiseinformationen des Außenministeriums</a></li>
    <li><a href="#">Travelwiki: Schweden</a></li>
    <li><a href="#">Routenplaner</a></li>
</ul>
            </div>
        <div id="content-wrapper">
            <div id="content"></div>
        </div>
    </div>
```

Im Heading dieses Infoblocks haben wir ein `h1` deklariert. Damit wir keine
weitere Unterteilung in andere Heading-Blöcke vornehmen müssen, haben
wir um „Länderinformationen für" ein `span` gelegt. Die Klasse `.subtitle`
wurde ebenfalls hinzugefügt. Mit einem einfachen Trick erreichen wir später im CSS-Abschnitt, dass dieser Teil in einer eigenen Zeile stehen wird.
Die Links unterhalb des Bilds realisieren wir als Liste. In diesem Fall haben
wir die Klasse `.links` vergeben, die wir auch im unterstützenden Inhaltsbereich ein weiteres Mal verwenden, um einen ganz normalen Standard-
Link-Block zu beschreiben.

Der Hauptinhaltsbereich #content

Im Hauptinhaltsbereich befinden sich einige ähnlich aufgeteilte Blöcke. Allen voran haben wir eine Überschrift. Danach folgen drei Blöcke (Beschreibung, Bildergalerie und Adressblock), die jeweils auch eine Überschrift
haben.

Unser eigentlicher Inhalt, der im div `id=content` liegt, wird noch einmal von
einem div-Container umgeben. Dieser sogenannte Wrapper, den Sie auch
beim ersten und zweiten Prototypen schon gesehen haben, ist allerdings
nur notwendig, weil der Opera-Browser den Inhalt nach links rutschen lassen würde. Im Layout-Teil sehen Sie, warum dieser Wrapper essenziell ist.

Dieser Block wird im CSS floaten und muss, damit er in derselben Höhe der Hauptüberschrift beginnt, im HTML über dem eigentlichen Inhalt stehen.

Unterstützender Inhalt: Zitate, Hotels in der Nähe, Kleine Info (.supp)

Wir beginnen diesmal nicht mit den Hauptinhalten, sondern mit dem unterstützenden Bereich. Diese Bereiche sollen im CSS später nach rechts floaten und müssen deshalb hier an erster Stelle stehen, weil wir den unterstützenden Bereich ja an der obersten Linie beginnen lassen wollen (wie das `h1` des Inhalts). Das ist in Bezug auf die semantische Anordnung nicht hundertprozentig optimal, wird in der Praxis aber so gemacht, damit der Aufwand der Entwicklung nicht ausufert.

Prinzipiell wird der unterstützende Bereich als eigener Container mit der Klasse `.supp` realisiert. Möglicherweise wollen wir noch einen zweiten unterstützenden Container einfügen, deshalb die Klasse statt der ID. Innerhalb werden wir für jeden Block wieder eine Unterteilung vornehmen und jedem Container eine Klasse `box` zuweisen.

Gastkommentare:

»Seit ich dieses Hotel kenne, würde ich nirgends sonstwo mehr absteigen!«

»Die Freundlichkeit in diesem Betrieb hat mein Leben verändert!«

Benachbarte Hotels:
→ Hotel Dolor Hendrerit (2.3 km)
→ Pension Quis Nostrud (8.9 km)
→ Hotel »Nulla Facilis« (15.5 km)

Falls Sie der Besitzer dieses Betriebs bzw. verantwortlich dafür sind, können Sie hier selbst die Daten ändern.

`div class="box"`

Dieses div bekommt neben der Klasse `.box` noch eine weitere Klasse: `.for-properties`

```
<div id="content">

    <div class="supp">

        <div class="box">

            <p>Gastkommentare:</p>

            <blockquote><p>Seit ich dieses Hotel kenne, würde ich nirgends
sonstwo mehr absteigen!</p></blockquote>

            <blockquote><p>Die Freundlichkeit in diesem Betrieb hat mein
Leben verändert!</p></blockquote>

        </div>
```

In den letzten Zeilen wurden `blockquote`s verwendet. Diese sind dazu da, um Kommentare (z.B. von Gästen, wie in unserem Fall) zu kennzeichnen. Mehr zu `blockquote` lesen Sie auf Seite 200.

Die nächste Box im Design ist für benachbarte Hotels vorgesehen. Die folgende Liste kennzeichnen wir wieder als unsere Standard-Link-Liste mit der Klasse `.links`, die wir schon bei der Info-Box (s. Code oben) im linken Seitenbereich verwendet haben.

```
        <div class="box">

            <p>Benachbarte Hotels:</p>

            <ul class="links">

                <li><a href="#">Hotel Dolor Hendrerit</a> (2.3 km)</li>

                <li><a href="#">Pension Quis Nostrud</a> (8.9 km)</li>

                <li><a href="#">Hotel »Nulla Facilis«</a> (15.5 km)</li>

            </ul>

        </div>
```

Zuguterletzt haben wir noch eine ganz kleine und sehr einfache Box vorgesehen, in der ein kleiner Hinweis für Hotelbesitzer stehen soll. Hier ist zu beachten, dass wir dem Box-`div` noch eine weitere Klasse vergeben haben, indem wir die Klassen mit einem Leerzeichen getrennt haben.

```
<div class="box for-properties">

    <p>Falls Sie der Besitzer dieses Betriebs bzw. verantwortlich
dafür sind, können Sie hier selbst

        <a href="#">die Daten ändern</a>.</p>

    </div>

</div> <!-- supp Ende -->
```

Der zentrale Inhalt #property-general: Beschreibung, Galerie und Adresse

Wir befinden uns immer noch im content-div und beginnen die Inhalte unterhalb des supp-div zu deklarieren. Schreiben Sie eine Hauptüberschrift, gefolgt von einem Container, dem Sie die ID property-general (dies wird der Container für allgemeine Infos zum Hotel) geben. Innerhalb dieses div legen Sie zwei Sub-Container an, die die IDs property-request (hier kommt der Anfrage-Button – ein Bild – hinein) und property-description (die allgemeine Beschreibung des Hotels) bekommen:

```
<h1>Hotel Zum Lorem Ipsum</h1>

<div id="property-general">

    <div id="property-request">

        <a href="#"><img alt="Anfrage senden" src="images/design/re-
quest_button-trans.png"/></a>

    </div>

    <div id="property-description">

        <h2>Beschreibung</h2>

        <p>Duis autem vel eum iriure dolor in hendrerit in vulputate
velit esse molestie consequat, vel ... ipiscing elit, sed diam nonummy
nibh euismod tincidunt ut laoreet dolore magna aliquam erat volutpat.</p>

        <p>Ut wisi enim ad minim veniam, quis nostrud exerci tation
ullamcorper suscipit lobortis nisl ut al ... vero luptatum zzril delenit
augue duis dolore te feugait nulla facilisi.</p>

    </div>

</div>
```

Für die Bildergalerie legen Sie einen weiteren Container an: property-gallery. Für die Galerie selbst verwenden wir wieder eine Liste, in jedes Listenelement packen Sie ein verlinktes Thumbnail-Bild.

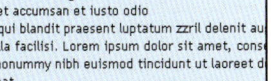

```
<h2>Bildergalerie</h2>

<div id="property-gallery">

    <ul>

        <li><a href="images/hotels/Strasse2.jpg"
title="Straßenansicht"><img alt="Straßenansicht" src="images/hotels/
bigthumb_Strasse2.jpg"/></a></li>

            <!-- dieses li wiederholen Sie für jedes Bild -->

    </ul>

</div>
```

Für die spätere Darstellung müssen wir einige Dimensionen beachten.
Unterhalb sehen Sie die Dimensionen der Bilder.

Wichtig ist hier, dass Sie vor allem die Höhe genau beachten. In unserem
Fall soll das erste Bild von Haus aus größer sein (damit ein bisschen Abwechslung ins Spiel kommt ...) – im Endeffekt sollen neben dem großen
Bild zwei kleinere Platz haben. Die Höhe der kleinen Bilder ist 80 Pixel.
2x80 [Höhe der kleinen Bilder] = 160px. Die Differenz zur Höhe des großen
Bilds ist 8px. Somit werden wir später im CSS einen 8-Pixel-Rand zwischen den kleinen Bildern einplanen, damit sich die Bilder schön anordnen
(siehe zweite Abbildung Seite 297).

Die Höhe des ersten größeren Bilds ist 168px.

Die kleineren Thumbnails haben eine Höhe von 80px.

Das Ziel dieser Galerie ist, dass die optimale Seitenbreite immer ausgenutzt und mit Bildern befüllt wird. Ist zu wenig Platz da, werden die Bilder
automatisch umbrechen. Die Breite der einzelnen Bilder ist somit nicht so
wichtig. Damit kein Durcheinander entsteht, müssen Sie nur auf die gleichen Höhen der Thumbnails achten.

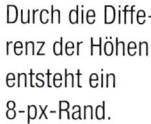

Durch die Differenz der Höhen entsteht ein 8-px-Rand.

Der Adressenblock mit dem Mikroformat hCard

Der Adressenteil wird mit einem `h2` eingeleitet. Diesmal gibt es keine separate Verschachtelung mittels `div`. Denn um eine Adresse in HTML korrekt zu deklarieren, sollten Sie den entsprechenden Tag verwenden. `<address>` ist selbst ein Block-Element.

```
<h2>Adresse und Kontakt</h2>

<address class="vcard">

    <span class="fn org">Hotel Lorem Ipsum</span><br/>

    <span class="adr">

        <span class="street-address">Loremisstraße 22</span><br/>

        <span class="postal-code">12345</span>

        <span class="country-name">Sweden</span><br/>

        E-Mail: <a href="mailto:lorem@ipsum.com" class="email">lorem@
ipsum.com</a><br/>

    </span>

</address>

</div>

</div> <!-- Ende des Content-DIVs -->
```

Wir haben dem Addressblock die Klasse `vcard` gegeben. Dadurch wird dieser Block als Mikroformat erkannt. Das `hCard`-Mikroformat benötigt weitere fix definierte Klassennamen, um die einzelnen Teile der Anschrift zu erkennen. Wir haben also noch jedem relevanten Teil der Adresse mittels `span`-Tag eine eigene (vordefinierte) Klasse gegeben. Nur so wird das Mikroformat vollständig lesbar.

Eine gängige Ansicht ist, dass `address` nur für die Kontaktinformationen des Seitenbetreibers genutzt werden sollte. Hier verwenden wir `address` für jede Hotelseite, da diese quasi jeweils eine kleine Website für sich darstellt. Mehr zu `address` auf Seite 17.

Nach der Installation der Firefox-Extension „Tails Export" erscheint rechts unten das zugehörige Icon.

Ein Klick auf das Tails-Export-Icon zeigt Ihnen alle Mikroformate der Seite an. In unserem Fall wird das `vcard`-Mikroformat angezeigt.

Die Logik hinter dem Mikroformat `vcard` ist einfach: Sie verschachteln mittels CSS-Klassen und fassen somit beispielsweise die Adresse (bestehend aus Straße, PLZ und Land) als zusammengehörigen Block zusammen.

Die Klassen `.fn` (fullname) und `.org` (organization) zeigen dem Browser im Mikroformat-Pseudostandard in unserem Fall, wie der volle Name des Hotels lautet, wohingegen die Klasse `.adr` eine Bündelung für street-name, postal-code, country-name und email-Klassen ist.

Mikroformate können Sie bereits jetzt testen, auch wenn Sie noch keine Zeile CSS für dieses Layout geschrieben haben.

Die Fußzeile #footer

Die Standardfußzeile ist meistens relativ kurz gehalten. In diesem Layout ist sie etwas umfangreicher und stellt gleichzeitig auch die Hauptnavigation dar.

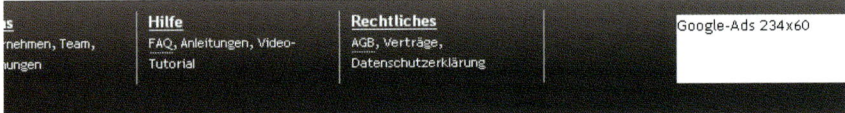

Prinzipiell ist die Fußzeile als Liste realisiert, jedoch benötigen wir eine extra Klasse namens info. Diese wird später dazu dienen, die Listenelemente etwas aufzuteilen. Werfen Sie einen Blick auf das Bild. Sie sehen, dass der Link von der darunter befindlichen Beschreibung der Seite abgesetzt ist.

Beginnen Sie mit der Deklaration eines eigenen Containers `#footer`. Legen Sie darin einen weiteren an, dem Sie die ID `site-menu` geben. Darin findet sich nun auch unsere Liste, samt aller Links.

```html
<div id="footer">

    <div id="site-menu">

        <ul>

            <li>

                <a href="#">Kontakt</a>
```

```
                <span class="info">Kontaktformular, E-Mail, Fax, Impressum</span>

            </li>

            <li>

                <a href="#">Über uns</a>

                <span class="info">Das Unternehmen, Team, Auszeichnungen</span>

            </li>

            <li>

                <a href="#">Hilfe</a>

                <span class="info"><acronym title="häufig gestellte Fragen">FAQ</
acronym>, Anleitungen, Video-Tutorial</span>

            </li>

            <li>

                <a href="#">Rechtliches</a>

                <span class="info"><acronym title="allgemeine
Geschäftsbedingungen">AGB</acronym>, Verträge, Datenschutzerklärung</span>

            </li>

        </ul>

    </div>
```

Sobald Sie das `site-menu`-div geschlossen haben, kreieren Sie einen neuen Container für geplante Google-Ads (ID `footer-ads`). Sie sehen, dass wir unterhalb gleich direkte Styles für ein darin liegendes div vergeben haben. In diesem Fall können Sie dies so machen, da dieser Container nur als visueller Ersatz für die echte Werbung dient. Sobald Sie echte Google-Ads verwenden, werden die unnötigen CSS-Angaben für diesen Container ersatzlos gestrichen.

```
    <div id="footer-ads">

        <div style="width: 234px; height: 60px; background: white; color:
black;">Google-Ads 234x60</div>

    </div>

</div> <!-- footer end -->
```

Gratulation! Sie haben den HTML-Teil, der für diese (doch recht umfangreiche) Website erstellt werden musste, geschafft!

Im Ordner 03_Proto-
typ/2_layout_start/
finden Sie eine
Version der index.
html-Datei.

HTML-Code im Überblick

```
<!DOCTYPE html
    PUBLIC "-//W3C//DTD XHTML 1.0 Strict//EN"
    "http://www.w3.org/TR/xhtml1/DTD/xhtml1-strict.dtd">
<html xmlns="http://www.w3.org/1999/xhtml" xml:lang="en">
<head>
    <title>Prototyp &mdash; Hirners Hotel Guide</title>
    <meta http-equiv="Content-Type" content="text/html; charset=UTF-8"/>
    <link rel="stylesheet" href="screen.css" type="text/css" media="screen,tv,projection,hand
held"/>

</head>
<body>

<div id="header">
    <div id="logo"><a href="/">Hirners Hotel Guide</a></div>

    <div id="lang-menu">
        <a href="#" xml:lang="de"><img alt="Deutsche Version" width="26" height="16"
src="images/lang_de.png"/></a>
        <a href="#" xml:lang="en"><img alt="English Version" width="26" height="16"
src="images/lang_en.png"/></a>
    </div>

    <div id="ft-search">
        <form action="#">
        <p>
            <label for="ft-search-p" class="hidden">Suchbegriff:</label>
            <input id="ft-search-p" name="p"/>
            <input type="submit" value="Suche starten"/>
        </p>
        </form>
    </div>

    <div id="guest-login">
        Willkommen, Frau Dolore Consequat!
        <ul>
```

```
            <li><a href="#">Meine Buchungen</a></li>

            <li><a href="#">Benutzerkonto ändern</a></li>

            <li><a href="#">Abmelden</a></li>

        </ul>

    </div>


    <div id="teaser">

        <img alt="" width="300" height="198" src="images/design/teaser.jpg"/>

        <span class="bubble">

            <a href="#"><img alt="Kontaktformular" src="images/design/bubble-help-trans.
png" width="224" height="90"/></a>

        </span>

    </div>


</div>


<div id="main">

    <div id="room-search">

        <h1>Verfügbares Zimmer suchen</h1>

        <form action="#">

            <table>

                <tr class="odd">

                    <th><label for="room-search-country">Land:</label></th>

                    <td><select id="room-search-country" name="country">

                        <optgroup label="Europa">

                            <option value="DE">Deutschland</option>

                            <option value="AT">Österreich</option>

                            <option value="SE" selected="selected">Schweden</option>

                            <option value="CH">Schweiz</option>

                        </optgroup>

                        <optgroup label="USA">

                            <option value="USFL">Florida</option>

                            <option value="USNY">New York</option>

                            <option value="USUT">Utah</option>

                            <option value="USTX">Texas</option>

                        </optgroup>

                    </select></td>

                </tr><tr>
```

```
                      <th><label for="room-search-no_adults">Erwachsene:</label></th>
                      <td><input id="room-search-no_adults" name="no_adults" value="2"
size="2" maxlength="3"/></td>
                  </tr><tr class="odd">
                      <th><label for="room-search-no_children">Kinder:</label></th>
                      <td><input id="room-search-no_children" name="no_children" value="0"
size="2" maxlength="3"/></td>
                  </tr><tr>
                      <th>Ankunft:</th>
                      <td>
                          <label for="room-search-arrival-day" class="hidden">Ankunftsdatum
(Tag):</label>
                          <select id="room-search-arrival-day" name="arrival-day">
                              <option value="1">1</option>
                              <option value="2">2</option>
                              <option value="...">...</option>
                              <option value="31">31</option>
                          </select>
                          <label for="room-search-arrival-month" class="hidden">Ankunftsdatum
(Monat):</label>
                          <select id="room-search-arrival-month" name="arrival-month">
                              <option value="1">Jan</option>
                              <option value="2">Feb</option>
                              <option value="...">...</option>
                              <option value="12">Dez</option>
                          </select>
                          <label for="room-search-arrival-year" class="hidden">Ankunftsdatum
(Jahr):</label>
                          <select id="room-search-arrival-year" name="arrival-year">
                              <option value="2009">2009</option>
                              <option value="2010">2010</option>
                              <option value="2011">2011</option>
                              <option value="...">...</option>
                          </select>
                      </td>
                  </tr><tr class="odd">
                      <th><label for="room-search-days">Dauer:</label></th>
                      <td><input id="room-search-days" name="days" size="2" maxlength="3"
value="3"/> Nächte</td>
                  </tr>
              </table>
```

```
            <p><input type="submit" value="Suche starten"/></p>

        </form>

    </div>


    <div id="info">

        <h1><span class="subtitle">Länderinformation für</span> Schweden</h1>

        <img alt="Arslok-Kirche, Schweden" src="images/Arlovs_Kyrka_Skane_Sweden.jpg"/>

        <ul class="links">

            <li><a href="#">Reiseinformationen des Außenministeriums</a></li>

            <li><a href="#">Travelwiki: Schweden</a></li>

            <li><a href="#">Routenplaner</a></li>

        </ul>

    </div>


    <div id="content-wrapper"><!-- for Opera -->

    <div id="content">

        <div class="supp">

            <div class="box">

                <p>Gastkommentare:</p>

                <blockquote><p>Seit ich dieses Hotel kenne, würde ich nirgends sonstwo mehr
absteigen!</p></blockquote>

                <blockquote><p>Die Freundlichkeit in diesem Betrieb hat mein Leben
verändert!</p></blockquote>

            </div>


            <div class="box">

                <p>Benachbarte Hotels:</p>

                <ul class="links">

                    <li><a href="#">Hotel Dolor Hendrerit</a> (2.3 km)</li>

                    <li><a href="#">Pension Quis Nostrud</a> (8.9 km)</li>

                    <li><a href="#">Hotel »Nulla Facilis«</a> (15.5 km)</li>

                </ul>

            </div>


            <div class="box for-properties">

                <p>Falls Sie der Besitzer dieses Betriebs bzw. verantwortlich dafür sind,
können Sie hier selbst

                <a href="#">die Daten ändern</a>.</p>

            </div>

        </div>
```

```html
<h1>Hotel Zum Lorem Ipsum</h1>
<div id="property-general" class="rounded">
    <div id="property-request">
        <a href="#"><img alt="Anfrage senden" src="images/design/request_button-
trans.png"/></a>
    </div>

    <div id="property-description">
        <h2>Beschreibung</h2>
        <p>Ut wisi enim ad minim veniam, quis nostrud exerci tation ullamcorper
suscipit lobortis nisl ut aliquip ex ea commodo consequat. Duis autem vel sim qui blandit
praesent luptatum zzril delenit augue duis dolore te feugait nulla facilisi.</p>
    </div>
</div>

<h2>Bildergalerie</h2>
<div id="property-gallery">
    <ul>
        <li><a href="images/hotels/Strasse2.jpg" title="Straßenansicht"><img
alt="Straßenansicht" src="images/hotels/bigthumb_Strasse2.jpg"/></a></li>
        <!-- weitere Bilder in LIs -->
    </ul>
</div>

<h2>Adresse und Kontakt</h2>
<address class="vcard">
    <span class="fn org">Hotel Lorem Ipsum</span><br/>
    <span class="adr">
        <span class="street-address">Loremisstraße 22</span><br/>
        <span class="postal-code">12345</span>
        <span class="country-name">Sweden</span><br/>
        E-Mail: <a href="mailto:lorem@ipsum.com" class="email">lorem@ipsum.com</
a><br/>
    </address>

    </div>
    </div>
</div>
```

```html
<div id="footer">
    <div id="site-menu">
        <ul>
            <li>
                <a href="#">Kontakt</a>
                <span class="info">Kontaktformular, E-Mail, Fax, Impressum</span>
            </li>
            <li>
                <a href="#">Über uns</a>
                <span class="info">Das Unternehmen, Team, Auszeichnungen</span>
            </li>
            <li>
                <a href="#">Hilfe</a>
                <span class="info"><acronym title="häufig gestellte Fragen">FAQ</acronym>,
Anleitungen, Video-Tutorial</span>
            </li>
            <li>
                <a href="#">Rechtliches</a>
                <span class="info"><acronym title="allgemeine Geschäftsbedingungen">AGB</
acronym>, Verträge, Datenschutzerklärung</span>
            </li>
        </ul>
    </div>
    <div id="footer-ads">
        <div style="width: 234px; height: 60px; background: white; color: black;">Google-Ads
234x60</div>
    </div>
</div>
</body>
</html>
```

Vergessen Sie auch nicht, Ihren Code wieder auf Fehler zu prüfen. Mehr Informationen zur Validierung lesen Sie auf Seite 26.

Und so sollte die Seite nun in Ihrem Browser aussehen:

Hirners Hotel Guide

Suchbegriff: [   ] [Suche starten]

Willkommen, Frau Dolore Consequat!

- Meine Buchungen
- Benutzerkonto ändern
- Abmelden

If you need any help or assistance please use our contact form!

Verfügbares Zimmer suchen

Land:	Schweden ▾
Erwachsene:	2
Kinder:	0
Ankunft:	Ankunftsdatum (Tag): 1 ▾ Ankunftsdatum (Monat): Jan ▾ Ankunftsdatum (Jahr): 2009 ▾
Dauer:	3 Nächte

[Suche starten]

Länderinformation für Schweden

- Reiseinformationen des Außenministeriums
- Travelwiki: Schweden
- Routenplaner

Gastkommentare:

Seit ich dieses Hotel kenne, würde ich nirgends sonstwo mehr absteigen!

Die Freundlichkeit in diesem Betrieb hat mein Leben verändert!

-  Hotel Dolor Hendrerit (2.3 km)
- Pension Quis Nostrud (8.9 km)
- Hotel »Nulla Facilis« (15.5 km)

Falls Sie der Besitzer dieses Betriebs bzw. verantwortlich dafür sind, können Sie hier selbst die Daten ändern.

Hotel Zum Lorem Ipsum

Beschreibung

Duis autem vel eum iriure dolor in hendrerit in vulputate velit esse molestie consequat, vel illum dolore eu feugiat nulla facilisis at vero eros e iusto odio dignissim qui blandit praesent luptatum zzril delenit augue duis dolore te feugait nulla facilisi. Lorem ipsum dolor sit amet, consect elit, sed diam nonummy nibh euismod tincidunt ut laoreet dolore magna aliquam erat volutpat.

Ut wisi enim ad minim veniam, quis nostrud exerci tation ullamcorper suscipit lobortis nisl ut aliquip ex ea commodo consequat. Duis autem dolor in hendrerit in vulputate velit esse molestie consequat, vel illum dolore eu feugiat nulla facilisis at vero eros et accumsan et iusto odio d blandit praesent luptatum zzril delenit augue duis dolore te feugait nulla facilisi.

Bildergalerie

-
-
-
-
-
-
-

Adresse und Kontakt

Hotel Lorem Ipsum
Loremisstraße 22
12345 Sweden
Email: lorem@ipsum.com

- Kontakt Kontaktformular, Email, Fax, Impressum
- Über uns Das Unternehmen, Team, Auszeichnungen
- Hilfe FAQ, Anleitungen, Video-Tutorial
- Rechtliches AGB, Verträge, Datenschutzerklärung

Google-Ads 234x60

Positionierung & Layout

WebdesignerInnen bezeichnen die Phase der Layouterstellung – also die prinzipielle Anordnung aller Inhaltsblöcke – bei komplexen Layouts auch gerne als die „Hardcore-Phase" der Entwicklung. Es ist die Phase, die am meisten „Denkarbeit" benötigt und bei der man auf den vollen technischen Umfang von CSS zurückgreifen muss. Nicht nur das – man sollte im Optimalfall natürlich vor dem Coding überlegen, wie man ein kompliziertes Layout aufbaut. Noch besser ist es natürlich, wenn Sie schon beim Erstellen des Grafikdesigns überlegen, was möglich ist und was kompliziert werden könnte. So erzielen Sie einen optimalen Workflow und eine hohe Effizienz bei der Umsetzung.

Die Herausforderung dieses Portal-Layouts ist, dass Sie bei jeder Positionierung folgende Fragen im Hinterkopf haben müssen:

» Was passiert, wenn sich das Browser-Fenster vergrößert oder verkleinert – wo rutscht der Inhalt dann hin?

» Wo sollen sich Elemente bei einer Größenänderung ausrichten?

Deshalb ist es wichtig, ein solides Basislayout aufzubauen – vorerst wieder ohne genaues/detailliertes Styling – das folgt in einem eigenen Durchlauf. Den Aufbau des Basislayouts sollten Sie in allen Ihnen zur Verfügung stehenden Browsern testen.

Die Website wurde von uns mit einer großen Anzahl von Browsern getestet, welche genau, lesen Sie auf Seite 9. Damit Sie auf die diversen Browser zugreifen können, empfiehlt sich außerdem die Einrichtung einer virtuellen Testumgebung. Mehr dazu auf Seite 40.

Vorbereitungen

1. Legen Sie eine neue CSS-Datei an und binden Sie diese mit folgendem Code im head-Bereich des html ein:

```
<link rel="stylesheet" href="screen.css" type="text/css"
media="screen,tv,projection,handheld"/>
```

Foto: www.sxc.hu

2. Aktivieren Sie wichtige IE6/IE7-Workarounds, indem Sie Folgendes im `head` Ihres `html`-Codes einfügen:

```
<!--[if lt IE 8]>

<script src="http://ie7-js.googlecode.com/svn/version/2.0(beta3)/IE8.js"
type="text/javascript"></script>

<![endif]-->
```

Es ist wichtig, dass Sie für diesen Prototyp das IE8-Script einbinden, damit Sie sich auf das Schreiben von CSS selbst konzentrieren können (und nicht mehr um das Ausbügeln von browserspezifischen Eigenheiten oder Fehlern kümmern müssen, denn dafür sollten Sie aussterbenden Browsern keine unnötige Zeit mehr schenken.) Mehr zum IE8-Script finden Sie auf Seite 97.

minimale Breite der Website: 990 Pixel

Der Header-Bereich #header soll ebenfalls nach unten „wachsen" können und hat nur eine Mindesthöhe von 100 Pixel, damit die absolut positionierte Sprechblase und das Hintergrundbild immer hinein-passen.

Die Höhe der Boxen (#room-search und #info) ist variabel, hier enthaltene Inhalte können sich problemlos nach unten ausbreiten.

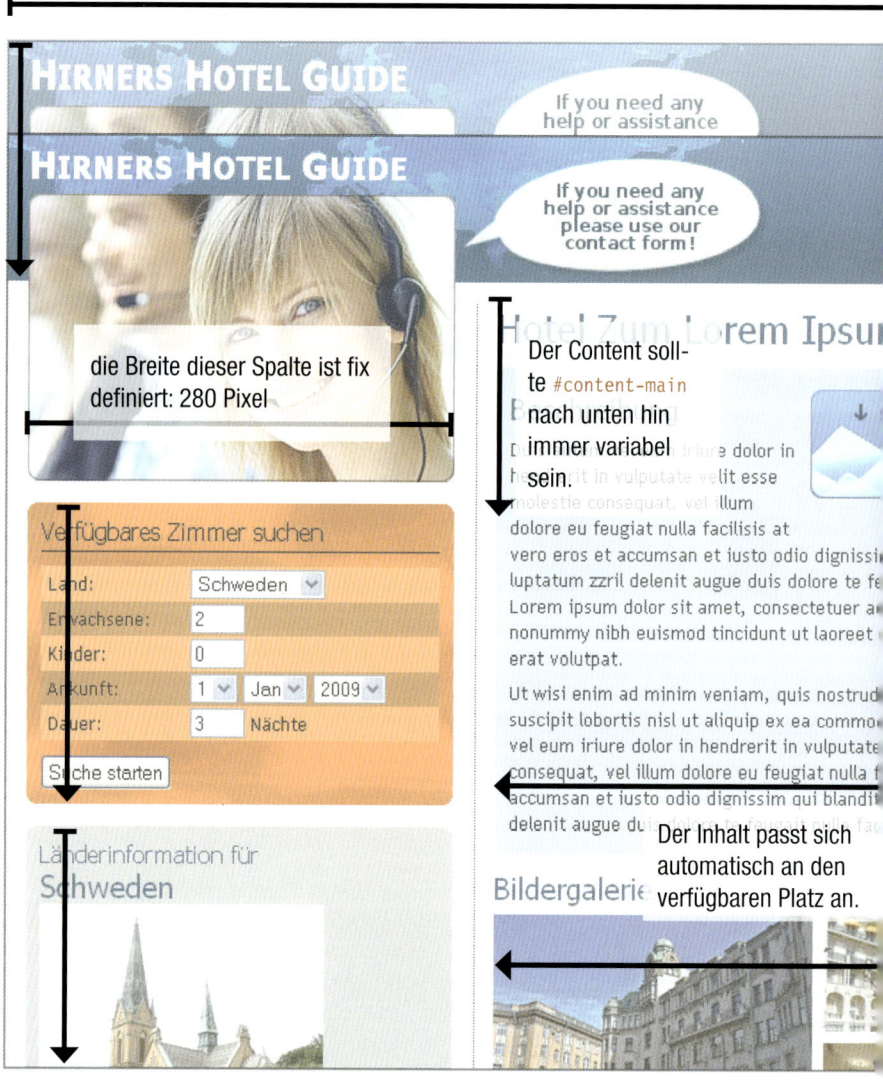

die Breite dieser Spalte ist fix definiert: 280 Pixel

Der Content soll-te #content-main nach unten hin immer variabel sein.

Der Inhalt passt sich automatisch an den verfügbaren Platz an.

Ziele unseres Layouts

Das Portal-Layout soll grundsätzlich linksbündig ausgerichtet sein – das heißt, es befindet sich immer am linken Browser-Rand. Die Breite des Layouts soll hingegen variabel sein, zumindest bis zu einem gewissen Maximum. Bei der Entwicklung solcher Layouts müssen Sie immer darauf achten, wie sich der Inhalt verschiebt und anpasst, wenn der Benutzer

maximale Breite der Website: 1280 Pixel

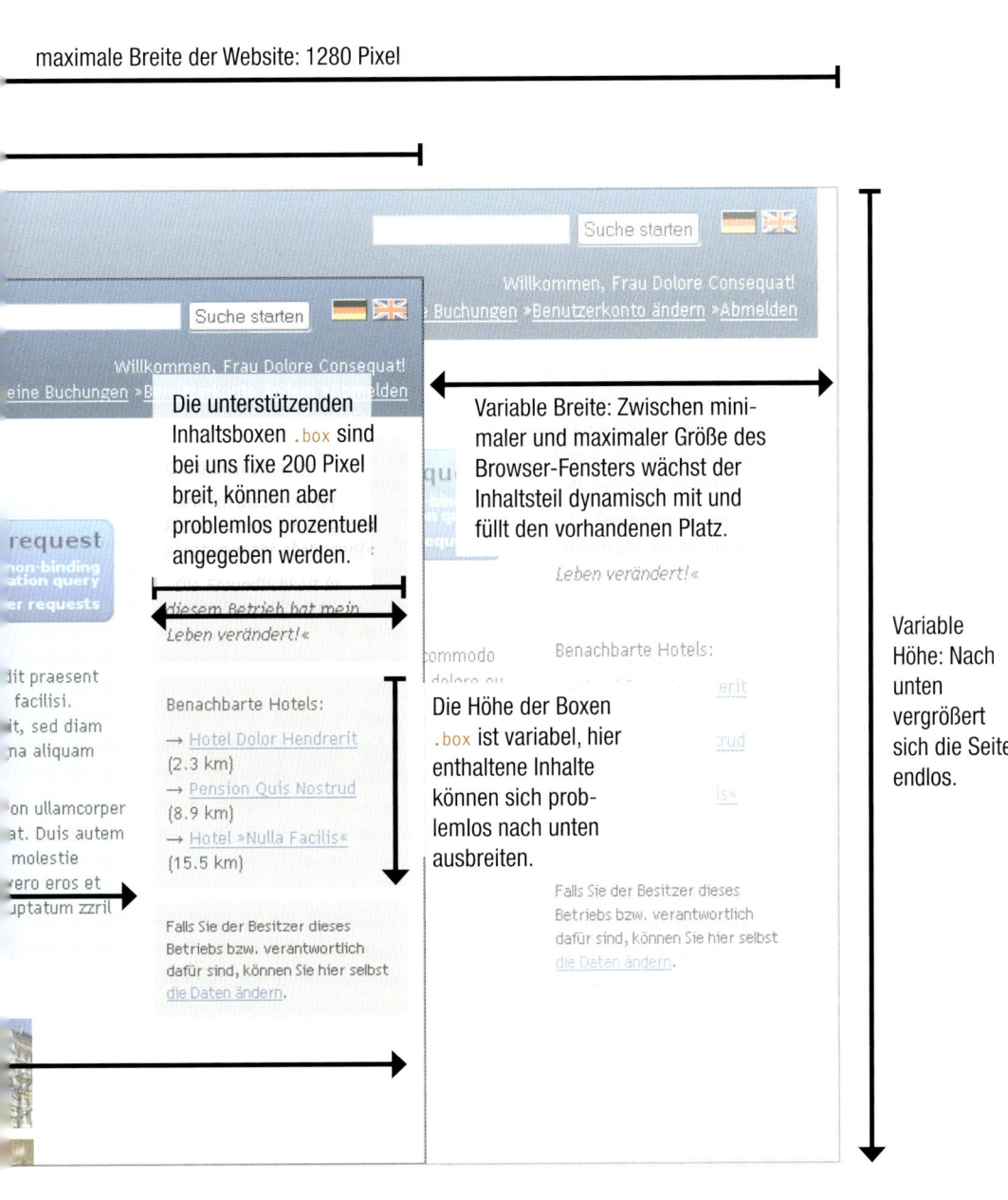

Die unterstützenden Inhaltsboxen .box sind bei uns fixe 200 Pixel breit, können aber problemlos prozentuell angegeben werden.

Variable Breite: Zwischen minimaler und maximaler Größe des Browser-Fensters wächst der Inhaltsteil dynamisch mit und füllt den vorhandenen Platz.

Die Höhe der Boxen .box ist variabel, hier enthaltene Inhalte können sich problemlos nach unten ausbreiten.

Variable Höhe: Nach unten vergrößert sich die Seite endlos.

die Browser-Größe ändert. Bei Unter- bzw. Überschreitung der minimalen (maximalen) Breite bleibt diese fix bei der angegebenen min-width bzw. max-width. Generell sollten Sie darauf achten, dass Ihre Boxen nach unten hin offen sind, damit sich Inhalt (bei beispielsweise anderen Schriftarten auf anderen Betriebssystemen) ungehindert ausbreiten kann.

Die solide Grundlage: das Basislayout

Unser Layout wird viele Float-Elemente beinhalten, aus diesem Grund werden wir sehr oft den Overflow-Trick (Details auf Seite 108) anwenden, um die Probleme mit Floatings zu umgehen und diese zu kontrollieren.

Wir werden wie gewohnt schrittweise vorgehen und die Hauptteile (Header, Content, Footer) positionieren und natürlich dabei immer das HTML im Auge behalten. Die Klassen und IDs haben wir ja bereits vergeben. Lassen Sie uns jetzt aber endlich loslegen ;-)

Normalisierung und die Kontrolle der Seitenbreite

Über den *-Selektor setzen wir alle durch den Browser selbst definierten Abstände auf den Standardwert 0, damit wir Überraschungen bei der Breitenberechnung gleich vermeiden:

```css
* { margin: 0; padding: 0; }


body {

    min-width: 990px;

    max-width: 1280px;

}
```

Die Attribute min- und max-width setzen die Breite des angegebenen Elements (bei uns einfach der gesamte body) auf festgelegte Pixelwerte. Dadurch wird es möglich, dass ein Dokument niemals schmäler oder breiter als ein bestimmter Wert wird. Wir haben 990 Pixel verwendet – somit passt sich das Design perfekt an 1024-Auflösungen an. Da aber immer mehr UserInnen größere Auflösungen wie 1280x800 (eine Widescreen-Auflösung) verwenden, haben wir auch die maximale Breite gesetzt. Somit wird das Design auch bei einer 1280er-Auflösung perfekt auf den Bildschirm zugeschnitten (sofern der Browser im Vollbild-Modus ist).

Der IE6 versteht diese beiden Werte standardmäßig nicht. Wenn Sie das IE-Script aktiviert haben, kann auch der alte Internet Explorer mit diesem Wert etwas anfangen. Sollte Javascript deaktiviert sein, müssen Sie ein alternatives Stylesheet mittels Conditional Comments einbinden und eine fixe Breite vergeben, wie das genau geht, lesen Sie auf Seite 92.

Auf Seite 97 finden Sie eine genaue Anleitung zum Einbinden des IE8-Scripts.

Wenn Sie den Browser reloaden, werden Sie hier noch keine Änderung sehen, da wir noch nichts positioniert haben, was sich auf die Breite auswirken würde.

Positionierung der Header-Elemente #header

Der Kopf unserers Dokuments beinhaltet ein Hintergrundbild, das exakt 101 Pixel hoch ist.

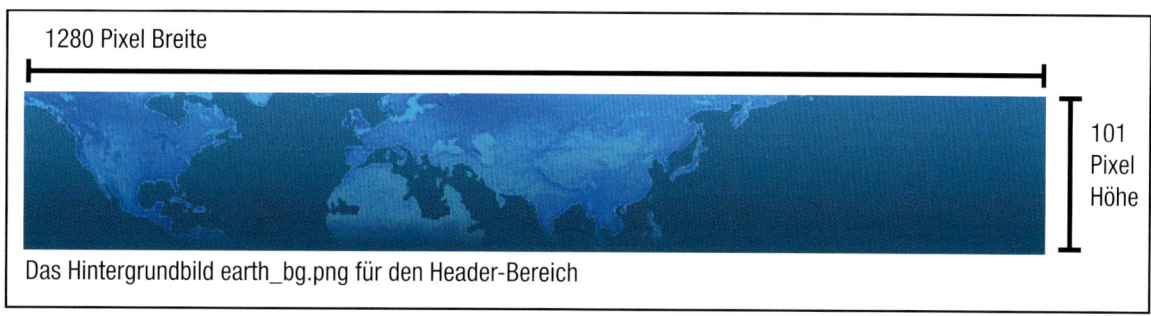

1280 Pixel Breite

101 Pixel Höhe

Das Hintergrundbild earth_bg.png für den Header-Bereich

Damit es im Hintergrund immer vollständig zu sehen ist, setzen wir die Höhe des Header-`div` auf mindestens 101px. Im gleichen Zuge fügen wir dieses Hintergrundbild auch gleich ein und verwenden die Farbe am unteren Rand des Hintergrundbilds als Hintergrundfarbe. Sollte der Inhalt dieses Containers also jemals größer als 101 Pixel werden, wird statt des Bilds die Farbe angezeigt.

```
#header {

    min-height: 101px;

    background: #004e6f url(images/design/earth_bg.png) no-repeat;

}
```

Sämtliche Bilder zum Gestalten des dritten Prototypen finden sich im Ordner 03_Prototyp/2_layout_start/images/.

Durch die Angabe der Hintergrundfarbe sehen Sie nun im Browser bereits einen großen blauen Teil, in dem alles enthalten ist. Die Elemente stehen ja noch untereinander und vergrößern das zugehörige div `#header` entsprechend.

Der Logo-Bereich #logo

Das Logo ist in unserem Fall einfach ein geschriebener Text, der von einem `div`-Container umgeben ist. Diesen sprechen wir nun an und positionieren ihn links oben im #header-div (dies ist der Container, an dem sich das absolut positionierte `#logo`-div orientiert) :

```
#logo { position: absolute;

    left: 15px;

    top: 5px; }
```

Vielleicht fragen Sie sich, warum der Teil hier absolut positioniert wird und nicht einfach im Fluss gelassen und mittels beispielsweise Außenabständen vom Rand abgesetzt wird. Die Antwort ist, dass wir das im Design darunter befindliche Teaser-Bild und die Sprechblase daneben auch absolut positionieren müssen, da der Teaser ja über die Höhe des Header-div hinausstehen soll. Und wenn wir schon absolute Positionierungen einführen, können wir in der Nähe befindliche Elemente wie das Logo hier auch gleich im selben Stil ausrichten, damit es kein Durcheinander im Fluss des Dokuments gibt. Das `top` und `left` des `#logo`-div wird hier vom Body ausgehend berechnet (also außerhalb aller Container von ganz links oben).

Suche #ft-search, Sprachauswahl #lang-menu und Gästebereich #guest-login

Bevor wir uns nun an den Teaser setzen, packen wir die im Design rechts befindlichen Elemente durch Floatings an den rechten Rand. Dort sollen sie auch bleiben, wenn sich der Browser vergrößert/erweitert.

Was könnte hier besser sein als ein `float:right`. Kümmern wir uns zunächst um die oberste Zeile rechts – das betrifft das Suchfeld und die Sprachenauswahl. Kombinieren Sie die beiden IDs dieser Elemente zu gruppierten Selektoren:

```
#lang-menu, #ft-search { float: right; }
```

Wenn Sie zwei Elemente gleichermaßen nach rechts floaten lassen, wie hier, wird der im HTML zuerst geschriebene Teil immer der sein, der am weitesten rechts außen positioniert ist. In unserem Fall steht die Sprachauswahl im HTML oben bzw. zuerst und deshalb ist dieser Teil nun auch ganz rechts außen zu sehen.

Als Nächstes kümmern wir uns um den Gästebereich. Dieser soll ebenfalls rechtsbündig angeordnet sein. Geben Sie also auch ihm ein `float: right`. Sie können ihn gefahrlos zu den anderen beiden soeben definierten Selektoren dazuschreiben:

```
#lang-menu, #ft-search, #guest-login {
    float: right;
}
```

Werfen wir kurz einen Blick zurück auf die Struktur des HTML-Codes, damit die Anordnung der Floats deutlicher wird:

```
<div id="header">

    <div id="logo">...</div>

    <div id="lang-menu">...</div>

    <div id="ft-search">...</div>

    <div id="guest-login">...</div>

    <div id="teaser">...</div>

</div>
```

Um nun zu kontrollieren, dass der „Gäste"-Teil unter den beiden Feldern für Suche und Sprachen positioniert wird, müssen wir ihm mitteilen, dass er als „Beender" der letzten mit `float:right` positionierten Elemente fungiert:

```
#guest-login { clear: right; }
```

Die zuletzt im HTML vor ihm stehenden rechts floatenden Container betrifft dies und somit wandert dieser Teil unter die beiden anderen Teile.

Damit das Ganze etwas schöner wird, setzen wir nun die Teile noch ein wenig vom rechten und oberen Rand ab:

```css
#lang-menu, #ft-search, #guest-login {

    float: right;

    margin-right: 15px;

    margin-top: 15px;

}
```

Fügen Sie diese zwei `margin`-Werte einfach zu den drei Containern hinzu, die wir gerade bearbeitet haben. Somit gilt dies für alle zusammen und Sie erhalten auch im selben Zug Einheitlichkeit (und weniger Schreibarbeit ist es auch).

Den Teaser und die dazugehörige Sprechblase positionieren

Die erste Herausforderung ist nun, den Teaser (das Bild mit der Callcenter-Dame) aus dem Fluss des Dokuments zu nehmen und ihn dann exakt zu positionieren. Am einfachsten geht dies, indem Sie diesem `#teaser`-div ein `position: absolute` verleihen. Dadurch wird der Teaser aus dem Dokumentfluss genommen und an der linken oberen Ecke des zuletzt übergeordneten absolut oder relativ positionierten Elements positioniert. Gibt es, wie in unserem Fall, kein solches Element, wird der Body als Ausgangspunkt genommen:

```css
#teaser {

    position: absolute;

    width: 300px; /* das ist die Breite des Bildes */

    top: 41px;

    left: 15px; }
```

Da wir das Logo oberhalb haben wollen und nichts ineinander stehen soll, müssen Sie hier noch 41 Pixel von oben angeben, damit das Bild unter dem `#logo`-div platziert wird.

Warum 300px Breite? Durch die fixe Breitenangabe (das Bild hat genau 300 Pixel Breite) rutscht die Sprechblase unter das Bild. Früher stand es direkt daneben. Im HTML haben wir ein `span` um das Sprechblasenbild gelegt und eine Klasse vergeben (werfen Sie einen Blick auf den HTML-Code). Bitte sehen Sie sich die Abbildungen links und rechts dazu an:

Vorher:

Ohne Breitenangabe dehnt sich das `#teaser`-div mit dem Teaser-Bild so weit aus, wie es kann. Deshalb kann sich das Sprechblasenbild auch daneben anordnen.

An genau dieser Stelle ist der Ausgangspunkt (0/0) für die absolut positionierte Sprechblase (`.bubble`). Weil der `#teaser`-Container ebenfalls absolut positioniert ist, orientiert sich das auch absolut positionierte Sprechblasenbild an der linken oberen Stelle des `#teaser`-div.

Nachher:

Nach der Breitenangabe von 300 Pixel für das `#teaser`-div hat nur noch das 300px breite Teaser-Bild Platz, die Sprechblase rutscht also nach unten.

Das span mit der Klasse `.bubble` haben wir absolut positioniert. Als Ausgangspunkt dient der übergeordnete Container. Von dort haben wir es 300 Pixel von links und mit einem Negativwert 30 Pixel über die eigentliche Grenze nach oben verschoben.

Die Sprechblase ausrichten:

Im jetzigen Schritt befindet sich das Bild unterhalb des Teasers. Wir müssen es nun so positionieren, dass es sich am Teaser orientiert. Danach versetzen wir das Sprechblasenbild etwas nach rechts und nach oben.

```
#teaser .bubble {

    position: absolute;

    left: 300px;

    top: -30px; }
```

Durch `position:absolute` orientiert sich das Bild nun als Ausgangsbasis am `#teaser`-div. Bei top müssen wir einen Negativwert angeben, damit sich das Bild noch etwas weiter nach oben versetzt. Das ist nötig, weil der Ausgangspunkt (Position: `top: 0` / `left: 0`) im `#teaser-div` links oben ist, aber für die Bubble nicht ausreicht, um nicht über den blauen Teil darüberzustehen.

Abschlussarbeiten für den Kopfbereich

Werfen Sie einen Blick auf die Gäste-Navigation. Durch das `float: right` ändert sich die Höhe des Header-div nicht mehr automatisch, da kein Clear für das letzte Float (eben das der Gäste-Navigation) definiert wurde und der Browser nicht weiß, wo es aufhört.

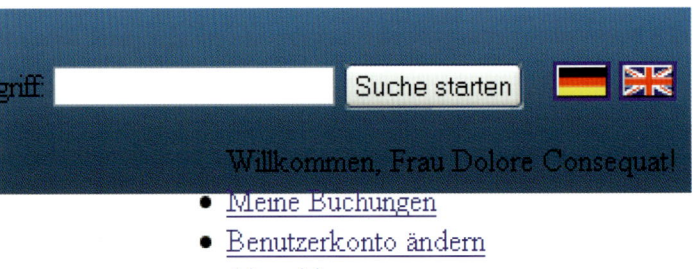

Nur für IE!

Aus diesem Grund werden wir das `#header`-div nun anpassen und einen `overflow`-Wert vergeben. Die Vergabe dieses Werts dehnt den Container immer so weit aus, dass auch alle Floats darin von ihm umschlossen werden (Details zum overflow-Trick lesen Sie auf Seite 108).

```
#header {

    overflow: hidden; width: 100%; /* für IE6 */   }
```

Alle floatenden Inhalte werden nach der `overflow`-Vergabe dann vom umliegenden `div` umschlossen, wie Sie unterhalb deutlich sehen.

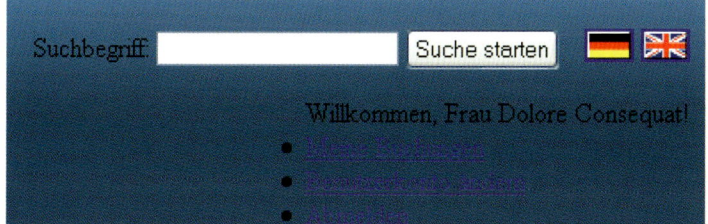

Der Hauptbereich #main

Wir haben den Teaser `#teaser` fertig positioniert und können nun gleich den Hauptteil `#main` angehen. Wir müssen bei der Positionierung hier nun besonders auf den #teaser achten, da er in den Inhaltsbereich hineinragt. Wichtig: Wir müssen wieder zum Dokumentfluss zurückkehren und dürfen nicht alles Weitere absolut positionieren. Das hätte zur Folge, dass sich die Fußzeile nicht mehr unterhalb des Hauptbereichs anordnet, worauf wir auf keinen Fall verzichten wollen.

Wie zu Beginn dieses CSS-Teils erwähnt, werden wir oft auf den overflow-Trick (Seite 108) zurückgreifen, um das Ausdehnen der Container zu kontrollieren. Wir beginnen damit, dem Hauptcontainer `#main` diesen Wert zu geben:

```
#main {

    overflow: hidden;

    position: relative; /* IE6-Trigger für hasLayout */

    margin: 15px; }
```

Somit wird sich darin befindlicher Inhalt immer bis zum Ende ausdehnen und die Fußzeile wird stets unterhalb des Content-Bereichs angeordnet. Ganz egal, was wir nun innerhalb dieses Containers alles floaten lassen.

Wichtig: Damit es möglich ist, im Internet Explorer 6 den overflow-Trick anzuwenden, dürfen wir diesmal kein `width:100%` verwenden. Dadurch würden im Internet Explorer 6 immer horizontale Scrollbalken erscheinen, da die Breite anders berechnet wird als in konformen Browsern. Statt uns detaillierter mit dem Fehler zu befassen, umgehen wir diesen, indem wir die hasLayout-Eigenschaft mittels `position: relative` auslösen. Das ist der einzige Zweck, den diese Zeile hier hat. `Position: relative` ändert

Nur für IE!

nichts am eigentlichen Dokumentfluss. Somit bleibt für andere Browser alles beim Alten.

Damit wir an allen Seiten gleichmäßigen Rand haben, geben wir dem Außenabstand der gesamten Container hier eine Breite von 15 Pxiel.

Die linke Spalte des Inhaltsbereichs

Wir sorgen nun dafür, dass die Bereiche für die Zimmersuche (`#room-search`) und für die Länderinformation (`#info`) links im Content fließen. Da der Info-Bereich unterhalb des ersten Elements angeordnet werden soll, das `float:left` bekommen hat (hier `#room-search` – siehe HTML-Code), vergeben wir dem `#info`-Container ein `clear:left`. Kombinieren Sie die beiden IDs und vergeben Sie für beide diese Werte:

```
#room-search, #info { float: left; width: 280px; overflow: hidden; }

#info { clear: left; }
```

Die Seite sieht nun in Ihrem Browser etwa so aus:

Durch das `float: left` der beiden linken Container wird der Inhaltsbereich `#content-wrapper` rechts davon angeordnet.

Sobald die floatenden Elemente zu Ende sind, brechen die Inhalte (in `#content`) hier um und umschließen die floatenden (`#room-search`, `#info`) Elemente.

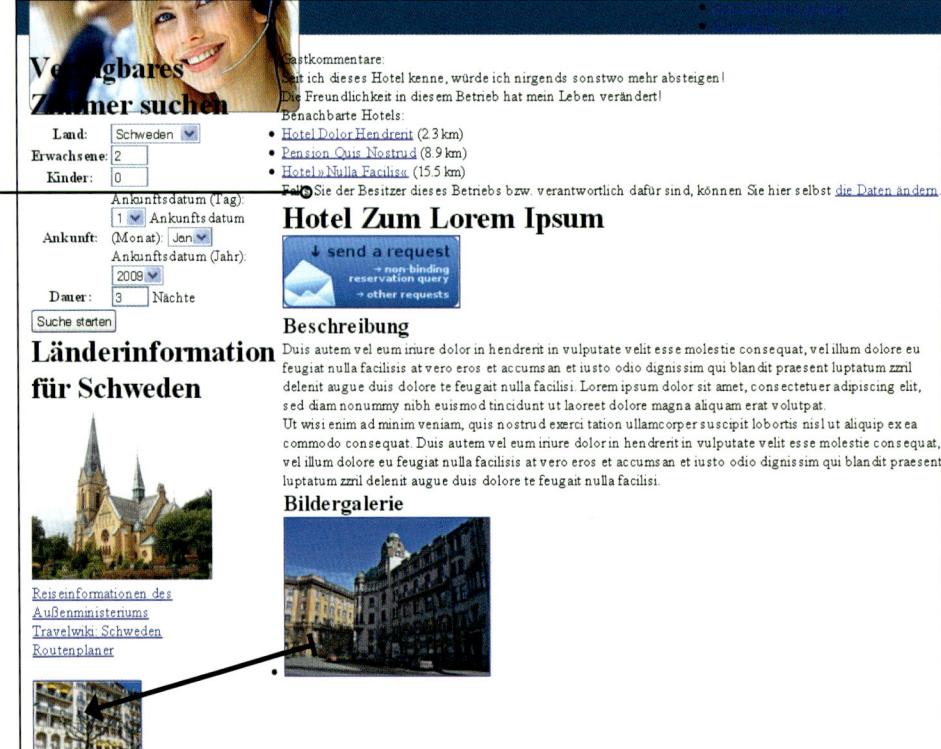

hier links die linke Spalte umfließen soll. Wir müssen also dafür sorgen, dass der Bereich des Hauptinhalts nicht umbricht. Bevor wir uns um den Hauptcontainer kümmern, müssen wir allerdings noch schnell die Zimmersuche #room-seacrh versetzen, damit diese das Teaser-Bild nicht mehr verdeckt:

```
#room-search { margin-top: 138px; }
```

Wir haben etwas mehr `margin-top` genommen als nötig, da wir den Platz später in der Design-Phase (Seite 338) brauchen.

Den Umbruch des Hauptcontainers verhindern

Um den Hauptcontainer nicht umbrechen zu lassen, wenden wir den overflow-Trick erneut an. Geben Sie dem #content-Container:

```
#content { overflow: hidden; }
```

Wenn Sie nun die Seite im IE6 ansehen, werden Sie feststellen, dass der Content immer noch umbricht. Genauso im Opera-Browser, der hier ebenfalls eine fehlerhafte Darstellung produziert. Aus diesem Grund haben wir einen extra Wrapper in HTML eingeführt, dem wir einen Abstand nach

Der Inhaltsbereich #content wurde um 315 Pixel nach rechts verschoben.

links geben:

```
#content-wrapper { margin-left: 315px; }
```

Dadurch wird das Problem mit dem Umbruch behoben. **Warum genau 315 Pixel?** Die 315 Pixel setzen sich durch die Breite des Bilds plus 15 Pixel Abstand zum linken Bereich zusammen.

Die unterstützenden Inhaltsboxen

Die grauen Boxen sollen als unterstützende Boxen zum Inhalt fungieren, die innerhalb des Content-Bereichs rechts positioniert werden. Hier benötigen wir also wieder Floats – diesmal jedoch `float: right`. Sprechen Sie die Klasse `.supp` im `#content-container` an:

```
#content .supp {   width: 200px;   float: right; }
```

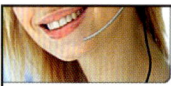

Theoretisch könnten Sie statt der fixen Breitenangabe in Pixel auch eine relative Beitenangabe in Prozent angeben. Dann würden sich die Container an der übergeordneten Breite orientieren.

Der Footer #footer

Für die Fußzeile ist positionierungsmäßig nicht allzu viel zu tun. Sie ordnet sich automatisch immer unterhalb des letzten Inhaltselements an. Wir werden gleich einen 1 px breiten Verlauf als wiederholende Hintergrundgrafik einfügen. Damit der Footer etwas vom Inhaltsbereich abgesetzt ist, vergeben Sie noch 15 Pixel Abstand von oben:

```
#footer {
    margin-top: 15px;
    background: #424242 url(images/design/footer_bg.png) repeat-x;
}
```

Das Ganze sollte im Browser dann so aussehen:

Kontakt Kontaktformular, Email, Fax, Impressum
Über uns Das Unternehmen, Team, Auszeichnungen
Hilfe FAQ, Anleitungen, Video-Tutorial
Rechtliches AGB, Verträge, Datenschutzerklärung
Google-Ads 234x60

Die Navigation in der Fußzeile werden wir später detaillierter stylen. Für die Positionierung reicht es, wenn der `#site-menu`-Container linksbündig ausgerichtet wird. Unsere Standardabstandbreite von 15 Pixel kommt auch hier wieder zum Einsatz:

```
#site-menu {
    float: left;
    margin-left: 15px;
    min-height: 83px; /* HG-Bild-Höhe + 15px */
}
```

Wie bereits erwähnt, versteht der IE6 den `min-height`-Befehl nicht von Haus aus. Sie müssen dazu das IE8-Script einbinden. Alternativ können Sie nur eine fixe Höhe angeben. Bei Größenänderungen von Schriften kann es dann aber zu Abschneidungen kommen.

Den Platz für die Werbung (z.B. für Google-Ads) richten wir durch Float rechtsbündig aus und setzen ihn noch etwas vom Rand ab (5 Pixel von oben, 15 Pixel von rechts):

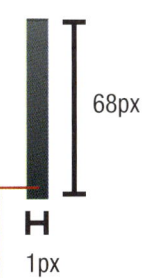

68px

H

1px

Die 1-Pixel-Grafik wird im Hintergrund des Footers wiederholt.

Der HTML-Farbcode des letzten Grautons ist #424242 und wird als Hintergrundfarbe deklariert, um einen einheitlichen Verlauf zu erzeugen. Mehr zu Hintergründen im Special auf Seite 146.

```
#footer-ads {   float: right;

    margin-top: 5px;

    margin-right: 15px; }
```

Footer-Höhe anpassen

Nun müssen Sie noch die Höhe der Fußzeile anpassen, damit sich der zugehörige Container (#footer) (mit der Hintergrundfarbe und dem Verlauf) automatisch auf die nötige Höhe ausdehnt. Derzeit sieht es in Ihrem Browser so aus:

Kontakt Kontaktformular, Email, Fax, Impressum
Über uns Das Unternehmen, Team, Auszeichnungen
Hilfe FAQ, Anleitungen, Video-Tutorial
Rechtliches AGB, Verträge, Datenschutzerklärung

Sie können deutlich sehen, dass die letzte Zeile der Liste nicht aufscheint, als wäre sie innerhalb des Containers – ein typischer Effekt, wenn Floats im Spiel sind.

Dazu können Sie einfach den #header-Container, den wir vorhin definiert haben, erweitern und die ID wie folgt dazuschreiben (genau dieselben Werte brauchen wir auch hier beim Footer, deshalb können wir hier kombinieren):

```
#header, #footer {

    overflow: hidden;

    width: 100%; /* für IE6 */      }
```

Nach der Overflow-Vergabe dehnt sich der Container wieder so weit aus, dass sämtliche Floats hineinpassen:

Kontakt Kontaktformular, Email, Fax, Impressum
Über uns Das Unternehmen, Team, Auszeichnungen
Hilfe FAQ, Anleitungen, Video-Tutorial
Rechtliches AGB, Verträge, Datenschutzerklärung

Google-Ads 234x60

Gratulation! Die Layoutphase ist abgeschlossen. Sie haben somit den anspruchsvollsten Teil hinter sich und ein solides Layout erstellt! Als Nächstes kümmern wir uns um das detaillierte Styling der Seite.

Die Website sollte bei Ihnen nun etwa so aussehen, wie rechts zu sehen.

Suchbegriff: _____ Suche starten

Willkommen, Frau Dolore Consequat!

Hotel Zum Lorem Ipsum

↓ send a request
→ non-binding reservation query
→ other requests

Beschreibung

Duis autem vel eum iriure dolor in hendrerit in vulputate velit esse molestie consequat, vel illum dolore eu feugiat nulla facilisis at vero eros et accumsan et iusto odio dignissim qui blandit praesent luptatum zzril delenit augue duis dolore te feugait nulla facilisi. Lorem ipsum dolor sit amet, consectetuer adipiscing elit, sed diam nonummy nibh euismod tincidunt ut laoreet dolore magna aliquam erat volutpat.

Duis autem vel eum iriure dolor in hendrerit in vulputate velit esse molestie consequat, vel illum dolore eu feugiat nulla facilisis at vero eros et accumsan et iusto odio dignissim qui blandit praesent luptatum zzril delenit augue duis dolore te feugait nulla facilisi. Lorem ipsum dolor sit amet, consectetuer adipiscing elit, sed diam nonummy nibh euismod tincidunt ut laoreet dolore magna aliquam erat volutpat.

Ut wisi enim ad minim veniam, quis nostrud exerci tation ullamcorper suscipit lobortis nisl ut aliquip ex ea commodo consequat. Duis autem vel eum iriure dolor in hendrerit in vulputate velit esse molestie consequat, vel illum dolore eu feugiat nulla facilisis at vero eros et accumsan et iusto odio dignissim qui blandit praesent luptatum zzril delenit augue duis dolore te feugait nulla facilisi.

Bildergalerie

Adresse und Kontakt

Hotel Lorem Ipsum
Loremisstraße 22
12345 Sweden
Email: lorem@ipsum.com

Verfügbares Zimmer suchen

Land: Schweden
Erwachsene: 2
Kinder: 0
Ankunftsdatum (Tag): 1
Ankunft: Ankunftsdatum (Monat): Jan Ankunftsdatum (Jahr): 2009
Dauer: 3 Nächte
Suche starten

Länderinformation für Schweden

Reiseinformationen des Außenministeriums
Travelwiki Schweden
Routenplaner

Gastkommentare:
Seit ich dieses Hotel kenne, würde ich nirgends sonstwo mehr absteigen!
Die Freundlichkeit in diesem Betrieb hat mein Leben verändert!

Benachbarte Hotels
- Hotel Dolor Hendrent (2.3 km)
- Pension Quis Nostrud (8.9 km)
- Hotel »Nulla Facilis« (15.5 km)

Falls Sie der Besitzer dieses Betriebs bzw. verantwortlich dafür sind, können Sie hier selbst die Daten ändern.

326

Im Ordner 03_Proto-
typ/3_design_start/
finden Sie den
aktuellen Stand der
Website.

Der CSS-Code für Positionierung und Layout im Überblick

```css
/*** Positionierung ***/


* { margin: 0; padding: 0; }


body {
    min-width: 990px;
    max-width: 1280px;
}


#header, #footer {
    width: 100%;
    overflow: hidden;
}


#header {
    min-height: 101px;
    background: #004e6f url(images/design/earth_bg.png) no-repeat;
}


#logo { position: absolute; left: 15px; top: 5px; }


#lang-menu, #ft-search, #guest-login {
    float: right;
    margin-right: 15px;
    margin-top: 15px;
}
```

```
#guest-login { clear: right; }


#teaser { position: absolute; width: 300px; top: 41px; left: 15px; }
#teaser .bubble { position: absolute; left: 300px; top: -30px;  }


#main { margin: 15px; position: relative; overflow: hidden; }
#room-search { margin-top: 138px; }
#room-search, #info { float: left; width: 280px; overflow: hidden; }
#info { clear: left; }


#content { overflow: hidden; }
#content-wrapper { margin-left: 315px; }
#content .supp { width: 200px; float: right; }


#footer {
    margin-top: 15px;
    background: #424242 url(images/design/footer_bg.png) repeat-x;
}
#site-menu { float: left; margin-left: 15px; min-height: 83px; }
#footer-ads { float: right; margin-top: 5px; margin-right: 15px; }
```

CSS: Styling & Design

Auch in diesem Styling-Teil werden Sie wieder auf interessante Möglichkeiten stoßen, die Ihnen CSS ermöglicht! Der Design-Teil bietet neben Techniken, die Sie schon in den beiden vorigen Prototypen kennengelernt haben, viele Neuerungen.

Die Highlights dieser Phase

In diesem Abschnitt lesen Sie, wie Sie:

> » Tabellen mit einem Zebra-Look erstellen
>
> » Zitate automatisch mit Anführungszeichen versehen
>
> » Formulare ansprechend gestalten
>
> » eine umfangreiche Navigation mit Zusatzinfos gestalten
>
> » wechselnde Hintergrundbilder realisieren
>
> » unwichtige Labels bei Formularen verstecken
>
> » zwei verschiedene Font-Stacks verwenden
>
> » eine Galerie erstellen, die sich der Seitenbreite anpasst, und
>
> » Bilder leicht mittels Fading präsentieren

Im Ordner 03_Prototyp/3_design_start/ finden Sie die aktuelle Version, mit der Sie gleich starten können!

Die Bilder finden sich im Ordner 03_Prototyp/3_design_start/design/images.

Verwendete Grafiken dieser Website:

Unterhalb sehen Sie alle Grafiken und Bilder, die diese Website verwendet.

teaser.jpg
Das Haupt-Teaser-Bild, platziert direkt im HTML-Code

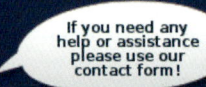

bubble-help-trans.png
Die Sprechblase, die thematisch zum Teaser gehört

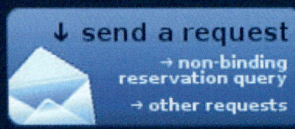

request-button-trans.png
Der Buttom zum Schicken einer Anfrage an ein Hotel im Inhaltsbereich

Foto: (c) Bernhard STockmann 2009

earth_bg.png
Das Hintergrundbild für unseren Kopfbereich

searchbox_bg.png
Ein wiederholbares Hintergrundbild für den
Bereich der Zimmersuche.

footer_bg.png
Ein 1px-Hintergrund für
die Fußzeile - bzw. die
Hauptnavigation

Allgemeine Formatierungen

Bevor wir mit den Detailbereichen der Seite beginnen, sollten Sie – wie bei allen Websites – die Standardstyles festlegen, das heißt allgemeine Schriften, Überschriftengröße, Links, Farben und Ähnliches, das auf den ganzen Seitenbereich wirkt.

Der Font-Stack/Seitenschriftbild

Für den dritten Prototyp haben wir einen Font-Stack von drei Schriften ausgewählt, der nahezu alle Betriebssysteme abdeckt und auf allen ein ähnliches Schriftbild erzeugen soll. Mehr zu Font-Stacks lesen Sie auf den Seiten 164 und 240.

Allgemeine Schriften

Der allgemeine Font-Stack der Portal-Website		
Schriftname	Font-Ansicht	Betriebssysteme
Nimbus Sans L	Hirners Hotel Guide	Linux, Standardschrift bei vielen Distributionen
Calibri	Hirners Hotel Guide	Windows Vista, installiert sich ab Office 2007
Trebuchet MS	Hirners Hotel Guide	Windows XP, Windows Vista

Fügen Sie nun Folgendes in Ihren CSS-Code ein und sprechen Sie den ganzen Seitenkörper (body) an:

```
body {

    font-size: 10pt;

    font-family: "Nimbus Sans L", "Calibri", "Trebuchet MS", sans-serif;

}
```

Die Standardschriftgröße setzen Sie hier auf 10pt. Durch die weitere Verwendung von %-Angaben in anderen Styles können Sie von 10 ausgehend sehr leicht rechnen und abschätzen: Geben Sie 150% Größe an, entspricht das genau 15pt.

Spezielle Schriften

Im Unterschied zu den anderen Prototypen wollen wir beim Portal noch einen kleinen Schritt weitergehen und einen zweiten Stack definieren, der etwas einprägsamere und edlere Schriften für Headings und andere wichtige Teile beinhaltet:

Der spezielle Font-Stack der Portal-Website		
Schriftname	Font-Ansicht	Betriebs-systeme
UnDotum	Hirners Hotel Guide	Linux, Standard-schrift bei vielen Distributionen
Geneva	Hirners Hotel Guide	Mac-Standard-schrift
Tahoma	Hirners Hotel Guide	Windows XP, Windows Vista

Diese Schriften wollen wir vor allem für Überschriften vergeben. Gruppieren Sie also mehrere Selektoren miteinander – konkret: die Links im Logo-Container (in unserem Fall der verlinkte Text „Hirner Hotel Guide") sowie alle h1- und h2-Überschriften:

```
#logo a, h1, h2 {

    font-family: UnDotum, Helonia, Tahoma, sans-serif; font-weight: nor-
mal;

}
```

Styling der Links

Für die Verlinkungen aller Art definieren wir eine blaue Farbe, ansonsten werden die Links nicht verändert:

```
a { color: #0062a1; }
```

Für alle verlinkten Bilder geben wir den Wert an, dass Bilder keinen farbigen Rahmen bekommen sollen, sobald sie sich innerhalb eines a-Tags befinden:

```
a img { border: none; }
```

Beschreibung

Duis autem vel eum iriure at vero eros et accumsan facilisi. Lorem ipsum dolor magna aliquam erat volutp

Das Schriftbild vorher (oben) und nachher (unten). Die Überschift wurde hier in einer anderen Schriftart dargestellt als der Fließtext.

Beschreibung

Duis autem vel eum iriure facilisis at vero eros et ac feugait nulla facilisi. Lorem laoreet dolore magna aliqu

Wenn Sie nun speichern und die Sprechblase ansehen, werden Sie feststellen, dass hierdurch der unschöne Rahmen um das Bild verschwunden
ist.

Der Logo-Bereich #logo

Da wir nur einen einzelnen Link in unserem #logo-Container haben, reicht
es, wenn wir alle Anker <a> darin ansprechen – keine Notwendigkeit für
eine eigene Klasse. Den Text lassen wir als Kapitälchen darstellen. Font-
Variant hat übrigens außer normal und small-caps keine Darstellungsweisen. Bei Kapitälchen werden alle Buchstaben in Großbuchstaben dargestellt, lediglich der erste Buchstabe ist noch eine Spur größer als der Rest.

```
#logo a {

    font-size: 26px;

    color: white;

    text-decoration: none;

    font-variant: small-caps;

    font-weight: bold; }
```

Wir haben den Text hier weiß gefärbt, damit er sich auf dem blauen Hintergrund gut abhebt. Da wir mit #logo a eine spezifischere Angabe gemacht
haben als beim vorhin normal deklarierten <a>, wird die Linkfarbe von
vorhin (noch blaue Links) jetzt mit Weiß überschrieben.

Der Logo-Teil vor dem Styling (links) und danach. Beachten Sie die Kapitälchen-Darstellung des Textes. Weiters wird durch eine fixe Pixelangabe bei der Größe des Textes verhindert, dass dieser jemals unterschiedlich groß dargestellt wird.

Wichtig ist hier auch: Die Schriftgröße wurde absichtlich in Pixeln angegeben. Das ist notwendig, da der Text hier immer exakt gleich groß sein soll. Der Grund dafür ist die genaue absolute Positionierung des Teasers darunter. Der Teaser wird immer an der gleichen Stelle beginnen, somit müssen wir Überlappungen durch variierende Schriftgrößen auf unterschiedlichen Systemen an dieser Stelle (und nur hier) kategorisch ausschließen, damit nichts verrutscht. Hier wird der Logo-Text quasi wie ein Bild verwendet, das ebenfalls nicht einfach größer dargestellt werden kann.

Durch `text-decoration: none` verschwindet die Standardunterstreichung bei Links und mittels `font-weight` geben wir die Dicke der Schrift an.

Tipp: Statt `font-variant` können Sie auch auf eine andere Texttransformationsmethode zurückgreifen:

text-transform bietet diese Möglichkeiten:

- » `text-transform: none;` (der Standardwert)
- » `text-transform: uppercase;` (alles wird zu Großbuchstaben)
- » `text-transform: lowercase;` (alles wird zu Kleinbuchstaben)
- » `text-transform: capitalize;` (der erste Buchstabe wird groß geschrieben, der Rest bleibt unverändert)

Eine kombinierte Verwendung von font-variant und text-transform macht meist wenig Sinn. Wechseln Sie testweise einfach mal die Kapitälchen durch komplette Großbuchstaben aus.

Special: Label-Texte bei Formularen verstecken

Manchmal kann es sein, dass beschreibende Felder in der visuellen Darstellung schlicht unnötig sind. Trotzdem sollten Sie diese Felder auf keinen Fall einfach im HTML-Code weglassen. Ein Screenreader für blinde Menschen hat sonst keine Möglichkeit festzustellen, was in ein bestimmtes Feld eingetragen werden muss. Einen typischen Fall haben wir in unserem Web-Portal ganz oben im Header-Bereich: Die Beschreibung „Suchbegriff:" ist hier eher unnötig bzw. selbst erklärend (da nur ein Feld hier ist und der Button mit „Suche starten" betitelt ist).

Vergeben Sie dem Label, das unsichtbar werden soll, im HTML z.B. die Klasse „hidden". Wir haben dies bereits im HTML-Teil des Portals vorbereitet:

```
<label for="ft-search-p" class="hidden">Suchbegriff:</label>
```

Suchbegriff: [   ] [Suche starten]

Sprechen Sie nun alle `label`-Tags mit der Klasse `hidden` an und vergeben Sie diese Werte:

```
label.hidden {
    position: absolute;
    left: -10000px;
    top: auto;
    width: 1px;
    height: 1px;
    overflow: hidden; }
```

Der Platz, an dem das Label war, wird komplett frei und ist theoretisch auch durch anderen Inhalt nutzbar.

Durch `position: absolute` wird das Label aus dem Dokumentfluss genommen. Es landet durch `top:auto;` an der oberen Kante des Browsers. Danach wird es um 10.000 Pixel nach links versetzt, wodurch es auf keinem Bildschirm mehr angezeigt wird. Damit das Element aber dennoch (für Google oder den Browser) existiert, setzen wir die Höhe und Breite auf maximal einen Pixel. Um zu verhindern, dass bei diesen Breitenangaben ein Browser auf die Idee kommt, das Feld automatisch auf die nötige Größe zu setzen, wird ein `overflow: hidden` vergeben, wodurch auch keine Scrollbalken mehr erscheinen werden. Das Feld ist also somit noch im Dokument existent, wird aber nicht angezeigt. Durch `display: none` oder `visibility: hidden` könnte der Effekt ebenfalls erreicht werden – jedoch wird das Feld dadurch auch für Screenreader und Suchmaschinen versteckt.

[   ] [Suche starten]

Allgemeines Styling für Überschriften und Listen

Unseren zwei größten Überschriften geben wir zwecks Einheitlichkeit dieselbe Farbe wie unseren Links:

```
h1, h2 { color: #004e6f; }
```

Unsere Link-Listen verwenden wir bereits zweimal an unterschiedlichen Stellen: einmal rechts in den unterstützenden Inhaltsboxen und einmal auf der linken Seite im Infobereich für Länderinfos. Wir selektieren also alle Listen, denen wir die Klasse `links` (für eine Link-Liste) vergeben haben, und darin sprechen wir alle Listenelemente an:

```
ul.links li { list-style-type: none; }
```

Die folgende Technik haben Sie bereits im zweiten Prototyp ausführlich kennengelernt (Special Seite 263). Mittels der Pseudoklasse `:before` fügen Sie mit `content:` einen beliebigen Text oder ein Bild ein. In unserem Fall reicht hier ein „Pfeil nach rechts", den wir als Textzeichen hineinschreiben:

```
ul.links li:before { content: "->"; }
```

IE8-Script

Der IE6 versteht diesen Stil nur, wenn Sie das IE8-Script einbinden. Andernfalls zeigt er keine Pfeile an (was praxismäßig natürlich akzeptabel ist, da kein Layoutfehler verursacht wird und der Inhalt problemlos weiterhin erreichbar ist – der User würde es nicht bemerken).

Die Gästenavigation #guest-login

Um das Styling des Headers abzuschließen, fehlt noch die kleine Gästenavigation (der `#guest-login`-Container). Im Moment ist es eine vertikale Standardliste, die wir umgestalten müssen: Ordnen Sie zuerst den Text im Container generell rechtsbündig an, damit der Text auch immer am rechten Rand steht:

```
#guest-login { text-align: right; }
```

Die Textfarbe müssen wir anpassen, damit alles auf dem blauen Hintergrund lesbar wird. Wir verwenden hier wie beim Logo Weiß:

```
#guest-login, #guest-login a { color: white; }
```

Der aktuelle Stand – was ist bis jetzt passiert?

Rekapitulieren wir, was bereits gestaltet wurde und vor allem wie. Lesen Sie erst die schwarzen Texte bei den roten Hinweislinien und überprüfen Sie, ob Sie noch wissen, welche Eigenschaften wir hier in CSS vergeben haben.

Kapitälchen und feste Pixel-angaben für einen immer gleich großen Logo-Text
font-variant: small-caps
font-size: 36px;

Label unsichtbar für Besucher, jedoch sichtbar für Suchmaschinen und Screenreader
label.hidden { position: absolute; left: -10000px; top: auto; width: 1px; height: 1px; overflow: hidden; }

Horizontale Liste mit
display: inline und
content: für spezielle Auf-zählungszeichen

Hotel Zum Lorem Ipsum

↓ send a request
→ non-binding reservation query
→ other requests

Beschreibung

Duis autem vel eum iriure dolor in hendrerit in vulputate velit esse molestie consequat, vel illum dolore eu feugiat nulla facilisis at vero eros et accumsan et iusto odio dignissim qui blandit praesent luptatum zzril delenit augue duis dolore te feugait nulla facilisi. Lorem ipsum dolor sit amet, consectetuer adipiscing elit, sed diam nonummy nibh euismod tincidunt ut laoreet dolore magna aliquam erat volutpat.
Duis autem vel eum iriure dolor in hendrerit in vulputate velit esse molestie consequat, vel illum dolore eu feugiat nulla facilisis at vero eros et accumsan et iusto odio dignissim qui blandit praesent luptatum zzril delenit augue duis dolore te feugait nulla facilisi. Lorem ipsum dolor sit amet, consectetuer adipiscing elit, sed diam nonummy nibh euismod tincidunt ut laoreet dolore magna aliquam erat volutpat.
Ut wisi enim ad minim veniam, quis nostrud exerci tation ullamcorper suscipit lobortis nisl ut aliquip ex ea commodo consequat. Duis autem vel eum iriure dolor in hendrerit in vulputate velit esse molestie consequat, vel illum dolore eu feugiat nulla facilisis at vero eros et accumsan et iusto odio dignissim qui blandit praesent luptatum zzril delenit augue duis dolore te feugait nulla facilisi.

Bildergalerie

Verfügbares Zimmer suchen

Land:	Schweden ▾
Erwachsene:	2
Kinder:	0
Ankunft:	1 ▾ Jan ▾ 2009 ▾
Dauer:	3 Nächte

Suche starten

Länderinformation für Schweden

Suche starten

Willkommen, Frau Dolore Consequat!
Å »Meine Buchungen Å »Benutzerkonto ändern Å »Abmelden

Gastkommentare:
Seit ich dieses Hotel kenne, würde ich nirgends sonstwo mehr absteigen!
Die Freundlichkeit in diesem Betrieb hat mein Leben verändert!
Benachbarte Hotels:
-> Hotel Dolor Hendrerit (2.3 km)
-> Pension Quis Nostrud (8.9 km)
-> Hotel »Nulla Facilisi (15.5 km)
Falls Sie der Besitzer dieses Betriebs bzw. verantwortlich dafür sind, können Sie hier selbst die Daten ändern.

Font-Stack für das allge-meine Schriftbild

Eigene, edle Schriften-auswahl für Headings und Logo

Verlinkte Bilder ohne Rahmen
a img { border:none; }

Liste mit speziellem Aufzählungszeichen
ul.links li:before { content: "->"; }

Um die Navigation (Liste) horizontal nebeneinander anzuordnen, greifen wir auf die bereits oft verwendete `display:inline`-Variante zurück. Dadurch verschwinden automatisch auch die Aufzählungszeichen:

```
#guest-login li { display: inline; }
```

Da wir bei `display: inline` keine originalen Aufzählungszeichen verwenden (können), nutzen wir wieder die vorhin (auf Seite 335) schon besprochene Technik, um nachträglich Inhalte mittels CSS einzufügen:

```
#guest-login li:before { content: "»"; }
```

Im Vergleich zu vorhin haben wir der Abwechslung wegen jedoch die modernen Doppelpfeile verwendet.

Der Inhaltsbereich #main

Die linke Spalte designen

Oberhalb unseres Länderinfo-Bereichs ist die Zimmersuche vorgesehen, die wir im Grafikdesign so geplant haben:

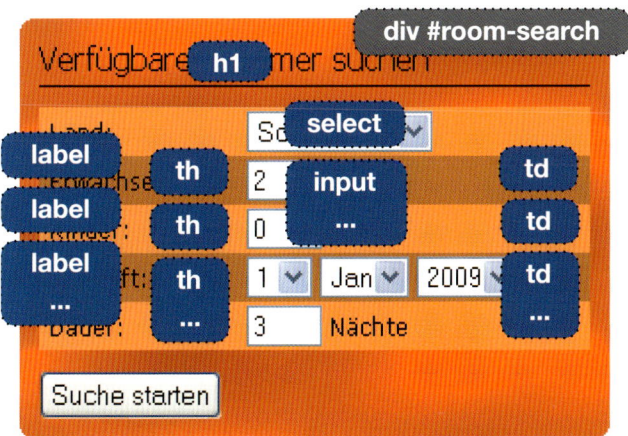

Hier haben wir gleich mehrere Dinge zu kombinieren. Wir werden zuerst den Hintergrund einfügen und danach die Überschrift anpassen, die ja nicht so groß sein soll wie andere `h1`-Überschriften im Dokument.

Nahtlose und wiederholbare Hintergrundbilder werden oft auch als „seamless backgrounds" bezeichnet.

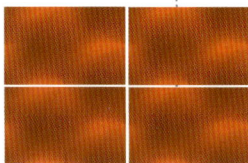

Nahtlose Bilder erzeugen Sie leicht selbst! Installieren Sie z.B. das freie Grafikprogramm GIMP, erstellen Sie eine beliebige Grafik und wählen Sie dann: FILTER / ABBILDEN / NAHTLOS MACHEN. Danach lassen Sie das Bild bequem mittels CSS wiederholen, ohne dass man (starke) Ränder sieht.

Anschließend kümmern wir uns um das Formular und um die Tabellen sowie das Zebra-Muster.

Wir geben dem Hintergrund hier ein Bild, das diesmal keine Farbe braucht, da es ein nahtlos aneinanderreihbares Bild ist. Das Bild hier hat schwache Farbverläufe und unterschiedliche dunkle Stellen. Das bringt uns ein wenig Abwechslung. Sie brauchen außer dem Bild hier nichts anzugeben, die Wiederholung eines Bilds im Hintergrund ist das Standardverhalten. Sprechen Sie den Container an, der für die Zimmersuche geplant ist:

```
#room-search { background: url(images/design/searchbox_bg.png); }
```

Wir überschreiben das normale h1 nun mit einem spezifischeren Wert, indem wir einfach die ID des Containers davorsetzen. Das h1 gilt also hier nur noch für alle h1-Überschriften, die in diesem Container enthalten sind:

```
#room-search h1 { color: black; font-size: 1.2em; padding-bottom: 4px;
border-bottom: 1px black solid; }
```

Als Schriftfarbe haben wir Schwarz gewählt, die Größe der Schrift entspricht etwa 120%, das wäre derselbe Wert wie 1.2em. Der Überschrift haben wir zusätzlich noch eine kleine feine schwarze Linie unterhalb verpasst, die den Inhalt der Box etwas von der Überschrift abgrenzt. Damit die Linie nicht so stark am Überschrifttext klebt, haben wir zusätzlich noch einige Pixel unteren Innenabstand vergeben (padding-bottom).

Verleihen Sie dem ganzen Container nun noch ein wenig Innenabstand, damit nicht alles so aneinanderklebt:

```
#room-search, #info { padding: 10px; }
```

Dieser Seitenteil sollte jetzt etwa so bei Ihnen aussehen:

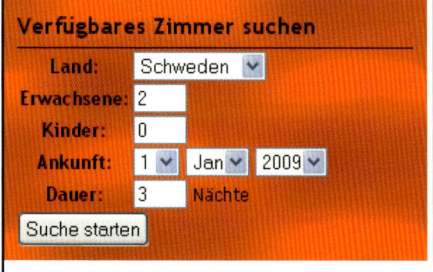

Vor dem Styling   Derzeitiger Stand im Browser

Special: Tabellen-Styling und Zebramuster erstellen

Tabellen sollten im modernen Webdesign nur zur Darstellung tabellarischer Daten verwendet werden, auf keinen Fall aber, um Layouts zu realisieren. Formulare stellen oft tabellarische Daten dar. Außerdem gibt es außer Tabellen keine andere so makellose Methode, Formulare immer richtig zu gestalten. Auch wir verwenden hier eine Tabelle, um Ordnung in das Formular zu bekommen.

Selektieren Sie die HTML-Tabelle in Ihrem Container `#room-search`-Container. Ein table wird standardmäßig als Block-Element dargestellt. Vergeben Sie ein wenig Außenabstand nach oben und nach unten:

```
#room-search table { margin: 10px 0px; width: 100%; border-collapse: collapse; }
```

Tabellen dehnen sich nicht automatisch aus wie beispielsweise `div`-Container, sondern sie nehmen immer nur die maximale Breite der Zelleninhalte an. In unserem Fall wollen wir, dass sich die Tabelle jedoch über die vorhandene Seitenbreite ausdehnt. Deshalb haben wir eine `width: 100%` vergeben.

Rahmen zusammenfallen lassen

Jede Zelle (`th`, `td`) einer Tabelle hat einen Rahmen, auch wenn dieser nicht sichtbar ist. Damit keine Zwischenabstände entstehen und die Tabellenzellen beispielsweise durch einen 1px-Rahmen getrennt werden können, müssen Sie den `border-collapse`-Wert verwenden. Die Rahmen fallen hierdurch miteinander zusammen, wie folgende Illustration zeigt:

Das Standardverhalten: jede Zelle hat eigene, separate Rahmen.

Mit `border-collapse: collapse` fallen die Rahmen der Zellen zusammen.

Selektieren Sie nun in diesem Container alle Tabellenzellen (`td`) und alle Tabellen-Headings (`th`):

```
#room-search td, #room-search th { padding: 2px 5px; }
```

Durch die gruppierte Angabe haben Sie wieder Einheitlichkeit bei den Abständen erreicht. Hier haben wir je 2 Pixel für oben und unten und 5 Pixel für Abstände links und rechts innerhalb der Zellen definiert.

Tabellen-Headings, kurz `th`, sind die beschreibenden Felder für die in der zweiten Spalte stehenden Werte. In ihnen befinden sich auch die Labels für die zugehörigen `input`-Felder. Standardmäßig sind `th`-Tags fett und zentriert dargestellt (linkes Bild):

```
#room-search th {

    text-align: left;

    font-weight: normal;

    vertical-align: top;

}
```

Mit den oben gesetzten Werten haben wir die Spalten hier linksbündig ausgerichtet und nicht mehr fett geschrieben.

Eine Zeile nimmt immer automatisch die Höhe an, die ein Element in einer Spalte maximal benötigt. Somit werden alle Spalten in einer Zeile auf diese Höhe vergrößert. Mit dem Attribut `vertical-align` kontrollieren Sie, an welcher Position (oben, Mitte, unten) sich ein Text in einer Spalte anordnet, solange der Inhalt die Spaltenhöhe nicht ausfüllt bzw. unterschreitet. Standardmäßig wird der Text mittig platziert.

`vertical-align` **hat in Zusammenhang mit Tabellen folgende Möglichkeiten:**

- » `middle` – (Standardwert), in der Mitte (vertikal) der Zelle

- » `top` – der Text wird an der oberen Kante angeordnet

- » `bottom` – Inhalt orientiert sich an der unteren Kante

 Wichtig: Es gibt noch mehr Werte die vertical-align haben kann, die jedoch nur mit der Positionierung von Text innerhalb einer Zeilenhöhe zu tun haben. Als Basis dienen die obere und untere Kante der Zeilenhöhe.

```
sub, super

text-top, text-bottom

<length>, <percentage>
```

Zebramuster (abwechselnde Hintergrund-farben) erzeugen

So erzeugen Sie Zebramuster bei Tabellen (oder anderen Elementen):

Möglichkeit 1: Klassisch und einfach: mit separaten Klassen

Sprechen Sie alle Tabellenzeilen an und geben Sie diesen Hintergrund-farben:

```
#room-search tr { background: #c96829;

    padding: 5px 0px; }
```

Geben Sie jeder ungeraden Zeile (`tr`) einer Tabelle eine gleichlautende Klasse: z.B. „odd" für „ungerade" (Beispiel: `<tr class="odd">`. Danach sprechen Sie diese mittels CSS an.

```
#room-search tr.odd { background: #ff8434; }
```

Diese Zeile überschreibt durch die spezifischere Klassenangabe die vor-herige Farbe, wodurch ein Zebramuster entsteht.

Möglichkeit 2: Begrenzt einsetzbar: benachbarte Selektoren

Diese Variante ist nur einsetzbar, wenn Sie relativ wenige Tabellenzeilen haben. Dafür brauchen Sie aber keine eigene Klasse im HTML zu schrei-ben:

```
#room-search tr:first-child + tr { background: #ff8434; }
```
zweite Zeile selektiert
```
#room-search tr:first-child + tr + tr + tr { background: #ff8434; }
```
vierte Zeile selektiert

...

Zuerst selektieren wir mittels `first-child` die erste Tabellenzeile und geben mit + tr an, dass wir erst die darauffolgende zweite Zeile ansprechen wol-len. Das Prozedere wiederholt sich dann, je nachdem, wie viele Zeilen Sie damit stylen wollen. Sie brauchen immer eine weitere CSS-Zeile pro zwei Zeilen.

Möglichkeit 3: Ganz modern: CSS3-Selektoren einsetzen

Die Pseudoklasse `nth-child` gibt es erst in CSS3, jedoch können bereits ganz moderne Browser wie der Firefox ab Version 3.5 dieses CSS aus-nahmsweise interpretieren, da es mehr und mehr an Bedeutung gewinnt.

```
#room-search tr:nth-child(2n) { background: #ff8434; }
```

Das 2n in der Klammer gibt an, dass der Background-Wert für jedes zweite Element des Selektors für tr gesetzt werden soll.

Den Info-Block `#info` stylen

Der Infoblock unterhalb der Zimmersuche benötigt noch etwas Styling, bevor wir die linke Spalte hier als abgeschlossen betrachten können.

Vergeben Sie einen grauen Hintergrund für den Infobereich:

```
#info { background: #d6d6d6; }
```

Als Nächstes müssen wir dafür sorgen, dass die Überschrift h1 im Infobereich, die derzeit ja noch komplett in der Schriftgröße ist, die wir global für h1 vergeben haben, kleiner wird. In einem weiteren Schritt müssen wir den ersten Teil "Länderinformationen für" etwas weniger hervorheben als den darauffolgenden Ländernamen ("Schweden").

Ein span-Tag umschließt die Wörter „Länderinformation für". Durch display: block muss sich alles Weitere nun darunter anordnen, wodurch der Ländername selbst immer separat darunter stehen wird!

Mehr Infos zu Block- bzw. Inline-Elementen lesen Sie bitte auf Seite 84.

Vorher

Nachher

```
#info h1 { font-size: 1.6em; }

#info h1 .subtitle { display: block; font-size: 12pt; }
```

Die im HTML durch ein span-Tag vergebene Klasse subtitle umschließt den Text „Länderinformation für". Um nun sicherstellen, dass das Land (also der Text „Schweden") darunter steht, machen wir uns zunutze, dass man in CSS alle Standarddisplay-Darstellungen verändern kann. Somit wird aus einem Inline-Element (span) mittels display: block ein Block-Element, wodurch sich alles dahinter Geschriebene darunter anordnen muss.

Special: Formularfelder aufpeppen

Bei Formularen sollten Sie beachten, dass der User immer klar erkennen muss, wo ein Formularfeld ist, in welchem er Eingaben tätigen kann. Bei Input-Feldern sollten Sie also nicht auf Rahmen verzichten und optimalerweise sollten Sie auch bei einem hellen Hintergrund für diese Felder bleiben.

Wir wollen unser Zimmersuche-Formular nun etwas aufbessern. Solche speziellen Dinge müssen Sie übrigens nicht unbedingt im Grafikdesign vorbereiten. Oft hilft es, hier einfach ein wenig zu experimentieren. Wir beginnen damit, allen Eingabefeldern (hier `input` und `select`) in diesem Formular eine Hintergrundfarbe zu geben, die zu dem Orange des Hintergrunds bzw. zum Zebramuster passt:

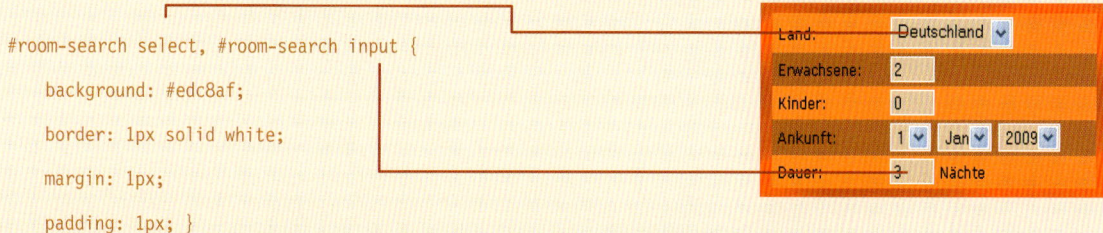

```
#room-search select, #room-search input {

    background: #edc8af;

    border: 1px solid white;

    margin: 1px;

    padding: 1px; }
```

Um den etwas faden Standardrahmen zu ersetzen, haben wir auch einen 1px-Rahmen in weißer Farbe genommen. Und damit alles nicht zu sehr aneinanderklebt, ist nun auch etwas Innen- und Außenabstand aktiv. Der Hintergrund des `select`-Felds gilt übrigens auch beim Aufklappen dieses Menüs.

Mittels `optgroup` haben wir in unserem `select`-Feld verschiedene `options` inhaltlich zusammengefasst. Der Text „Europa" ist die Beschreibung für die erste optgroup. Diesen Text können wir nicht separat stylen (er ist kein richtiger „Inhalt" in HTML), deswegen gehen wir einen Umweg und stylen die gesamte optgroup (somit auch gleich alle option-Tags darin) und ändern die darin befindlichen option-Tags danach gestalterisch ab.

```
#room-search optgroup {

    font-weight: bold;

    font-style: normal;

    margin: 0px 0px 10px 6px;

    color: gray;

    text-transform: uppercase;

    background: #eaeaea; }
```

Wir haben den Text für die `option`-Group nun grau und fett formatiert. Zusätzlich haben wir die `optgroup`s mittels `margin` etwas auseinandergeschoben, damit der Zusammengehörigkeitsfaktor mehr greift.

Die `optgroup` wurde mittels `margin` übersichtlicher aufgeteilt. Im nächsten Schritt werden die `option`-Tags wieder etwas mehr hervorgehoben.

Zu guter Letzt wollen wir die einzelnen Optionen, die der Benutzer wählen kann, wieder etwas hervorheben. Nicht alles soll so aussehen wie der Titel der `optgroup`. Selektieren Sie dazu alle `option`s im `optgroup`:

```
#room-search optgroup option { color: black;

    font-weight: normal;

    text-transform: none;

    border-bottom: 1px solid #eaeaea;

    padding: 1px 2px;

    background: white; }
```

Hier haben wir hauptsächlich die Normalwerte wiederhergestellt, die vorhin durch `optgroup` gesetzt wurden. Zwischen den einzelnen Optionen haben wir eine 1 Pixel feine Linie eingezogen, um die Trennung noch eine kleine Spur deutlicher hervorzuheben.

Der aktuelle Stand im Browser:

Durch die weiße Hintergrundfarbe der Auswahl-Optionen und die schwarze Schrift sieht der Benutzer sofort, welche Teile auswählbar sind.

Hauptinhalte #content und unterstützende Inhalte .supp

Nachdem unsere linke Spalte fertig designt ist, kümmern wir uns um den mittleren Bereich der Seite.

Das Box-Design .box

Die kleinen Boxen rechts bekommen 10 Pixel Innenabstand. Erweitern Sie hier die schon existierende `#room-search`-CSS-Zeile und schreiben Sie Folgendes dazu:

```
#room-search, #info, #content .supp .box { padding: 10px; }
```

Wir sprechen nun alle `.box`-Klassen an, die sich innerhalb des Containers `.supp` befinden und, vergeben Hintergrundfarbe sowie zusätzliche Außenabstände zu dem soeben verteilten Innenabstand:

```
#content .supp .box { background: #d6d6d6; margin-left: 10px; margin-bottom: 10px; }
```

Die letzte Box beinhaltet noch eine Klasse `.for-properties`. Über diese Klasse werden wir den Text dort etwas kleiner machen, da diese Info nicht ganz so wichtig ist:

```
#content .for-properties { font-size: .8em; }
```

Rahmen für den Hauptinhalt

Damit der Hauptbereich von der linken Spalte etwas abgetrennt ist, werden wir dort eine 1-px-Linie einziehen:

```
#content { padding-left: 13px; border-left: 1px dotted #333; }
```

Bei der Farbangabe haben wir diesmal Kurzschrift verwendet. Kürzen Sie, wenn Sie drei gleiche Werte-Paare für die Farbe haben (in diesem Fall dreimal 33 = `#333333`), es einfach ab. Ein anderes Beispiel: Statt `#eeaa00` würden Sie `#ea0` schreiben.

Allgemeine Styles für den Inhalt

Setzen Sie nun noch die Überschriften und Absätze ein wenig voneinander ab, damit man eine kleine Trennung zwischen den Elementen sieht:

```
#content h2 { margin: .6em 0px .1em 0px; }

#content p { margin: .5em 0px; }
```

Versuchen Sie immer, Redundanz bei CSS-Code zu vermeiden, indem Sie passende oder gleiche Werte zu gruppierten Selektoren zusammenfassen.

Gastkommentare:
Seit ich dieses Hotel kenne, würde ich nirgends sonstwo mehr absteigen!
Die Freundlichkeit in diesem Betrieb hat mein Leben verändert!

Benachbarte Hotels:
->Hotel Dolor Hendrerit
(2.3 km)
->Pension Quis Nostrud
(8.9 km)
->Hotel »Nulla Facilis«
(15.5 km)

Falls Sie der Besitzer dieses Betriebs bzw. verantwortlich dafür sind, können Sie hier selbst die Daten ändern.

Nun vergeben wir der Beschreibung noch eine Hintergrundfarbe und werden den großen Anfrage-Button in diesem Teil einfließen lassen. Selektieren Sie den Container `#property-general` und vergeben Sie eine graue Hintergrundfarbe. Gleichzeitig setzen wir den Inhalt mittels `padding` etwas vom Rand ab:

```
#property-general {
    background: #dae3f1;
    margin: 10px 0px;
    padding: 5px 10px; }
```

Als Nächstes lassen wir den Button in den Beschreibungstext hineinwandern und umfließen. Dazu verwenden wir `float:right`;.

```
#property-request {
    float: right;
    width: 200px;
    margin: 10px 0px 10px 10px; }
```

Das Ganze sieht nun im Browser so aus:

Die rechten Boxen haben durch `float` die Eigenschaft, sich innerhalb des Hauptinhalts anzuordnen, weswegen der Hintergrund hier auch für diese Boxen durchscheint.

Um zu verhindern, dass der Hintergrund des Containers für die Beschreibung durchscheint (durch das `float` der rechten Boxen ordnen sich diese innerhalb des Inhalts-Containers an), müssen Sie wie schon oft im Layout-Teil gezeigt diese Floats mittels overflow kontrollieren:

```
#property-general {

    overflow: hidden;

    background: #dae3f1;

    margin: 10px 0px;

    padding: 5px 10px; }
```

Warum diesmal kein `width: 100%`, um die hasLayout-Eigenschaft auszulösen, damit dies auch im IE6 funktioniert? In diesem Fall würde das Problem mit width 100% nicht beseitigt werden, da sich der Inhalt nicht auf 100% der Breite ausdehnen darf. Wir müssen also einen Umweg gehen und eine andere auslösende Eigenschaft finden.

Mittels `display` kann man die hasLayout-Eigenschaft ebenfalls auslösen. Der Wert `inline-block` wird erst ab CSS 2.1 unterstützt. Der Internet Explorer 6 kennt diese Eigenschaft deshalb nicht, da er nur CSS 2.0-fähig ist. Wir können diesen Wert also benutzen, ohne dass sich im IE6 etwas am Layout ändern wird. Trotzdem wird jedoch die interne hasLayout-Eigenschaft ausgelöst, damit wir den Overflow-Trick hier verwenden können. Allerdings müssen Sie dafür sorgen, dass diese Eigenschaft NUR vom IE6 ausgewertet wird, denn andere Browser würden hier sonst Änderungen am Layout machen. Dazu verwenden wir den sog. Stern-Hack (S. 95). Alle Eigenschaften hinter dem Stern werden von allen Browsern, außer dem IE6, ignoriert. Selektieren Sie also folgendermaßen:

Nur für IE!

```
* html #property-general { display: inline-block; } /* IE6 hasLayout */
```

Mehr Details zum Overflow-Trick finden Sie auf Seite 108.

Wir haben die IE6-hasLayout-Eigenschaft diesmal durch display: inline-block ausgelöst. Der IE6 versteht diesen Wert nicht und nimmt deshalb keine Änderungen am Layout vor.

In anderen Browsern wird der Wert durch den Stern-Hack ignoriert.

Gestaltung der Bilderpräsentation

Da wir die Bilder nebeneinander anordnen lassen wollen, geben wir dem übergeordneten Container wieder die overflow-Eigenschaft, damit sich nachfolgender Inhalt immer darunter anordnet. Um den IE6 kümmern wir uns, indem wir (wie gerade schon auf Seite 347) den Stern-Hack anwenden und der #property-gallery display: inline-block vergeben:

```
#property-gallery { overflow: hidden; }

* html #property-gallery { display: inline-block; } /* IE6 hasLayout */
```

Was wir nun erreichen wollen, können Sie hier am besten sehen:

Durch float: left ordnen sich die Thumbnails automatisch nebeneinander an. Wichtig: Die Bilder müssen eine exakt berechnete Höhe haben, damit es zu keinen bösen Umbrüchen kommt.

Wenn Sie einen Blick zurück in den HTML-Code für die Galerie werfen (Seite 296), sehen Sie, dass wir diese auch als Liste erstellt haben. Wir sprechen nun diese Listenelemente an und lassen sie als Block-Elemente darstellen. Nur so können Sie auch ein Float anwenden (funktioniert nur mit Block-Elementen):

```
#property-gallery ul li { display: block; float: left; }
```

Wichtig: Die Bilder müssen exakte Abmessungen haben, damit die Galerie richtig funktioniert. Im HTML-Teil des Portal-Prototyps lesen Sie, wie hoch die einzelnen Bilder sein müssen (Seite 296).

Damit sich nun noch alles schön neben- und untereinander ausgeht, brauchen wir noch einige Außenabstände. Weil li automatisch eine gewisse Zeilenhöhe haben, würden sich die Thumbnail-Bilder von der Höhe leicht verschieben, deswegen geben Sie hier nochmals ein float: left an, wodurch diese Zeilenhöhe wegfällt und ignoriert wird. Das Bild floatet also nochmals innerhalb des ebenfalls schon floatenden Listenelements. Somit fällt diese Zeilenhöhendifferenz weg. Im Bild rechts sehen Sie die Differenz, die durch die Zeilenhöhe auftritt.

Dieser Höhenunterschied entsteht durch die Zeilenhöhe (line-height), die ein Listenelement automatisch bekommt. Sobald Sie ein Element in einem Listenelement floaten lassen, verschwindet diese und es treffen nur noch die Außenabstände zu. Sie können somit exakt berechnen, wie groß die Außenabstände sein müssen, damit sich die Bilder perfekt nebeneinander anordnen.

```
#property-gallery img {

    margin: 4px 8px 4px 0px;

    float: left; }
```

Der IE6 ist ja bekannt dafür, bei ganz exakten Berechnungen Probleme zu machen. Hier tritt so ein Berechnungsproblem auf. Wir umgehen es mittels Stern-Hack und geben somit für den IE geringfügig andere Außenabstände an:

```
* html #property-gallery img { margin: 8px 8px 8px 0px; }
```

Nur für IE!

Diese exakte Berechnung der Abstände ist sehr wichtig, da Sie darauf Rücksicht nehmen müssen, dass Browser immer eine andere Breite haben können. Im Beispiel unterhalb finden z.B. keine weiteren Bilder mehr Platz (z.B. aufgrund zu geringer „Browser"-Breite), somit fließen die Thumbnails in die nächste Zeile unter das größere Bild. Wenn es hier Unterschiede in der Höhe geben würde, könnte es zu unschönen Umbrüchen der Bilder kommen.

Wenn sich Browser verschieben und sich die maximal verfügbare Breite ändert, kann es sein, dass Thumbnails darunterrutschen, wie hier zu sehen ist.

Special: Zitate gestalten und mit Anführungszeichen aufpeppen

Kunden- oder Usermeinungen auf einer Seite hervorzuheben, ist eine beliebte Methode, um eine Seite „persönlicher" oder „vertrauenswürdiger" zu machen. In den meisten Fällen werden Zitate recht einfach hervorgehoben, indem man Anführungszeichen davor und dahinter setzt. Sie brauchen dazu nur CSS und müssen keine Änderungen im HTML-Code vornehmen.

Realisiert wird dies durch die Pseudoklassen :before und :after, mit denen Sie Inhalte nachträglich einfügen können. Im HTML sollten Sie für Zitate oder Ähnliches immer den blockquote- oder q-Tag verwenden. Sprechen Sie diesen Tag nun an und geben Sie ihm allgemeine Styles, die sich etwas vom normalen Schriftbild abheben. Wir haben den Schriftstil kursiv genommen:

```
#content .supp blockquote { font-style: italic; margin: .5em 0px; }
```

Geben Sie jetzt die Zeichen an, die Sie vor und hinter dem Text verwenden wollen:

```
#content .supp blockquote p:before { content: "»"; }
#content .supp blockquote p:after { content: "«"; }
```

Um die beiden Zeichen etwas vom Zitattext selbst abzuheben, können Sie die :before- und :after-Pseudoklassen weiter gestalten:

```
#content .supp blockquote p:before, #content .supp blockquote p:after { font-family:
serif; color: #0062a1; content: "»"; font-weight: bold; font-size: 200%; margin: 0 5px;
line-height: 10pt; }

#content .supp blockquote p:after { content: "«"; }
```

Die line-height müssen Sie hier vergeben, damit es zu keinen großen Löchern zwischen den Zitatzeilen kommt. Wenn Sie alles richtig gemacht haben, sehen die Zitate jetzt etwas außergewöhnlicher aus!

Gastkommentare:

Seit ich dieses Hotel kenne, würde ich nirgends sonstwo mehr absteigen!

Die Freundlichkeit in diesem Betrieb hat mein Leben verändert!

Mit ein paar aufgepeppten Quote-Zeichen sieht die Präsentation von Zitaten gleich merklich besser aus!

Gastkommentare:

» Seit ich dieses Hotel kenne, würde ich nirgends sonstwo mehr absteigen! «

» Die Freundlichkeit in diesem Betrieb hat mein Leben verändert! «

Achtung IE6: Theoretisch haben Sie auch die Möglichkeit, mittels content: url() ein Bild zu laden. Leider kann dies der IE6 nicht einmal mit dem IE8-Script darstellen, weshalb wir uns hier auf textliche Zeichen beschränkt haben.

Der Hauptinhalt ist abgeschlossen! Wir kommen nun noch zur Gestaltung der aufwändigen Fußzeile, die gleichzeitig auch als Hauptnavigation fungiert.

Horizontale Navigation mit Zusatztexten gestalten (im #footer-div)

Der derzeitige Stand der Fußzeile in Ihrem Browser ist dieser:

- Anfrage Kontaktformular, Email, Fax, Impressum
- Über uns Das Unternehmen, Team, Auszeichnungen
- Hilfe FAQ, Anleitungen, Video-Tutorial
- Rechtliches AGB, Verträge, Datenschutzerklärung

Google-Ads 234x60

Wir müssen diese Listenelemente zuerst horizontal anordnen. Diesmal können wir jedoch kein `display: inline` verwenden, weil wir exakte Breiten der einzelnen Listenelemente brauchen (Inline-Elemente haben kein `width`-Attribut). Wir werden die `li` also als nebeneinander angeordnete Block-Elemente realisieren.

Das ist die Ausgangsbasis – so sieht die Fußzeile derzeit im Browser aus (Stand des Layouts auf Seite 324).

Wir beginnen damit, die Schrift im Footer weiß zu formatieren und die Liste selbst (#site-menu) auf 0 margin und padding zu setzen.

```
#footer { color: white; }

#site-menu { padding: 0; margin: 0; }
```

Wie schon erwähnt ändern wir den Darstellungsmodus der Listenelemente auf Block-Element und lassen sie nebeneinander floaten:

```
#site-menu li {

    display: block;

    float: left;

    padding: 10px 15px;

    border-right: 1px #ccc solid; }
```

Wir haben ebenfalls einen Rahmen rechts vergeben und einen Außenabstand nach rechts. Das Ganze sieht jedoch noch relativ durcheinander aus, da sämtliche Breitenangaben fehlen:

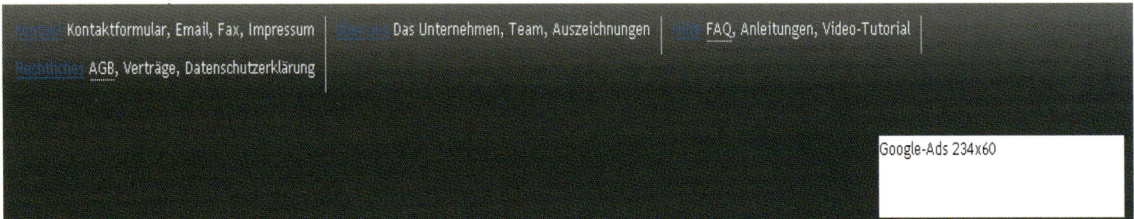

Durch fehlende Breitenangaben bei Float dehnt sich der Block auf die nötige Breite aus.

Die floatenden Listenelemente nehmen sich im Moment noch den Platz, den Sie brauchen, um den ganzen Text in einer Zeile darzustellen. Vergeben Sie nun eine maximale und minimale Breite:

```
#site-menu li { display: block;

    float: left;

    padding: 10px 15px;

    border-right: 1px #ccc solid;

    min-width: 130px;

    max-width: 150px;

    min-height: 48px; }
```

Mit diesen Breitenangaben kontrollieren Sie den darin befindlichen Inhalt sehr gut. Sollte der Inhalt eines Listenelements insgesamt breiter als 150px sein, bricht er um. Gleichzeitig kann eine `li`-"Zelle" aber auch nicht kleiner als 130px werden (wenn z.B. sehr wenig Text darin enthalten ist). Die minimale Höhe haben wir vergeben, damit der Rahmen rechts immer eine gewisse Höhe hat, auch wenn zu wenig Inhalt drin ist (schauen Sie z.B. auf den dritten Eintrag) – das sieht dann trotzdem einheitlich aus.

Zuletzt müssen wir noch dafür sorgen, dass der Link immer separat in der ersten Zeile steht und weiß ist. Die Informationen darüber, was sich hinter diesem Link befindet, sollen immer darunter stehen und nicht daneben. Dazu können Sie sich wieder die Darstellungsweisen von CSS zuhilfe nehmen. Sie vergeben für das verlinkte Element einfach `display: block`. Dadurch wird der Bereich vollkommen ausgenutzt (mit Leerraum) und der weitere Text muss darunter stehen:

```
#site-menu li a { color: white; font-weight: bold; display: block; }
```

Um den beschreibenden Teil haben wir im HTML-Teil bereits ein `span` gelegt und die Klasse `.info` vergeben. Sprechen Sie diese nun an und machen Sie den Text etwas kleiner:

```
#site-menu li .info { font-size: 80%; }
```

Die grundsätzlichen Dinge haben wir für die Fußzeile erledigt. Wir kümmern uns nun noch um einen kleinen Effekt, der bei Berührung mit dem Mauspfeil passieren soll. Das Hintergrundbild soll hier ausgetauscht und ein Hovereffekt erzeugt werden.

Die Angabe der Minimalhöhe bewirkt, dass der Rahmen rechts von den `li` immer eine gewisse Höhe hat, auch wenn der Inhalt weniger brauchen würde.

Durch `display: block` wird der Link im Listenelement vom Rest separiert.

Special: Hover mit Hintergrundbildern und den Mauscursor ändern

Die Pseudoklasse `:hover` ist auf fast alle Elemente anwendbar und dient dafür, um bei Berührung mit dem Mauspfeil einen Effekt auszulösen. Sie können beispielsweise Tabellenzeilen leicht farblich abgeändert hervorheben oder auch Menüpunkte grafisch anpassen.

So einen Effekt werden wir nun bei unserer Fußzeile demonstrieren. Sobald ein Benutzer mit der Maus über einen Menüpunkt fährt, wird der graue Verlauf leicht blau eingefärbt.

Kontakt	**Über uns**	**Hilfe**	**Rechtli**
Kontaktformular, Email, Fax, Impressum	Das Unternehmen, Team, Auszeichnungen	FAQ, Anleitungen, Video-Tutorial	AGB, Ver Datensc

Durch die horizontale Wiederholung des 1-Pixel-Bilds (s.u.) erreichen wir einen schnellen Hover-Effekt für die Listenelemente.

Dazu werden wir dem Listenelement die Pseudoklasse zuweisen und ein Hintergrundbild setzen, das über dem Hintergrund des Footers liegt:

```
#site-menu li:hover { background: url(images/design/footer_bg_hover.png) repeat-x; }
```

Wenn Sie nun mit der Maus über ein Listenelement fahren, sollte dieser blaue Hintergrund erscheinen. Der `repeat-x`-Wert gibt an, dass sich dieses 1px breite Bild horizontal wiederholen soll.

Special: Cursor ändern

Sie haben mit dem `cursor`-Attribut die Möglichkeit, den Standardcursor zu ändern. Geben Sie beispielsweise diesen Wert an:

```
#site-menu li:hover { cursor: pointer; background: url(images/design/footer_bg_hover.png)
repeat-x; }
```

Dadurch wird der Cursor immer der sein, der standardmäßig erscheint, wenn man über einen Link fährt. Sie haben viele unterschiedliche Cursor zur Auswahl:

`auto` | `crosshair` | `default` | `pointer` | `move` | `e-resize` | `ne-resize` | `nw-resize` | `n-resize` | `se-resize` | `sw-resize` | `s-resize` | `w-resize` | `text` | `wait` | `help` | `progress`

Achtung: Manche Benutzer könnte dieses geänderte Cursor-Verhalten irritieren, seien Sie also vorsichtig mit häufigen Cursor-Änderungen.

Finalisierung

1. IE-Script

Falls Sie es während der Entwicklung noch nicht aktiviert haben, sollten Sie es unbedingt jetzt tun. Eine Anleitung für dieses unerlässliche Script lesen Sie auf Seite 97.

2. Nifty Corners

Auch auf dieser Seite wollen wir automatisiert abgerundete Ecken verwenden. In Prototyp 2 ab Seite 267 finden Sie ein ausführliches Special zu abgerundeten Ecken. Binden Sie das Script ein und vergeben Sie folgende abgerundeten Ecken für unsere Seite:

```
<script src="niftycube/niftycube.js" type="text/javascript"></script>
<!-- Achtung Pfad zu niftyCorners.css in .js setzen! -->

<script type="text/javascript">

    window.onload = function() {

    Nifty("div#room-search,div#info,div.box,div.rounded");

}

</script>
```

In diesem Fall haben nun alle diese Klassen und IDs abgerundete Ecken spendiert bekommen: `div#room-search,div#info,div.box,div.rounded`

Stellen Sie sicher, dass in der Datei niftycube.js diese Zeile zur korrekten CSS-Datei führt:

```
l.setAttribute("href","niftycube/niftyCorners.css");
```

3. Galerie aufpeppen mit Lightbox

Um eine ansprechende Bildergalerie auf unserer Seite zu integrieren, verwenden wir die frei verfügbare Javascript-Lightbox. Sobald Sie nach Aktivierung ein Foto anklicken, wird der Hintergrund abgedunkelt und das Bild mittig präsentiert.

Laden Sie dieses Script an folgender Stelle herunter:

http://www.huddletogether.com/projects/lightbox2/

Mehr Details zu Lightbox finden Sie auf Seite 183.

In dieser Form werden Fotos mittels Lightbox präsentiert.

Die Entwicklerseite der Lightbox bietet stets die aktuellste Installationsanleitung in sehr übersichtlicher Form!

Auf der Seite finden Sie stets den aktuellsten Weg, um das Script einzubinden, weshalb wir hier darauf verzichten. Zuerst binden Sie das Script im head des HTML-Dokuments ein und anschließend das zugehörige CSS.

Nun vergeben Sie für sämtliche Bilder unserer Galerie den Wert: rel=lightbox[gallery]:

```
<li><a rel="lightbox[gallery]" href="images/hotels/Halle.jpg"
title="Halle"><img alt="Halle" src="images/hotels/thumb_Halle.jpg"/></
a></li>
```

Alle Bilder mit diesem rel werden nun der Lightbox übergeben und durch sie präsentiert. Bei deaktiviertem Javascript öffnet sich das Bild jedoch trotzdem in einem separaten Fenster.

Validierung

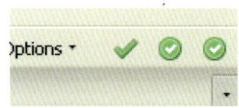

Zum Abschluss sollten Sie Ihre Seite wie immer durch den HTML- und CSS-Validator jagen: *http://jigsaw.w3.org/css-validator/* bzw. *http://validator.w3.org/*. Ein kleiner Tipp: Während der Entwicklung sollten Sie bei der Firefox-Extension „web developer" immer einen Blick nach rechts in der Aktionsleiste werfen – dort wird der Status der Website immer live auf Korrektheit überprüft!

Gratulation! Sie haben den Design-Part nun abgeschlossen und das Web-Portal fertig umgesetzt!

Hier sehen Sie die fertige Website inklusive abgerundeter Ecken:

HIRNERS HOTEL GUIDE

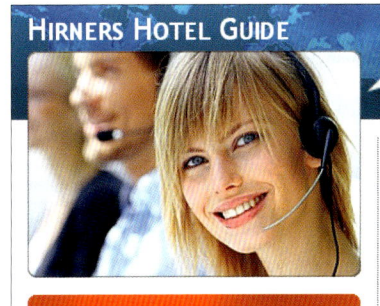

If you need any help or assistance please use our contact form!

Suche starten

Willkommen, Frau Dolore Consequat!
»Meine Buchungen »Benutzerkonto ändern »Abmelden

Hotel Zum Lorem Ipsum

Beschreibung

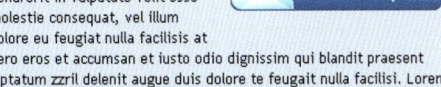

↓ send a request
→ non-binding reservation query
→ other requests

Duis autem vel eum iriure dolor in hendrerit in vulputate velit esse molestie consequat, vel illum dolore eu feugiat nulla facilisis at vero eros et accumsan et iusto odio dignissim qui blandit praesent luptatum zzril delenit augue duis dolore te feugait nulla facilisi. Lorem ipsum dolor sit amet, consectetuer adipiscing elit, sed diam nonummy nibh euismod tincidunt ut laoreet dolore magna aliquam erat volutpat.

Duis autem vel eum iriure dolor in hendrerit in vulputate velit esse molestie consequat, vel illum dolore eu feugiat nulla facilisis at vero eros et accumsan et iusto odio dignissim qui blandit praesent luptatum zzril delenit augue duis dolore te feugait nulla facilisi. Lorem ipsum dolor sit amet, consectetuer adipiscing elit, sed diam nonummy nibh euismod tincidunt ut laoreet dolore magna aliquam erat volutpat.

Ut wisi enim ad minim veniam, quis nostrud exerci tation ullamcorper suscipit lobortis nisl ut aliquip ex ea commodo consequat. Duis autem vel eum iriure dolor in hendrerit in vulputate velit esse molestie consequat, vel illum dolore eu feugiat nulla facilisis at vero eros et accumsan et iusto odio dignissim qui blandit praesent luptatum zzril delenit augue duis dolore te feugait nulla facilisi.

Verfügbares Zimmer suchen

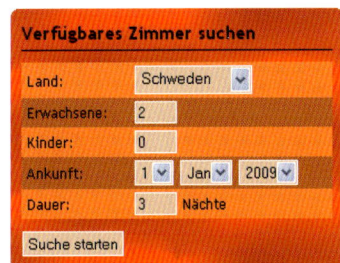

Land:	Schweden
Erwachsene:	2
Kinder:	0
Ankunft:	1 Jan 2009
Dauer:	3 Nächte

Suche starten

Länderinformation für Schweden

->Reiseinformationen des Außenministeriums
->Travelwiki: Schweden
->Routenplaner

Gastkommentare:

» Seit ich dieses Hotel kenne, würde ich nirgends sonstwo mehr absteigen! «

» Die Freundlichkeit in diesem Betrieb hat mein Leben verändert! «

Benachbarte Hotels:

->Hotel Dolor Hendrerit (2.3 km)
->Pension Quis Nostrud (8.9 km)
->Hotel »Nulla Facilis« (15.5 km)

Falls Sie der Besitzer dieses Betriebs bzw. verantwortlich dafür sind, können Sie hier selbst die Daten ändern.

Bildergalerie

Adresse und Kontakt

Hotel Lorem Ipsum
Loremisstraße 22
12345 Sweden
Email: lorem@ipsum.com

Kontakt	**Über uns**	**Hilfe**	**Rechtliches**	Google-Ads 234x60
Kontaktformular, Email, Fax, Impressum	Das Unternehmen, Team, Auszeichnungen	FAQ, Anleitungen, Video-Tutorial	AGB, Verträge, Datenschutzerklärung	

Der komplette CSS-Code im Überblick

Da Sie während der Entwicklung immer nur Stück für Stück am CSS-Code arbeiten, haben Sie hier die Möglichkeit, den gesamten Referenz-Code der Seite nachzulesen.

```css
/*** Positionierung ***/


* { margin: 0; padding: 0; }


body {
    min-width: 990px;
    max-width: 1280px;
}


#header, #footer {
    width: 100%;
    overflow: hidden;
}



#header {
    min-height: 101px;
    background: #004e6f url(images/design/earth_bg.png) no-repeat;
}


#logo { position: absolute; left: 15px; top: 5px; }


#lang-menu, #ft-search, #guest-login {
float: right;
margin-right: 15px;
margin-top: 15px;
}
#guest-login { clear: right; }
```

Die fertige Website finden Sie auf der Buch-CD im Ordner 03_Prototyp/finale_website_komplett/.

```
#teaser { position: absolute; width: 300px; top: 41px; left: 15px; }
#teaser .bubble { position: absolute; left: 300px; top: -30px;  }


#main { margin: 15px; position: relative; overflow: hidden; }
#room-search { margin-top: 138px; }
#room-search, #info { float: left; width: 280px; overflow: hidden; }
#info { clear: left; }


#content { overflow: hidden; }
* html #content { display: inline-block; }
#content-wrapper { margin-left: 315px; }
#content .supp { width: 200px; float: right; }



#footer {
    margin-top: 15px;
    background: #424242 url(images/design/footer_bg.png) repeat-x;
}
#site-menu { float: left; margin-left: 15px; min-height: 83px; }
#footer-ads { float: right; margin-top: 5px; margin-right: 15px; }



/* Allgemeine Formatierungen */


body {
    font-size: 10pt;
    font-family: "Nimbus Sans L", "Calibri", "Trebuchet MS", sans-serif;
}


a { color: #0062a1; }
a img { border: none; }


#logo a { font-size: 26px; color: white; text-decoration: none; font-variant: small-
caps; font-weight: bold; }
label.hidden { position: absolute; left: -10000px; top: auto; width: 1px; height:
1px; overflow: hidden; }
```

```
h1, h2 { color: #004e6f; }


ul.links li { list-style-type: none; }
ul.links li:before { content: "->"; }


#guest-login { text-align: right; }
#guest-login, #guest-login a { color: white; }
#guest-login li { display: inline; }
#guest-login li:before { content: "»"; }


#teaser, #room-search { margin-bottom: 15px; }


#room-search { background: url(images/design/searchbox_bg.png); }
#room-search h1 { color: black; font-size: 1.2em; padding-bottom: 4px; border-bot-
tom: 1px black solid; }
#room-search table { margin: 10px 0px; width: 100%; border-collapse: collapse; }
#room-search tr { background: #c96829; padding: 5px 0px; }
#room-search tr.odd { background: #ff8434; }
#room-search th { text-align: left; font-weight: normal; }
#room-search td, #room-search th { padding: 2px 5px; }


#room-search, #info, #content .supp .box { padding: 10px; }


#room-search select, #room-search input {background: #edc8af; border: 1px solid
white; margin: 1px; padding: 1px; }
#room-search optgroup { font-weight: bold; font-style: normal; margin: 0px 0px 10px
6px; color: gray; text-transform: uppercase; background: #eaeaea; }
#room-search optgroup option { color: black; font-weight: normal; text-transform:
none; border-bottom: 1px solid #eaeaea; padding: 1px 2px; background: white; }


#info { background: #d6d6d6; }
#info h1 { font-size: 1.6em; }
#info h1 .subtitle { display: block; font-size: 12pt; }
```

```
#content { padding-left: 13px; border-left: 1px dotted #333; }

#content .for-properties { font-size: .8em; }


#content .supp .box { background: #d6d6d6; margin-left: 10px; margin-bottom: 10px; }

#content .supp blockquote { font-style: italic; margin: .5em 0px; }

#content .supp blockquote p:before, #content .supp blockquote p:after { font-family:
serif; color: #0062a1; content: "»"; font-weight: bold; font-size: 200%; margin: 0
5px; line-height: 10pt; }

#content .supp blockquote p:after { content: "«"; }


#content h2 { margin: .6em 0px .1em 0px; }

#content p { margin: .5em 0px; }


#property-general { background: #dae3f1; overflow: auto; margin: 10px 0px; padding:
5px 10px; }

* html #property-general { display: inline-block; } /* IE6 hasLayout */

#property-request { float: right; width: 200px; margin: 10px 0px 10px 10px; }


#property-gallery { overflow: hidden; }

* html #property-gallery { display: inline-block; } /* IE6 hasLayout */

#property-gallery img { margin: 4px 8px 4px 0px; float: left; }

* html #property-gallery img { margin: 8px 8px 8px 0px; }


#property-gallery ul li { display: block; float: left; }


#footer { color: white; }

#site-menu { padding: 0px; margin: 0px; }

#site-menu li { padding: 10px 15px; display: block; float: left; min-width: 130px;
max-width: 150px; min-height: 48px;

    border-right: 1px #ccc solid; }

#site-menu li a { color: white; font-weight: bold; display: block; }

#site-menu li .info { font-size: .8em; }

#site-menu li:hover { background: url(images/design/footer_bg_hover.png); }
```

362

YAML

YAML steht für Yet Another Multicolumn Layout. Es ist ein XHTML/CSS-Framework zur einfachen Erstellung von Spaltenlayouts. Das Besondere bei YAML ist, dass auch der Internet Explorer in vollem Ausmaß unterstützt wird. Dieses komplexe Thema – die Erstellung von mehrspaltigen Layouts – sollte nach der Studie dieses Buchs für Sie allerdings auch von Hand möglich sein. Das YAML-Framework hat die CSS-Eigenschaft float als Basis, die wir in diesem Buch auch sehr ausführlich in unterschiedlichsten Varianten bei unseren Prototypen verwendet haben – mit eingeschlossen auch die overflow-Eigenschaft, um die floats zu kontrollieren.

In diesem Kapitel wollen wir Ihnen einen Überblick und eine Einführung in das Framework geben.

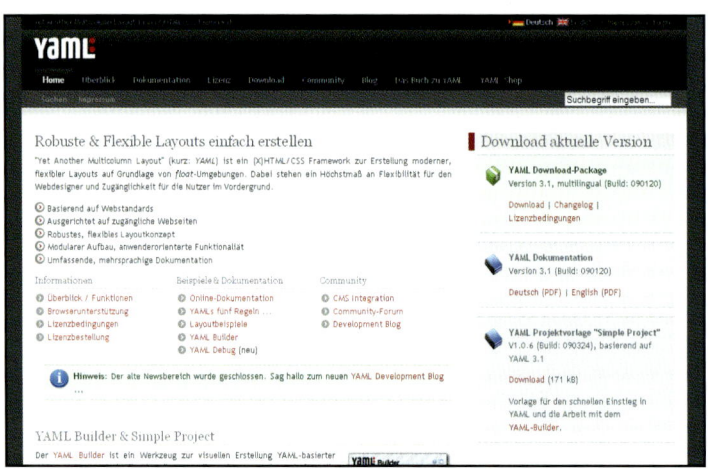

Layouts mit dem YAML-Builder

YAML soll Ihnen den schwierigen Hauptteil – das Entwerfen einer soliden Layout-Basis – abnehmen. Mit dem YAML-Builder (*http://builder.yaml.de*) können Sie online Ihr Layout nach dem WYSIWYG-Prinzip zusammen-bauen und generieren lassen. Diesen Code können Sie dann kopieren und als Basis für Ihre Website verwenden, um danach das Detail-Styling vorzunehmen. Sie haben mit dem YAML-Builder viele Möglichkeiten, Spalten in unterschiedlichster Form zu verschachteln. Sie beginnen damit, auf der YAML-Builder-Seite allgemeine Angaben über das Seitenlayout zu machen.

WYSIWYG – What you see is what you get. Alles, was der Benutzer am Bildschirm macht, sieht er sofort. Das Gegenteil davon wäre beispiels-weise, CSS-Code im Editor zu schreiben und nicht sofort zu sehen, was dieser bewirkt.

So funktioniert das YAML-Builder-Interface

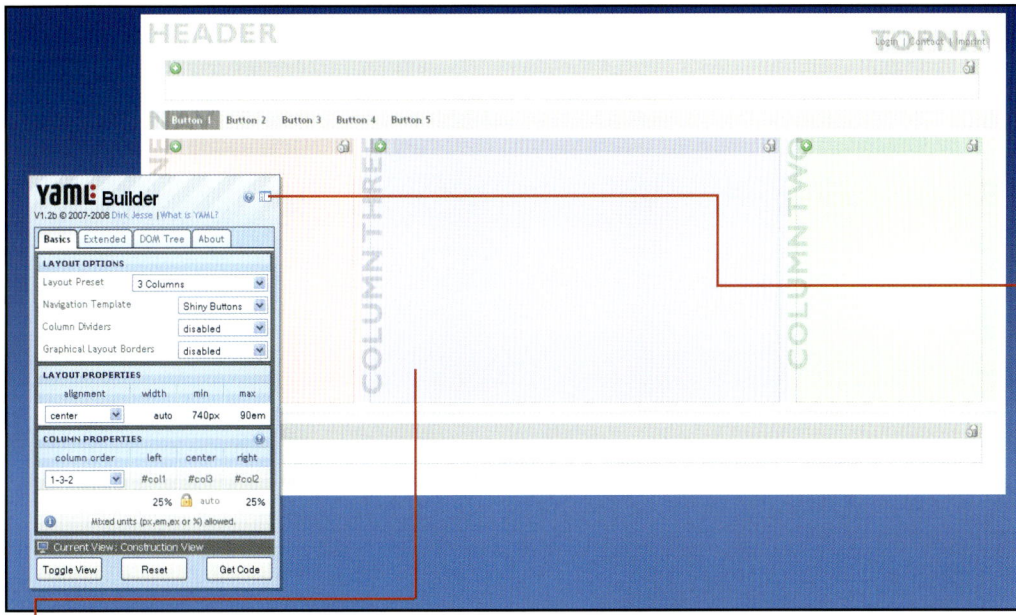

Das YAML-Builder-Basislayout zeigt die Werkzeugbox und die Entwurfsansicht im Hintergrund.

Der Button rechts oben passt das sonst frei über der Seite schwebende Werkzeugfenster im linken Bildschirmbereich ein. Optimal für Breitbild-TFTs!

Die sanft eingefärbte Basis-Entwurfsansicht – in diese ziehen Sie nach und nach weitere Inhaltselemente und verschachteln somit Ihr Layout. Klicken Sie auf grüne +-Buttons im linken oberen Teil eines Spalten-Elements, können Sie ab dann Elemente in diesen Container aus der Werkzeugleiste ziehen. Ein Klick auf den grauen Button rechts entfernt sämtliche Inhaltselemente.

 Modus zur Inhaltseingabe öffnen

 Alle Inhalte entfernen

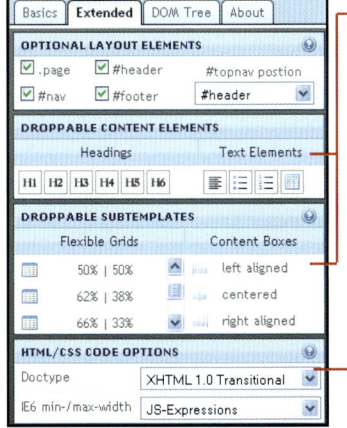

Die erweiterte Ansicht

Diese Elemente können Sie nach dem Drücken des +-Buttons einfügen. Entweder Sie fügen Überschriften, Listen oder Tabellen ein oder Sie gestalten weiter, indem Sie weitere Spaltenvorlagen einfügen, um weiter zu verschachteln.

Hier legen Sie den Doctype und die Methode fest, mit der die min-max-Angaben im IE6 funktionieren sollen.

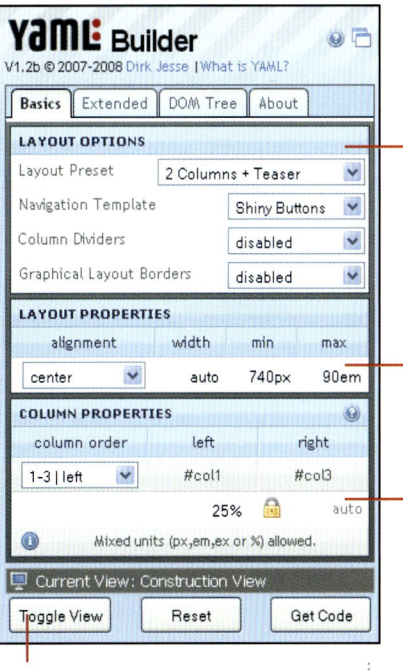

Hier legen Sie das Standardlayout (zwei oder drei Spalten mit oder ohne Teaser) fest. Bei Freestyle gestalten Sie komplett frei.

Festlegen der minimalen und maximalen Breite des Dokuments

Hier wählen Sie, welche Spaltenreihenfolge zutreffen soll. #col3 ist standardmäßig die Spalte, die den Restplatz belegt.

Umschalten zwischen Entwurfs- und Echtansicht

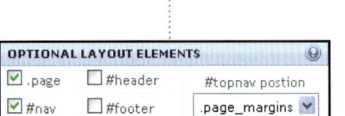

Eine Website mit dem YAML-Builder erstellen

In diesem Abschnitt finden Sie eine Schritt-für-Schritt-Anleitung zum Generieren eines Layouts mit YAML.

1. Basiseinstellungen festlegen

Wir wollen ein zentriertes Layout erstellen, das optimal auf 1024-Auflösungen passt und sich bei Bedarf bis 1280px Breite ausdehnen kann, damit es auch auf breiteren Monitoren den Platz ausnutzt. Klicken Sie im Werkzeugfenster beim Register „Basics" auf die Option „3 Spalten + Teaser".

Stellen Sie die min- und max-width auf 980 bzw. 1280 Pixel. Vergessen Sie nicht die Pixelangabe. Beim Spaltenlayout stellen Sie auf 2-1-3 und geben eigene %-Werte (#col1 30%, #col2 25%) an.

Beim Extended-Reiter deaktivieren Sie die `#header`- und `#footer`-Elemente. Wir brauchen diese Elemente auf dieser Website nicht.

2. Inhalte und weitere Templates einbetten

Klicken Sie das grüne Plus beim hellgelben TEASER-Feld an – es erscheint eine orangefarbene Umrandung. Diese zeigt an, dass Sie nun Elemente in dieses Feld ziehen können. Wählen Sie ein H1 aus dem „Droppable Content Elements"-Bereich des Werkzeugfensters und ziehen Sie es in die Umrandung.

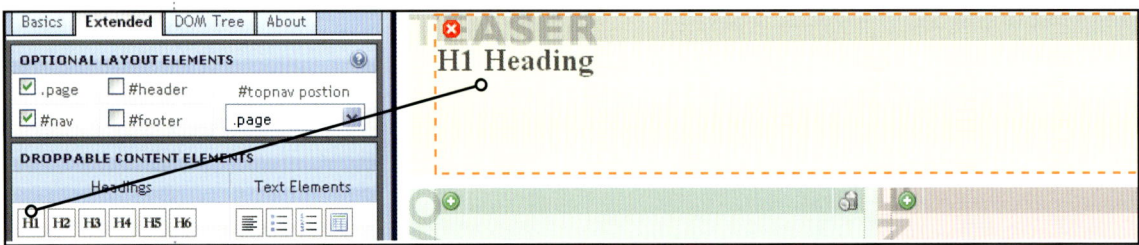

Nach Abschluss klicken Sie entweder einen anderen Plus-Button an oder Sie bestätigen mit einem Klick auf das rote X. Sie können Drag&Drop nun beliebig weiterführen. Sollten Sie weitere Spalten innerhalb der Spalten haben wollen, gehen Sie so vor: Aktivieren Sie eine Spalte und ziehen Sie ein Layout aus dem Bereich „Droppable Sub-Templates" in das gewünschte Feld.

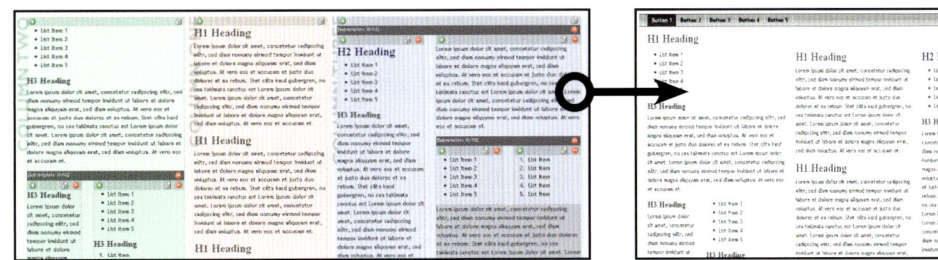

Nach dem Einbetten eines Sub-Template sollten Sie den [auto-complete]-Bereich drücken, um das Einbetten abzuschließen. Erst danach können Sie Inhalte hier hineinziehen.

Wenn Sie ein Subtemplate (hier: eine 38%/62%-Spaltenvariante) in die Seite gezogen haben und mit der Verschachtelung zufrieden sind, klicken Sie auf den grünen „auto-complete"-Bereich rechts, erst danach können Sie wie gewohnt Inhaltselemente hineinziehen. Sollten Sie das grüne Plus vorher drücken, können Sie in diesem Teil nur weitere Spalten-Templates einbetten.

3. Seite begutachten

Wir haben nun eine Menge verschiedener Content-Elemente mittels Drag&Drop in der Seite verankert:

In der Entwurfsansicht

In der Live-Ansicht, nach Drücken des Toggle-View-Buttons

4. Code generieren und weiterverwenden

Wenn Sie zufrieden sind, lassen Sie sich den Code ausgeben, indem Sie auf „Get Code" im Werkzeugfenster klicken. Kopieren Sie dann den XHTML- sowie den CSS-Code in eigene erstellte Dateien, die dieselben Namen haben wie die von YAML oben angezeigten. Um die Seite auch lokal weiterzuverwenden, müssen Sie das „Simple Project Example" von der YAML-Startseite herunterladen. Überspielen Sie die Standarddateien von „Simple Project Example" mit den von Ihnen angelegten Dateien und Sie haben in Minutenschnelle die online erstellte Website auch lokal, um daran weiterzuarbeiten.

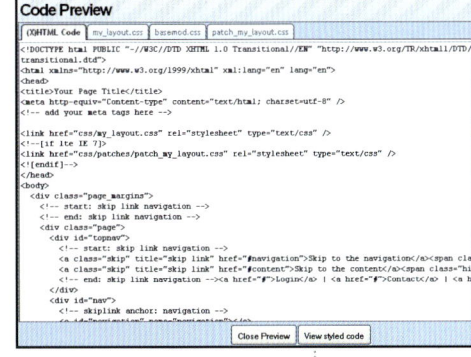

Wer das Ende bedenkt, wie er den Anfang bedachte, der wird nichts verderben. Laotse

{Anhang}

Ein Anhang birgt oft noch viele Schätze. Und auch wir waren nicht faul und haben hier für Sie allerlei Interessantes zusammengestellt: von Ausblicken in die Zukunft von CSS bis zu der Liste aller in dem Buch erwähnten Links. Und schlussendlich finden Sie hier eine der wichtigsten Suchfunktionen im analogen Bereich: den Index.

Visionen und Ausblicke

Die Zukunft des Webs

Das Jetzt und die Zukunft

Als WebdesignerIn und -entwicklerIn arbeitet man in einer der schnelllebigsten Branchen der Welt – kein Wunder, schließlich wächst der Onlinemarkt unaufhörlich und es ist kein Ende in Sicht. Neue Entwicklungen stehen an der Tagesordnung. **Web 2.0** hat das Web revolutioniert: Soziale Netzwerke wie **Twitter**, **Facebook,** im weiteren Sinne **YouTube** und **Wikipedia** sprießen aus dem virtuellen Boden und erobern das Web, Web 3.0 ist bereits in den ersten Ansätzen vorhanden. Die Integration all dieser Dinge ist gefragter denn je und wird schnell zum Standard. Auch Suchmaschinenoptimierung (**SEO**) ist heutzutage schon wieder so normal, dass sie in der Webentwicklung zum Standardpaket gehört. Stets müssen Sie als Webdesigner diese Entwicklungen verfolgen, sich anpassen und Flexibilität beweisen. Das Stichwort ist Fortschritt – visionär, aber auch ungebremst?

Blockaden

Dennoch blockieren auch einige Dinge den Fortschritt. **Flash** hat sich inzwischen etabliert, jedoch umgeht diese Technologie CSS und wird häufig grundlos statt diesem eingesetzt. Auf dem Browser-Sektor versucht Microsoft mittlerweile sogar schon selbst, ihre alten Browser (vor allem den **IE6**, aber auch den **IE7**) ein und für allemal von der Bildfläche verschwinden zu lassen, indem Windows Update den IE8 als „wichtiges Update" deklariert. Die beiden Browser verhinderten durch **fehlende** Implementation verschiedener **CSS-Eigenschaften** viele Aspekte des **barrierefreien** Webdesigns.

Wir können nur hoffen, dass die Mehrheit der UserInnen recht bald von **Windows XP** und dem vorinstallierten Internet Explorer 6 zum doch recht gelungenen Windows 7 mit dem vorinstallierten IE8 wechseln.

Hoffnungsschimmer: Im Juli 2009 stellte Google offiziell den Support für den IE6 auf www.youtube.com ein. Das Social-Bookmark-Portal Digg und der Kurznachrichten-Dienst Twitter sollen folgen.

Der Browser als neues Betriebssystem

Das Betriebssystem verliert als Plattform für die Entwicklung von Anwendungen ohnehin merklich an Bedeutung. Applikationen werden wo möglich durch Webanwendungen ersetzt. Die Zukunft sind Programme, die vollständig im Web lauffähig sind. Als Technik verwenden sie Javascript bzw. AJAX. Letzteres bedeutet **A**nsynchronous **J**avascript **A**nd **X**ML – eine Technologie, die für Dynamik in Websites sorgt, weil nicht das Dokument selbst immer neu geladen werden muss, sondern Javascript vom Server direkt Daten anfordern kann. Brandneue Frameworks zur Webentwicklung (beispielsweise Ruby on Rails) verwenden diese Technologie mehr und mehr, so dass es für Entwickler einfacher wird, diese Technologien selbst zu verwenden. **AJAX** steht nicht im Gegensatz zu CSS, sondern erweitert das klassische HTML-Dokument um dynamische Elemente (die weiterhin mit CSS dargestellt werden).

Neue Standards und Visionen

Die Zukunft des Webs im Detail vorherzusagen, ist schwierig. Der erste Schritt zu sinngemäß entwickelten Websites (Stichwort: **Semantik**) ist bereits getan. Bis sich diese Dinge in der Masse durchsetzen, wird jedoch noch einige Zeit vergehen. **Mikroformate** (siehe auch Seite 17) zur Kennzeichnung von bestimmten Inhalten einer Website sind eine Form der Semantik, auf die auch Suchmaschinen mehr und mehr Rücksicht nehmen. Bereits von Suchmaschinen verwendet werden Mikroformate für Produkte, (Produkt-)Tests/Reviews und Adressen. Ein vollständig „semantisches Web" ist eine der größten Visionen im Onlinebereich!

HTML 5.0 und XHTML 2

XHTML 1 bezeichnet den derzeitigen Standard im Schreiben von Websites. Es basiert auf dem HTML 4-Standard und erlaubt es, HTML-Dokumente in der Auszeichnungssprache **XML** zu formulieren, was beim Parsen von Websites von Vorteil ist.

Mehr Informationen zu HTML5 unter: *http://dev.w3.org/html5/spec/Overview.html*

Die nächste Generation von HTML stellt nicht XHTML 2 dar (dessen Entwicklung wurde eingestellt), sondern **HTML 5**. Es bringt **neue HTML-Elemente** zum **Gruppieren von Text** (`<section>`, `<article>`, `<nav>`,...), für die **Auszeichnung von Text** (`<mark>`,`<time>`,`<progress>`,`<meter>`,...), für **eingebetteten Inhalt** (`<figure>`,`<video>`,`<audio>`,`<canvas>`,...), für **interaktive Elemente** (`<details>`,`<datagrid>`,`<command>`,`<menu>`,...) und einige erweiterte Funktionen für das **Scripting** (auch Offline-Webanwendungen), **vordefinierte Link-Typen** und einige andere Erweiterungen.

HTML5 kann wieder als „**HTML5**" (eigene HTML-Syntax) oder „**XHTML 5**" (XML-Syntax) geschrieben werden.

Die Webdesign-Revolution mit CSS3

Neue Browser

Alle Browser-Engines werden ständig weiterentwickelt. So werden HTML5 und CSS3 nach und nach Einzug in neue Browser halten. Manche Eigenschaften werden jetzt schon unterstützt: z.B. der `:nth-child()`-Selektor (ab Firefox 3.5), `opacity` oder (experimentell) `border-radius`, `text-shadow`.

Es ist leider nicht absehbar, wann CSS3 von den 95% der wichtigsten Browser unterstützt wird. Sie können aber auch Ihren Teil dazu beitragen, indem Sie HTML- und CSS-konformen Code schreiben und keine browserspezifischen Attribute verwenden. Einige Jahre wird es aber wohl noch dauern – zumal der Internet Explorer 8 gerade CSS**2** zum ersten Mal (!) vollständig unterstützt (dabei ist dieser Browser erst Mitte 2009! erschienen).

CSS3 – die neuen Features

CSS3 wird von Designern und Webentwicklern bereits sehnsüchtig erwartet. Es bietet eine ganze Palette an **neuen Selektoren und Eigenschaften**, die die Möglichkeiten stark erweitern und das Leben eines Webdesigners deutlich vereinfachen werden. Mit den neuen Features zu CSS3 werden wohl noch ganze Bücher gefüllt werden – hier dennoch ein kleiner Vorgeschmack, der Ihnen definitiv Lust auf die Zukunft machen wird!

» **Unterstützte Farbräume**: RGB, CMYK, HSL (Farbton, Sättigung, Helligkeit), RGBA (Transparenz).

» **Farbverläufe** und Bilder als Rahmen (`border`)

» **Abgerundete Ecken** und **Schatten** für Boxen

» **Mehrere Hintergrundbilder** pro Element

» Unterstützung für (**mehrere**) **Spalten**

» Box-Modell pro Element wählbar (kein mühsames Herumrechnen von `margin`+`padding`+`border`+`width` = ?) mehr, außerdem berechnete Werte für Eigenschaften: z.B. `margin: calc(2em+10px);`

» **Einbettbare** und herunterladbare **Schriften**

Mehr Informationen zu CSS3 unter:
http://www.w3.org/ TR/css3-roadmap/

Die Fachsprache im Web ist Englisch, Sie finden daher hier eine bunte Mischung von deutschsprachigen sowie englischsprachigen Website-Empfehlungen, die wir im Laufe des Buchs erwähnt haben.

Und zum komfortablen Anklicken gibts die Liste auch auf CD im Ordner Linkliste.

Link-Liste

Code-Responsibility
http://coderesponsibly.org/de

Das WWW-Consortium
www.w3c.org

HTML versus XHTML
http://de.selfhtml.org/html/xhtml/unterschiede.htm

Internationale Browser-Verteilung
http://marketshare.hitslink.com

Mikroformate
http://microformats.org

Mikroformat Extensions für Firefox:
https://addons.mozilla.org/de/firefox/addon/4106 (Operator) bzw.
https://addons.mozilla.org/de/firefox/addon/2240 (Tails Export)

Webstandards – auch deutschsprachig
http://www.webstandards.org

Supportgrade für Browser-Unterstützung
http://developer.yahoo.com/yui/articles/gbs/index.html

Übersicht Richtlinien für barrierefreie Webprogrammierung
http://www.barrierefreies-webdesign.de (deutsch)
http://www.w3.org/WAI/ (englisch)

Validatoren
http://validator.w3.org (XHTML)
http://jigsaw.w3.org/css-validator/ (CSS)
http://feedvalidator.org (RSS-Feeds)
http://hcard.geekhood.net (Mikroformate)

Simulator für Sehbehinderungen
http://www.absv.de/sbs/sbs_intro.html

Farbenfehlsichtigkeit bzw. -blindheit – legt Filter über die Website
http://colorfilter.wickline.org

Wie groß ist em? Schriftgrößen, Beispiele
http://www.1ngo.de/web/em.html

Accessibility-Validator
http://wave.webaim.org
http://www.cynthiasays.com

Accessibility Color Wheel
http://gmazzocato.altervista.org/colorwheel/wheel.php

Demo-Screenreader, JAWS
http://www.freedomsci.de

Fire Vox für alle gängigen Plattformen
http://firevox.clcworld.ne.

Opera 9 (Sprache)
www.opera.com/browser/voice

Vollständige Liste des W3C Working Draft zu speech
http://www.w3.org/TR/css3-speech

58 Usability-Tipps von Jens Meiert
http://meiert.com/de/publications/articles/20060508/#toc-browse-search

Usability-Hinweise und Tipps
http://www.fit-fuer-usability.de

Validator für mobile Endgeräte
http://validator.w3.org/mobile

Die 10 wichtigsten Richtlinien für mobiles Webdesign
http://www.w3c.de/Flyer/mwbp_flipcards_de.html

Liste von HTML-Editoren
http://de.wikipedia.org/wiki/Liste_von_HTML-Editoren

In diesem Buch erwähnte Editoren:
Für PCs
Notepad++
http://notepad-plus.sourceforge.net
CoffeeCup HTML-Editor (30-Tage Trial, dann 49,00 $)
http://www.coffeecup.com/html-editor
Superedi
http://www.wolosoft.com/en/superedi
Für Mac
Taco HTML-Edit (30-Tage Trial, dann 24,95 $)
http://tacosw.com
Coda
http://www.panic.com/coda/

Für Linux:
Quanta Plus
http://quanta.kdewebdev.org/
Bluefish
http://bluefish.openoffice.nl/
Für alle Plattformen:
JEdit (reiner Text-Editor)
http://www.jedit.org
Vim
www.vim.org

Virtual Box für Windows-Umgebung auf Mac
http://www.VirtualBox.org/wiki/VirtualBox

Fehlerbehebung für den Fehler, den der AlphaImageLoader verursacht
http://www.hrunting.org/csstests/iealpha.html

Browser-Unterschiede bei Hacks
http://www.css-hack.de

IE 6 und PNGs
http://support.microsoft.com/kb/294714

IE8-Script-Link
http://ie7-js.googlecode.com/svn/version/2.0%28beta3%29/src/

Multiple IEs für Windows XP
http://tredosoft.com/Multiple_IE

Workaround für Multiple IEs unter Windows Vista
http://tredosoft.com/IE6_For_Vista_Part_1

Für Linux gibt es IEs 4 Linux hier zum Download:
http://www.tatanka.com.br/ies4linux

Webdeveloper Toolbar
http://chrispederick.com/work/web-developer/

Firebug
https://addons.mozilla.org/de/firefox/addon/1843

Documenttyp Declaration zum Kopieren
http://www.w3.org/QA/2002/04/valid-dtd-list.html

Browser-Stylesheets
http://meiert.com/de/publications/articles/20080225

Benutzer-Stylesheets
www.userstyles.org

Unicode-Zeichentabelle
http://www.utf8-zeichentabelle.de

Content-Type Zeichensatz, Infos zur Angabe
http://www.w3.org/International/O-charset

Farben – Schlüsselwörter
http://www.w3.org/TR/CSS2/syndata.html#value-def-color

Übersicht über die gängigsten Anführungszeichen
http://de.selfhtml.org/css/eigenschaften/pseudoformate.htm#before_after

Anführungszeichen und Gedankenstriche im Web
http://webdesign.crissov.de/Typografie
http://www.matthias-kammerer.de/SonsTypo2.htm

Screenshots Ihrer Website auf verschiedensten Plattformen & Browsern
http://browsershots.org

CSS-Eigenschaften-Referenz
http://www.w3.org/TR/CSS21/propidx.html

Ausführliche Tabelle, welcher Browser welche Selektoren versteht
http://www.css4you.de/browsercomp.html/standardbrowser/

Firefox Extension View Source Chart
https://addons.mozilla.org/en-US/firefox/addon/655

Box-Modell beim W3C
http://www.w3.org/TR/CSS2/box.html

Übersicht über alle Browser-Weichen und Browser-Versionen
http://www.lipfert-malik.de/webdesign/tutorial/bsp/css-weiche-filter.html

GIMP – OpenSource-Bildbearbeitungsprogramm
www.gimp.org

Hintergrundgrafik bei Fluent-Layout
http://www.addedbytes.com/css/faux-columns-for-liquid-layouts

Ausführliche Tipps & Tricks zum „Clearen"
http://positioniseverything.net/easyclearing.html
http://www.sitepoint.com/blogs/2005/02/26/simple-clearing-of-floats/

Matrix zeigt Standardschriftarten der gängigsten Betriebssysteme
http://media.24ways.org/2007/17/fontmatrix.html

Überblick über alle verfügbaren Webfonts
http://www.apaddedcell.com/web-fonts

Beispiel für gelungene Typografie im Web
http://www.typolexikon.de

Artikel zu hasLayout
http://www.satzansatz.de/cssd/onhavinglayout.html

Google-Hinweise für Webmaster, u.a. Thema Cloaking
http://www.google.com/support/webmasters/bin/answer.
py?hl=de&answer=35769

Lösung für unerklärliche Lücken unterhalb von Bildern
http://www.carsten-protsch.de/zwischennetz/doctype/luecken.html

Fotodatenbanken
www.dreamstime.com
www.sxc.hu

Farbschemata finden mit Kuler von Adobe
http://kuler.adobe.com

Lorem-Ipsum-Texte und Generatoren
www.loremipsum.de
www.lipsum.com

Artikel zu hasLayout
http://www.satzansatz.de/cssd/onhavinglayout.html

Übersichtsmatrix zu den hasLayout-Triggern
http://onhavinglayout.fwpf-webdesign.de/hack_management/

Spalten fälschen
http://www.alistapart.com/articles/fauxcolumns/

NiftyCorners
http://www.html.it/articoli/niftycube/index.html
http://www.html.it/articoli/nifty/index.html

Kritik an NiftyCorners
http://meiert.com/en/blog/20080311/great-css-techniques/

Abgerundete Ecken: 25 Möglichkeiten
http://www.cssjuice.com/25-rounded-corners-techniques-with-css/

IE8-Script
http://code.google.com/p/ie7-js/

Bildergalerie präsentieren mit Lightbox
http://www.huddletogether.com/projects/lightbox2/

Spaltenlayouts online erstellen mit dem YAML-Builder
http://builder.yaml.de

HTML 5:
http://dev.w3.org/html5/spec/Overview.html

CSS3-Roadmap
http://www.w3.org/TR/css3-roadmap

Impressumangaben für Österreich
www.wko.at

Deutscher Gesetzestext zum Telemediengesetz
http://www.gesetze-im-internet.de/tmg

Allgemeines zum Impressum
http://de.wikipedia.org/wiki/Impressum

Index

Danke ...

... an all die genialen Designer und Designerinnen – ohne Euch
wäre die Welt nur halb so bunt.

... Radio FM4 und ganz speziell: Morrissey!

... Richard Hirner, der während der Zeit des Schreibens immer
sehr geduldig mit uns war.